Né en 1956 à Toronto, Peter Vronsky est écrivain, réalisateur et journaliste d'investigation. Docteur en histoire, spécialiste de la justice criminelle, il a écrit deux ouvrages sur l'histoire et la psychopathologie des tueurs en série.

Peter Vronsky

FEMMES SERIAL KILLERS

Pourquoi les femmes tuent ?

Traduit de l'anglais (États-Unis)
par Patricia Barbe-Girault

Balland

La traductrice tient à remercier l'auteur pour son aide.

Crédits photographiques : © Criminal History Archive

TEXTE INTÉGRAL

ISBN 978-2-7578-4149-5
(ISBN 978-2-35315-053-3, 1re édition)

Pour les hommes et les femmes
jeunes et vieux, vivants et morts,
coupables et innocents,
mais tous victimes.

Sommaire

INTRODUCTION

Le spartakisme selon la tueuse en série

La théorie de l'agression féminine

Devinette : seriez-vous capable de citer le nom d'une tueuse en série et de résumer son histoire ? Certes, il y en aurait toujours pour en nommer quelques-unes, comme Elizabeth Báthory, Dorothea Puente ou Myra Hindley. Mais on ne peut nier que le commun des mortels ignore jusqu'à *l'existence* des serial killers version féminine. Excepté peut-être Aileen Wuornos – cette prostituée lesbienne dont le film *Monster*, sorti en 2004 en France, retrace l'histoire. Alors que des noms comme Ted Bundy ou John Wayne Gacy, et des surnoms comme l'Étrangleur de Boston, le Fils de Sam ou BTK sont plus familiers (notamment grâce aux films qui portent leur vie à l'écran), si d'aventure on nous demandait de citer des noms de tueuses en série, on s'arrêterait probablement juste après celui d'Aileen Wuornos – dont on se souvient d'ailleurs plus sous le surnom tiré du titre du film. Mais y en a-t-il eu d'autres ?

Oui, et elles sont même légion : aux États-Unis, un serial killer sur six est une femme[1].

J'ai commencé à écrire sur les tueurs en série à la suite de mes rencontres fortuites avec deux d'entre eux, avant qu'ils ne soient identifiés et arrêtés : l'un derrière la cathédrale Saint-Basile à Moscou en 1990, l'autre dans le hall d'un hôtel new-yorkais onze ans auparavant[2]. À ce stade-là j'ignorais que c'étaient des meurtriers. Je ne l'appris que bien plus tard, par la presse, ce qui me laissa songeur : peut-être en avais-je croisé d'autres sans le savoir. Si cela ne me surprend nullement de constater que les choses les plus incroyables peuvent arriver *une fois*, à l'époque ce fut différent de découvrir que cela m'était arrivé *deux fois*. Cela m'inspira toutes sortes de réflexions sur le rôle des statistiques et des probabilités dans le monde moderne. Quelles sont les chances, par exemple, de se retrouver assis au moins une fois à côté d'un serial killer dans un bus ou un train sans le savoir, d'en croiser un dans la foule, de se garer à côté ou d'en doubler un à la caisse d'un supermarché ?

Dans mon cas précis, lorsque je croisai « mes » deux serial killers, je vivais une existence assez conventionnelle (celle d'un hétérosexuel de la classe moyenne) : j'étais donc a priori relativement éloigné des routes isolées jonchées de cadavres, des horribles taudis qui sentent le moisi et des caves sinistres où ce genre de tueur accomplit généralement ses monstruosités. J'en conclus que ces rencontres n'avaient rien à voir avec le fait que j'étais une victime potentielle, étant donné que je ne faisais partie d'aucune des catégories de proies convoitées par eux : je n'étais ni une jeune femme célibataire ou un employé travaillant tard le soir, ni une prostituée opérant dans la rue, une personne aux mœurs légères ou un(e) enfant.

Par ailleurs, comme j'avais croisé le premier dans un quartier miteux de New York, près d'une rue où traînaient des prostituées, je m'en tins volontiers à l'idée que je m'étais retrouvé « sans permission » sur le terrain de chasse de ce prédateur, et que j'étais

« tombé » sur un monstre car j'étais allé là où je n'avais pas ma place.

Mais j'avais tout faux. Alors que je restais sur mes gardes, pensant que la menace viendrait des quartiers minables de la ville, j'aurais mieux fait de regarder d'abord plus près de chez moi – dans mon lit, aux côtés de la personne avec qui je dormais paisiblement. Si un homme tout ce qu'il y a de plus ordinaire, hétérosexuel, blanc et d'âge moyen, se fait abattre, en toute probabilité son assassin est une femme qu'il connaît, souvent intimement. Lorsque la mort par préméditation s'invite dans l'appartement soigné d'un célibataire avec une bonne situation, ou chez un fermier veuf aux sens en effervescence, c'est à coups de baisers et d'attention.

Mais tous les tueurs en série que j'imaginais croiser par hasard dans la rue étaient systématiquement des hommes : les femmes restaient totalement en dehors de la sphère de ma paranoïa, étiquetées exclusivement comme victimes.

Or, cela n'est pas simplement un point de vue masculin : les femmes ressentent la même chose. La présence d'une autre femme, même étrangère, désamorce encore aujourd'hui la peur enfouie au plus profond d'une femme qui se retrouve seule avec un inconnu. En d'autres termes, la conviction que la nature féminine est intrinsèquement rassurante trompe tout le monde.

Combien de tueuses en série ?

Aux États-Unis, les délits violents perpétrés par des femmes ont augmenté de manière significative. Depuis quelques années, la proportion de femmes arrêtées pour violences et cambriolages avec voies de fait s'est accrue et dans certaines zones, comme la ville de New York, la hausse est carrément spectaculaire : 47 % de plus pour les violences avec voies de fait et 75,8 % de plus pour les cambriolages avec voies de fait. Par ailleurs, le taux de femmes arrêtées pour crimes violents a bondi de près de 23 %, entre 1992 et 1996[3].

Dans ce pays, près d'un tueur en série sur six est une tueuse, agissant seule ou avec l'aide d'un complice. Sur un total de quatre cents serial killers identifiés entre 1880 et 1995, près de 16 % étaient des femmes[4]. Or, ce chiffre n'est pas anodin : collectivement, ces soixante-deux femmes ont assassiné entre quatre cents et six cents victimes, hommes, femmes et enfants. À elles seules, il se peut que Genene Jones, Belle Gunness et Jane Toppan aient commis jusqu'à deux cents meurtres*. Le plus troublant est qu'aux États-Unis, les trois quarts de ces femmes serial killers ont fait leur apparition depuis 1950, et une bonne moitié depuis 1975[5].

Mais, pour une raison mystérieuse, la notion de *tueuse* en série n'est pas pleinement entrée dans la conscience collective et ne fait pas partie des peurs et des menaces fantasmées. L'image d'une femme serial killer semble friser le comique ou avoir un côté affriolant pour nombre d'entre nous. Il suffit de comparer les surnoms que l'on donne aux tueurs (Jack l'Éventreur, l'Étrangleur de Boston, le Traqueur de la Nuit, le Balafreur de Clochards, le Cogneur, le Dominateur…) avec ceux que l'on donne aux tueuses (Lady Barbe-Bleue, la Grand-Mère Rieuse, la Tueuse de la Lune de Miel, Dame Putride, la Veuve Noire, l'Ange de la

* L'annexe en fin d'ouvrage (p. 462) dresse la liste de cent quarante tueuses en série ainsi que le nombre de leurs victimes.

Mort, la Barbie Tueuse, la Grand-Mère du Couloir de la Mort…). En d'autres termes, jusqu'à présent, on n'a pas assez pris les tueuses en série au sérieux.

Un début d'explication réside dans l'identité des victimes et le lieu où ces meurtrières les ont assassinées. Nombre d'entre elles passent à l'acte à la maison, et leurs victimes sont bien souvent des membres de leur famille ou des intimes. Certes, le foyer familial n'est pas toujours synonyme de refuge, mais comment imaginer une seule seconde sa maman en tueuse ?

D'autres tuent dans le cadre de leur travail, qui leur confère le titre de personnes dignes de confiance, qu'elles soient infirmières, baby-sitters, auxiliaires de vie ou assistantes sociales. Personne ne va soupçonner une infirmière qui commet son méfait en salle d'examen, c'est-à-dire là où est sa place, sur le front d'une guerre entre la vie et la mort, dans laquelle des gens meurent *vraiment* : la mort aura forcément été occasionnée par une urgence médicale.

La seule image vraiment populaire de la tueuse qui perdure depuis des décennies est celle de la femme assassinant une kyrielle de maris et d'amants par soif du gain. On a même trouvé un surnom spécialement pour elle : la Veuve Noire. Pour une raison obscure, on imagine la Veuve Noire comme une créature du passé, issue d'une époque lointaine où les poisons s'achetaient facilement et en toute légalité, où le mariage était souvent fonctionnel et relevait du contrat pur et simple, et où les registres d'état civil n'étaient pas toujours tenus de façon très méthodique. Elle était capable d'attirer, de séduire, d'épouser rapidement, de tuer discrètement et de disparaître plusieurs fois avant que quiconque s'aperçoive de ses agissements. Lorsqu'on entend parler d'une Veuve Noire aujourd'hui, on pense forcément à un film et on l'imagine sous les traits d'une Sharon Stone, ou d'une Catherine Zeta Jones – des femmes à se damner. Pourtant, comme nous le verrons plus en détail dans le chapitre qui leur est consacré, la réalité est tout autre.

Ainsi, dans l'imagination populaire, *le* serial killer sans visage se tapit dans le noir, la nuit venue, et sillonne les rues au volant de sa voiture avec dans son coffre des cordes et du ruban adhésif. On choisit d'ignorer ce que pourraient être en réalité l'infirmière sexy qui nous fait une prise de sang, l'auxiliaire de vie enjouée qui visite tous les jours Papi à domicile, la jolie fille derrière le comptoir qui nous prépare un sandwich, ou encore celle qui nous regarde dans les yeux depuis la table voisine tout en buvant son thé.

Monster : la tueuse tourmentée

C'est fou comme les films arrivent encore à changer les choses aussi rapidement. La prise de conscience collective de l'existence des tueuses en série a récemment monté d'un cran grâce à *Monster*, un film de 2004 avec Charlize Theron et Christina Ricci, et dans son sillage toute une série de documentaires et de reportages télévisés consacrés à Aileen Wuornos, une prostituée qui exerçait ses talents sur les routes de Floride et fut condamnée pour l'assassinat de sept hommes. Une grande partie de la publicité et des commentaires faits autour de ce film suggéraient que Wuornos était « la première tueuse en série américaine » – ce qui est loin d'être le cas : elle se trouvait plutôt vers la soixantième place !

Wuornos fut peut-être, au mieux, la première tueuse en série américaine *érigée en célébrité* par les médias, et donna un nombre incalculable d'interviews avant d'être exécutée par injection en 2002.

Jusqu'à présent, les cas de femmes commettant des meurtres en série à caractère sexuel, qui laissent dans leur sillage un nombre alarmant de corps bien trop visibles, étaient plutôt rares. C'est Aileen Wuornos qui s'en approcha le plus : elle tuait à la manière d'un homme, et en cela incarnait la « tueuse tourmentée ». Ici, point de dernier soupir rendu dans son lit ou d'enterrement discret dans le jardin : Wuornos jetait les corps de ses victimes dans les aires de repos et sur les bas-côtés des routes de Floride. Des cadavres jonchant la route de Disneyland !

Par ailleurs, elle n'avait quasiment aucun lien avec ses victimes, autre que celui d'auto-stoppeuse à qui l'on rendait service, d'automobiliste en détresse trouvant une bonne âme pour l'aider ou de prostituée repérant un client. Ironie de la chose, c'est exactement le même type de lien qu'une majorité d'hommes exploitent lorsqu'ils assassinent des femmes.

Wuornos brouille notre perception des *vraies* tueuses en série en étant non seulement homosexuelle, mais une homosexuelle d'un *genre* particulier : elle incarne l'archétype de la lesbienne très masculine, exsudant par tous les pores une violence tout en muscles, complètement alcoolisée, pas très futée et peu soignée que l'on associe en général aux hommes. En tant que serial killer, il est plus facile de mettre en corrélation la violence de Wuornos avec un excès d'éléments masculins qu'avec une féminité intérieure qui aurait mal tourné.

La nature de la violence féminine

Aileen Wuornos met en lumière le cœur de notre problème de perception : la violence, de façon quasi universelle, est associée à l'homme. On l'envisage comme quelque chose d'implicite dans le physique masculin, une fonction de la testostérone. Les hommes sont violents ; les femmes et les enfants en souffrent.

Lorsque la manifestation de la violence vient d'une femme, on explique invariablement que le geste était involontaire, qu'il s'agissait de légitime défense, ou encore que la faute en incombait à une maladie mentale ou à un déséquilibre hormonal inhérent à la physiologie féminine : dépression postpartum, syndrome prémenstruel et ménopause sont en bonne place sur la liste des présumés coupables. En général, nous percevons les femmes comme seulement capables de violence « expressive » – une explosion incontrôlée de rage ou de peur contenues, souvent à la suite de sévices subis depuis de longues années et infligés par des hommes : ce que l'on nomme le syndrome de la femme battue. Dès lors, pour l'opinion générale, les femmes tuent contre leur volonté et sans préméditation.

En revanche, la violence « instrumentale », c'est-à-dire le meurtre ayant un but (la prise de pouvoir politique, le viol, le plaisir sadique, le vol ou tout autre plaisir pervers), reste le domaine de l'homme. Après tout, chaque homme est un tueur potentiel en sa qualité de soldat, et il ne devient assassin que s'il abuse de ses capacités physiques innées en tuant pour des raisons indignes, immorales ou inopportunes. L'homme est programmé pour détruire ; la femme pour créer un foyer, soigner, éduquer. Du moins c'est ce que l'on dit.

Dans l'histoire, bien entendu, il existe pléthore de femmes auteurs de violences instrumentales : Messaline, la reine Boudicca, Agrippine la Jeune, la Grande Catherine, Élisabeth Ire, Madame Mao, Golda Meir, Margaret Thatcher. Certaines peuvent être qualifiées de tueuses en série ; beaucoup ont, en de nombreuses occasions, tué ou torturé en série, ou bien ordonné que cela soit fait sous couvert de pouvoir politique, de patriotisme, de vengeance, de cupidité ou de convoitise. Elles le firent de façon aussi impitoyable et obsessionnelle que leurs contemporains masculins – parfois même plus.

On pourrait considérer qu'en tant qu'impératrices ou grandes prêtresses, elles se positionnaient au-delà des distinctions communes du genre sexuel : elles étaient les héritières d'un pouvoir divin se manifestant dans la puissance politique. Cependant, c'est précisément ce pouvoir divin et meurtrier que tant de serial killers essaient de reproduire de façon obsessionnelle à travers le meurtre : le pouvoir de vie et de mort. C'est quasiment toujours une question de pouvoir. Mais en fin de compte, lorsque l'on nie l'existence de l'élément féminin, il ne reste que le meurtrier potentiel.

L'étendue de la perversion du serial killer

À la vérité, on ne comprend pas grand-chose à la violence féminine car les études sérieuses sont rares et récentes : sur les trois cent quatorze études scientifiques sur le sujet de la violence publiées en 1974, seules 8 % concernaient exclusivement les violences commises par des femmes ou des filles[6]. Mais c'était avant que le nombre de tueuses en série aux États-Unis double de façon spectaculaire en 1975 par rapport aux deux décennies précédentes, et qu'il double de nouveau en 1995[7].

Les assassinats en série, qu'ils soient perpétrés par des hommes ou des femmes, ont toujours occupé une place à part dans le domaine de la perversion criminelle. La plupart d'entre nous sont capables de comprendre que l'on commette *un* meurtre : on conçoit un certain degré de jalousie, de peur, de désespoir, de rage ou même de cupidité qui mènerait à prendre une vie. En majorité, dans ces cas-là, les meurtriers ne savent pas eux-mêmes qu'ils vont passer à l'acte, et la plupart regrettent sincèrement leur méfait, ne tentent nullement d'échapper à la justice et récidivent rarement.

Les tueurs en série, en revanche, ont fréquemment conscience de leur intention de tuer bien avant de commettre un meurtre ; certains fantasment leur passage à l'acte pendant des années et le préparent minutieusement. Après le premier crime, lorsqu'ils ont « tempéré » toutes les émotions qui l'ont engendré, les tueurs en série entrent dans un cycle qui les prépare à récidiver – ou, ainsi que certains le soutiendraient, ils se sentent *poussés* à tuer encore et encore, ils deviennent « accros ». Ils n'ont ni regrets ni remords, et nombre d'entre eux passent soigneusement en revue le déroulement des événements afin d'améliorer leur plan pour le prochain crime, et se donnent énormément de mal pour échapper à une arrestation. La volonté ou le désir de tuer à plusieurs reprises a quelque chose de maléfique, qui résiste aux explications rationnelles, scientifiques. Notre société peine déjà à justifier le mal en l'homme, comment pourrait-elle même l'imaginer en la femme ?

Le féminisme et les tueuses en série

S'il est caractéristique pour l'homme d'âge moyen victime d'un assassinat de connaître sa meurtrière intimement, il est également caractéristique de tenir le féminisme pour responsable de cette violence. Le problème, à la base, est que la « seconde vague » de féminisme a cherché coûte que coûte à analyser la proportion en hausse constante de tueuses en série depuis une cinquantaine d'années à l'aune de sa doctrine. Or, celle-ci, dans une nouvelle forme de « spartakisme* », a tendance à faire l'amalgame entre criminalité féminine et aspiration à se libérer de l'oppression du « patriarcat ».

La première vague de féminisme s'attela à la « libération » des femmes via l'obtention du droit de vote, d'un salaire égal à travail égal, d'une égalité des chances, etc. Aux États-Unis, ces « féministes libérales » associaient l'augmentation de la criminalité féminine à la libération des femmes, qui s'affirmaient désormais *autant* que les hommes. C'est ainsi qu'en 1975, le livre de Freda Adler, *Sisters in Crime* (Sœurs dans le crime), interprétait cette augmentation dans le contexte d'une responsabilisation de soi. Tout comme en affaires, en sport, en art ou en sciences, la femme ne se satisfaisait plus d'occuper la seconde place dans la hiérarchie du crime. Pour Adler, les femmes étaient prêtes à rivaliser avec les hommes, ce qui passait nécessairement par le fait d'être aussi agressives et violentes que leurs homologues masculins. Cette idée devint connue sous le nom d'« hypothèse de la libération ».

* En référence à Spartacus, l'esclave qui conduisit une révolte contre le pouvoir romain dans l'Antiquité. (*Note du traducteur*).

Cependant, le féminisme d'Adler, qui s'était épanoui dans un contexte contestataire de guerre du Vietnam et de mouvement de libération, s'essoufflait déjà à la publication de son livre. En outre, la jubilation avec laquelle les conservateurs américains adoptèrent sa thèse pour justifier leur opposition à l'égalité des femmes ne fit que marginaliser un peu plus sa position.

La seconde vague de féministes, plus radicale, se concentra sur une notion plus alarmante aussi, à savoir que la victimisation systématique et profondément ancrée des femmes et de la féminité était due à une conspiration culturelle menée par un « hétéropatriarcat phallocentrique », ou par « l'État phallocratique ». Selon ce courant de pensée, les femmes resteront opprimées tant que les hommes ne changeront pas pour devenir autre chose que ce que la société, sur le plan collectif, les conditionne à être aujourd'hui.

Ce nouveau féminisme rejetait la simple notion d'égalité hommes-femmes : les femmes devaient se libérer non en tant qu'individus mais en tant que culture féminine collective unique, et établir une identité propre, dans l'idée de renverser une hégémonie masculine oppressante et inébranlable.

En outre, la violence féminine se révélait de la légitime défense contre les agressions masculines systématiques dont font l'objet les femmes : c'était libérateur. Dans ce schéma de pensée déformé, la meurtrière devenait la victime et l'homme victime était transformé en agresseur. Ainsi que l'écrit une féministe : « Les femmes en Amérique semblent avoir une tendance toute particulière au meurtre. On a beau retourner leurs motivations dans tous les sens, et renvoyer aux précédents sociaux, politiques et judiciaires, à la base c'est quasiment toujours une question de survie[8]. »

Les homicides perpétrés par des femmes étaient donc des actes de rébellion à l'encontre de la vieille conspiration de viol et de sévices dont la « phallocratie » est soupçonnée. Au milieu des années 1970, cette vision des choses était passionnément soutenue par les jeunes femmes qui dévoraient des best-sellers tels que *Against Our Will* (Contre notre volonté) de Susan Brownmiller, publié en 1975, et *Battered Wives* (Femmes battues) de Del Martin, paru l'année suivante. Le syndrome de la femme battue (ou syndrome du « lit en feu », le « Burning Bed Syndrome* » du nom d'un livre publié par Faith McNulty en 1980), fit son apparition en droit, et ses adeptes expliquaient avec virulence qu'il était possible pour une femme de tuer son mari en état de « légitime défense » même si sa victime dormait profondément. L'association américaine des libertés civiques suivit le mouvement en déclarant que « la plupart des femmes se trouvant dans le couloir de la mort ont tué un mari qui les maltraitait[9] ». Se pouvait-il que cela soit vrai ?

En lieu et place des maris exerçant des sévices sur leurs femmes, la plupart des victimes des tueuses qui ont connu le couloir de la mort sont en fait des enfants, d'autres femmes ou des hommes innocents. En fait, sur le plan historique, plus de la moitié des tueuses en série connues aux États-Unis ont assassiné au moins

* Le « lit en feu » auquel Faith McNulty fait référence est celui de Francine Hughes. Une nuit, cette dernière mit le feu au lit dans lequel son mari dormait, avant de se rendre immédiatement à la police. La défense expliqua qu'elle subissait les mauvais traitements de son conjoint depuis des années, et elle fut acquittée, au motif qu'elle avait agi dans un moment de folie. (*N.D.T.*)

une femme adulte, et un tiers comptent au moins une petite fille parmi leurs victimes[10].

Pourtant, l'idée selon laquelle il faut interpréter les homicides de femmes comme des actes de « légitime défense » ou devant être replacés dans un contexte politique est une tendance qui persiste.

À la fin des années 1980 et au début des années 1990, le nouveau féminisme, alors à son apogée, assène sans relâche que les femmes ne peuvent tout simplement pas être des serial killers. Certaines vont jusqu'à soutenir que « seuls les hommes [...] sont compulsifs, des chasseurs solitaires, poussés par un désir insatiable de tuer – comme un désir sexuel qui trouverait son exutoire dans le meurtre[11] ».

Le cheval de bataille de Jane Caputi, une critique féministe, est le langage neutre, voire asexué, employé dans l'analyse des homicides en série, qui « tend à masquer ce qui se passe *vraiment* dans le monde réel, car les "gens" qui torturent, tuent et mutilent ainsi sont des hommes, et leurs victimes sont essentiellement des femmes et des jeunes filles, et dans une moindre mesure des jeunes hommes[12] ». Elle va même très loin en affirmant que ces crimes ont « une signification autant sexuelle que politique [et sont] ancrés dans un système de suprématie masculine de la même manière que le lynchage trouve son origine dans la suprématie blanche[13] ».

Ann Jones, une autre féministe, lui emboîte le pas en s'élevant contre l'utilisation du terme neutre de « violence domestique » car, dit-elle, « je soupçonne un chercheur universitaire lambda d'avoir inventé le mot, consterné de voir que toutes ces épouses battues étaient des *femmes*[14] ». Dans l'introduction de *Women Who Kill* (Femmes qui tuent), elle déclare : « Si ce livre laisse l'impression que les hommes ont conspiré pour cantonner les femmes à un statut inférieur, j'en suis ravie car c'est exactement l'effet souhaité[15] ... »

Et d'ajouter, le plus sérieusement du monde, « le même genre de privations sociales et juridiques, qui poussent certaines femmes à embrasser la cause du féminisme, en poussent d'autres à commettre un homicide [...] la société a peur à la fois de la féministe et du meurtrier, car l'un comme l'autre, à leur manière, mettent les frontières établies de la société à l'épreuve. Comme on peut s'y attendre, les intérêts des féministes et des meurtriers se rejoignent parfois[16] ... »

Ce genre de phrase, lorsqu'on la lit attentivement, paraît tout simplement incroyable.

Rapprochons-la d'une autre, également de Ann Jones : « Une vague d'attention sur la criminalité féminine accompagne de façon retentissante chaque vague de féminisme, et ce phénomène ne s'arrêtera certainement pas tant que nous n'aurons pas compris cette vérité simple : les gens libres ne sont pas dangereux[17] ». Comment ne pas se sentir déchargé de toute culpabilité lorsque l'on tue pour une cause aussi noble que la liberté ?

À l'époque, les féministes n'hésitent donc pas à enfoncer le clou en employant délibérément des termes teintés de politique à la place de « meurtres en série », impliquant de fait que l'auteur du crime est exclusivement masculin et la victime féminine : « gynocide[18] », « terrorisme phallique[19] » et « fémicide[20] » figurent parmi les expressions inventées.

Mais, en 1990, Aileen Wuornos fait son apparition, et avec elle sa série de meurtres de bords de routes qui impliquait notamment un évangéliste, un enquêteur sur les maltraitances à enfants, un homme en chemin pour la cérémonie de remise des diplômes de sa fille et un officier de réserve de la police. Là, il allait bien falloir que les féministes prennent position. C'est ce qu'elles firent – en se ralliant fermement à la guerre de libération de Wuornos.

Une certaine théoricienne féministe, spécialiste de la violence lesbienne, dédia son livre « à Aileen Wuornos et à toutes les femmes qu'on a diffamées, étiquetées comme étant du seul ressort de la pathologie, et qu'on a assassinées pour s'être défendues par tous les moyens nécessaires », avant de déclarer : « L'histoire d'Aileen Wuornos est très banale, somme toute, celle d'une répétition bien trop ordinaire dans une culture de fantasmes masculins paranoïaques qui érotisent leurs pires cauchemars. Cette fois, néanmoins, on pourrait dire que le fantasme a franchi une certaine limite. L'hallucination a fini par se réaliser[21]. »

Si les tueuses en série sont des martyres de l'État patriarcal, alors Aileen Wuornos est une martyre de la seconde vague de féminisme. Sa ligne de défense pour le meurtre et le vol de chacune de ses sept victimes ne varia pas : tous avaient tenté de la violer. Ainsi qu'elle le déclara à son procès, « tout le monde a le droit de se défendre. C'est c'que j'ai fait. Ceux-là c'était des viols violents, très violents, et pour les autres j'ai dû supplier pour qu'ils me laissent en vie ».

Les analyses féministes (et elles ne sont pas les seules à avoir commis cette erreur) ont parfois déformé la portée des meurtres en série en citant des statistiques de victimes gonflées et sujettes à caution. Certaines ont été jusqu'à déclarer que près de 5 000 meurtres en série étaient commis chaque année, dont la plupart avaient pour victimes des femmes[22]. C'est un chiffre ridicule, et pourtant, il est aujourd'hui encore parfois cité, et pas seulement par des féministes[23]. Le nombre total de victimes de serial killers connus aux États-Unis sur une période de *195 ans* (1800-1995) est estimé à 3 860[24]. Nous sommes donc loin des 5 000 *par an* ! D'autres féministes gardent fort à propos le silence lorsqu'on leur demande comment elles expliquent les assassinats de toute évidence calculés, cyniques et sauvages d'hommes, de femmes et d'enfants innocents par des meurtrières.

Bien entendu, rien de tout cela n'est mentionné pour laisser entendre que la fréquence extraordinairement élevée de meurtres de femmes commis par leur conjoint masculin est un mythe féministe. Dans la période récente (1976-2004), aux États-Unis, 30,1 % des femmes assassinées l'ont été par leur conjoint, présent ou passé, alors que cela ne concerne que 5,3 % des hommes victimes de meurtres[25].

Mais, on comptait un peu sur les féministes pour éclaircir le phénomène inverse, celui de la violence féminine, avec tous ces séminaires d'études qui ont fleuri dans les universités américaines. On aurait bien aimé entendre quelque chose de mieux que « l'histoire des femmes qui assassinent est l'histoire des femmes », comme a osé l'écrire Ann Jones[26].

En règle générale, le féminisme de la seconde vague a tendance soit à ignorer, soit à reclasser carrément les meurtrières qui ne correspondent pas aisément au profil de la victime. La possibilité qu'Aileen Wuornos soit une tueuse en série, par exemple, est écartée sans hésitation par l'une de ses défenseuses politiques, qui affirme : « L'État dit que c'est une serial killer. Cette accusation paraît peu plausible, étant donné que la définition du serial killer est celle d'un individu qui tue pour l'excitation sexuelle dans le cadre spécifique d'un déséquilibre des pouvoirs[27]. »

Décidément, les féministes sont parfois bien mal renseignées.

Définition et caractéristiques générales de la tueuse en série

Il existe autant de définitions du serial killer (homme ou femme) que d'experts sur le sujet, mais celle qui définit le mieux l'homicide en série est la suivante : le meurtre de deux personnes ou plus en des occasions séparées *pour quelque raison que ce soit.*

Cette description représente le consensus parmi les analyses les plus récentes du meurtre en série ; elle précise qu'il n'est pas exclusivement sexuel, ni nécessairement mu par le fantasme, ou encore qu'il ne prend pas seulement des inconnus pour cibles. De ce fait sont incluses les personnes tuant pour le profit, la croyance et la politique, par exemple les tueurs à gages évoluant dans le milieu du crime organisé, qui pendant très longtemps ont été exclus de la catégorie des serial killers car ils ne choisissaient pas eux-mêmes leurs victimes, ainsi que les meurtriers génocidaires qu'on considérait mus seulement par l'idéologie ou la discipline militaire. Mais au final, la psychopathologie du tueur à gages comme du criminel de guerre est semblable à celle de certains serial killers « ordinaires », c'est-à-dire évoluant parmi nous.

Certaines observations générales peuvent être faites concernant les tueuses en série prises dans leur globalité.

Sur le plan statistique, ces femmes sont de meilleurs assassins que leurs homologues masculins. Alors que le serial killer moyen tue sur une période de quatre ans environ avant d'être arrêté, la femme tue deux fois plus longtemps, légèrement plus de huit ans, avant d'être stoppée[28]. Certaines sont réputées avoir tué pendant plus de trente ans.

Cet état de choses est en partie engendré par le fait que nous sommes fréquemment réticents à l'idée de reconnaître une femme capable de violence prolongée et que les femmes assassinent souvent chez elles ou à l'hôpital, des lieux où une mort non naturelle ne sera pas forcément décelée, et où la présence d'une femme sur les lieux du crime peut être vue sous l'angle professionnel. Rares sont les tueuses en série qui jettent dans des fossés les corps de jeunes femmes ou d'adolescents dont la disparition mettra toute une communauté en alerte. Ainsi décrites comme des « tueuses tranquilles », leurs crimes peuvent perdurer pendant des années avant même que l'on comprenne la nature de leurs actes.

Un autre aspect de la longévité des tueuses en série peut être considéré du point de vue du sexe. Les hommes qui commettent des meurtres, en particulier à caractère sexuel, semblent se calmer et ralentir lorsqu'ils atteignent la quarantaine. Or, chez les tueuses, il n'est pas rare de trouver des cas de femmes ayant dépassé la cinquantaine ou la soixantaine toujours actives, et parfois elles n'approchent même pas du pic de leur carrière au moment de leur arrestation. Dorothea Puente avait soixante ans lorsqu'on l'inculpa du meurtre de neuf personnes, hommes comme femmes. Aujourd'hui en prison, elle se porte toujours comme un charme : un livre de ses recettes a récemment été publié*.

Nancy « Nannie » Doss avait cinquante ans au moment de son arrestation pour l'empoisonnement de son mari en 1954. Au cours de leur enquête, les policiers découvrirent que la tueuse à l'apparence de gentille grand-mère avait semble-t-il assassiné quatre maris dans quatre États différents, ainsi que sa mère, deux de ses quatre filles, une belle-mère et d'autres membres de sa familles, en les empoisonnant à l'aide de pruneaux trempés dans de la mort-aux-rats, et tout cela sur une période de vingt-huit ans.

Olga Rutterschmidt, soixante-treize ans, et son amie de soixante-quinze ans Helen Golay ont été condamnées il y a quelques mois à peine à la prison à perpétuité pour association de malfaiteurs en vue d'obtenir un gain financier, et pour meurtres sur les personnes de Paul Vados, soixante-treize ans, décédé en novembre 1999 et de Kenneth McDavid, cinquante et un ans, décédé en juin 2005. Les deux femmes, qui se sont rencontrées il y a des années dans un club de remise en forme, sont accusées d'avoir élaboré un plan pour maquiller le meurtre de ces hommes sans domicile fixe (qu'elles avaient sortis de la rue et dont elles s'étaient occupées pendant *deux ans*) en faux accidents avec délit de fuite, dans le but de récupérer 2,3 millions de dollars

* Ce livre au titre délicieux (*Cooking With a Serial Killer : Recipes From Dorothea Puente* – Cuisiner avec une tueuse en série : recettes de Dorothea Puente) annonce notamment, en quatrième de couverture : « Dorothea Puente a été accusée de bien des choses… mais pas d'être mauvaise cuisinière » – et l'éditeur de rappeler que ses pensionnaires (et futures victimes) avaient l'impression que c'était tous les jours Noël, lorsqu'ils mangeaient chez elle. (*N.D.T.*)

d'indemnités[29]. *Arsenic et vieilles dentelles* est moins un cliché qu'on ne serait tenté de le croire.

Environ 68 % des tueuses en série opèrent seules, et les 32 % restantes agissent en grande majorité avec un partenaire masculin dominant, bien qu'il existe des cas de femmes dominant leur partenaire masculin et de meurtrières formant des équipes exclusivement féminines. C'est lorsqu'elles s'associent à des hommes pour tuer que les femmes sont le plus souvent complices de viols et d'homicides sexuels, qu'on rapproche en général plus facilement des hommes. Les partenaires des tueuses en série sont une catégorie unique en elle-même, et ce livre explorera ce phénomène complexe dans un chapitre séparé.

En termes de choix de victimes, si l'idée qu'elles tuent principalement des membres de leur famille et des connaissances était vraie jusqu'à récemment, aujourd'hui ce sont les inconnus qui devancent légèrement les intimes et les connaissances[30]. Le problème auquel on est confronté lorsque l'on cherche à établir clairement le lien entre une criminelle et ses victimes est que, à l'instar des tueurs, nombre de femmes tuent un inconnu, puis un membre de leur famille ou une connaissance, puis de nouveau un inconnu, etc.

Ce livre explore les différentes histoires d'une grande variété de catégories de tueuses en série qui ont donc assassiné au moins par deux fois, en deux occasions séparées, et avaient un certain nombre de mobiles. Ce sont bien toutes des serial killers, car chacune d'entre elles a envisagé et choisi de tuer de nouveau, après un premier meurtre.

Leurs motivations et leur psychologie vont varier et dans le même temps présenter des caractéristiques communes aux diverses catégories, ainsi que nous le verrons en détail ; nous explorerons également les différentes psychopathologies diagnostiquées chez elles, ainsi que leur passé lorsque les informations sur l'enfance sont disponibles. Comme les tueurs, les tueuses en série sont très probablement à la fois nées ainsi et devenues ainsi, même si les indicateurs génétiques et physiologiques possibles n'ont pas été étudiés de façon aussi approfondie chez les criminelles que chez les criminels.

Le culte et la culture de la féminité ont été centraux dans la rédaction de cette analyse, bien plus que pour les tueurs en série – ce qui est somme toute logique. Mais il est vrai aussi que l'analyse des actes des tueuses en série est toujours éminemment politique, et sans commune mesure avec la façon dont sont disséqués les actes des tueurs. Peut-être est-ce lié au fait que ces femmes défient non seulement les critères établis du bien et du mal, mais également notre perception du rôle des sexes et de l'identité, et en définitive, notre compréhension globale de l'humanité.

Leurs actes bravent-ils la féminité ou corroborent-ils simplement ce qui peut y exister de pire, comme on le pense des tueurs ? L'agression est-elle intrinsèque à la féminité, et si c'est le cas, de quelle manière ? Le problème des tueuses en série ne devrait pas être abordé du seul point de vue politique ou sexuel, mais dans toute sa portée humaine.

PREMIÈRE PARTIE

PSYCHOPATHOLOGIE ET BRÈVE HISTOIRE DES PREMIÈRES TUEUSES EN SÉRIE

AGRIPPINE LA JEUNE **MESSALINE** ELIZABETH BATHORY
LA TOFANIA MARIE DE BRINVILLIERS **JANE SCOTT**
ELIZABETH ECCLES **SARAH DAZELY**
ELIZA JOYCE **SARAH FREEMAN** SARAH CHESHAM
MARY MAY CATHERINE WILSON **MARY ANN COTTON**
KATE BENDER **PATTY CANNON** LYDIA SHERMAN
SARAH JANE ROBINSON JANE TOPPAN

1

La nature de la bête au féminin

La psychopathologie des femmes monstres

Comment, et pourquoi ? Comment les femmes deviennent-elles des serial killers et pourquoi assassinent-elles ? Le « pourquoi » est facile à déterminer. Elles tuent pour les mêmes raisons que les hommes : le pouvoir, le contrôle, le désir sexuel, le profit, l'excitation, l'estime d'elles-mêmes, la vengeance et la folie.

Mais il existe des différences notables. Il est fréquent que les tueurs en série kidnappent, enferment, violent et mutilent leurs victimes car c'est ainsi qu'ils peuvent exprimer leur rage et leur désir de contrôle ; en revanche, les femmes vont en général droit au but – pas d'arrêt en route pour mutiler un peu ou croquer un morceau. Pas de polaroïds, ni de masturbation sur la scène du crime, pas non plus de rapport sexuel avec le corps*. La tueuse en série ne plaisante pas... avec le meurtre. Dans ce sens-là, elle est infiniment plus dangereuse que les prédateurs masculins mus par leurs fantasmes.

* Dans une étude du FBI sur les tueurs en série, le viol avait eu lieu dans 42 % des cas *après* la mort de la victime, et dans 56 % des cas avant. Dans les 2 % restants, il n'y avait pas eu viol malgré la nature sexuelle de l'homicide.

En quoi les tueuses en série sont-elles plus dangereuses que les tueurs ?

Il peut arriver que les hommes oublient en fait de tuer certaines de leurs victimes, car le meurtre n'est pas toujours un élément central de leur fantasme. Celui-ci peut être de dominer leur victime en l'agressant physiquement et sexuellement, et sa mort ne fait pas nécessairement partie de leurs projets. Une fois le fantasme consommé, la victime n'a plus d'intérêt pour le tueur – qu'elle soit vivante ou morte. Si d'aventure elle survivait à l'agression physique, le tueur pourrait éventuellement l'assassiner afin d'empêcher tout témoignage ultérieur de l'agression ou du viol. Il pourrait aussi la tuer par honte. Ou ne pas la tuer du tout. Quelques-uns pourraient même prendre un plaisir tout particulier à l'idée d'avoir le pouvoir de faire preuve de clémence.

À la fin des années 1970, Richard Cottingham, par exemple, laissait les corps horriblement mutilés et démembrés de prostituées dans des chambres de motels après les avoir droguées et torturées pendant des heures ; il tranchait la tête et les mains de certaines de ses victimes[31]. Comment peut-on survivre à un fou dangereux de cet acabit ? Et pourtant certaines femmes y parvinrent, reprenant conscience sur le bord d'une route ou sur le sol d'une chambre de motel, meurtries, martyrisées, mais vivantes. Pourquoi ? Il ne les avait pas tuées parce qu'elles n'étaient pas décédées pendant l'attaque : c'est aussi simple que ça. Il n'avait jamais eu l'intention de les tuer – seulement de les torturer et de les humilier. Mais une fois qu'il en avait fini, elles n'avaient plus aucune importance ; mortes ou vives, elles n'étaient plus que des rebuts pour lui. Alors il les jeta – certaines mortes, d'autres vivantes. Certaines moururent, ce faisant : elles n'étaient pas assez fortes pour supporter un tel traitement, ces filles des rues squelettiques élevées au Coca et aux frites. Celles qu'il mutila, ce ne fut pas pour le plaisir, mais pour détruire leur identité, et il trancha leur tête et leurs mains non pour garder un souvenir mais pour entraver le travail d'enquête. Celles qu'il *choisit* de tuer, ce fut pour éliminer froidement tout témoin. C'était une tâche nécessaire, et non un plaisir pour lui.

De temps à autre, des victimes survivent à cause de l'intérêt du serial killer qui faiblit une fois la catharsis accomplie, ou bien à cause d'un remords vague mais soudain. Parfois cela peut être ce que la victime dit ou fait qui détourne l'attention du tueur. Dans mon livre sur les serial killers, je concluais par un chapitre sur les moyens d'améliorer ses chances de survie face à un serial killer, en me fondant sur les récits de victimes qui avaient survécu et sur les explications données par quelques serial killers eux-mêmes concernant les raisons pour lesquelles ils avaient laissé certaines de leurs victimes en vie. Il n'y aura pas de chapitre équivalent pour les tueuses en série.

Mis à part celles qui s'en sont sorties car elles étaient bénies des dieux, il existe très peu de récits de victimes ayant survécu à des tueuses en série. Les meurtrières ne changent pas d'avis une fois qu'elles ont pris la décision de tuer et il est rare qu'elles passent par une phase fantasmée et ritualiste de torture – elles vont droit au but et tuent*.

* Bien que certaines empoisonneuses soient connues pour avoir prolongé l'agonie de leurs victimes en trafiquant les doses de poison : on n'a jamais su exactement pour quelle raison.

Rares sont les tueuses qui kidnappent et violent leurs victimes, à moins qu'elles ne soient accompagnées d'un partenaire masculin ; ou qui tuent afin de récolter le cadavre ou une partie du corps de leur victime pour assouvir leur propre désir hédoniste. Il est très rare qu'elles capturent, attachent, enferment et torturent avant de tuer leurs victimes. La satisfaction de la tueuse commence avec la mort de sa victime et perdure souvent pendant des jours, des semaines, voire des mois. Alors que pour bien des serial killers la mort n'est que la conclusion de leur fantasme, ou une fonction de celui-ci, les femmes tuent pour tuer. C'est leur mode d'expression.

L'une des raisons fréquemment données par les tueurs pour avoir épargné une victime spécifique est qu'ils ont appris quelque chose sur elle. Cela déclenche un phénomène de personnalisation de la victime chez le tueur qui va désorienter son désir meurtrier. Cette manifestation reflète la propension des serial killers à cibler des inconnus qu'ils objectivent ensuite, afin de leur imposer leur propre fantasme mortel. Or, si d'une manière ou d'une autre ils se mettent à voir leur victime comme elle est réellement, le fantasme peut être interrompu.

Selon les enquêteurs du FBI spécialistes du comportement (les *behavioristes*), la meilleure façon de survivre à une agression par un serial killer est donc de tenter de lui parler et de faire en sorte qu'il vous connaisse en tant que personne, afin de déconstruire son fantasme de vous comme sa victime.

Mais rien de tel n'aidera la victime d'une tueuse en série typique. Tout d'abord, il est probable qu'elle soit déjà intime avec ses futures victimes : elle travaille, vit ou dort dans le même lit qu'elles. Elle sait déjà qui elles sont vraiment : il n'y a donc pas de fantasme.

Ensuite, les victimes ne vont probablement pas se rendre compte qu'elles sont en danger, étant donné que la femme se sert souvent du cadre d'une relation établie pour assassiner : les infirmières tuent leurs patients, les mères leurs enfants, les épouses leurs maris, les logeurs leurs locataires. Par conséquent, l'attaque a lieu dans le cadre d'une relation sociale et professionnelle acceptée, et dans le même temps le moyen utilisé est souvent discret (le poison, l'overdose de drogue, l'asphyxie soudaine). Le meurtre est invisible et le corps est en général retrouvé à sa place, non dans un fossé ou une tombe creusée à la va-vite.

Enfin, puisque la tueuse ne s'embarrasse pas de tortures ou de rites mais va droit au but, les victimes qui ne se doutent de rien ont rarement le temps de répondre si elles comprennent tout à coup qu'elles sont en danger. Qui s'attend à ce qu'une épouse, une maîtresse, une mère, une fille, attente à sa vie ? C'est ce qui rendit Aileen Wuornos si différente des autres : ses cibles, qu'elle tuait quasiment immédiatement après les avoir rencontrées, étaient toujours des inconnus.

Avec certaines tueuses en série, le temps de se rendre compte qu'on se fait assassiner, on est déjà mort. Vous êtes simplement un peu trop malade ou un peu trop faible pour votre âge, et le matin suivant tout à coup vous n'arrivez plus à parler ou à bouger, et lorsque la nuit tombe, vous mourez dans le noir, étouffé(e) par vos propres mucosités, derrière une porte close, avec pour seul réconfort le bruit de vos gémissements. Tout cela paraîtra être le fruit de causes naturelles – personne ne soupçonnera même que vous avez été assassiné(e). Deux coups de fil et trois heures plus tard, l'équipe de nuit viendra emporter votre corps, et au matin on vous préparera pour l'embaumement. Il n'y a pas de façon plus solitaire de mourir.

Le meurtre comme signature féminine

La « signature » est l'opposé du MO, le mode opératoire, c'est-à-dire la méthode employée pour commettre le meurtre. Les profileurs distinguent soigneusement les deux, lorsqu'ils étudient les caractéristiques d'une scène de crime.

Le MO représente ce que le serial killer *doit faire* pour accomplir le meurtre : par exemple, se faire passer pour un réparateur, forcer une fenêtre pour entrer, proposer à un(e) auto-stoppeur (se) de l'emmener, utiliser une arme pour se sentir en contrôle de la situation, porter un masque, bien nettoyer ou provoquer un incendie pour éliminer les preuves, ou encore, éventuellement, démembrer le corps pour faciliter sa disparition. Le MO change, en règle générale : il s'améliore à mesure que le temps passe, car les homicides en série sont, en tout point, un apprentissage. Avec le temps, les serial killers sont dans l'obligation d'améliorer leur stratégie, car plus ils tuent, plus ils augmentent leurs chances d'être arrêtés. Parallèlement, ils sont mus par l'obsession de réduire l'écart existant entre leur fantasme et la réalité – entre le plaisir intense que leur procure le fantasme et l'insatisfaction qu'ils ressentent face à sa réalisation. Ils ne comblent jamais de façon satisfaisante le fossé existant entre leur acte et leur désir. Ils ont besoin d'essayer encore, en faisant mieux. Pour toutes ces raisons, les serial killers sont des machines à tuer mues par leurs fantasmes et alimentées à la fois par le besoin et le désir, ou, en d'autres termes, par le pragmatisme et la folie.

Le meurtre en série requiert une certaine discipline. Certains y parviennent dès le départ, mais les hommes ne tiennent en général que quatre ans. Quatre années qui peuvent correspondre au temps nécessaire à la réussite d'un mariage, d'une affaire ou d'une association professionnelle – des entreprises qui représentent au moins autant un défi que le meurtre en série. Par conséquent le MO doit changer et évoluer de meurtre en meurtre, pour augmenter les chances de survivre au-delà de ces quatre années.

La signature est l'opposé du MO dans le sens où c'est ce que l'auteur du crime *n'a pas besoin de faire* pour achever le meurtre. Par exemple, ligoter une victime qui n'oppose pas de résistance, la torturer alors qu'elle coopère, poser le corps d'une façon particulière, le démembrer pour des raisons autres que de faciliter sa disparition, garder un trophée ou un souvenir, ou encore laisser délibérément derrière soi un quelconque message ou indice. Alors que le MO définit le *comment* du meurtre, la signature est souvent la clé du *pourquoi*, et en ce sens elle change rarement avec les années.

La tueuse en série, en revanche, laisse en général toujours la même signature, très simple : le meurtre lui-même. Parfois, celui-ci est mal interprété comme faisant partie du MO de la tueuse, conduisant à des catégorisations hasardeuses, telles que celle de la Veuve Noire ou de l'Ange de la Mort. Le crime est envisagé comme une *méthode* requise pour atteindre un but, le gain étant habituellement le mobile le plus cité. Or, si l'on examine les faits de plus près, on se rend compte que l'assassinat est souvent complètement inutile à la réalisation de l'objectif. Il existe des moyens plus faciles et plus sûrs de voler quelqu'un qu'en le tuant. Pourquoi tuer, dans ce cas ?

Ce n'est pas une question très pertinente. Car quand on dit qu'il est plus facile de voler sans tuer, on accorde une valeur différente à la vie humaine. Or, pour une tueuse en série, la vie humaine a autant de valeur qu'un Kleenex usagé et c'est en fait plus facile de tuer, pour elles. Le bien-être hédoniste apporté par le gain matériel l'emporte sur le prix de la vie humaine.

Mais bien des femmes tuent parce que c'est *cela* qu'elles veulent le plus.

C'est une question de plaisir procuré par le crime – la sensation de pouvoir ressentie, le fait de prendre son pied. S'approprier quelque chose qui ne lui appartient pas n'est qu'un léger en-cas dans ce festin de contrôle, une autre petite satisfaction, un picotement dans le ventre de la tueuse.

C'est comme cela que l'on en vient à se faire tuer pour une cigarette ou un peu de monnaie.

Nombreuses en fait sont les Veuves Noires à tuer pour des motifs bien plus complexes que le simple profit matériel : la rage et le besoin de contrôler supplantent souvent le désir de gain matériel.

Cependant, rien de tout cela n'aide particulièrement à profiler les tueuses en série par l'analyse des scènes de crime, car souvent il n'y a aucune scène de crime à analyser : personne ne sait qu'un meurtre a eu lieu. Rares sont les tueuses qui font surface en tant que « sujet inconnu » (dans le jargon des profileurs du FBI), car elles sont déjà bien souvent connues de la victime, et liées à elle d'une façon ou d'une autre. Et cela vaut, bien entendu, si quelqu'un se rend compte qu'*il y a* une victime – car pendant longtemps, il y a de fortes chances que personne ne s'en aperçoive.

Âge moyen

L'âge moyen du tueur en série lors de son premier méfait est de vingt-sept ans et demi[32]. Cela correspond à l'apparition d'une psychopathie profonde à l'adolescence, qui va progressivement isoler le criminel et faire évoluer ses fantasmes sexuels agressifs durant l'adolescence, puis à l'aube de ses vingt ans.

Au cours de leur étude sur les tueuses en série, B. T. Keeney et K. Heide découvrirent que l'âge moyen des femmes lorsqu'elles commencent à tuer est de trente-deux ans et neuf mois, la plus jeune tueuse ayant dix-neuf ans et la plus âgée cinquante-trois[33]. Schurman-Kauflin détermina un âge moyen similaire, trente-deux ans et demi, les extrêmes se situant à dix-sept et cinquante-huit ans[34]. Par conséquent, les femmes sont susceptibles de commencer leur carrière d'assassins plus tard et de la faire durer jusqu'après la cinquantaine, certaines pouvant tuer jusqu'à soixante ou soixante-dix ans. En revanche, les hommes tuent rarement une fois passé le cap de la quarantaine, cet état de fait ayant été lié à la diminution des effets de leur psychopathie, l'âge avançant. Il semblerait que la période de la cinquantaine rende le tueur docile alors que la ménopause pousse la tueuse à commettre ses méfaits.

Mais au moment où l'on pense avoir réussi à catégoriser la tueuse en série en matière d'âge, survient une « anomalie » de onze ans dénommée Mary Bell, en Angleterre. En mai 1968, la petite Marie étrangla un garçon de quatre ans après l'avoir attiré dans un immeuble abandonné. Le corps de l'enfant fut découvert le même jour, mais la police conclut à une mort accidentelle. Le jour suivant, Mary tenta d'étrangler une fillette de onze ans, mais fut interrompue par le père de la fillette qui la chassa hors de sa maison. Il ne lui vint jamais à l'esprit que Mary avait vraiment tenté d'assassiner son enfant. Personne ne soupçonna la petite fille.

Mary se rendit dans la maison où le petit garçon décédé avait vécu et demanda à le voir. Lorsque les parents lui dirent que l'enfant était mort, elle répondit : « Oh, je sais qu'il est mort, je voulais dire : le voir dans son cercueil. »

Neuf semaines plus tard, accompagnée d'une autre fille, Mary étrangla un petit garçon de trois ans, le frappa à l'estomac avec une paire de ciseaux cassés, et après avoir tenté sans succès de le castrer avec, grava la première lettre de son prénom, « M », dans son abdomen. Son corps fut découvert entre des blocs de béton dans un terrain vague. Lorsque Mary se mit à accuser d'autres enfants d'avoir commis le meurtre, elle éveilla les soupçons. Après avoir été emmenée de nuit pour être interrogée par la police, la fillette refusa effrontément de répondre aux questions et exigea des enquêteurs stupéfaits qu'ils appellent un avocat avant qu'elle n'en dise davantage.

Mary Bell fut reconnue « coupable mais irresponsable » par un jury anglais, et condamnée en 1969 à être enfermée pour une période indéterminée dans un établissement psychiatrique.

Sa mère, une prostituée, avait des antécédents psychiatriques, et seulement dix-sept ans lorsqu'elle mit au monde Mary. Elle avait à plusieurs reprises abandonné sa fille à d'autres parents et avait même tenté une fois de la faire adopter. En 1998, dans un entretien avec l'auteur Gitta Sereny, Mary Bell expliqua que sa mère l'avait forcée à faire des fellations à ses clients lorsqu'elle était enfant.

À l'époque, on la décrivait comme une petite fille hautement intelligente et manipulatrice. Elle dit à la policière qui la surveillait qu'elle voulait devenir infirmière pour pouvoir planter des aiguilles dans les gens. « J'aime faire mal aux gens », ajouta-t-elle à cette occasion. Lors de son procès, elle déclara : « Si j'étais juge et que je devais régler le cas d'une fille de onze ans qui a fait ça, je lui donnerais dix-huit mois. Le meurtre, ce n'est pas aussi horrible que ça. On meurt tous un jour, de toute façon[35]. »

Mary Bell fut relâchée à l'âge de vingt-trois ans, en 1980, et eut une fille en 1984, pour la garde de laquelle elle se battit, et qu'elle éleva apparemment de façon aimante. Elle vit aujourd'hui dans l'anonymat, un anonymat renforcé par un recours en justice gagné en 2003, interdisant à la presse de révéler le lieu de résidence et l'identité d'elle-même et de sa fille. Elle reste la plus jeune tueuse en série de toute l'histoire.

Choix des victimes

Traditionnellement, ce choix diffère selon le sexe du serial killer :

COMPARAISON DU CHOIX DES VICTIMES SUIVANT LE SEXE DES MEURTRIERS (1800-1995)[36]

VICTIMES	TUEURS EN SÉRIE	TUEUSES EN SÉRIE
Inconnus seulement	70 %	24 %
Connaissances seulement	8 %	19 %
Famille seulement	3 %	34 %
Inconnus + connaissances et/ou membres de la famille	16 %	23 %

Ces chiffres sont très contrastés. Concrètement, ils confirment le fait que les tueuses en série ont traditionnellement tendance à choisir leurs victimes parmi les êtres chers, ou tout au moins parmi leurs relations, à l'inverse des tueurs qui privilégient, eux, les inconnus.

Néanmoins, depuis 1975 le pourcentage de victimes inconnues de la tueuse en série augmente, et comme ces dernières devancent aujourd'hui légèrement les autres, elles sont classées dans la catégorie préférée pour les tueuses en série : aujourd'hui, 24 à 30 % des victimes sont des inconnus, contre 22 à 25 % des victimes dans le cercle familial, et 11 à 15 % dans le cercle des relations[37].

En termes de types de victimes, lorsqu'elles ne tuent pas des inconnus les femmes choisissent en premier lieu de tuer époux et enfants, suivis des amis, des prétendants, de la belle famille, des mères, des patients à l'hôpital, et des locataires.

Lieux du crime

Alors que seuls 10 % des serial killers tuent dans des lieux spécifiques (entre 16 et 19 % des victimes sont tuées en un certain lieu où elles ont été amenées ou trouvées), ce chiffre grimpe à 32 % pour les tueuses : elles tuent exclusivement dans leur maison ou dans des centres de soins médicaux, par exemple, et ces victimes (qui représentent 42 % de toutes les victimes de tueuses en série) ont été soit attirées là, soit prises au hasard. Le nombre moyen de victimes par tueuse en série agissant en un lieu spécifique est le plus élevé, entre 9 et 13[38].

Les tueuses en série « locales », c'est-à-dire celles qui tuent en différents endroits de la même ville ou du même État, représentent une plus grande proportion des criminelles en série, 45 %, mais ont un nombre moyen de victimes moins élevé : entre 6 et 8 victimes par personne. À noter qu'en ce qui concerne les serial killers locaux, ces chiffres montent à 55 %, et leurs crimes concernant 45 à 48 % des victimes.

Armes favorites

Étant donné qu'elle est la personne qui prépare le plus fréquemment les repas et les boissons, la femme qui tue choisit à une majorité écrasante de donner la mort grâce au poison. Au moins 45 % des femmes s'en sont parfois servies, et 35 % n'ont utilisé que cela. Dans 20 % des cas, c'est une arme à feu qui a été utilisée ; dans 16 % des cas, un objet contondant ; dans 16 % des cas également, la mort a été donnée par asphyxie ; dans 11 % des cas, à coups de couteau ; et dans 5 % des cas, par noyade. La mort par asphyxie seulement a été donnée dans 11 % des cas ; par arme à feu seulement dans 8 % des cas ; et à coups de couteau seulement dans 2 % des cas. Une combinaison des différentes méthodes décrites ci-dessus a été utilisée par 33 % des tueuses en série.

Il existe un contraste bien plus manifeste entre le tueur qui utilise la force, des armes, de la corde, des chaînes, du ruban adhésif et d'autres dispositifs d'entrave afin d'handicaper et de rendre les victimes impuissantes, et la préférence des femmes qui va vers des victimes déjà sans défense ou sans méfiance (enfants, personnes âgées ou malades), ou bien vers l'utilisation de moyens discrets comme le poison, les drogues ou l'asphyxie, alors que la victime dort ou est inconsciente.

Meurtres en série contre meurtres isolés

Il existe des différences évidentes entre les tueuses en série et les meurtrières « ordinaires », qui n'ont tué qu'une seule fois.

Une étude concernant toutes les meurtrières incarcérées a révélé qu'en moyenne 77 % d'entre elles étaient sans emploi lorsqu'elles avaient commis leur méfait, 65 % étaient afro-américaines, et 76 % avaient des enfants. Leur moyenne d'âge était de vingt-sept ans[39]. La meurtrière ordinaire est jeune, pauvre, et tue souvent dans un contexte socio-économique où la violence interpersonnelle est plus fréquente et fait partie de la culture urbaine de respect et d'intimidation.

Or, les statistiques concernant les tueuses en série sont considérablement différentes : 95 % d'entre elles sont blanches, avec une moyenne d'âge de trente ans, seules 8 % déclarent être sans emploi et 10 % d'entre elles sont cadres, 5 % sont des employées qualifiées, 25 % des ouvrières spécialisées, et 11 % se rangent dans la catégorie « autres », c'est-à-dire qu'elles travaillent à leur compte (pour les 41 % restantes, cela reste indéterminé)[40]. Leur classe socio-économique plus élevée, la violence interpersonnelle y étant moins la norme, laisse à penser qu'une forme de psychopathologie se cache derrière leurs crimes. Ces femmes appartenant fréquemment à la classe moyenne ont réfléchi à leurs meurtres et les ont planifiés avec soin, et sont bien loin des pressions de la rue.

Les mobiles apparents de ces deux catégories de meurtrières diffèrent également considérablement. En moyenne, 74 % des tueuses en séries analysées dans cette étude semblaient avoir été au moins en partie motivées par le gain matériel, ce qui est à la fois le triste reflet des aspirations de la classe moyenne et un phénomène comportemental de celles qui désirent contrôler leurs victimes après la mort en s'emparant de leurs biens[41].

La comparaison des tueurs et des tueuses en série dans leur enfance

Une étude du FBI a révélé que les tueurs en série et les meurtriers sexuels venaient souvent de milieux familiaux instables, dans lesquels le lien parents-enfant a fort probablement été perturbé. Seuls 57 % des serial killers avaient leurs deux parents à la naissance, et 47 % d'entre eux virent leur père quitter le foyer avant l'âge de douze ans. Dans 66 % des cas, la mère célibataire constituait le seul parent et 44 % d'entre eux entretenaient avec elle de mauvaises relations. Dans le cas du père ou d'une figure paternelle, ces mauvaises relations s'élevaient à 72 % des criminels sexuels condamnés.

Sur les dix tueuses en série dont les données sur l'enfance ont été fournies et compilées dans l'étude Keeney-Heide, 40 % avaient été adoptées par des personnes en dehors du cercle familial, 40 % avaient été élevées dans des foyers non traditionnels composés de membres de la famille et de personnes extérieures à la famille, et seulement 20 % avaient étéélevées dans des familles traditionnelles, par leurs deux parents biologiques, jusqu'à l'âge de dix-huit[42] ans.

Le passé des parents joua également un grand rôle dans l'avenir de l'enfant. Une étude de la faculté de médecine de Washington a rapporté que les enfants biologiques de parents ayant un casier judiciaire ont quatre fois plus de chances de commettre des délits eux-mêmes une fois adultes, même s'ils ont été adoptés par des parents respectueux de la loi ! L'étude du FBI démontrait que 50 % des criminels avaient des parents ayant un casier judiciaire et 53 % venaient de familles ayant des antécédents psychiatriques[43].

L'étude de Schurman-Kauflin indiquait quant à elle que 71 % des tueuses en série analysées étaient nées dans des familles ayant des antécédents d'alcoolisme et d'usage de stupéfiants. Néanmoins, seules 14 % avaient des parents ayant un casier judiciaire ou des antécédents psychiatriques – mais cela ne représente qu'une femme sur sept dans cette étude, et il s'avère donc impossible d'en tirer des conclusions fiables.

Traumatismes de l'enfance

Nombreux sont les serial killers à avoir connu des enfances traumatisantes : 42 % ont signalé des sévices physiques, 74 % des sévices psychologiques, et 35 % ont signalé avoir été témoins dans leur enfance de violences sexuelles alors que 43 % disent avoir subi des sévices sexuels eux-mêmes. Des « événements éprouvants sur le plan sexuel » ont été mentionnés par 73 % des criminels sexuels et 50 % d'entre eux ont admis que leurs premiers fantasmes de viol sont apparus entre l'âge de douze et quatorze ans.

Un total de 100 % des criminelles récidivistes (7/7) étudiées par Keeney et Heide ont signalé des maltraitances physiques, psychologiques et sexuelles dans leur enfance, et 71 % dans leur adolescence. Quatre femmes (57 %) ont identifié des personnes extérieures au cercle familial comme étant l'auteur de ces sévices, et dans deux cas (29 %), ce dernier faisait partie de la famille. L'étude rend compte de données se rapportant à huit tueuses en série ; cinq d'entre elles (63 %) ont signalé des sévices sexuels, avant l'âge de dix-huit ans (sauf pour une) ; quatre d'entre elles ont signalé des maltraitances physiques (50 %), et deux ont signalé avoir été témoins de violences ou de sévices sexuels dans le cadre familial (25 %).

La « Triade MacDonald » : cruauté envers les animaux, pyromanie et incontinence nocturne

La cruauté envers les animaux, la pyromanie et l'énurésie sont un ensemble de comportements (dénommés la « triade Macdonald », d'après le nom du psychiatre qui les a déterminés) que l'on retrouve le plus souvent dans les antécédents des serial killers. L'apparition de ces trois signaux pourrait suggérer une probabilité plus grande de se trouver face à un futur adulte violent. L'un des attributs les plus courants de l'enfance des serial killers est le fait de torturer et de tuer des petits animaux. L'étude du FBI indiquait que 36 % des sujets masculins avaient fait preuve de cruauté envers des animaux alors qu'ils étaient enfants, et 46 % alors qu'ils étaient adolescents.

Il semblerait que l'on n'ait pas encore fait d'étude rapprochant cette triade de comportements et l'enfance des tueuses en série, mais Schurman-Kauflin signale des actes de cruauté envers les animaux chez ses sujets féminins. Deux femmes ont mentionné avoir pendu des chats, une en avoir noyé, deux en avoir étranglé, et une en avoir éviscéré un avec un couteau. La dernière femme de l'étude dit avoir lapidé le chien de sa mère.

La nature de l'agression chez les jeunes filles

L'une des raisons pour lesquelles la triade classique de comportements ne peut s'appliquer aux petites filles et aux adolescentes réside dans le fait que l'agression féminine revêt une forme différente chez les jeunes filles, et que les différences perdurent à l'âge adulte. Les femmes agressent fréquemment à travers les autres : en manipulant d'autres personnes pour qu'elles commettent un acte violent ou en manipulant les circonstances entourant la victime visée afin de l'exposer au danger.

Des études récemment publiées concernant la violence féminine dans plusieurs sociétés, qu'elles soient primitives ou civilisées, mettent au jour le fait que les petites filles d'âge préscolaire sont aussi violentes que leurs frères. Elles sont tout aussi prêtes à pousser, frapper et se servir de leur force physique pour atteindre leur objectif. Mais lorsqu'elles atteignent l'âge de dix ou onze ans, il semble que les filles deviennent moins agressives sur le plan physique.

Cela ne signifie pas qu'elles ne le sont plus du tout à cet âge-là, mais plutôt que la nature de leur agression commence à changer par rapport à celle des garçons. Chez ceux-ci, on encourage les démonstrations publiques d'agressivité, alors que les filles commencent à utiliser leurs talents linguistiques et sociaux fraîchement acquis pour expérimenter l'agression sur le mode de la discrétion. Elles pratiquent l'agression indirecte ou « masquée », en manipulant d'autres personnes pour qu'elles attaquent ou en se servant d'une quelconque manière de la structure sociale afin de faire du mal à la victime choisie[44]. Le lancement de ragots et l'échange de petits mots blessants à l'encontre d'une tierce personne, l'exclusion de la victime d'un groupe, les campagnes de dénigrement et plus récemment la création de sites Internet haineux sont autant de moyens courants pour véhiculer l'agression féminine, et parfois ces formes de violence peuvent avoir des répercussions physiques très graves.

Ilsa Glazer, une anthropologue, a remarqué qu'en Israël comme en Zambie, les femmes leaders ont tendance à médire et à faire des autres femmes ambitieuses qui leur sont subordonnées des boucs émissaires, pour tenter de les exclure du pouvoir. Dans la Palestine voisine, où des femmes sont souvent assassinées par leur père ou leurs frères pour « laver l'honneur de la famille », Glazer a découvert qu'à l'origine de l'acte meurtrier on trouvait en fait des femmes qui avaient d'abord fait circuler des accusations sous forme de commérages, ce qui avait poussé les hommes à agir[45]. Dans les gangs d'Amérique du Nord, les filles sont parfois les instigatrices de la violence en « débinant » quelqu'un délibérément et de façon calculée, obligeant ainsi leur petit ami à commettre un acte violent. Ce genre de signe attire l'attention sur la notion plus ancienne de « criminalité masquée » chez les femmes, dans laquelle on perçoit la criminelle comme l'instigatrice et celle qui a inspiré la violence, plutôt que comme celle qui y a directement pris part[46].

Obésité, solitude et fantasmes chez la tueuse en série

Schurman-Kauflin indique également que 100 % des criminelles interrogées ont signalé une obésité dans l'enfance et 43 % de l'acné à l'adolescence. Aujourd'hui, l'obésité est un phénomène malheureusement bien trop répandu, mais à l'époque où ces femmes grandissaient, cela a pu, avec l'acné, contribuer plus gravement encore à leur sentiment d'isolement social.

Et ce sentiment, la solitude, est sans doute la caractéristique la plus courante lorsqu'on observe l'enfance des serial killers, hommes ou femmes. C'est lorsqu'ils sont isolés de leurs camarades de jeu et de leurs pairs que les futurs serial killers se mettent à ressasser des fantasmes violents de vengeance et de domination si intimement liés à leur manque d'amour-propre. Et le fantasme semble être l'une des clés.

L'étude du FBI concernant les criminels sexuels rejeta la notion selon laquelle leurs actes étaient une réponse « défensive-réactive » à des expériences très graves de maltraitance. Ce qui dérangeait les psychanalystes du FBI était le fait que tous les serial killers interrogés n'avaient pas subi de graves sévices dans l'enfance. Ils en conclurent donc que les tueurs en série se « programmaient » ou se conditionnaient dans l'enfance à devenir des meurtriers, en s'enfermant progressivement dans un cercle vicieux de fantasmes qui vont en s'intensifiant. Les traits de caractère qu'ont le plus en commun les serial killers dans l'enfance, et qui se prolongent également dans l'adolescence et l'âge adulte, sont une tendance à la rêverie et à la masturbation compulsive. La rêverie est définie dans l'étude comme

« toute activité cognitive représentant un détournement de l'attention d'une tâche » ; le fantasme, quant à lui, est plus précisément une pensée élaborée causant une grande préoccupation, parfois exprimée en images, ou en sentiments seulement, et qui est ancrée dans le processus de rêverie[47]. L'étude révéla que 82 % des criminels étaient enclins à la rêverie dans leur enfance. Le même pourcentage avait signalé un problème de masturbation compulsive (accompagnant probablement les rêveries)[48]. En atteignant l'adolescence puis l'âge adulte, 1 % d'entre eux seulement avait laissé tomber ces deux activités.

Les fantasmes sont là pour soulager l'anxiété et la peur et quasiment tout le monde en a, à un degré ou à un autre. Il est compréhensible que les sévices subis par un enfant éveillent des fantasmes agressifs dans lequel il va développer un certain pouvoir et trouver les moyens de détruire son bourreau. Mais l'élément déclencheur de ces fantasmes n'a pas spécifiquement besoin d'être un événement particulièrement violent ou apparenté à la grave maltraitance : des incidents relativement banals tels que le divorce des parents, une maladie survenue dans la famille, voire le rejet d'un ami, peuvent donner à l'enfant une sensation de perte de contrôle, d'anxiété et de peur, et par conséquent provoquer des fantasmes agressifs qui servent à gérer le stress.

Ce n'est qu'à ce stade que les autres facteurs constatés dans l'enfance des serial killers entrent en action. L'enfant qui manque de liens ou de contacts avec les autres va intérioriser le fantasme et brouiller la frontière séparant fantasme et réalité. Seul dans son monde intime, il se met à répéter et à préciser le fantasme, ce qui le réconforte, tout en diminuant continuellement la distance séparant celui-ci de la réalité. Parmi les tueurs interrogés par le FBI, 71 % ont parlé d'un sentiment d'isolement dans leur enfance, sentiment qui augmenta apparemment à l'adolescence, jusqu'à atteindre les 77 %[49]. Une telle augmentation de l'isolement social ne peut qu'encourager une dépendance au fantasme pour pallier les rencontres avec d'autres êtres humains. Schurman-Kauflin nota que 100 % de ses sujets féminins se souvenaient d'avoir été isolées des autres durant l'enfance, l'adolescence puis à l'âge adulte, et que le temps qu'elles avaient passé seules était employé à s'aventurer dans des fantasmes violents.

Le développement de la personnalité de l'individu devient dépendant des périodes de fantasmes et de leurs thèmes, plutôt que des interactions avec la société. L'évasion et le contrôle absolus que l'enfant ressent dans son monde imaginaire finissent par créer une dépendance, en particulier s'il est en état de stress permanent.

Si l'un des fantasmes mêle la violence, la vengeance ou le meurtre, ces derniers finissent par faire partie de la dépendance et lorsqu'ils sont associés à la masturbation, un composant sexuel vient s'ajouter au fantasme. Ce processus est une forme de conditionnement fermement ancrée, dans lequel l'association répétée de signaux fantasmés à un orgasme conduit à ce que ces signaux acquièrent des propriétés de stimulation sexuelle. Violence et pulsions sexuelles se fondent en une obsession meurtrière, qui est souvent gardée secrète. Ainsi que l'a indiqué l'un des tueurs dans l'étude du FBI, « personne ne s'est donné la peine de comprendre quel était mon problème, et personne ne savait pour le monde imaginaire ».

Les données concernant les fantasmes des tueuses en

série sont tout à fait insuffisantes, et très rares sont les études sur le lien entre fantasmes et masturbation chez l'adolescente. Néanmoins, les sept femmes de l'étude Schurman-Kauflin ont admis avoir eu des fantasmes de meurtres dans leur enfance. Le fantasme apparaît donc comme un composant crucial de l'enfance de la tueuse en série, ce qui laisse à penser que non seulement il est le résultat de l'isolement social, mais aussi qu'il y contribue. Toujours dans cette étude, au moins un des sujets a expliqué avoir été consciente du caractère inopportun de ses fantasmes de meurtre envers les autres, ce qui contribua à l'éloigner encore plus des contacts sociaux[50]. Cela, manifestement, confirme le fait que les tueuses en série ne se bercent pas d'illusions : elles sont pleinement conscientes de la nature de leurs fantasmes.

Schurman-Kauflin explique que plusieurs des femmes interrogées ont confié avoir eu au départ des fantasmes simples et vagues comportant le meurtre d'un être humain, ainsi qu'une méthode spécifique pour y parvenir. Cinq d'entre elles déclarèrent avoir fantasmé d'étrangler ou d'asphyxier leur victime, une autre de lui tirer dessus avec une arme à feu, et le dernier sujet refusa de donner les détails. Au début, ces fantasmes ne reposaient pas sur un individu identifiable, mais sur des victimes génériques : des enfants, des hommes, des personnes âgées, des femmes, etc. Mais après avoir fantasmé de façon générique pendant des mois, ces femmes expliquèrent avoir commencé à faire une fixation sur un individu spécifique, en général quelqu'un qu'elles connaissaient[51].

Plus l'instant du meurtre se rapprochait pour ces femmes, plus les fantasmes devenaient détaillés et élaborés. Ils finirent par intégrer concrètement le MO à utiliser pour s'assurer que le meurtre ne serait pas soupçonné et que les preuves seraient détruites. Les fantasmes devinrent de plus en plus violents, détaillés, répétitifs et envahissants, jusqu'à se transformer peu à peu en véritable plan. Lorsqu'il n'y eut plus rien à élaborer, la criminelle passa à l'étape suivante : la concrétisation de ses fantasmes de meurtre.

Plusieurs des femmes interrogées dans l'étude ont admis avoir fait des recherches méticuleuses dans les domaines des pathologies médico-légales, des procédures d'enquête et de la criminologie avant de commettre leurs actes. Elles ont déclaré avoir constaté une hausse de leur amour-propre face au succès de leurs meurtres : elles faisaient quelque chose que personne d'autre n'était capable de faire.

Puis un jour, dans un schéma typique de tous les serial killers, les problèmes de la vie quotidienne finissaient par submerger l'euphorie qu'elles avaient ressentie à la suite du succès de leur crime. Elles replongeaient dans la dépression et l'isolement et, en quête de réconfort, se remettaient à fantasmer. C'est là que le cycle meurtrier recommençait.

L'étude de Schurman-Kauflin pose problème : elle n'avait à sa disposition que sept sujets, ce qui donne des pourcentages quelque peu trompeurs. En outre, tous ses sujets n'étaient pas des tueuses en série – au moins une était l'auteur d'un massacre, ce qui implique une dynamique psychologique très différente, plus proche du suicide que du meurtre en série.

L'étude de Keeney et Heide pose également problème car elle repose sur des comptes-rendus et des reportages comme base de données sur les criminelles. Ces études, cependant, sont les meilleures que nous ayons à notre disposition, mais elles ne sont en rien comparables à celle menée par des agents du FBI sur vingt-neuf tueurs en série.

Malgré ce défaut de parité entre études sur les hommes et sur les femmes, cet aspect ne devrait pas totalement éclipser notre compréhension des tueuses en série. Bien qu'il existe des différences notables, une bonne partie de la psychopathologie des femmes est similaire à celle des hommes, et ce que nous savons des tueurs en série peut souvent être appliqué aux tueuses en série.

Comment on devient un serial killer

Une majorité écrasante de serial killers a connu une enfance traumatisante, généralement sous la forme de sévices physiques et sexuels. Cet état de fait s'applique autant aux hommes qu'aux femmes (à l'exception des partenaires féminines des tueurs). Cette observation n'est pas faite dans le but de défendre le serial killer – bien des enfants subissent des sévices sans pour autant en devenir un. Mais il est vrai que les enfants maltraités peuvent développer des états psychologiques facilitant l'émergence d'un serial killer, la psychopathie en particulier, dont nous allons parler ci-dessous en détail.

Une vie familiale chaotique et instable par le passé est un trait commun à la majeure partie des serial killers. La plupart d'entre eux sont issus de foyers désunis avec des parents ayant fréquemment des antécédents d'usage de stupéfiants ou d'alcoolisme, ainsi que de criminalité.

D'autre part, une perturbation précoce de l'attachement physique et émotionnel d'un enfant à sa mère, ou même à son père, peut occasionner des troubles du comportement à vie. Il existe des cas d'enfants adoptés qui ont été élevés dans des familles apparemment stables et aimantes, et qui deviennent quand même par la suite des serial killers. Des dégâts irréparables avaient déjà été causés avant même l'adoption, alors que l'enfant n'était encore qu'un nourrisson. Mais, de nouveau, aucun de ces facteurs pris seul ne suffit à expliquer ce qui se trame dans la tête d'un serial killer, car parallèlement il y a des centaines de milliers d'enfants adoptés qui ne deviennent jamais des meurtriers !

Des lésions cérébrales peuvent être à l'origine de violents troubles du comportement, et de nombreux serial killers ont été blessés à la tête étant enfants ou à une époque plus récente, juste avant le début des meurtres. Mais ici encore ce ne peut être la seule *cause* de leur comportement meurtrier : d'autres troubles du comportement sont bien souvent déjà présents, et la vaste majorité des gens ayant souffert de lésions cérébrales ne deviennent pas des tueurs.

En revanche, les tests faits sur les serial killers révèlent souvent la présence dans leur corps, à un taux anormalement élevé, de produits chimiques que l'on associe d'habitude à la dépression ou aux troubles obsessionnels compulsifs, comme les monoamines oxydases (MAO) et la sérotonine. Parmi les autres découvertes faites sur les états biochimique et physiologique des serial killers, on trouve une inhibition de l'éveil cortical, des anomalies de l'électroencéphalogramme[52], une anomalie chromosomique (présence d'un chromosome Y supplémentaire) et des taux élevés de kryptopyrrole (bile), un marqueur biochimique rare que l'on retrouve parfois dans les dysfonctionnements mentaux graves : en d'autres termes, un métabolite humain naturel ayant une structure chimique similaire à des substances fabriquées par l'homme et au LSD[53].

Il y a également lieu de penser que pourrait exister une sorte de malformation génétique congénitale occasionnant des lésions cérébrales commune à de nombreux serial killers. Une étude a révélé vingt-trois malformations physiques communes à tous les serial killers analysés, parmi lesquelles des extrémités de doigts renflées, des cheveux fins ou électriques impossibles à discipliner, des épis, une circonférence du crâne plus grande que la normale, une malformation des oreilles, un petit doigt infléchi, un palais ogival, une pliure transversale de la paume unique, le troisième orteil plus long ou aussi long que le deuxième, et des anomalies des dents et de la texture de la peau[54].

Enfin, la solitude, une incapacité à s'attacher à ses pairs, le rejet social et l'isolement, en association avec l'émergence de fantasmes violents, caractérisent l'enfance de la plupart des serial killers. Mais c'est un peu la vieille histoire de l'œuf et de la poule : qu'est-ce qui arrive en premier ? Le rejet des pairs qui conduit à des troubles du comportement ou les troubles du comportement qui mènent au rejet des pairs ? Ou bien un cycle des deux ? De nouveau, tous les enfants solitaires ne deviennent pas des serial killers – certains se contentent seulement d'écrire des livres à leur propos.

La théorie qui prédomine est qu'il existe un équilibre fragile entre une enfance chaotique ou maltraitée, une perturbation des liens avec les parents et avec les pairs et des facteurs biochimiques qui peuvent déclencher un comportement meurtrier. Des facteurs sociaux sains peuvent intervenir chez un individu instable sur le plan biochimique et par ailleurs prédisposé au comportement criminel ; ou bien, des éléments biochimiques sains peuvent protéger un individu ayant eu une enfance turbulente de devenir un tueur.

Les criminels violents apparaissent lorsque tous ces éléments, ou une grande partie d'entre eux, se retrouvent déséquilibrés. Cette théorie fait bien des détours pour démontrer pourquoi certains enfants ayant des enfances difficiles ne deviennent pas des serial killers en grandissant, ou pourquoi tous ceux qui se sont un jour blessés à la tête ne se comportent pas de façon criminelle. Elle nous donne également des indices sur le genre ou le profil du serial killer qui se dégage, comme lorsque l'on règle les basses et les aigus sur une chaîne stéréo. Certains tueurs sont pleins d'assurance et très organisés ; d'autres sont d'une timidité maladive et complètement chaotiques. Les différents degrés et combinaisons des facteurs de l'enfance que l'on vient de détailler peuvent non seulement « produire » un serial killer, mais aussi déterminer quel genre de tueur (se), il (ou elle) sera.

Les serial killers psychopathes

Les serial killers sont en vaste majorité des psychopathes. Mais il est important tout d'abord de faire le distinguo avec les psychotiques, qui sont beaucoup plus rares du fait de leur état mental, peu compatible avec une longue carrière de meurtrier en série. Ces derniers sont en effet plus un danger pour eux-mêmes que pour les autres car ils n'ont pas conscience de la réalité et agissent sous l'impulsion de voix dans leur tête et d'hallucinations – ils sont donc rarement capables de maintenir l'apparence de normalité dont le serial killer a besoin dans les périodes où il ne tue pas.

Les psychopathes, eux, sont des créatures totalement

différentes. Pleinement conscients de la réalité, ils comprennent profondément la nature malfaisante de leurs actes mais n'en ont simplement rien à faire. Ce qui rapproche le plus les psychopathes de la démence, ce sont leurs fantasmes et leur incapacité à résister à leur réalisation, qui est compulsive. Cependant, ces fantasmes ne sont pas délirants. Les serial killers psychopathes sont parfaitement conscients de la nature criminelle des fantasmes qu'ils entretiennent.

En substance, ils sont incapables de ressentir le registre habituel d'émotions, mais ce n'est pas tout : les psychopathes sont capables de *simuler*, sur diverses périodes, ces émotions. Ils donnent des témoignages d'affection, de compassion, d'amour et de bienveillance très convaincants. C'est ce qu'on appelle le « masque de raison » (*mask of sanity*). Ils apprennent à invoquer un répertoire d'émotions simulées pour les autres, alors qu'en eux-mêmes ils ne ressentent rien ou bien des émotions totalement contraires. Cet élément est crucial pour comprendre les tueuses en série, étant donné qu'un si grand nombre d'entre elles tuent des personnes avec lesquelles elles sont en apparence intimes. Pour elles, cette intimité peut être en tout point simulée.

La nature unique de la psychopathie a été identifiée depuis au moins trois siècles. En France à la fin du XVIIIe siècle, celui que l'on nomme souvent « le père de la psychiatrie moderne », Philippe Pinel, remarqua que certains de ses patients commettaient des actes impulsifs destructeurs en dépit de leur conscience de la nature irrationnelle et malfaisante de ceux-ci. Les capacités de raisonnement de ces patients ne semblaient pas être diminuées, et Pinel appela ce trouble « manie sans délire ».

La question de la santé mentale

En droit pénal, la notion de démence comme argument de défense remonte au Moyen Âge, mais elle fut officialisée en droit moderne avec la loi anglaise M'Naghten de 1843, ainsi nommée d'après Daniel M'Naghten, un malade mental qui avait assassiné mais fut reconnu non coupable au motif de sa démence, et enfermé dans un asile psychiatrique. Elle sert dans bien des pays occidentaux encore aujourd'hui, y compris aux États-Unis, pour plaider la démence au tribunal. La loi stipule que pour réussir à établir une défense au motif de la démence :

> Il doit être clairement prouvé qu'au moment de commettre l'acte délictueux, l'accusé était victime d'un défaut de la raison (causé par une maladie mentale) tel, qu'il ne connaissait ni la nature ni la qualité de ses actes ; ou bien, s'il la connaissait, qu'il ne savait pas qu'il était en train de faire quelque chose de mal[55].

La loi M'Naghten ne décrit pas clairement les psychopathes comme pleinement conscients de « la nature et la qualitédes actes » commis. Néanmoins, à une époque les tribunaux acceptaient des psychopathes qu'ils plaident la folie en se fondant essentiellement sur l'argument selon lequel ils souffraient d'une « impulsion irrésistible » de meurtre. Au XIXe siècle, la psychopathie était décrite comme « une démence ou une débilité morale », et constituait une raison valable de plaider la folie.

Dans les années 1970 aux États-Unis, face à un nombre croissant de serial killers, les jurés commencèrent à rejeter cette idée de démence et d'« impulsion irrésistible », car ils craignaient que les accusés ne finissent par être libérés de leur incarcération en établissement psychiatrique. En 1984, après l'acquittement de John Hinckley au motif de la folie pour sa tentative de meurtre à l'encontre du président Reagan, le Congrès vota une loi qui excluait de façon probante l'idée d'« impulsion irrésistible », lorsque la défense choisissait de plaider la démence.

Le dernier procès important de meurtres en série où ce motif fut invoqué date de 1992 et concerne Jeffrey Dahmer, accusé des meurtres de quinze hommes et garçons. Dahmer gardait certaines parties des corps dans son réfrigérateur, en dégustant un bout de temps à autre. Il construisait des autels à partir des crânes et réduisait les restes des cadavres en les plongeant dans des bidons d'acide entreposés dans sa chambre, pour les garder comme trophées. Il avait également tenté de transformer plusieurs de ses victimes encore en vie en zombies sexuels, en forant un trou dans leur crâne pour y injecter de l'acide. On pourrait se dire : si ça ce n'est pas être dément, alors qu'est-ce qui l'est ? C'est exactement l'argument que son avocat tenta de mettre en avant ; sans succès*.

Aucune tueuse en série des temps modernes, autant qu'on le sache, ne s'est même approchée du genre de comportement épouvantable d'un Jeffrey Dahmer. Plaider la démence est même devenu rare dans les procès de serial killers, hommes ou femmes – peu importe le degré d'abomination et de « folie » de leurs actes en apparence. Cependant, certaines tueuses en série ont

* Les jurés suivirent les recommandations du procureur et le condamnèrent à 957 ans de prison ; il fut assassiné deux ans plus tard dans sa cellule par son codétenu. (*N.D.T.*)

tenté d'alléger leur condamnation en arguant du fait qu'elles souffraient du syndrome de la femme battue, qui avait occasionné une démence temporaire.

En résumé

- Les meurtres en série, qu'ils soient perpétrés par des hommes ou des femmes, se résument bien souvent simplement à une question de pouvoir. Le genre le plus répandu de gratification recherché par les serial killers est un sentiment de contrôle et de pouvoir sur leurs victimes – jusqu'au point ultime de vie et de mort. Le meurtrier sexuel sadique cherchant à affirmer contrôle et pouvoir compose la catégorie la plus grande de criminels, soit 38 % des près de 2 500 délinquants sexuels incarcérés aux États-Unis (qu'ils aient commis un seul délit ou plusieurs)[56].

- La satisfaction sexuelle telle que vous et moi l'envisageons n'est pas la motivation première de l'agression sexuelle pour ce genre de criminels. Celle-ci n'est que l'un des moyens utilisés par le criminel pour humilier et dominer sa victime, ce qui explique en partie pourquoi ces agresseurs n'éjaculent pas lors d'un viol (et la réalité n'est probablement jamais autant satisfaisante que le fantasme).

- Pour certains serial killers, le meurtre ne fait pas partie du fantasme. Il devient simplement un effet collatéral de l'escalade de la violence, qu'ils infligent en premier lieu dans le but de contrôler, posséder et humilier la victime. Le meurtre peut parfois prendre la forme d'une pensée après coup, ou même être complètement oublié par l'agresseur, car l'individu recherchant le pouvoir et le contrôle perd tout intérêt en la victime une fois l'agression finie. En clair, il se fiche complètement de savoir si elle est morte ou vive.

- Toutes ces données compliquent la compréhension des motivations des tueuses en série. Ce serait se fourvoyer que de supposer que le meurtre est le fantasme ultime de tout serial killer, à la manière du désir sexuel pour le violeur. Ça l'est pour certains, mais pas pour tous : la clé de tout, c'est le pouvoir. Jusqu'à présent, on présumait que les motivations des tueuses en série étaient diamétralement opposées à celles des tueurs, étant donné que les femmes se servent rarement de l'agression sexuelle comme moyen de contrôle. On hésitait même à qualifier les meurtrières de serial killers pour cette raison. Mais ce genre de pensée limitée a heureusement moins de prise sur l'analyse médico-légale du meurtre en série, aujourd'hui. Nous commençons à comprendre que les meurtrières sont capables de tuer pour beaucoup de raisons communes aux meurtriers.

- Le scénario le plus plausible est qu'on peut appliquer des motivations similaires aux hommes et aux femmes, mais c'est le *mode d'expression* qui diffère. Ainsi, si les hommes recherchant pouvoir et contrôle expriment leurs fantasmes de domination par le biais de l'agression sexuelle, qui peut finir en meurtre (ou non), la plupart des criminelles omettent le composant sexuel « expressif » et en viennent tout de suite au meurtre et au vol. Le plaisir du meurtrier à la recherche de contrôle et de pouvoir est assouvi par la domination sur sa victime, obtenue par le viol et la violence physique ; le plaisir de la meurtrière, quant à lui, est assouvi par la mort à proprement parler de sa victime, puis par la saisie de ses biens. Alors que le premier a besoin d'attacher, d'enfermer et d'agresser physiquement, la seconde se satisfait d'un assassinat à distance, par le poison, la manipulation ou la rémunération d'autres personnes pour le faire. C'est le résultat, plus que le processus, qui plaît le plus à la meurtrière. Se désintéressant du processus, elle a tendance à laisser une signature qui n'est pas manifeste, en dehors du meurtre lui-même.

2

En quête de pouvoir, de profit et de désir

Une brève histoire des tueuses en série

Dans notre tête, le serial killer est immanquablement associé aux temps modernes. On l'imagine comme un produit engendré par l'urbanisation galopante de la société, charriant dans son sillage une masse de gens sans visage – une situation qui à l'époque de la révolution industrielle devait être tellement tentante pour les âmes malades ou perdues, ainsi en mesure de concrétiser sous couvert de l'anonymat leurs fantasmes meurtriers les plus sombres et les plus primitifs, aux dépens des faibles et des personnes dispensables. Chaque atrocité était rapportée de la façon la plus salace possible par les médias naissants, ce qui alimentait l'imagination vorace de la vague montante de monstres récidivistes et de leurs victimes.

Or, le meurtre en série est en fait une activité qui remonte aux débuts de l'histoire écrite, à la fois dans les cités *et* les campagnes, et donc bien avant l'ère industrielle. Le nombre de ses adeptes a varié à différentes époques et dans différentes catégories de la société. Les premières traces de serial killers de l'histoire sont à chercher parmi les despotes, dictateurs, empereurs et aristocrates du Vieux Monde, qui avaient littéralement le pouvoir de vie et de mort sur leurs sujets. Nombreux sont ceux qui semblent avoir tué uniquement parce qu'ils étaient en mesure de le faire. C'est précisément le genre de pouvoir impérial que tant de serial killers d'aujourd'hui fantasment d'exercer sur leurs victimes.

Est-ce que les gens ordinaires commettaient des meurtres en série, autrefois ? L'individu moyen, dans les temps anciens, était considérablement occupé par des tâches qui vont pour nous de soi, comme trouver de la nourriture, se construire un toit et l'entretenir, éviter les maladies et les épidémies, se procurer de quoi payer les impôts divers et variés auxquels il était assujetti et repousser les ennemis dont l'objectif était l'assassinat, le pillage ou la capture des hommes pour les asservir. Il n'avait donc probablement pas beaucoup de temps libre pour ressasser des fantasmes sexuels et meurtriers compulsifs. Seule l'aristocratie pouvait se permettre ce luxe.

Mais, s'il y eut des serial killers parmi la plèbe, leurs méfaits ne furent de toute façon signalés ou rapportés nulle part. Jusqu'à une époque très récente, l'histoire était la plupart du temps écrite par les élites, pour les élites, et à leur sujet – en résumé, cela concernait les faits des princes, leurs royaumes, leurs empires et les fortunes amassées. L'homme du peuple était sans importance, mis à part au temps de la récolte ou de la levée des impôts.

Manifestement, il dut exister des hommes du peuple qui tuèrent à de multiples reprises, et certains cas, ayant pris la forme de monstres, sont imprimés dans notre imagination collective : des loups-garous déchirant, mutilant et mangeant de la chair humaine, ou bien des vampires mordant, aspirant et buvant le sang de leurs victimes. Cela ne représente qu'une infime partie de l'horrible variété d'actes macabres dont les serial killers sont capables en réalité : de vraies histoires d'épouvante. Et pour énigmatiques qu'ils devaient être à l'époque, aujourd'hui encore ces actes sont expliqués quasiment de la même façon, à savoir comme des actes incompréhensibles perpétrés par des monstres. Le serial killer des temps modernes est sans nul doute notre monstre profane.

Ce fut au XVIIIe et au XIXe siècle que l'on commença à donner à ces monstres des identités humaines ainsi que des noms précis lorsque cela était possible, et des surnoms individuels lorsque cela ne l'était pas. Qu'un Jack l'Éventreur apparaisse dans le Londres des années 1880 (alors la capitale mondiale de la presse) n'est pas une coïncidence. C'est seulement avec l'avènement de l'impression à bon marché, qui eut pour conséquence l'expansion des médias populaires sous la forme de romans, de pamphlets, de brochures puis de journaux, que les monstres commencèrent à être identifiés en tant que personnes concrètes, et non plus en tant que créatures mystiques et animales rôdant dans les forêts sombres.

Jack l'Éventreur est donc réellement le premier serial killer de l'ère industrielle à avoir eu une renommée certaine inscrite dans la durée, en dépit du fait qu'il y en eut bien d'autres avant et après lui, et que la plupart étaient des femmes, comme nous allons le voir[57].

Pendant près d'un siècle, notre conception populaire des serial killers s'est construite à travers Jack l'Éventreur, jusqu'aux années 1970 et l'apparition de Ted Bundy, qui fit entrer le meurtre en série dans une nouvelle ère. Le premier serial killer postmoderne : un jeune homme beau et avenant, au visage d'ange et aux diplômes universitaires, quelqu'un qui n'aurait jamais dû être un tueur en série. Il ressemblait trop à tellement d'entre nous ! Par opposition, Aileen Wuornos est notre tueuse en série postmoderne ; nous verrons cela en détail dans le prochain chapitre.

Les tueuses en série des temps anciens

Inévitablement, les premières chroniques relatant les méfaits de tueuses en série nous transportent dans le milieu de l'aristocratie, car c'est de là qu'une poignée de récits historiques sont parvenus jusqu'à nous.

Les noms de certains tyrans assassins, comme Caligula, Ivan le Terrible, Attila le Hun, Vlad l'Empaleur, Hitler, Staline, Pol Pot, Pinochet ou Saddam Hussein, nous sont infiniment familiers. Mais il n'en va pas de même pour leurs équivalents au féminin, qui sont parfois même simplement inexistants – du moins c'est ce que l'on croyait. Les femmes assassines ne pouvaient exister car (souvenez-vous) elles n'étaient a priori capables que de violence « expressive » mue par les émotions.

La Bible est le plus fidèle reflet des chemins secrets dans lesquels s'est aventurée la psyché occidentale, et c'est là qu'on trouve Salomé, la meurtrière qui obtint la tête de Jean-Baptiste (au sens propre) parce qu'il avait osé condamner le mariage « adultère » de la mère de celle-ci au roi Hérode. Le personnage de Salomé est l'exemple typique de cette notion, profondément ancrée dans notre culture, de violence féminine expressive[58]. Jean-Baptiste perdit sa tête car Salomé se laissa trop guider par ses sentiments.

Mais si l'on examine de plus près les récits historiques, on découvre toute une variété de meurtres commis par des femmes ainsi qu'un nombre conséquent d'exemples d'actes de violence « constructive » soigneusement planifiés. Les femmes y sont révélées comme cherchant froidement à atteindre les mêmes objectifs que leurs homologues masculins, à savoir la domination, le pouvoir et la richesse. Mais jusqu'à quel point reines et impératrices étaient-elles atteintes de psychopathologies ? Ou sont-elles plus simplement le fruit de leurs époques ?

Si la psyché de la civilisation occidentale se dessine dans la Bible, alors son épine dorsale est à chercher du côté de l'Empire romain. Nul endroit n'est plus approprié pour aller à la rencontre des premières tueuses en série que Rome.

L'empire de la mort : meurtres en série commis par des femmes dans l'antiquité

Il y a environ deux millénaires, les empereurs romains Caligula et Néron régnèrent dans les années suivant immédiatement la mort du Christ (vers l'an 33). Ces deux hommes incarnent la profonde folie qui s'était emparée de la Rome impériale, et qui précipita sa chute – la soif de sang de dirigeants psychopathes qui épousèrent, violèrent et assassinèrent des membres de leur famille aussi aisément que des inconnus, pour servir leurs ambitions de pouvoir et par amusement.

S'il était besoin d'un lieu propice au développement des serial killers, la cour de la Rome impériale serait l'endroit idéal. Ses traditions de tyrannie et de cruauté destinées au maintien du pouvoir personnel et politique mises à part, la culture romaine se complaisait également dans les actes meurtriers en série en tant que loisir populaire, actes accomplis pour des spectateurs payants ou invités gracieusement dans près de deux cents arènes disséminées à travers l'immense empire, qui s'étendait de la Grande-Bretagne à l'Afrique du Nord. À Rome le Colisée, ancêtre du stade où 70 000 spectateurs extasiés assis sur des sièges numérotés venaient voir une sorte de championnat perpétuel de massacre, n'était que la plus grande de ces installations, en concurrence avec les autres pour proposer aux foules enthousiastes les spectacles de mort les plus impressionnants et les plus sanglants. Des guerriers de profession et des esclaves (les gladiateurs) se battaient et s'entretuaient tout au long de la journée, tandis qu'à la pause de midi les foules, tout en mastiquant bruyamment, pouvaient se délecter des exécutions brutales (accompagnées d'actes de torture) de prisonniers sans défense[59]. Les chrétiens étaient les victimes de ces cruautés à l'heure du déjeuner, lors desquelles des animaux exotiques étaient utilisés pour déchiqueter les êtres humains, avant d'être eux-mêmes mis à mort pour divertir le public.

La présence de femmes – autres que victimes – dans ces jeux reste limitée aux rares références de gladiatrices qui apparaissaient occasionnellement et aux descriptions des prostituées qui exerçaient leur métier sous les arches du Colisée auprès de clients excités par le bain de sang. Quant aux spectatrices des jeux, nous savons très peu de choses à leur propos, si ce n'est qu'elles étaient nombreuses.

Mais dans les couloirs du pouvoir à la cour impériale des Césars, les récits historiques ont accordé une plus grande place aux femmes. Nous connaissons leur noms et leurs histoires, et certains de leurs visages peuvent encore être admirés sur les pièces de monnaie et les sculptures romaines qui sont parvenues jusqu'à nous.

Agrippine la Jeune : l'Impératrice du Poison

(cf. photo p. 468)

Aucune pièce de monnaie romaine n'est vraisemblablement frappée d'un portrait présentant une plus cruelle détermination ou une plus grande soif de pouvoir que celui de la sombre et belle Agrippine la Jeune, sœur de Caligula, épouse de Claude et mère de Néron, trois empereurs romains d'un coup.

L'« Impératrice du Poison », surnommée parfois également la « louve », est née en l'an 15 ou 16 après J.-C. dans l'actuelle Allemagne, où son père, un général romain, avait été envoyé pour réprimer brutalement la révolte de tribus barbares germaniques (le film *Gladiator* s'en est librement inspiré). Parmi les ancêtres d'Agrippine figurent des superstars de la royauté romaine : arrière-petite-fille de Marc Antoine et petite-fille d'Auguste, elle est née au sein d'une petite élite puissante et incestueuse qui dirigeait l'Empire romain et dont les membres, chacun étant obsédé par son ascension jusqu'au sommet, se retrouvaient inlassablement pris dans un cercle sans fin de corruption, de complots et de trahisons.

Lorsque Agrippine avait trois ans, son père fut assassiné par l'empereur en exercice, Tibère, sans raison hormis la crainte de le voir devenir trop populaire auprès du Sénat et des citoyens. Pendant les années suivantes, Agrippine et ses frères et sœurs vécurent dans différentes maisons impériales et furent témoins des divers complots fomentés par leur mère afin de venger le meurtre de son époux. C'est ainsi que le temps qu'Agrippine atteigne ses dix-sept ans, sa mère et ses deux frères aînés avaient été exécutés pour avoir conspiré contre Tibère. Fait étonnant, après avoir tué quasiment toute sa famille, l'empereur adopta le plus jeune frère d'Agrippine encore en vie, un jeune homme très perturbé surnommé Caligula, et finit par l'introniser comme son fils et successeur.

Comme sa sœur, Caligula avait grandi en Allemagne dans le camp militaire de leur père, et avait toute liberté, enfant, de côtoyer les troupes, se déguisant souvent avec leurs armures. C'est ce qui lui valut le surnom de Caligula, qui signifie « petites bottes » (son vrai nom était Gaius). Adopté par les légionnaires romains comme une sorte de mascotte porte-bonheur, il fut également témoin, à un âge précoce, des brutalités commises à l'encontre des tribus païennes lors de la campagne romaine. Il survécut à une prise d'otage lors d'une mutinerie, ainsi qu'aux assassinats de ses proches. Mais c'est à la cour de l'impitoyable Tibère que Caligula commença à s'adonner corps et âme à la débauche et au sadisme, regardant jusqu'à l'obsession la torture et l'exécution de prisonniers condamnés, et se déguisant pour violer des hommes comme des femmes.

Ce joueur dégénéré et bisexuel aux sautes d'humeur brutales finit par diriger son agression sexuelle vers ses trois sœurs encore en vie, Julia, Drusilla et Agrippine. On ne sait pas bien s'il eut des relations sexuelles avec elles de force ou si, ayant leur propre idée en tête, elles débutèrent volontairement une relation incestueuse avec un frère déséquilibré mais plein d'avenir. Cependant, lorsque ces actes incestueux furent signalés à l'empereur, les sœurs furent immédiatement mariées afin d'étouffer le scandale. L'inceste était une pratique qui offensait même les sensibilités romaines, pourtant si dépravées.

Agrippine fut mariée à un aristocrate de vingt-cinq ans son aîné et eut un fils, qu'elle nomma aussitôt Néron, comme l'un de ses frères assassinés. Ce serait le même Néron qui, une fois devenu empereur, resterait tristement célèbre pour avoir « chanté pendant que Rome brûlait », selon la légende.

En l'an 37 Tibère mourut et Caligula prit sa place, installant rapidement à la cour sa sœur préférée, Drusilla, en tant que maîtresse, tout en restaurant ses pratiques incestueuses avec Agrippine. Pour sauver les apparences, Drusilla fut mariée à Lepidus, allié politique de Caligula (et peut-être son amant). Les trois sœurs de Caligula furent élevées à un statut impérial de quasi-déesses et leur portrait fut frappé sur les pièces de monnaie durant tout le règne de l'empereur, ce qui était sans précédent.

Lorsque Drusilla mourut de fièvre en l'an 38, Agrippine tenta de prendre sa place de favorite dans le cœur de Caligula, dans l'espoir que son fils Néron puisse un jour accéder au trône. À sa grande consternation, Caligula la repoussa. C'est à ce moment précis, à l'âge de vingt-deux ans, que la carrière de meurtrière d'Agrippine commença à germer. Sa motivation était, ainsi que lui attribua l'historien romain Tacite, *spes dominationis* – « l'espoir de dominer », le désir de pouvoir.

Rejetée par son frère, Agrippine alla voir Lepidus, son beau-frère veuf, et lui proposa de l'épouser s'il l'aidait à assassiner Caligula. Pour l'anecdote, le premier époux d'Agrippine était tombé malade et en était mort, peut-être un peu aidé par sa femme. Caligula, quant à lui, découvrit le complot, exécuta Lepidus et bannit Agrippine. Son fils Néron lui fut pris et laissé à la garde de sa belle-sœur et rivale, Domitia Lepida.

Agrippine resta en exil pendant dix huit mois, jusqu'à ce que Caligula devienne si dangereusement assoiffé de sang que ses courtisans, inquiets, se voient dans l'obligation de l'assassiner en l'an 41.

Le Sénat choisit Claude, l'oncle de Caligula et d'Agrippine âgé de cinquante ans, pour devenir le nouvel empereur. C'était un homme mature, intelligent et facile à vivre, mais à cause d'un défaut d'élocution tout le monde le croyait idiot, et de ce fait l'ignorait (ce qui augmenta grandement ses chances de survie à la cour romaine).

Agrippine et Messaline, l'adolescente tueuse

À la grande frustration d'Agrippine, délivrée de son exil par son bienveillant oncle Claude, ce dernier épousa une adolescente de quinze ans, Valeria Messalina (fille de sa rivale Domitia Lepida), et ils eurent un fils l'année suivante, nommé Britannicus. Malgré une tournure des événements en sa faveur et son retour à Rome, avec la naissance de Britannicus, les chances pour que son propre fils Néron accède au trône d'empereur s'évanouissaient.

Agrippine avait trouvé son égale en Messaline. Intelligente, cruelle et manipulatrice, celle-ci nourrissait également une jalousie maladive à l'encontre d'Agrippine et de sa sœur Julia. Or, Agrippine envenima la situation en persuadant sa sœur de tenter de séduire Claude. Lorsque Messaline eut vent de ce complot, elle convainquit Claude de renvoyer Julia en exil, puis la fit secrètement tuer. Certains se sont interrogés quant aux motivations d'Agrippine pour inciter sa sœur à user d'une ruse aussi dangereuse : Julia décédée,

Agrippine restait la seule enfant encore en vie de son père assassiné.

En devenant l'épouse impériale de Claude, Messaline, bien qu'encore adolescente, commença un règne de terreur. À titre d'exemple, les beaux jardins d'un important sénateur romain ayant attisé sa convoitise, elle convainquit son mari que le sénateur complotait contre lui ; ce dernier fut contraint au suicide et ses jardins expropriés pour devenir la possession de l'impératrice.

Elle prit une succession d'amants, et à mesure qu'elle se lassait d'eux, elle les accusait de trahison ou de détournement de fonds publics, envoyant non seulement ces malheureux à la mort, mais aussi leur entourage et toute autre personne témoin de ses adultères. Complètement ensorcelé par sa jeune et belle épouse, Claude croyait aveuglément aux accusations de Messaline. Entre l'âge de quinze ans et de vingt-deux ans, sur seulement sept années, elle fit assassiner des dizaines de courtisans impériaux, dont beaucoup avaient réussi à survivre au psychopathe qu'était Caligula seulement pour périr au hasard selon l'envie de Messaline.

Lorsque les courtisans restants, terrifiés, ourdirent une machination pour tuer Messaline et Claude, celle-ci frappa la première, déclenchant une purge meurtrière de l'aristocratie romaine et confisquant plus encore de domaines et de biens. Contrôlant totalement son époux empereur, elle se chargeait non seulement d'établir la liste des personnes à éliminer, mais aussi de monnayer certaines faveurs impériales, comme la citoyenneté, les permis de construction et les nominations officielles, au plus offrant. En assassinant quiconque osait remettre en question son autorité, Messaline bâtit son empire personnel, très lucratif.

Pendant ce temps-là, Agrippine se remaria et attendit

son heure prudemment, suivant de près les actes de débauche de Messaline et jurant de venger l'assassinat de sa sœur Julia, malgré le rôle qu'elle y avait elle-même joué. Finalement, à l'âge de vingt-deux ans, Messaline dépassa les limites. En l'an 49, elle organisa un simulacre de mariage avec l'un de ses amants dans une salle remplie d'invités, en l'absence de Claude. Agrippine regroupa rapidement les conseillers de l'empereur pour qu'ils convainquent ce dernier qu'il ne survivrait pas à une telle humiliation. Alors que les participants au mariage étaient exécutés, Claude commença à hésiter quant au sort de Messaline, jusqu'à ce que l'un de ses conseillers la fasse exécuter avant que, le cœur brisé, il change d'avis sur sa peine.

C'est là qu'Agrippine agit. Elle séduisit l'empereur devenu veuf, et manipula ses alliés au sein des conseillers impériaux pour qu'il l'épouse. L'un des problèmes manifestes d'Agrippine était son récent remariage, mais il fut vite résolu lorsque son mari mourut d'une mystérieuse maladie. Le second problème était sa relation de parenté avec son *futur* époux, Claude étant son oncle, mais elle obtint un décret du Sénat autorisant son union, malgré sa nature incestueuse.

Agrippine avait trente-trois ans lorsqu'elle entra triomphalement dans Rome assise dans son char de cérémonie – la fille d'un commandant populaire et légendaire, la sœur, la femme et la future mère d'empereurs. Mais une fois installée, elle exerça une autorité cruelle et mortelle qui dépassa de loin les conspirations mesquines de Messaline. La première à mourir fut la veuve de Caligula, qui avait elle aussi cherché à devenir l'épouse de Claude après l'exécution de Messaline. Agrippine l'accusa de sorcellerie et d'intentions diaboliques envers l'État, et exhorta Claude à ordonner au Sénat de confisquer ses biens et de l'exiler, avant d'être secrètement contrainte au suicide, avec l'aide des agents d'Agrippine.

Puis elle se pencha sur le cas de sa belle-sœur (et mère de Messaline), Domitia Lepida, et fit exécuter ou secrètement tuer tous ses domestiques, conseillers et alliés, ainsi qu'elle-même, bien entendu. Toute personne un tant soit peu liée à Lepida fut au mieux renvoyée de la cour, au pire assassinée.

L'objectif d'Agrippine était, encore et toujours, de propulser son jeune fils Néron au pouvoir pour faire de lui le prochain empereur. Dans l'idée de consolider la position de Néron à la cour impériale, elle chercha à le marier à Octavie, la fille que Claude avait eue avec Messaline. Il se trouvait que cette enfant était déjà mariée, mais ce problème n'arrêta pas Agrippine. Elle fit accuser son époux de relations incestueuses avec sa sœur (ironie suprême, car c'est exactement le genre de relations qu'Agrippine avait eu avec son frère Caligula), ce qui le condamna à l'exil.

Dès que Néron fut fiancé à Octavie, elle se mit à presser Claude pour qu'il l'adopte en tant que fils aîné, faisant de lui l'héritier le plus probable du trône. Cela, manifestement, présentait un problème d'ordre juridique puisque Néron et Octavie deviendraient alors frère et sœur, ramenant le problème de l'inceste sur le devant de la scène. Agrippine, qui n'était jamais à court d'idées, le résolut en faisant adopter Octavie par une autre famille.

Elle amassa énormément de richesses et étendit son pouvoir, se déplaçant souvent avec son époux dans son char et assistant à ses côtés aux procès. Claude, quant à lui, se préoccupait plus de la bonne gouvernance de l'Empire romain, des rouages des impôts et de la construction des ports et des aqueducs, et ne demandait pas mieux que de laisser les problèmes de pouvoir, de politique et de sécurité internes à Agrippine, qui éliminait impitoyablement toute opposition potentielle envers elle-même ou le régime.

En l'an 54 Britannicus, le fils de Claude, fêta ses douze ans : il approchait de l'âge adulte selon les traditions romaines. Quant à Claude, il avait à présent soixante-quatre ans et était de santé fragile, et d'après ce que l'on sait, il envisageait l'idée de nommer Britannicus comme son successeur au trône dès que celui-ci aurait atteint la majorité. Il commençait apparemment aussi à se lasser de la domination d'Agrippine, et songeait à divorcer et à déshériter Néron, qui selon la plupart des récits n'était qu'un jeune rustre dont l'intérêt dans la vie se résumait au chant et au théâtre.

Bien des historiens de l'Empire romain estiment qu'Agrippine choisit ce moment-là pour tuer Claude en lui concoctant personnellement son plat préféré, des champignons, qu'elle avait empoisonnés avec une dose d'alcaloïde de belladone, de ciguë, d'aconit ou d'if, selon les versions. D'après Suétone, Claude devint muet et tomba temporairement dans le coma. Mais il reprit soudain conscience et se mit à vomir ce qu'il avait ingéré, forçant Agrippine à lui administrer un gruau empoisonné pour « le ranimer », ou bien un lavement (en fait une autre dose de poison) soi-disant destiné à débarrasser ses intestins des mauvais champignons. Que ce soit l'un ou l'autre, cela fonctionna, et Claude mourut le lendemain matin juste après que Néron eut été désigné empereur.

On pourrait supposer qu'avec la chair de sa chair sur le trône, Agrippine était à présent au sommet de son pouvoir : on lui conféra le titre d'Augusta (Impératrice) et son portrait réapparut sur les pièces de monnaie romaine avec celui de Néron, comme du temps de son frère Caligula.

Mais l'on peut aussi facilement imaginer la psychologie d'un jeune homme ayant passé toute son enfance dans un milieu aussi malsain et délétère. Néron était entièrement le fruit du besoin psychopathe de pouvoir de sa mère. Au départ, lui-même n'aspirait pas au trône : son ambition était d'être acteur ou chanteur. Mais n'y parvenant pas, il laissa libre cours au côté obscur de ses envies, qu'il satisfit par l'exercice de son pouvoir impérial. Il viola jeunes garçons comme jeunes filles, et dilapida d'immenses sommes d'argent. Ses jeux du cirque atteignirent des niveaux de cruauté et de bains de sang jamais égalés, et il prit pour cible une secte religieuse nouvellement installée à Rome, les chrétiens. Il mit au point une démonstration nocturne spectaculaire de torture, destinée au public, en ordonnant que les chrétiens soient recouverts de goudron et « embrasés » comme des torches.

Sur le plan personnel, Néron contraria sa mère en prenant pour maîtresse une affranchie, ce qui pour Agrippine démontrait un manque de respect envers le choix de mariage qu'elle avait fait pour son fils. Puis l'empereur ordonna l'exil de Pallus, un proche confident de sa mère, qui était peut-être aussi son amant à l'époque. Se retrouvant dans le cas classique de conflit de pouvoir que l'on pourrait définir comme celui du « je t'ai fait et je peux te défaire », Agrippine menaça Néron de le faire remplacer par Britannicus, l'héritier naturel du trône à peine âgé de quatorze ans. Venant de sa part, la menace n'était pas à prendre à la légère, surtout lorsque Agrippine se mit brusquement à abreuver l'infortuné Britannicus d'attentions.

Mais Néron frappa le premier. Il fit empoisonner Britannicus et s'occupa ensuite d'Agrippine, assassinant son amant Pallus, la destituant de tous ses titres et la bannissant du palais. Agrippine se défendit en tentant d'organiser un coup d'État contre son fils mais on découvrit rapidement le complot. Seuls sa langue alerte et les alliés qu'elle avait auparavant placés à la cour parvinrent à la sauver de l'exil ou de l'exécution par son propre fils.

Agrippine, rendue complètement folle par la situation, chercha ensuite à retrouver sa place en utilisant de vieilles ficelles – celles de l'inceste. Elle essaya de séduire Néron, mais les proches conseillers de l'empereur empêchèrent cela en le prévenant que l'armée ne saurait tolérer une telle attitude. C'est là que Néron se résolut à tuer sa mère.

Il fit apparemment trois tentatives pour l'empoisonner, mais comme elle était douée dans cet art, il échoua. Ensuite, il l'invita à venir se réconcilier sur une île où il était parti se reposer, et lui envoya un bateau spécialement conçu pour se fendre en deux une fois au large. Non seulement Agrippine survécut en nageant jusqu'au rivage, mais elle fut aussi témoin d'une scène étonnante : une femme qui exigeait qu'on la sauve en déclarant qu'elle était « la mère de l'empereur » fut à la place battue à mort avec une rame. Elle décida que la meilleure stratégie à adopter était de faire semblant de ne pas être au courant des tentatives de meurtre de son fils à son encontre. Elle envoya un message à Néron en expliquant que les dieux avaient été avec elle lors du naufrage « accidentel » du bateau, et que même si elle ne doutait pas qu'il voudrait venir la voir, il valait mieux qu'il attende qu'elle se remette de cette épreuve.

Au lieu de cela, selon la légende, Néron envoya des soldats pour la tuer et maquiller ce crime en suicide. Les détails ne sont pas bien connus, mais la monstrueuse Agrippine mourut à l'âge de quarante-quatre ans aux mains du monstre qu'elle avait elle-même engendré et élevé, laissant derrière elle une quantité de morts. On raconte que Néron aurait lui-même soigneusement démembré le corps de sa mère, pour s'assurer qu'elle soit bien morte.

Il est certain que l'environnement et les circonstances de leur éducation ont façonné les carrières meurtrières d'Agrippine et de Messaline. Elles ont tué parce qu'elles le pouvaient, et qu'elles ont appris comment faire en suivant l'exemple de leur entourage. Le meurtre a assouvi non seulement leur désir de pouvoir mais également leurs besoins affectifs et matériels. Elles ont commis des actes violents constructifs et expressifs, de façon interchangeable, et si elles en ont ressenti quelque remords, il n'y en a pas trace dans les récits historiques.

On peut considérer que ces deux femmes servirent de modèles à bien des dirigeantes ultérieures dans l'histoire[60]. La Grande Catherine de Russie et Élisabeth Ire d'Angleterre réprimèrent toutes deux l'opposition en se servant sans pitié de la torture et des assassinats. Mary Tudor, surnommée « Marie Sanglante » (*Bloody Mary*), fit mourir des centaines de protestants sur le bûcher lorsqu'elle voulut réintroduire le catholicisme en Angleterre. Entre 1830 et 1860, la reine Ranavalona, à Madagascar, entrant en campagne pour débarrasser l'île de la religion chrétienne, mit les missionnaires et des milliers de convertis indigènes à mort en ordonnant qu'ils soient jetés du haut des falaises, décapités, mis sur le bûcher ou ébouillantés vivants dans des fosses.

Madame Mao organisa la détention et le meurtre de centaines de personnes haut placées, des opposants potentiels à sa faction, dans des « camps de rééducation » chinois.

Mais nous écartons souvent ces « tueuses en série impériales », motivées par le pouvoir politique, en les considérant comme des bizarreries d'un autre temps. Leurs crimes n'ont pas la dimension sexuelle que l'on associe souvent aux serial killers contemporains. La première femme qui a le profil typique de la tueuse en série moderne se nomme Elizabeth Báthory – Dracula au féminin.

Elizabeth Báthory : la véritable histoire de la Comtesse Sanglante

(cf. photo p. 468)

Beaucoup aujourd'hui ont entendu parler de cette femme vampire tout droit venue de Transylvanie, qui vécut à la fin du XVIe : la Comtesse Sanglante, Dracula en femme, Elizabeth Báthory.

On dit d'elle qu'elle fut la première « véritable » tueuse en série, car elle tuait pour le plaisir, hédoniste, sexuel, sadique, non pour le pouvoir politique ou personnel. Ses victimes n'étaient pas des rivaux mais pour la plupart des jeunes paysannes employées à son service ou des jeunes filles issues de familles de la petite noblesse désargentée. Elizabeth Báthory est un cas à part, dans le sens où elle est la seule tueuse en série aux penchants sadiques et sexuels connue à ne pas avoir de partenaire masculin – jusqu'à ce jour, en tout cas, soit quatre cents ans plus tard. Elle est vraiment unique en son genre.

On raconte qu'elle prenait des bains de sang, celui

de ses servantes adolescentes, convaincue que cela nourrissait et entretenait la beauté de sa peau. Elle fut accusée à un moment donné d'avoir assassiné un nombre effarant de jeunes filles, six cent cinquante exactement, dont beaucoup torturées à mort de la manière la plus cruelle.

Sur les portraits de la comtesse, l'on peut voir une belle jeune femme, les cheveux d'un noir de jais tirés en arrière, un haut front, les yeux en forme d'amande fardés et intelligents et les lèvres sensuelles faisant la moue. Mais un soupçon de cruauté se dessine également aux commissures des lèvres et son visage, qui respire la mauvaise humeur et l'aigreur, révèle une rage sous-jacente.

Elizabeth vit le jour en 1560 dans la puissante et riche famille Báthory, dans la partie orientale du Saint-Empire romain germanique – une confédération de territoires couvrant approximativement aujourd'hui la Hongrie, l'Autriche, l'ex-Tchécoslovaquie, la Roumanie ainsi que d'autres États des Balkans et une partie de l'Allemagne et de la Pologne. Cet empire incluait la région située à la frontière entre Hongrie et Roumanie, c'est-à-dire la Transylvanie (devenue célèbre grâce à Dracula, ce qui n'est pas une coïncidence comme nous le verrons), où l'une des branches de la famille Báthory avait établi son fief. À l'âge de onze ans, ainsi que le veut la tradition locale, on fiança Elizabeth (le mariage étant prévu à quinze ans) à un comte hongrois du nom de Ferenc Nadasdy, de cinq ans son aîné. Un an avant le mariage, Elizabeth tomba enceinte en « chahutant » avec un petit paysan sur le domaine de sa future belle-mère. Après avoir accouché de l'enfant dans un domaine lointain et l'avoir abandonné à une famille du coin, Elizabeth finit par épouser le comte Nadasdy en 1575, comme prévu.

Le couple était bien assorti, malgré les longues absences de l'époux d'Elizabeth, qui partait combattre les Turcs dans le sud pendant des périodes se comptant en années ; cela lui valut une illustre réputation en tant que guerrier. Ensemble ils menèrent une vie faste dans leurs nombreux châteaux et manoirs de campagne, mais aussi dans des palaces à Prague, Vienne, et dans d'autres villes. Sur leurs domaines, ils avaient le pouvoir de vie et de mort sur leurs domestiques et paysans. C'est ainsi que la jeune Elizabeth se bâtit la réputation d'être excessivement cruelle dans la formation de ses servantes.

Elle utilisa son pouvoir pour torturer à mort ses domestiques, des paysannes pour la plupart, de la façon la plus atroce et la plus sadique qui soit : en brûlant leurs organes génitaux avec la flamme d'une bougie ; en les mordant jusqu'à ce que mort s'ensuive ; en leur arrachant la bouche de ses propres mains ; en les brûlant avec des baguettes et des rivets de métal chauffés ; en les battant à l'aide d'un fouet, d'un gourdin, d'une barre de fer ; en les tailladant et en les poignardant ; en les jetant toutes nues dans la neige avant de leur verser sur le corps un seau d'eau glacée ; en leur versant au contraire de l'eau bouillante dessus et en leur déchirant la peau pour l'enlever ; en les plongeant dans un tonneau, garni de clous à l'intérieur et de divers trous, avant de les balancer au-dessus d'elle pour pouvoir prendre une douche de leur sang ; ou encore, en les enfermant dans une vierge de fer (*iron maiden*), un instrument de torture qui fait subir à sa victime un traitement analogue à celui de l'ail dans un presse-ail.

Jusqu'à six cent cinquante jeunes filles et jeunes

femmes ont peut-être été assassinées sur une période de trente-cinq ans, et au moins entre trente-sept et cinquante et une dans la décennie précédant l'arrestation d'Elizabeth en 1610, à l'âge de cinquante ans, alors qu'elle s'était mise à tuer non plus seulement des paysannes, mais aussi des filles de noble naissance : c'est ce qui entraîna sa chute.

Lorsque son château fut fouillé pendant les vacances de Noël 1610, on raconte que des corps de jeunes filles mutilés furent retrouvés éparpillés dans la cour et le sous-sol de la tour. Quand les personnes venues l'arrêter entrèrent précipitamment dans ses appartements, selon la légende, ils la trouvèrent assise sur un tabouret en train de mordiller le corps mutilé mais encore en vie d'une jeune fille prostrée devant elle. Les autorités hongroises ordonnèrent qu'elle soit emmurée pour le reste de sa vie dans l'un des appartements du château, avec pour seul accès à sa nourriture une petite ouverture. Après quatre années de ce traitement, son geôlier la retrouva morte, le 21 août 1614, sa légendaire et cruelle beauté pour toujours préservée.

Néanmoins, la véritable histoire d'Elizabeth Báthory est un peu plus compliquée que cela – même si les détails en restent atroces.

La place de Báthory dans l'histoire du meurtre en série

Elizabeth Báthory n'a pas d'équivalent parmi les tueuses en série car – selon ce que l'on est prêt à croire à son propos – elle était soit une meurtrière hédoniste qui trouvait son plaisir en prélevant du sang dans lequel se baigner, soit un monstre de sadisme qui aimait le pouvoir et le contrôle procuré par la torture de jeunes femmes. De nombreuses tueuses en série ont agi de manière similaire, surtout récemment, mais la grande majorité avait un partenaire masculin pour les mener. Ce qui n'était pas le cas d'Elizabeth : elle commença toute seule, son époux parti à la guerre, se forma grâce à lui à des techniques de torture utilisées sur le champ de bataille lorsqu'il revenait en permission, et après sa mort en 1604, s'entoura d'un groupe de domestiques complices constitué de vieilles sorcières et d'un valet de chambre chargés d'attirer les jeunes paysannes pour qu'elles entrent au service de la comtesse, puis d'aider à les tuer.

Du point de vue historique, Elizabeth se situe également dans la catégorie des serial killers « pré-modernes ». Son prédécesseur se nomme Gilles de Rais (« Barbe-Bleue »), un aristocrate français pendu en 1440 pour avoir torturé, assassiné et violé les cadavres de centaines de jeunes garçons, eux aussi attirés chez lui par des domestiques complices[61]. Elizabeth, quant à elle, se situe à mi-chemin entre le monde moyenâgeux des serial killers aristocrates et la modernité industrielle d'un Jack l'Éventreur, qui précipita les tueurs en série dans une nouvelle ère en 1888. Entre ces deux dates, 1440 et 1888, aucun serial killer n'a vraiment résisté à l'épreuve du temps dans la conscience ou l'imagination collectives – mis à part Elizabeth Báthory.

La première différence à souligner entre l'époque de Báthory et celle de Jack l'Éventreur est importante. Báthory est issue d'une civilisation totalement différente, un antique monde agraire où la plupart des gens étaient illettrés et vivaient isolés à la campagne. Jack l'Éventreur appartient lui à l'ère industrielle, époque à laquelle les gens s'entassaient dans le centre des villes et lisaient une presse de bas étage. Notre connaissance de l'existence des serial killers a autant à voir avec l'alphabétisation, le papier bon marché et les technologies d'impression modernes qu'avec des phénomènes d'ordre social, psychopathologique ou criminologique.

Nous avons failli ne jamais connaître l'histoire d'Elizabeth Báthory car son procès eut lieu en secret, en 1611, dans une lointaine ville slovaque et sa puissante famille fit immédiatement sceller les actes du procès. Les familles régnantes ne souhaitaient manifestement pas que les détails des épouvantables accusations dont faisait l'objet leur parente soient rendus publics – et elles ne souhaitaient pas non plus que les biens d'Elizabeth soient confisqués ou que les dettes de la Couronne envers elle soient effacées. Elizabeth ne fut donc même pas autorisée à apparaître en personne au tribunal. Au lieu d'une exécution publique, elle fut emmurée vivante, et ce sont ses domestiques complices qui prirent sa place sur le billot.

Ainsi, tandis qu'à son décès sa famille se partageait ses biens, les détails de ses crimes et de son procès disparurent des registres publics. Les actes d'accusation, les transcriptions et les minutes du procès furent cachés dans des archives inaccessibles. Son nom fut oublié. Seuls les légendes et contes populaires à propos d'une vampire buveuse de sang continuèrent à circuler dans les montagnes transylvaniennes jusqu'à ce qu'ils soient repris, deux cents ans plus tard, par des auteurs tels que Bram Stoker, et reprennent vie sous la forme de *Dracula*, un roman inspiré par un autre despote de la région, le prince Vlad Tepes, surnommé Vlad « l'Empaleur » ou encore Dracula (« diable » ou « dragon »). Ironie de l'histoire, Elizabeth en était en fait une parente éloignée par alliance.

Les bains de sang

Elizabeth Báthory serait restée un simple monstre anonyme si un homme de lettres jésuite, le père Laszlo Turoczy, n'avait fini par découvrir les actes du procès en 1720, un siècle environ après sa mort. Turoczy rétablit le nom, l'identité, l'histoire et la description détaillée des crimes de la légendaire femme vampire dans un ouvrage publié en latin[62].

En 1796, Michael Wagener, dans un livre intitulé *Articles d'anthropologie philosophique*, fut le premier à rendre publique l'histoire selon laquelle Elizabeth prenait des bains de sang pour soigner sa peau, affirmant qu'après la remarque d'une des femmes de chambre sur sa coiffure mal placée, Elizabeth l'avait frappée si fort que de son nez avait jailli du sang qui avait éclaboussé le visage de la comtesse. En essuyant les gouttelettes de sang, selon Wagener, elle avait découvert que sa peau semblait rajeunie, et c'était à partir de là qu'elle s'était mise à se baigner tout entière dans du sang frais[63].

Cependant, les détails de l'histoire avaient tendance à différer selon les sources. La version la plus courante voulait que le sang de la femme de chambre ait éclaboussé la *main* de la comtesse. De plus, les filles devaient être vierges ou de haute naissance pour qu'Elizabeth croie au pouvoir régénérant du bain de sang. Où était la vérité ?

Il fallut attendre les années 1970 pour qu'un professeur renommé de l'université de Boston, Raymond T. McNally, et son collègue Radu Florescu parviennent à obtenir un accès unique aux archives hongroises et roumaines (deux pays qui se trouvaient alors derrière le rideau de fer), ce qui leur permit d'écrire un bestseller intitulé *À la recherche de Dracula*, l'histoire du prince transylvanien qui avait déjà inspiré Bram Stoker.

À la suite du succès de leur ouvrage, McNally retourna aux archives transylvaniennes et y découvrit pléthore de documents originaux datant du procès d'Elizabeth Báthory[64]. Cependant il fallut attendre 1983 pour que l'on entrevoie plus précisément la nature des crimes dont la Comtesse Sanglante avait réellement été accusée, et le bain de sang fut le premier mythe à s'effondrer. Nulle trace dans les actes du procès de tels bains : ce n'était que des rumeurs et des légendes populaires reprises par des écrivains au XVIIIe siècle. Mais il reste que l'explication probable de la naissance de ce mythe ne présageait rien de bon quant aux véritables activités d'Elizabeth : on crut qu'elle prenait des bains de sang car elle en était tant recouverte après avoir torturé ses victimes qu'elle semblait s'être baignée avec.

Son arrestation

Les événements qui précipitèrent l'arrestation d'Elizabeth en 1610 furent déclenchés par la nomination d'un révérend luthérien à l'église du village slovaque de Cachtice (Cséjthe), que le château de la comtesse, désormais veuve, dominait du haut d'une colline. Le révérend Janos Ponikenusz avait été envoyé là pour remplacer le pasteur récemment décédé. En chemin vers le village, comme dans un film d'horreur, il se mit à entendre de plus en plus de paysans parler dans un murmure de vampires et de mutilations de jeunes femmes, et donner des avertissements de prudence à quiconque devait se rendre au « château du diable ».

En arrivant aux abords du village, Janos aperçut le

château sinistre édifice perché sur un rocher à pic surplombant le bourg, et ressentit l'atmosphère d'extrême tension qui régnait dans cet endroit. Les villageois avaient un air maussade et semblaient effrayés, et il y avait très peu de jeunes femmes dans les rues ou les champs. Janos gravit le chemin désert montant au château pour se présenter à la comtesse. Cette dernière avait cinquante ans et se remettait d'une maladie, mais à l'évidence sa beauté légendaire ne s'était pas flétrie. Elle fut courtoise mais Janos discerna une tension inhabituelle parmi les domestiques, et vit très peu de mouvement ou de vie dans la cour – en fait, des parties entières du château semblaient désertes et comme enfermées dans le silence.

Lorsque Janos commença à mettre de l'ordre dans les registres de l'église et les récits laissés derrière lui par son prédécesseur, il découvrit des notes énigmatiques sur les horreurs qui se produisaient dans le château sur la colline. Il trouva des listes inhabituellement longues de noms des jeunes femmes décédées au service de la comtesse, des femmes que son prédécesseur n'avait apparemment enterrées que de nuit, et auxquelles il faisait d'étranges allusions dans ses écrits, concernant la nature inexpliquée de leur décès et sa propre aversion à les inhumer. L'une des notes indiquait qu'il avait récemment enseveli neuf femmes en une seule nuit dans une crypte souterraine près des murs du château. Armé des clés de la crypte, Janos entreprit d'explorer le tombeau. Il avait à peine déverrouillé les portes que l'odeur fétide de la mort le saisit. Dans cet endroit sinistre, Janos distingua neuf boîtes empilées au hasard dans un coin ; les couvercles n'avaient même pas été fermés par des clous, raconta-t-il plus tard dans sa déposition. Ouvrant un cercueil après l'autre, il fut choqué de découvrir l'état dans lequel les corps des jeunes femmes se trouvaient. Ils étaient mutilés, certains en partie brûlés, et tous étaient recouverts de sang coagulé. Sur plusieurs d'entre eux, Janos entrevit avec horreur des marques de morsures profondes. Il était manifeste que ces femmes n'étaient pas mortes de causes naturelles, de maladie ou d'une attaque d'animal : les marques de morsures étaient clairement humaines, et ces victimes avaient été sauvagement torturées.

Le révérend fit immédiatement mander un rapport à son supérieur ecclésiastique dans la capitale de la province par un messager, mais ce dernier revint bientôt en expliquant que les gardes de la comtesse postés sur la route avaient lu et confisqué le document. Horrifié d'apprendre que la comtesse avait eu vent de son rapport, Janos tenta de fuir le village. Il fut arrêté par l'un des gardes, qui lui ordonna de retourner dans son église, et d'y rester. Deux cent cinquante ans plus tard, Bram Stoker imagina dans *Dracula* le personnage de Jonathan Harker, un notaire anglais qui voyage à travers la Transylvanie pour affaires et se retrouve emprisonné par le vampire dans son château. Le révérend Janos était le véritable Jonathan Harker, retenu dans une église en contrebas des hauts murs du château des horreurs par une femme monstrueuse.

La situation commençait à s'éclaircir ; en attendant la prochaine étape, Janos réussit à rassembler les bribes de ce qui s'était passé de la bouche des villageois. Pendant des années son prédécesseur avait secrètement enterré les corps de jeunes femmes mortes dans des circonstances mystérieuses, jusqu'à ce qu'il y eût tellement de cadavres à ensevelir qu'il refusa catégoriquement de poursuivre cette tâche lugubre. C'est alors que des corps mutilés jetés çà et là avaient commencé à être découverts dans toute la région, quatre dans un silo à grains, plusieurs autres dans un canal longeant les murailles du château, d'autres dans des champs de maïs, et des bûcherons avaient mis à jour des fosses communes encore fraîches dans la forêt. À sa consternation, Janos prit conscience du fait qu'il n'était pas le premier à lever le voile sur les atrocités qui avaient lieu dans ce château.

Des dénonciations et des plaintes avaient en effet été enregistrées auprès des autorités royales pendant des années. De nombreux parents ayant envoyé leurs filles travailler au service d'Elizabeth avaient officiellement porté plainte, au motif que la comtesse n'avait pas donné d'explication satisfaisante concernant la disparition de leur fille. Et alors que des rapports sur les actes de torture et les morts atroces des paysannes employées par la comtesse avaient circulé pendant des décennies, personne ne s'était senti vraiment concerné. Former ses domestiques jusqu'à ce que mort s'ensuive était perçu dans les années 1600 comme excessivement cruel et « impoli », mais néanmoins cela faisait partie des prérogatives d'un aristocrate. C'est ainsi par exemple que la comtesse, lorsqu'elle voyageait ou rendait visite à d'autres personnes de même rang, s'assurait en tout premier lieu d'avoir un appartement privé où elle pouvait torturer en toute sécurité, sans risquer d'offusquer ses hôtes.

Mais lorsque commencèrent à arriver d'autres rapports, signalant les disparitions de jeunes filles de bonne famille confiées à Elizabeth Báthory, le problème ne put être ignoré plus longtemps. L'année précédant son arrestation, quelque vingt-cinq jeunes femmes issues de la petite noblesse désargentée furent invitées à séjourner au château. Certains parents étaient contents de cette proposition, car ils espéraient pouvoir redorer quelque peu le blason de leur famille en étant associés à la comtesse. Mais comme il fallait s'y attendre, plusieurs d'entre elles disparurent au cours de leur séjour, et lorsque les parents inquiets demandèrent ce qu'il était advenu de leurs filles, la comtesse annonça que l'une d'entre elles avait tué les autres pour s'emparer de leurs bijoux, puis s'était suicidée. Lorsque la famille de la supposée fautive demanda que son corps lui soit rendu, Elizabeth refusa, déclarant qu'une personne morte par suicide devait être immédiatement enterrée dans une tombe sans nom et en un lieu non consacré. Elle justifia les multiples décès suivants en parlant de maladies soudaines, et expliqua que c'était pour prévenir un mouvement de panique causé par la peur d'une épidémie qu'elle les avait fait enterrer secrètement.

On ne sait pas bien pourquoi Elizabeth prit le risque d'assassiner des jeunes filles de noble naissance, mais on peut penser que sa réputation avait fait le tour du village par le bouche à oreille et que la plupart des paysannes n'osaient plus se mettre à son service. En effet, ses dernières victimes furent des jeunes filles recrutées dans la lointaine Croatie, où personne n'avait entendu parler de ses méfaits. Qu'elle se mette à viser plus particulièrement les jeunes filles nobles entraîna manifestement le début des spéculations sur sa croyance selon laquelle seul un sang noble avait le pouvoir de restaurer la beauté de sa peau.

Le temps que le révérend Janos parvienne à faire passer en secret une lettre aux autorités, il était plongé dans une profonde paranoïa due au traumatisme. Dans les années 1970, le professeur McNally découvrit une lettre dans les archives hongroises adressée par Janos à son supérieur et qui décrivait comment Elizabeth avait fait envoyer six chiens et chats noirs invisibles chez lui au milieu de la nuit pour l'attaquer. Même s'il réussit à repousser l'attaque, au cri d'« espèces de diables, allez en enfer », aucun de ses domestiques ne vit d'animal dans la pièce. Ce qui fit écrire à Janos : « Comme vous pouvez le constater, c'est bien l'œuvre du diable[65]. »

Les comptes-rendus de disparitions de jeunes femmes de noble naissance furent donc pris en compte par le parlement hongrois, situé à Bratislava à l'époque (la capitale Budapest étant sous occupation turque), et une enquête fut demandée. Pendant toute l'année 1610, les enquêteurs du parlement rassemblèrent les dépositions d'innombrables témoins, nobles et gens du peuple, contre la comtesse. Le 27 décembre, poussé par des messages urgents du révérend Janos indiquant que quatre corps avaient été jetés par-dessus les murs du château au vu et au su de tout le village, le parlement ordonna au prince George Thurzo (un parent d'Elizabeth par alliance) de se rendre à Cachtice, d'investir le château de la comtesse, et de l'arrêter.

C'était les vacances de Noël, et Elizabeth passait les fêtes dans son manoir lorsque le soir du 29 décembre, l'une de ses domestiques, une jeune fille nommée Doricza, fut prise en train de voler une poire. Folle de rage, Elizabeth ordonna qu'on emmène la fille dans la buanderie, qu'on la déshabille et qu'on l'attache. Tour à tour, la comtesse et les autres servantes tentèrent en vain de tuer Doricza à coups de gourdin. On raconte qu'Elizabeth baignait dans le sang de l'infortunée, à tel point qu'elle dut changer de vêtements. Doricza était une fille robuste, elle résista ; mais en pleine nuit, Elizabeth, commençant à se lasser de donner des coups, finit par ordonner à une domestique de tuer la fille à l'aide d'une paire de ciseaux. Le cadavre fut traîné dehors et laissé près d'une porte dans la cour, pour s'en débarrasser le matin suivant. Quasiment au même moment, après un voyage de deux jours depuis Bratislava, les hommes du prince Thurzo arrivèrent au manoir et ordonnèrent aux domestiques de s'écarter. Dans la cour ils virent tout de suite le corps ensanglanté et encore chaud de la jeune servante. En fouillant les lieux, ils découvrirent les cadavres de deux filles assassinées de façon encore plus brutale, et au final, selon les différents récits, un grand nombre de cadavres en pleine décomposition cachés au pied de la tour, ceux-là mêmes que le révérend Janos avait refusé d'enterrer quelque temps auparavant.

Le procès

La nouvelle de l'emprisonnement et des faits dont était accusée la comtesse ne se répandit pas largement. L'entrée du journal d'un prêtre de la période, qui par ailleurs fournit une description détaillée des événements, se limite strictement aux faits : « 1610. 29 décembre. Elizabeth Báthory a été mise dans la tour derrière quatre murs, car dans sa fureur elle a tué quelques-unes de ses servantes. »

Le prince Thurzo avait le titre de comte palatin, ce qui signifie que le roi lui avait conféré les pouvoirs judiciaires dans sa principauté, et c'est ainsi qu'il organisa le procès de Báthory en secret, dans sa juridiction. Tous les membres du jury et le personnel du tribunal avaient fait acte d'allégeance au prince. Le plan, apparemment, était de condamner rapidement Elizabeth à l'emprisonnement à perpétuité (*in perpetuis carceribus*) pour mettre le parlement, qui était en vacances, devant le fait accompli et s'assurer ainsi que les biens n'étaient pas saisis et les dettes non effacées.

En Hongrie, pléthore d'ouvrages firent leur apparition, en particulier à l'époque nationaliste grisante du XXe siècle, qui laissaient entendre qu'Elizabeth Báthory n'était que la victime innocente d'une conspiration familiale ourdie pour s'emparer de ses richesses. Grâce à la découverte d'autres retranscriptions du procès et dépositions de témoins, de la correspondance de Thurzo et d'autres archives dans les années 1970, la véritable histoire qui suivit l'arrestation d'Elizabeth est mieux connue.

Tandis que la comtesse était enfermée à Cachtice en attendant l'audience, quatre de ses domestiques étaient interrogés à Bytca, et l'une des séances eut lieu sous la torture, afin d'éclaircir tout ce qui ne l'était pas. La méthode utilisée par le tribunal d'Inquisition (dont on dit qu'elle fut la première de l'histoire à s'être servie d'une base de données relationnelle dans ses procédures d'enquête) fut adoptée : les mêmes questions furent posées séparément à chaque prisonnier, leurs réponses soigneusement notées puis comparées. À la fin des interrogatoires, les domestiques furent inculpés de complicité, malgré leurs supplications qu'ils n'avaient eu d'autre choix que d'obéir aux ordres de la comtesse.

Les témoignages sous serment

Le procès des quatre domestiques s'ouvrit trois jours plus tard, le 2 janvier 1611, et leur témoignage fut à charge contre Elizabeth. Selon eux, à la moindre erreur de la part de ses servantes, la comtesse les torturait. De ses propres mains, elle avait arraché la bouche de l'une d'elles car elle avait mal fait ses travaux de couture. Chaque jour que Dieu faisait, celles qui avaient commis une infraction quelconque étaient rassemblées dans le sous-sol du château pour y être sauvagement torturées. Elizabeth prenait un grand plaisir à ces séances, et n'en ratait jamais une. D'après les accusés, les filles sélectionnées pour « la punition » avaient toujours la plus grosse poitrine, et Elizabeth les faisait se déshabiller complètement avant la séance.

Voici la retranscription d'une partie de leur témoignage :

> La comtesse enfonçait des aiguilles dans la chair des filles choisies ; elle les pinçait, au visage et à d'autres endroits, et enfonçait une pointe sous leurs ongles. Ensuite elle les traînait nues dans la neige et ordonnait aux vieilles de leur verser de l'eau froide dessus. Elle les aidait à cette tâche, jusqu'à ce que l'eau gèle sur la victime, qui mourait ainsi… Madame battait les filles, et les tuait d'une telle façon que ses vêtements étaient trempés de sang. Elle devait souvent se changer… elle faisait également nettoyer le sol taché de sang… Elle exigeait des filles qu'elles se mettent toutes nues, les jetait à terre et se mettait à les frapper si fort qu'on pouvait ramasser le sang à la louche… Il lui arrivait aussi d'arracher avec ses dents des petits morceaux de chair. Elle les attaquait aussi avec des couteaux, et elle les frappait et les torturait de bien des manières, en général… Madame brûlait les parties intimes des filles avec une bougie allumée. Une fois, Madame était malade, et ne pouvait donc pas frapper quiconque elle-même, alors une des domestiques avait été contrainte d'amener les victimes près du lit de la comtesse, d'où elle se soulevait pour mordre le cou, les épaules, la poitrine des filles, et arracher des morceaux de chair.
>
> Les filles étaient battues pendant si longtemps qu'elles avaient la plante des pieds et la surface des mains qui éclataient. Elles étaient battues pendant si longtemps que chacune d'entre elles, sans interruption, recevait plus de

cinq cents coups de la part des femmes complices. Si les plis des vêtements de la comtesse n'étaient pas enlevés, ou si le feu n'avait pas été allumé, ou si les vêtements d'extérieur de la comtesse n'étaient pas repassés, les responsables étaient immédiatement torturées à mort. Il arriva que le nez et les lèvres des filles soient brûlés avec un fer à repasser par la comtesse elle-même, ou par les vieilles. La comtesse enfonçait aussi ses doigts dans la bouche des filles, pour l'arracher, elle les torturait comme ça. Si les filles n'avaient pas fini leurs travaux de couture obligatoires à dix heures le soir, elles étaient immédiatement torturées… Madame, de ses propres mains, faisait chauffer des clés au rouge, puis brûlait les mains des filles avec.

Bien qu'au départ on ait cru que la folie meurtrière d'Elizabeth avait commencé à la mort de son mari, des témoins déclarèrent sous serment que les meurtres avaient débuté alors que son mari était encore en vie, qu'il en avait connaissance et qu'il y avait même participé.

> À Sarvar, pendant l'été, Monsieur le comte Ferenc Nadasdy fit déshabiller une jeune fille complètement, sous les yeux de Monsieur ; la fille fut ensuite badigeonnée de miel et elle resta debout là pendant toute une journée et toute une nuit. [Pour qu'elle soit recouverte de piqûres d'insectes. Elle perdit conscience.] Monsieur apprit à Madame qu'en pareil cas il suffisait de placer des morceaux de papier trempés dans de l'huile entre les orteils de la fille, et d'y mettre le feu ; même si elle était déjà à moitié morte, elle se relèverait d'un bond.

Les domestiques accusés, qui étaient restés au service d'Elizabeth pendant une période allant de cinq à seize ans, déclarèrent qu'ils avaient été témoins du meurtre d'au moins trente-six filles, et jusqu'à « cinquante-une, peut-être plus ».

Le procès ne dura qu'une journée, ce qui était courant à cette époque-là. Les deux servantes furent condamnées à avoir leurs doigts arrachés à l'aide de tenailles brûlantes avant d'être jetées vivantes au feu. Le domestique, à cause de sa jeunesse, ne fut condamné qu'à la décapitation, son corps ensuite jeté aussi au feu. Le quatrième accusé fut acquitté et disparut sans laisser de trace. Quelques mois plus tard, une autre servante de Báthory fut inculpée, jugée et condamnée à mort.

Le cas de la comtesse fut examiné par la haute cour cinq jours plus tard, le 7 janvier, et le prince Thurzo lui-même témoigna sous serment devant quelque vingt juges et jurés. Au contraire du premier procès, jugé par une instance inférieure et dont les actes avaient été retranscrits en hongrois, le second fut retranscrit en latin. Báthory implora désespérément la cour de lui accorder le droit de se présenter devant elle pour se défendre, mais sa famille fit barrage. On entendit les dépositions de treize témoins, dont « demoiselle Zusanna », qui déclara qu'un registre avait été découvert dans une commode d'Elizabeth et qu'on y dénombrait six cent cinquante noms ; et aussi, qu'en quatre années de service auprès de la comtesse, elle avait assisté au meurtre de quatre-vingt filles. Mais ce témoignage a peut-être été inventé de toutes pièces par l'accusation afin de s'assurer de la condamnation à mort de la comtesse, ce qui aurait entraîné la confiscation de ses biens.

Cependant l'accord passé entre Thurzo et la famille Báthory s'imposa, et Elizabeth ne fut pas condamnée à mourir. Le prince la jugea lui-même, en présence de plusieurs membres de la famille, par ces mots : « Vous êtes, Elizabeth, comme un animal sauvage. Vous vivez les derniers mois de votre vie. Vous ne méritez pas de respirer l'air sur terre, ni de voir la lumière du Seigneur. Vous disparaîtrez de ce monde, pour ne plus jamais y réapparaître. Les ombres vous envelopperont et vous aurez le temps de vous repentir de votre vie bestiale. Je vous condamne, Dame de Cachtice, à l'emprisonnement à perpétuité dans votre propre château. »

Les questions restées sans réponse

Un certain nombre de questions reste en suspens – et chose curieuse, c'est le même genre de questions qui hantent plusieurs affaires controversées de tueuses en série condamnées figurant dans cet ouvrage, y compris celles d'Aileen Wuornos et du monstre des camps de concentration, Ilse Koch, la Chienne de Buchenwald. Les identités de ces femmes en tant que serial killers furent-elles façonnées par les circonstances, sociales, politiques, propagandistes ? Les tentatives de saisie des biens d'Elizabeth par la Couronne hongroise sont manifestes. Par ailleurs, Báthory était protestante, à une époque où la contre-réforme, c'est-à-dire le retour au pouvoir du catholicisme, devint une priorité absolue pour le parlement hongrois. Les manœuvres politiques sectaires motivées par la religion exposèrent la famille Báthory à toutes sortes d'hostilités pendant cette période.

Et il ne faut pas oublier non plus que l'Europe était à l'époque en proie à la paranoïa concernant la sorcellerie, et que des centaines de femmes furent accusées de crimes hérétiques et sataniques et brûlées sur le bûcher, ou pendues.

Pourtant, n'oublions pas que la sorcellerie ne fit

jamais partie des accusations émises à l'encontre de Báthory. Les rumeurs selon lesquelles elle se baignait dans le sang de jeunes vierges ne furent jamais citées dans aucun des procès, simplement parce qu'il n'y avait pas assez de preuves pour les attester.

S'il est vrai qu'Elizabeth Báthory était « accro » aux actes de torture sadiques depuis l'âge de l'adolescence, alors six cent cinquante victimes sur une période de trente-cinq ans donneraient en gros « seulement » dix-neuf victimes par an. Il est tout à fait concevable qu'elle ait commis autant de meurtres, vu le pouvoir de vie et de mort qu'elle avait sur ses domestiques. Mais si l'on restreint les accusations de meurtres à approximativement cinquante victimes, force est de constater la cohérence et la logique dans les descriptions des faits, même venant de plusieurs témoins très différents.

Seule certitude, par ses crimes Elizabeth Báthory se distingue de toutes les autres tueuses en série.

Les tueuses en série à l'époque préindustrielle

Avant l'ère industrielle où vécut Jack l'Éventreur, on signala épisodiquement des serial killers. En Écosse par exemple, dans la région de Galloway, on raconte qu'entre 1560 et 1610 environ, un homme nommé Sawney Beane et sa famille de cannibales, avec laquelle il vivait dans une grotte, tuèrent et mangèrent des centaines de voyageurs qui traversaient la région. Sa femme et lui ainsi que leurs huit fils, six filles, dix-huit petits-fils et quatorze petites-filles – tous le fruit de relations incestueuses – se nourrissaient exclusivement de chair humaine, que les soldats du roi venus les dénicher découvrirent en train de sécher comme du bœuf, ou encore conservée dans du vinaigre comme des condiments. Ils furent tous exécutés à Leith, sans procès : leurs crimes étaient si grands qu'on le considéra inutile. L'authenticité historique de cet épisode, cependant, n'est pas validée de façon irrévocable, car aucun document contemporain à l'époque n'a été découvert jusqu'à présent[66].

À Naples, en Italie, entre 1670 et 1719, une femme connue sous le nom de La Tofania est soupçonnée d'avoir participé aux meurtres de jusqu'à six cents hommes, en vendant un poison connu sous le nom d'*aqua tofania*. Elle distribuait ce produit gratuitement aux épouses qui souhaitaient assassiner leur mari en secret. Les fioles de poison étaient étiquetées « Manne de saint Nicolas de Bari », du nom d'une huile légendaire qui aurait suinté de la tombe de saint Nicolas, et aurait eu le pouvoir de guérir bien des maladies[67]. La haine des hommes fut la raison imputée à Tofania pour ces crimes, et on dit qu'elle encourageait ses clientes à n'utiliser sa potion que par petites doses, afin de prolonger la souffrance des victimes. Elle avait soixante-dix ans lorsque les autorités napolitaines, submergées de décès d'hommes mariés, finirent par faire le lien entre les fioles et elle. Prévenue de son arrestation imminente, Tofania tenta de se réfugier dans un couvent, mais on l'en tira de force, à la grande consternation des religieuses. On lui fit subir des tortures, lui arrachant la confession de centaines de meurtres, et elle fut étranglée en 1723. Son corps fut ensuite jeté par-dessus le mur du couvent où elle avait cherché secours.

Enfin en France, entre 1664 et 1672, on raconte que Marie de Brinvilliers, une aristocrate, empoisonna au moins cinquante personnes, sinon plus. Avant l'assassinat de son père, qui s'opposait à son mariage, puis de ses deux frères pour récupérer l'héritage, Marie avait testé les poisons que lui concoctait son amant dans les salles d'hôpital réservées aux indigents, où elle s'était portée volontaire pour être infirmière. Cela lui avait permis d'observer attentivement les effets du poison qu'elle administrait à ses patients, rectifiant la dose si nécessaire. Elle fut démasquée et s'enfuit, avant d'être capturée en 1676 et décapitée à Paris.

L'ascension de la tueuse en série moderne

Pendant les deux cents ans qui suivirent la mort d'Elizabeth Báthory, le monde connut des changements sans précédent. En Grande-Bretagne, le mouvement de l'*enclosure*, c'est-à-dire la décision des grands propriétaires de clôturer des terres que les paysans pouvaient auparavant travailler à leur guise contre un certain nombre de jours de travail, puis la naissance de la révolution industrielle, au milieu du XVIIIe siècle, déracinèrent des millions de gens qui avaient toujours vécu à la campagne. En quelques décennies, contraints et forcés, ils allèrent grossir les rangs des individus venus en ville chercher du travail.

Par le passé, la présence de pauvres dans les villes restait un phénomène saisonnier : les gens allaient là où le travail se trouvait, et restaient souvent à la campagne en été et en automne. Mais avec le développement des usines, un grand nombre de miséreux s'installa de façon permanente dans les logements sordides des villes industrielles, dont la densité de population augmenta rapidement.

Par le passé également, les indigents trouvaient de l'aide dans leur paroisse, grâce à la famille, aux aumônes de l'église et à d'autres actes de charité de la communauté. Les églises dans les villes n'étaient pas capables de gérer ces immenses quantités de pauvres anonymes qui arrivaient en masse pour se retrouver piégés dans des habitations urbaines surpeuplées et délabrées, coupés de toute aide familiale ou communautaire. L'assistance publique, la soupe populaire, les pensions d'invalidité ou les mutuelles de santé n'existaient pas encore. Une blessure, un mauvais calcul ou un petit écart dans les dépenses, la perte d'un emploi, ou encore une maladie – tout cela pouvait condamner une personne et sa famille, dépendante, à tomber rapidement dans le dénuement le plus total, puis à mourir de faim ou de froid. Les choses empirèrent à cause de la fabrication, tout au long du XVIIIe siècle, d'un gin de mauvaise qualité, ce qui créa une épidémie de dépendance similaire à celle de la cocaïne ou du crack aujourd'hui et détruisit des familles entières, en entraînant d'autres un peu plus dans la déchéance.

En ce temps-là, les femmes étaient encore plus vulnérables. Il fallut attendre le XIXe siècle pour qu'elles commencent à avoir des opportunités d'emploi comme ouvrières dans les usines ou les filatures de coton, comme employées dans les grands magasins, et plus tard comme secrétaires. Avant cela, soit les femmes colportaient des articles et des produits frais dans la rue comme au Moyen Âge, soit elles devenaient employées de maison chez des gens de la classe moyenne, qui grossissait à toute allure et profitait largement du développement de l'industrialisation.

Le travail de domestique était sévèrement encadré. Bien souvent les jeunes filles de la campagne qui quittaient leur famille pour chercher un emploi en ville trimaient ensuite sept jours sur sept en échange du gîte et du couvert, dans des conditions misérables. À la moindre erreur la fille était jetée dehors, sans références ni endroit où aller. Pour une employée de maison, tomber enceinte signifiait souvent l'arrêt de mort de la mère comme de l'enfant, car elle était licenciée sur-le-champ pour comportement déshonorant, et ne pouvait espérer trouver ni nouvel emploi, ni lieu où se réfugier. Jusqu'au début du XIXe siècle, il resta courant de retrouver des nourrissons morts dans les rues, les ruelles ou sur les terrains vagues. Le meurtre de nourrissons par des mères indigentes était si répandu qu'en Angleterre on passa une loi interdisant la « dissimulation de naissance », assortie d'une condamnation à mort par pendaison si l'enfant venait à mourir.

Les exécutions publiques, ordonnées tout au long du XVIIIe siècle pour d'innombrables délits, même le plus menu larcin, rendirent les sociétés industrielles encore plus brutales. Des milliers de femmes se retrouvèrent littéralement sans ressources, mis à part le vol, pour lequel elles risquaient la pendaison, et la prostitution, qui les exposait à la maladie et à la mort violente. Ce furent précisément ces prostituées extrêmement miséreuses que Jack l'Éventreur allait prendre pour cibles en 1888, de la même manière aujourd'hui que certains serial killers persécutent les droguées qui font le trottoir.

La naissance des médias et de la littérature « true crime »

En Angleterre, le désespoir et la brutalité de cette époque furent retranscrits grâce aux médias imprimés, un phénomène nouveau. Les histoires à sensation relatant de vrais crimes (« true crime ») furent l'un des premiers genres littéraires à être commercialisés pour les masses populaires de plus en plus lettrées. Au XVIIIe siècle déjà, dans les pamphlets et brochures de mauvaise qualité, illustrés par des gravures, on pouvait lire des comptes-rendus de meurtres et d'exécutions écrits par des auteurs à sensation. La *Police Gazette* anglaise commença à être publiée en 1772, et la *National Police Gazette* américaine en 1845.

On estime que dès les années 1830, les deux tiers, voire les trois quarts de la classe ouvrière savaient lire. Cela alimenta l'expansion rapide des médias imprimés mécaniquement qui se consacraient aux crimes réels[68]. Les années 1840 virent l'apparition du journal du dimanche, très populaire, et l'abolition des taxes sur le papier et les documents écrits, quelques années plus tard, fit d'abord baisser le prix du journal à un penny, puis à un demi-penny dès 1868.

Cette forme de littérature se concentrait autant sur les détails les plus choquants des meurtres, les relatant dans toute leur complexité, que les émissions de télé ou les « livres documents » ne le font aujourd'hui. Comme le faisait remarquer de façon ironique la célèbre publication britannique *Punch* en 1849 :

> Une fois un criminel appréhendé, tout le monde sait que nous n'épargnons aucun effort pour fournir à la nation sa biographie complète ; que nous employons des hommes lettrés, de belle éducation et ayant une connaissance profonde de la nature humaine, pour qu'ils examinent son lieu de naissance et les registres de sa paroisse, qu'ils rendent visite à ses parents, ses frères et sœurs, ses oncles et tantes, qu'ils obtiennent des informations quant aux débuts de sa scolarité, aux maladies qu'il a endurées, à

ses traits de caractère étant enfant puis à l'âge adulte, etc. Nous employons d'éminents artistes pour qu'ils fassent son portrait tel qu'il apparaît au tribunal de police, ou des esquisses de la ferme ou de l'arrière-cuisine où il a commis son acte épouvantable. Nous entretenons des liens à l'intérieur des prisons avec les geôliers et geôlières, ainsi qu'avec l'administration, dont les informations nous permettent de décrire chaque acte du prisonnier, son état de santé, s'il dort et mange bien, les changements dans son apparence, les conversations qu'il peut avoir, quel genre de vêtements et de linge de corps il porte, les lettres qu'il écrit et les repas qu'il prend[69]...

Bien que *Punch* utilisât le pronom masculin, au XIXe siècle les reportages au sujet de crimes réels se penchaient autant sur les femmes que sur les hommes – en fait, les criminelles intéressaient particulièrement le public, car leurs actes contrastaient de façon spectaculaire avec l'idéal féminin propre à cette période. Lorsqu'en 1849, Maria Manning et son mari, Frederick, furent jugés et exécutés pour le meurtre de l'ex-amant de Maria, le procès fut suivi au quotidien par les lecteurs grâce à des reportages spéciaux – de la même manière que le procès d'O.J. Simpson fut suivi par des millions d'Américains tous les jours dans les années 1990. Selon Judith Knelman, une historienne de la presse criminelle britannique du XIXe siècle, les ventes d'un journal ayant publié un de ces reportages spéciaux atteignit le chiffre record de 2,5 millions de lecteurs, plus de 10 % de la population anglaise à l'époque[70].

Lorsque Jack l'Éventreur fit son apparition en 1888, la presse était préparée et tout à fait expérimentée dans la couverture de crimes odieux. Alors qu'il est souvent resté (à tort) dans les annales comme le « premier » serial killer, il a en tout cas été le premier prédateur urbain ciblant des inconnues à devenir célèbre. Mais la vraie peur qu'inspiraient les serial killers au XIXe siècle s'épanouit bien avant lui, avec les empoisonneuses.

Le nombre d'articles de presse relatant des meurtres commis par des femmes se servant d'arsenic devint si alarmant que le parlement anglais fit passer en urgence une loi spéciale censée canaliser ce que l'on considérait comme une crise – de façon tout à fait similaire à « l'épidémie de serial killers » du début des années 1980 aux États-Unis, qu'on disait être à l'origine de la disparition présumée de milliers d'enfants chaque année[71].

Des récits concernant des tueuses en série commencent à apparaître au tout début du XIXe siècle, mais à compter des années 1840, leur fréquence s'accroît.

Jane Scott

Jane Scott, une jeune femme de vingt et un ans seulement, est probablement l'une des premières tueuses en série connues du XIXe siècle. Condamnée à mort en 1828 pour avoir empoisonné sa mère, elle fut également accusée d'avoir assassiné son père, son fils illégitime de quatre ans ainsi qu'une nièce âgée de dix-huit mois, pour se venger de sa sœur avec qui elle s'était disputée. La raison invoquée pour le meurtre de ses parents se résume au fait qu'elle devait se marier et voulait récupérer leurs meubles.

Les actes meurtriers de Jane Scott illustrent parfaitement la situation au XIXe siècle, car elle tua pour obtenir un gain matériel modeste et se débarrasser du fardeau financier que représentait un enfant. Le meurtre de sa nièce, par vengeance, apparaît du coup comme plus inhabituel, car la cupidité et le désespoir furent les mobiles les plus souvent cités par les meurtrières de cette époque. Le désespoir conduisait parfois des parents à tuer un ou plusieurs de leurs enfants, pour assurer la subsistance de ceux qui restaient. La scolarité n'étant pas obligatoire, on ne remarquait pas spécialement les disparitions d'enfants orchestrées par leurs parents, et la communauté ne s'en alarmait pas non plus. Les mères célibataires, en particulier, se retrouvaient dans des situations extrêmement difficiles.

Assurances obsèques et boom des meurtrières en série

Dans les années 1840, un phénomène nouveau apparut. Pour la classe ouvrière, l'une des façons de pallier l'absence d'un système public de santé était de verser de l'argent à divers organismes privés (assurances vie et mutuelles). Ces contrats d'assurance existaient également pour les obsèques, et étaient surnommés « clubs obsèques ». En échange du versement de petites sommes chaque semaine, le club obsèques s'engageait à reverser, au moment du décès du souscripteur, l'argent destiné à régler l'enterrement. Cette prime revenait, bien entendu, aux parents survivants les plus proches. Les décès accidentels ou dus aux maladies étaient courants à cette époque, et ce système permettait aux familles de ne pas avoir à supporter le coût d'un enterrement, trop élevé pour beaucoup. Mais il y avait une faille dans le système : lorsque la mort survenait rapidement après l'inscription au club, la prime versée pour l'enterrement était largement supérieure aux cotisations déjà réglées. Les clubs obsèques facturaient jusqu'à sept pence par trimestre de cotisation, et reversaient jusqu'à dix livres par décès, selon la taille du club. Les plus beaux services funèbres réservés à la classe ouvrière ne coûtaient que la moitié de ce montant – une coquette somme à récupérer, par conséquent.

Les mères se mirent à parier sur les vies de leurs enfants malades, les inscrivant au club obsèques juste à temps pour profiter de la prime maximum. Parfois elles les inscrivaient à plusieurs clubs en même temps. Lorsque les enfants faisaient rater la manœuvre en recouvrant la santé, certaines mères désespérées utilisaient de l'arsenic pour les aider à prendre la direction opposée. Des proches inscrivaient d'autres membres de leur famille à leur insu. Il était facile de dissimuler un meurtre, car les certificats de décès ne devaient pas obligatoirement être établis par un médecin, ni stipuler la cause de la mort. Et même si un médecin était présent lors d'un décès, il était courant de ne pas déceler les signes d'un empoisonnement, parmi les symptômes de toutes les autres maladies qui tuaient fréquemment les gens à cette époque.

La grande épidémie de tueuses en série dans les années de la faim

Dans les années 1840, les meurtres en série perpétrés par des femmes augmentèrent de façon spectaculaire : au moins neuf femmes furent exécutées en Grande-Bretagne entre 1843 et 1852. Cette « épidémie » coïncidait avec une grave récession de l'économie britannique, qui débuta avec le déclin des industries de la soie, du coton et de la laine en 1839. À mesure de l'effondrement du pouvoir d'achat (en 1842, il atteignit un niveau sans précédent depuis quinze ans), se procurer de la nourriture devint de plus en plus difficile. Le nombre de vols en tout genre monta en flèche pendant ces années de crise. Bien que la reprise économique se soit amorcée entre 1843 et 1845, une mauvaise récolte l'année suivante, ainsi qu'une flambée du prix du coton et l'effondrement des actions placées dans le chemin de fer, entraîna l'économie dans une autre récession jusqu'à la fin de la décennie, qui fut connue ultérieurement sous le nom des « années de la faim » en Grande-Bretagne.

Elizabeth Eccles

La première des tristement célèbres tueuses en série des années 1840 se nomme Elizabeth Eccles, proche de la quarantaine, qui à l'automne 1842 signala la mort de son beau-fils de treize ans, un événement somme toute assez courant. Il travaillait à l'usine pour trois shillings par semaine, argent qu'il redonnait aussitôt à sa belle-mère. Il était également inscrit au club obsèques de l'usine. Eccles demanda donc à obtenir les fonds dédiés aux obsèques, et reçut cinquante shillings. Mais elle demanda aussitôt cinquante autres shillings pour enterrer sa fille, qui était décédée apparemment au même moment. Étant donné que l'usine n'employait pas la fille d'Elizabeth, l'entreprise refusa de payer et alerta les autorités. L'enquête judiciaire révéla la présence d'arsenic dans les deux corps, ainsi que dans celui d'une autre fille d'Elizabeth, morte en 1840. Elle reconnut avoir tué son beau-fils car il l'avait menacée de dire à son père qu'elle avait bu et tué sa fille pour « l'amour de l'argent ». Elizabeth Eccles fut pendue en mai 1843.

L'arsenic et ses effets

À cette époque, on pouvait acheter de l'arsenic dans n'importe quelle pharmacie : c'était un produit ménager courant, qui servait autant comme poison pour les rats que comme produit de beauté, car il avait la réputation de traiter les boutons et autres imperfections de la peau. Il était incolore, inodore, et soluble dans l'eau chaude. Et il était bon marché : trente grammes d'arsenic blanc coûtaient dans les dix pence. Pour obtenir une dose mortelle, seuls dix à vingt-cinq milligrammes étaient nécessaires, c'est-à-dire à peine une fraction de cuillère à café.

Les symptômes d'un empoisonnement à l'arsenic sont atroces et se déclarent dans l'heure suivant l'ingestion : sensation âcre dans la gorge suivie de nausées insupportables, puis de vomissements incontrôlables, qui perdurent même lorsque l'estomac est vide. La victime se met à vomir un fluide blanchâtre strié de sang. Puis elle a une sensation d'assèchement de la bouche et de constriction de la gorge, et a la langue très chargée ; elle se met à ressentir une soif extrême, mais toute tentative pour l'étancher entraîne immédiatement une autre crise de vomissements. Au stade suivant, la victime souffre de diarrhées sanguinolentes incontrôlables et de douleurs abdominales aiguës, accompagnées d'autres vomissements et d'une grave sensation de brûlure allant de la bouche à l'anus. L'urine est également striée de sang et présente en quantités insuffisantes. Parmi les autres symptômes, on trouve une arythmie cardiaque et une fibrillation ventriculaire, ce qui entraîne souvent une erreur de diagnostic car ces signes sont communs à la crise cardiaque. Une lividité des extrémités (*Mees' lines*) apparait sur les ongles, comme à la suite d'un trauma.

Au stade final, la victime pâlit et sa peau prend une teinte bleutée qui brille d'une transpiration à l'odeur nauséabonde. La respiration devient rauque, irrégulière et superficielle, les extrémités refroidissent et finissent par s'engourdir, et les battements de cœur faiblissent. Enfin, la victime est prise de convulsions et de crampes douloureuses aux jambes. La mort peut survenir entre six heures et plusieurs jours après l'ingestion d'arsenic, suivant la dose de poison absorbée et l'état physique de la victime.

En résumé, l'arsenic affecte le bon fonctionnement des cellules, inhibant leur capacité à absorber et utiliser les protéines et autres substances chimiques nécessaires à la survie.

Les symptômes de l'empoisonnement à l'arsenic ressemblaient à ceux du choléra, qui était une maladie infectieuse répandue à l'époque, et dont la cause ne serait définitivement déterminée que dans les années 1880 (les bactéries présentes dans l'eau ou sur les ustensiles de cuisine étaient souvent les coupables). De plus, l'arsenic ne laissait aucune trace manifeste dans le corps, s'il devait y avoir une autopsie. Néanmoins, on pouvait le détecter grâce à des analyses chimiques, parfois dans des corps exhumés plusieurs années après le décès, et si les *coroners* anglais allaient mettre des années avant de faire le lien avec la série de meurtres commis secrètement par des femmes, demander une analyse pour rechercher des traces d'arsenic finit par devenir courant dans les affaires suspectes. En 1847 le *Daily News* annonçait triomphalement : « La terre ne recouvre plus les morts. L'analyse chimique révèle ce que l'autopsie passait sous silence. » Et la revue médicale britannique *The Lancet* déclarait, en 1862 encore : « Au Moyen Âge, l'empoisonnement restait secret… seulement parce que l'art de l'analyse chimique était encore alors tout à fait imparfait[72]. »

Sarah Dazely

Pendant ce temps-là, les révélations concernant des empoisonnements en série continuaient à affluer. En mars 1843, Sarah Dazely fut inculpée de meurtre. Bien qu'elle n'ait pas encore trente ans, Dazely avait été mariée pas moins de sept fois, et ses trois derniers époux étaient morts dans des circonstances inexpliquées. Elle était sur le point de se marier pour la huitième fois lorsque son futur époux, en entendant des voisins décrire sa fiancée comme « la femme Barbe-Bleue », décida d'annuler le mariage et de faire part de ses soupçons à la police. Les trois époux décédés furent déterrés, en même temps qu'un nourrisson mort en 1840. Les analyses chimiques révélèrent la présence de doses mortelles d'arsenic dans les corps de deux maris, et les autres cadavres étaient si dégradés qu'ils rendaient toute analyse impossible. Le gain ne fut jamais retenu comme mobile des meurtres de Sarah Dazely – elle semblait presque tuer par absence, simplement pour remédier à l'obstacle que représentait son mari du moment et satisfaire ainsi son désir d'épouser quelqu'un d'autre. Le 5 août 1843, elle fut pendue publiquement, devant une foule indisciplinée de 10 000 spectateurs.

Eliza Joyce

En juillet 1843 eut lieu le procès d'une femme alcoolique, Eliza Joyce, pour sa tentative de meurtre à l'encontre de son beau-fils en septembre 1842. On la soupçonnait déjà de la mort de sa belle-fille de dix-huit mois en octobre 1841, et de la mort de sa fille de trois semaines en janvier 1842. Les analyses chimiques ne détectèrent aucune trace d'arsenic, et Joyce fut acquittée. Sa famille, cependant, la renia totalement, et après avoir passé une année dans la misère avec un autre nourrisson dans un hospice, Joyce craqua et avoua s'être servie de doses massives de laudanum, un médicament à base d'opium très apprécié pour soulager les douleurs et qu'on utilisait également comme sédatif pour soigner toutes sortes d'affections, du simple rhume à la méningite et aux maladies cardiaques, chez les adultes comme chez les enfants.

Le 2 août 1844, elle fut pendue devant 5 000 personnes.

Sarah Freeman

L'affaire Sarah Freeman, une jeune femme âgée de vingt-neuf ans exécutée en 1845, rappelle celles des tueuses en série du XXe siècle qui assassinèrent les membres de leur famille sans discontinuer et sans pour autant être inquiétées par les autorités. Sur une période de treize mois, Freeman tua son fils illégitime de sept ans, son mari, sa mère et son frère. Elle avait fait sept ans d'école, et était donc relativement bien éduquée pour l'époque, mais elle souffrait apparemment de troubles de la personnalité : elle s'emportait si facilement et si violemment que ses parents l'avaient chassée de chez eux.

Sarah subvenait à ses besoins en se prostituant, et eut deux enfants illégitimes. En 1840, elle épousa un ouvrier nommé Charles Freeman avant de l'empoisonner aussitôt, ainsi que l'un de ses enfants illégitimes, afin de récupérer l'argent du club obsèques dans lequel elle les avait inscrits, et qui se montait à vingt livres. Elle ouvrit un petit commerce avec ce pécule, et retourna vivre avec ses parents et ses frères. Mais son comportement colérique les força de nouveau à lui demander de partir. C'est là qu'elle entreprit d'assassiner sa mère et l'un de ses frères. Il fallut attendre un quatrième décès pour que le médecin fasse analyser l'estomac et les intestins de Charles Freeman, dans lesquels on trouva des doses massives d'arsenic.

La presse fit ses choux gras du fait qu'aucune enquête judiciaire n'avait été ouverte, malgré la constatation que les membres de sa famille mouraient tous de la même façon. On accusa le bureau du *coroner* d'économiser sur les analyses chimiques aux dépens des citoyens de la classe ouvrière. Sarah fut jugée uniquement pour le dernier meurtre, et on raconte qu'à l'annonce de sa condamnation à mort, elle maudit la cour et les jurés ; elle fut exécutée le 23 avril 1845 devant une foule de 10 000 spectateurs.

Sarah Chesham

Les affaires qui éclataient à la campagne semblaient plus inquiétantes, car il y avait fort à parier que les voisins non seulement connaissaient les empoisonneuses, mais utilisaient également leurs services. Le *Times* déclara en 1851 que dans une certaine région, « l'utilisation d'arsenic était devenue une sorte de secret de famille, une arme mise entre les mains des plus faibles et grâce à laquelle un mari déplaisant ou une famille pénible peuvent être aisément éliminés ». Au centre de ces accusations se trouvait Sarah Chesham, trente-cinq ans, accusée d'avoir empoisonné un bébé illégitime dans le village de Clavering, sur l'ordre du père. La mère de l'enfant expliqua que Chesham était venue la voir par deux fois pour donner du « sucre » au bébé et que curieusement celui-ci était tombé malade après. Selon le *Times*, les villageois savaient que Chesham avait tué ses propres enfants en les empoisonnant, et qu'elle était quelqu'un qui

> … pouvait éliminer toute chose désagréable ou coûteuse. Pour le village, le fait que la prisonnière avait empoisonné ses enfants semblait être une évidence, et pourtant ils ne veulent pas en dire beaucoup plus à ce sujet que si elle avait tué ses cochons. À n'en pas douter, cette meurtrière reconnue et réputée pouvait se promener dans le village sans être inquiétée ni contestée et tous les habitants avaient vu ses enfants être enterrés sans que cela ne soulève même une remarque de leur part[73]…

Rien ne put être prouvé concernant la mort du bébé, mais la police exhuma les corps de deux de ses fils, morts dans des circonstances suspectes à quelques jours d'intervalle. Le docteur présent lors du décès du premier fils se souvint fort à propos que Chesam avait refusé de commander un cercueil juste pour lui, faisant remarquer qu'on pouvait aisément y faire tenir deux corps. Quelques jours plus tard, effectivement, le second fils était mort et les deux frères avaient été enterrés ensemble dans le même cercueil ; tous deux étaient inscrits à un club obsèques. Les analyses chimiques faites sur les corps révélèrent des doses massives d'arsenic, mais ces traces ne purent être reliées de façon probante à Chesham, qui fut acquittée. Elle retourna dans son village, où elle offrait de donner des conseils sur la préparation de tartes « spéciales » capables d'alléger les fardeaux financiers des familles. Pour l'anecdote, ce genre de meurtres en série engendrés par la misère rurale fut également signalé dans la région de Tiszazug en Hongrie dans les années 1920, lorsque la police arrêta un groupe secret de femmes qui préparaient des potions pour les gens désireux de se débarrasser de parents gênants. Près de quarante meurtres furent ainsi découverts[74].

Il existait à l'époque victorienne un autre genre de meurtrières en série, que l'on nommait « les fermières de bébés ». En échange d'une petite rémunération, certaines femmes promettaient à titre officieux de prendre soin des bébés dont les mères n'avaient pas les moyens de s'occuper*. Il y eut de nombreux cas où ces « fermières » tuèrent en fait les bébés, ou bien les firent mourir de faim ou de négligence, en empochant quand même l'argent. Cette méthode était tout à fait radicale, car la mère était au courant et prenait souvent ses dispositions pendant la grossesse. Le nourrisson était emmené par la femme qui avait accepté de s'en charger, et disparaissait à jamais.

* Ce système est en quelque sorte l'ancêtre de l'adoption. Oliver Twist, le personnage du livre éponyme de Charles Dickens, est élevé au départ de cette manière-là. (*N.D.T.*)

Mary May

Pendant ce temps-là, Mary May, qui approchait aussi de la quarantaine, fut exécutée en août 1848 pour avoir inscrit son demi-frère dans un club obsèques à son insu, puis lui avoir servi une boisson à l'arsenic. Elle projetait de se servir de l'argent pour acheter un cheval et une carriole, ce qui lui aurait permis d'aller de village en village colporter ses marchandises. Mary May avait eu seize enfants, dont quatorze étaient décédés ; peu avant son exécution, elle avoua le meurtre de son mari, mais nia celui de ses enfants.

L'année suivante, Sarah Chesham se retrouvait sous les feux de l'actualité, accusée à présent d'avoir assassiné son mari Richard, qui était mort après que Chesham eut insisté pour le soigner. La presse se déchaîna en apprenant qu'elle se vantait d'offrir ses services d'empoisonneuse aux villageois. Elle fut de nouveau jugée et cette fois condamnée à mort ; la sentence fut exécutée en mars 1851.

Ces articles de presse indignés suscitèrent une certaine panique car ils insinuaient qu'il existait des sociétés secrètes constituées de femmes qui s'échangeaient des recettes de plats empoisonnés destinés à être servis à des maris, des enfants, ou d'autres membres de la famille pour tirer profit des primes des clubs obsèques, ou plus simplement, pour se débarrasser d'eux. Le parlement avait déjà passé une loi interdisant aux assurances de verser plus de trois livres à la mort d'un enfant de moins de dix ans. En 1855, ce plafond allait être augmenté, un maximum de six livres pouvant aller à un enfant de moins de cinq ans et de dix livres pour un enfant âgé de cinq à dix ans. Par ailleurs, un certificat de décès délivré par un médecin était nécessaire pour que l'argent soit versé au bénéficiaire.

La loi sur la vente d'arsenic de 1851

Tandis que Sarah Chesham attendait son exécution, la Chambre des Lords débattait d'un projet de loi sur la vente d'arsenic, qui souhaitait imposer aux acheteurs de s'identifier auprès du vendeur, lequel devait noter sur son registre la quantité et la raison de l'achat à côté du nom. L'arsenic fut ensuite coloré, et personne ne put acheter moins de dix livres d'arsenic incolore sans l'approbation d'un témoin et une lettre expliquant la raison pour laquelle le produit incolore était requis. Alors que s'étalait dans la presse l'histoire de Chesham comme exterminatrice à louer du village, la Chambre proposa un amendement à la loi visant à restreindre l'achat d'arsenic aux hommes adultes seuls. Faisant référence aux paysannes pauvres, l'un des Lords à l'origine de l'amendement déclara : « Une sorte d'horreur mystérieuse est liée à l'utilisation du poison, qui semble fasciner et attirer une certaine classe d'esprits. »

Mais certains s'opposaient à la restriction envisagée. Le philosophe libéral John Stuart Mill fit campagne contre cet amendement qui, selon lui,

> … isole les femmes dans le but de les avilir. Il établit une restriction spéciale, une exclusion particulière contre elles seules. Il suppose que les femmes sont plus dépendantes au meurtre que les hommes ! Les registres des tribunaux de police montrent-ils une prépondérance féminine parmi les criminels les plus atroces ?

> […] Si les derniers meurtriers en date avaient été des hommes roux, le Parlement se serait précipité de la même manière pour passer une loi interdisant aux roux d'acheter ou de posséder des armes dangereuses[75].

En fait, la Chambre des communes avait recueilli des statistiques complètes sur le sexe et le genre de meurtres commis dans toutes les régions britanniques entre 1840 et 1850. Traditionnellement, les femmes représentaient de 10 à 11 % de tous les assassins condamnés, sauf en ce qui concernait les meurtres d'enfants, où la proportion de femmes devenait plus élevée que celle des hommes. Mais en se penchant plus précisément sur les *empoisonnements* durant cette période au Royaume-Uni, les femmes représentaient 54 % du total des accusés jugés pour meurtre ou tentative de meurtre en Angleterre, Irlande, Écosse et au pays de Galles[76]. (Une étude plus récente révéla qu'il y avait eu 342 inculpations pour meurtre par empoisonnement en Angleterre seule entre 1750 et 1914, et les femmes représentaient près de 62 % des accusés, soit un total de 210 femmes[77].) Malgré ces statistiques défavorables, les Lords gardèrent la tête froide et lorsque la loi sur la vente d'arsenic fut finalement adoptée le 23 mai 1851, la clause excluant les femmes de l'achat d'arsenic avait disparu. La seule restriction retenue était que l'acheteur devait être majeur.

Catherine Wilson

L'épidémie d'empoisonnements à répétition perpétrés par des femmes sembla disparaître à l'orée des années 1850. Il n'y eut pas de cas comparable à ceux des années 1840, mais on est en droit de se demander si cela est dû à la loi sur la vente d'arsenic ou bien si l'on cessa simplement de déceler les meurtres car les femmes se mirent à utiliser d'autres méthodes. L'arrestation de Catherine Wilson en 1862, par exemple, révéla une tueuse en série d'un genre totalement nouveau.

Au contraire de ces femmes opprimées et sans instruction qui avaient tué des membres de leur famille pauvre pour récupérer l'argent des obsèques, Catherine Wilson évoluait sans effort aucun dans le milieu de la haute bourgeoisie, se faisant passer pour une domestique ou une infirmière. Elle était intelligente et rusée. Elle assassina certains membres de sa famille, des relations et des patients, pour l'héritage ou simplement pour voler leurs biens. En tant qu'infirmière elle entretenait des relations de confiance avec ses patients, qu'elle parvenait souvent à convaincre de l'inclure dans leur testament. Elle ne se servait pas d'arsenic pour tuer, lui préférant une overdose de médicaments ou une ingestion d'acide sulfurique. Laissant dans son sillage nombre de cadavres, elle voyagea dans toute la Grande-Bretagne, allant de ville en ville, avant de se fixer à Londres. On remonta la piste de ses meurtres jusqu'en 1854. Elle fut finalement condamnée pour l'assassinat de sa logeuse, et exécutée devant une immense foule de 20 000 spectateurs le 20 octobre 1862.

Mary Ann Cotton

(cf. photo p. 468)

Peu de temps après l'exécution de Catherine Wilson, Mary Ann Cotton débuta sa carrière de meurtrière. Cette ancienne catéchiste et infirmière, approchant la quarantaine et d'apparence quelconque, aurait, à ce que l'on dit, tué jusqu'à vingt victimes sur une période de huit ans (1864-1872). Supprimant des personnes dont elle avait la charge, on raconte qu'elle a assassiné onze de ses enfants, cinq beaux-enfants, trois époux, une belle-sœur, un logeur et sa propre mère. Cotton utilisait de l'arsenic, et contournait aisément la loi en l'extrayant de la mort-aux-rats, dont la vente n'était pas contrôlée. Elle allait de ville en ville, se remariait (il lui arriva d'être bigame), et changeait de nom et d'identité à mesure que les cadavres s'accumulaient dans son sillage. Elle assassinait de façon presque insouciante, pour se débarrasser du fardeau que représentaient ses enfants, ou pour un héritage. Du fait de ses changements fréquents de juridiction, les autorités n'avaient pas remarqué de schéma particulier à ces morts autour d'elle, dont la plupart étaient attribuées à « une fièvre gastrique ».

Mary Ann Cotton fut seulement prise le jour où elle essaya de se débarrasser d'une de ses victimes mourantes dans un hospice. Lorsque la personne décéda, le docteur, soupçonneux, fit faire des tests qui révélèrent la présence d'arsenic, et Cotton fut arrêtée le 18 juillet 1872. Comme elle était enceinte, son procès fut repoussé ; mais après la naissance de sa fille en prison, il débuta le 5 mars 1873. Elle fut jugée coupable du meurtre et exécutée le 24 mars.

Cotton devint une légende, et il existe même une comptine pour rappeler sa triste réputation :

Mary Ann Cotton	*Mary Ann Cotton*
Elle est morte et pourrie	*She's dead and she's rotton*
Étendue dans son lit	*She lies in her bed*
Avec ses grands yeux ronds.	*With her eyes wide oppen* [sic].

Après l'affaire Mary Ann Cotton, la mise en place d'une réglementation concernant les assurances obsèques, les progrès faits dans les analyses chimiques et le contrôle des ventes d'arsenic chez les détaillants contribuèrent tous trois au déclin de ce genre d'empoisonnement désespéré perpétré par des amateurs. En revanche, ils ne dissuadèrent pas les femmes froidement déterminées à tuer.

La génération suivante d'empoisonneuses était différente de celle des années de la faim. Les années 1850 virent progresser la condition féminine, notamment grâce à la carrière d'infirmière de Florence Nightingale, qui devint la femme la plus célèbre de Grande-Bretagne après la reine Victoria. Elle transforma le métier d'infirmière, jusque-là mal défini, en une nouvelle profession, très respectable et organisée, en particulier après sa mission héroïque pendant la guerre de Crimée, entre 1854 et 1857, lorsque avec son équipe de trente-huit infirmières volontaires elle réduisit considérablement le chiffre des pertes britanniques.

Les infirmières devinrent synonymes de femmes indépendantes dans la société victorienne, malgré les règles strictes établies dans la profession. Cette auréole de respectabilité et d'admiration durement gagnée fut également adoptée par les tueuses en série de la fin du XIXe siècle, dont beaucoup furent formées en tant qu'infirmières ou firent semblant d'en être une. Cette nouvelle génération de meurtrières modernes, avec un statut professionnel, ne ressemblait en rien à la classe de femmes non instruites, paysannes, quasi moyenâgeuses et opprimées, qui avaient été des victimes collatérales de l'industrialisation. Au moment de l'arrestation de Catherine Wilson, le journal médical

The Lancet s'inquiéta du fait qu'elle se faisait passer pour une infirmière afin de commettre ses meurtres, ce qui était une perversion choquante des principes éthiques du soin médical. L'« Ange de la Mort » est une catégorie de meurtrières qui commença à s'épanouir dans le sillage de Florence Nightingale et existe encore à notre époque.

L'Angleterre allait sous peu devenir complètement obsédée par Jack l'Éventreur. Mais aux États-Unis, l'attention allait rester centrée sur les tueuses en série qui, malgré un contexte très américain, donnèrent à leurs crimes une signature tout à fait unique.

Les tueuses en série dans l'amérique du XIXe siècle

Un sociologue a relevé que la période de la conquête du Far West était un modèle du genre, pour le meurtre en série[78]. En effet, quelques-unes des première tueuses en série américaines sont à chercher dans la société rurale vivant à la frontière. Kate Bender et sa famille de meurtriers, au Kansas, sont probablement les plus célèbres. La famille Bender était composée de John, le père de soixante ans, de sa femme âgée de cinquante ans environ, de leur fils John Jr., vingt-cinq ans, et de Kate, qui avait vingt-quatre ans. Personne ne savait d'où ils étaient originaires, mis à part le fait qu'ils parlaient avec un accent allemand. À leur arrivée en 1871 dans la petite ville de Cherryvale au Kansas, sur la ligne du chemin de fer, ils bâtirent une cabane rudimentaire de 30 mètres carré. D'un côté se trouvait leur logement, et de l'autre, séparé par un simple rideau de toile, ils avaient monté une épicerie, un restaurant et un hôtel bon marché.

La jeune Kate Bender semble avoir été le pivot de la famille ; elle était séduisante et racontait à qui voulait l'entendre qu'elle était médium et guérisseuse, se rendant dans les villes alentour pour donner des conférences publiques sous le nom de Mademoiselle le professeur Katie Bender, et proposer des séances de spiritisme. Certains des prospectus qu'elle distribuait sont parvenus jusqu'à nous, et elle s'y vante de pouvoir « soigner toutes sortes de maladies, la cécité, les attaques, la surdité et ce genre de maladies, et aussi les sourds-muets ». Père et mère restaient en retrait, et John Jr., à ce que l'on dit, était arriéré. Entre 1871 et 1873, la famille Bender assassina plusieurs voyageurs qui s'étaient arrêtés chez eux pour manger ou dormir. Kate les faisait s'asseoir dos au rideau de toile pour manger et pendant qu'elle les distrayait par son charme, le père ou le fils Bender arrivait par derrière pour les frapper à la tête avec un marteau. Sur ce, Kate se jetait sur la victime inconsciente pour lui couper la gorge. Une sorte de toboggan aménagé à l'arrière de la cabane et une fosse spécialement creusée à cet effet leur permettaient de se débarrasser rapidement du corps avant l'arrivée d'un autre client.

Leur chance tourna le 9 mars 1873, lorsqu'ils assassinèrent William York, qui était sur le chemin du retour après avoir rendu visite à son frère et avait précisé à ce dernier avant de partir qu'il pensait s'arrêter à la cabane des Bender pour déjeuner. William n'étant jamais arrivé chez lui, son frère et sa bande se mirent en route plusieurs semaines après, afin de retracer son itinéraire. La piste semblait disparaître à la cabane des Bender. Après avoir reçu la visite de York et ses hommes, qui posèrent des questions sur le disparu, les Bender vidèrent la cabane et se volatilisèrent le 5 mai 1873.

Mais toutes sortes d'histoires curieuses circulaient déjà à propos de cette famille et du fait que des hommes semblaient s'évaporer derrière le rideau de toile lorsqu'ils venaient manger chez eux. Plusieurs hommes déclarèrent que Kate s'emportait lorsqu'ils refusaient de s'asseoir près du rideau, préférant manger au comptoir. Un autre se souvint d'avoir vu le tablier de Kate se soulever à cause du vent et sa main empoignant fermement un couteau en dessous.

En apprenant la fuite de la famille Bender, la bande de York retourna à la cabane pour la fouiller. Ils découvrirent tout de suite la fosse, d'où montait une forte odeur, et dix ou douze corps enterrés dedans, selon les récits. Les victimes étaient toutes masculines, mis à part une femme et son enfant. On estima que les Bender avaient volé à leurs victimes entre 5 et 10 000 dollars.

Le sort ultime de la famille Bender reste un mystère. On raconte que les hommes de York réussirent à les rattraper et les tuèrent, se partageant ensuite le butin. Le chariot dans lequel ils avaient pris la fuite fut plus tard découvert criblé de balles. Deux membres de la bande, l'un en 1909 et l'autre en 1910, confessèrent sur leur lit de mort qu'ils avaient tué toute la famille et enterré les corps au pied d'un puits tari ; mais malgré les recherches, ce puits ne fut jamais retrouvé.

Une autre tueuse en série américaine de la même époque, mais moins connue, se nomme Patty Cannon, qui entre 1802 et 1829 assassina pas moins de vingt-cinq personnes dans le Delaware, dont la plupart étaient des marchands d'esclaves. Elle s'appropriait ainsi les esclaves et les revendait pour en tirer un bénéfice.

Lydia Sherman – la Borgia américaine
(cf. photo p. 468)

Alors que le nombre de tueuses en série s'essoufflait en Grande-Bretagne après l'entrée en vigueur de la loi sur la vente d'arsenic, aux États-Unis, où il n'existait pas d'équivalent, le même phénomène se propagea. L'une des premières affaires à atteindre une grande notoriété fut celle de Lydia Sherman, dans les années 1860. Elle allait être surnommée « la Borgia américaine », en référence à Lucrèce Borgia, l'aristocrate italienne de la Renaissance dont l'histoire dit qu'elle aurait empoisonné plusieurs personnes, dans le cadre de la lutte pour le pouvoir de sa famille (bien que l'on n'ait jamais déterminé de façon probante dans quelle mesure elle fut complice de ces empoisonnements).

Lydia naquit à Burlington dans le Vermont en 1824, et se retrouva orpheline à l'âge de neuf ans. Son frère et elle reçurent d'un oncle une éducation méthodiste pieuse. Lorsque Lydia eut seize ans, sa famille déménagea à New Brunswick, dans le New Jersey, où elle trouva un emploi comme couturière et compta parmi les fidèles de l'église méthodiste locale. C'est dans cette église qu'elle rencontra Edward Struck, un veuf de trente-huit ans père de six enfants, qui travaillait comme maréchal-ferrant. Lydia était âgée de dix-neuf ans lorsqu'elle l'épousa en 1843.

Malgré la différence d'âge, le mariage semblait fonctionner. Dans les années qui suivirent, elle mit au monde sept enfants, qui s'ajoutèrent aux six qu'Edward avait de son premier mariage. Il fallait donc subvenir aux besoins d'un nombre considérable de personnes dans la famille, et c'est ainsi que, comme tant d'autres, ils allèrent chercher fortune à New York et s'installèrent dans la 125e Rue à Harlem, qui était à l'époque un quartier de la classe moyenne blanche.

En 1857 Edward, alors âgé de cinquante-trois ans, parvint à se faire recruter dans la police de New York, un emploi sûr qui pouvait également se révéler très lucratif si l'officier se trouvait être corrompu. Ce n'était pas le cas d'Edward, a priori – à la grande consternation de ses collègues au poste de police –, et durant ses six années d'activité il resta honnête. C'est d'ailleurs peut-être ce qui motiva son soudain licenciement pour lâcheté, lorsqu'à l'automne 1863 il fut accusé de ne pas être intervenu lors d'une bagarre dans un bar, alors qu'il était de service. Edward affirma que la bagarre était terminée le temps qu'il arrive, mais en vain[79].

Edward et Lydia étaient mariés depuis vingt paisibles années. Les six enfants d'Edward, ainsi que leur aîné, étaient des adultes qui s'assumaient, mais le couple devait encore s'occuper de six fils et filles, dont le plus jeune, un bébé nommé William, avait quelques mois à peine.

Ces accusations de lâcheté portèrent un coup terrible à Edward, qui fut déshonoré. À cinquante-neuf ans, après avoir passé toute sa vie à se battre, avec des hauts et des bas, en tant que maréchal-ferrant, il espérait que cet emploi stable lui offrirait une protection pour ses vieux jours. Il aurait peut-être même pu obtenir une pension de retraite municipale. Mais à présent que tout cela lui avait été enlevé, Edward ne s'imaginait pas avoir la force de tout recommencer ; cet hiver-là il sombra dans une profonde dépression, se sentant incapable de chercher un autre travail et même de quitter l'appartement familial. Il finit par se procurer un pistolet et menacer de se suicider. Au printemps 1864, il avait cessé de se lever le matin, de se laver, de s'habiller et même de se nourrir.

Lydia fit de son mieux pour aider son mari. Elle prit des travaux de couture à la maison pour joindre les deux bouts, s'occupa de lui et des enfants, et finit par aller voir le commissaire Hart, le supérieur d'Edward au poste de police, qui s'était opposé à son licenciement, dans l'espoir qu'il pourrait l'aider à rétablir son mari dans ses fonctions. Mais Hart ne pouvait pas faire grand-chose ; et lorsque Lydia lui décrivit l'état mental désespéré de son mari, et le fardeau qu'il était devenu pour elle, il lui suggéra de le faire hospitaliser. Selon le témoignage ultérieur de Lydia, le commissaire lui conseilla de se « débarrasser de lui ».

Lydia déclara sous serment qu'Edward « me causait à l'époque beaucoup de soucis ». Après vingt ans de mariage, donc, ou peut-être justement à cause de cela, Lydia alla à la pharmacie de son quartier acheter pour dix cents d'arsenic blanc. Le pharmacien ne lui posa aucune question sur l'achat de ce produit somme toute courant pour la maison. Le matin suivant, le 23 mai 1864, elle prépara un bol de porridge à Edward, y mélangea un peu d'arsenic, et calant avec douceur son mari contre un oreiller lui donna à la cuillère ce petit déjeuner fatal. L'après-midi, Edward était déjà à l'agonie, vomissant et souffrant d'atroces douleurs abdominales. À mesure que la nuit avançait, il se retrouva trempé d'une sueur fétide tandis que Lydia était à ses côtés, lui faisant manger un peu plus de porridge empoisonné et lui essuyant le front. Ainsi qu'elle l'expliqua plus tard, c'était le meilleur service à lui rendre, car son mari « était devenu inutile, pour moi comme pour lui-même ».

Edward mourut le lendemain matin. Le médecin présent opta pour le décès de cause naturelle – de « consomption », nom donné à la tuberculose à l'époque. Cela se passait en 1864 et il fallut attendre les années 1880 pour que les scientifiques identifient et comprennent vraiment les liens existant entre les bactéries et certaines maladies. Lydia était à présent une veuve d'une quarantaine d'années qui n'éveillait aucun soupçon, avec six enfants à charge, dont un bébé de neuf mois, William, un fils de quatre ans, Edward Jr., et une fille de six ans, Martha. Au bout de cinq semaines environ Lydia se sentit de nouveau découragée et en arriva à la conclusion que ses plus jeunes enfants « ne pouvaient rien [faire] pour moi ou pour eux-mêmes ». Après avoir pris le temps d'y réfléchir une journée, en juillet 1864 elle empoisonna ses trois plus jeunes enfants, les uns après les autres. Le petit Edward Jr., se souvint-elle plus tard, « était un petit garçon très mignon, qui ne se plaignit jamais pendant sa maladie. Il était très patient ».

Les enfants moururent tous dans la souffrance mais sans que cela paraisse suspect : les trois décès furent attribués à « une fièvre intermittente » accompagnée d'« une bronchite ». Dans les années 1860, les enfants mouraient encore plus couramment que les adultes de toutes sortes de maladies, dont aucune n'était complètement cernée par la science de l'époque.

Avec trois bouches en moins en nourrir, Lydia se sentait capable de subvenir aux besoins des trois enfants restants, George (quatorze ans), Ann (douze ans) et Lydia (dix-huit ans). Par ailleurs, après avoir été témoin des soins pleins de tendresse prodigués par Lydia à ses trois enfants mourants, le médecin de son quartier l'avait engagée comme infirmière à temps plein*.

Entre son travail d'infirmière, celui de George qui assistait un peintre pour 2,50 dollars par semaine et celui de sa fille Lydia qui travaillait comme vendeuse dans une mercerie de Harlem, la famille semblait s'en sortir sur le plan financier. Mais c'est alors que George contracta ce que l'on nommait à l'époque « la colique du peintre », une maladie handicapante occasionnée par un empoisonnement au plomb à force de manipuler de la peinture. Lydia soigna son fils pendant une semaine, mais comme il ne recouvrait pas la santé assez vite pour pouvoir retourner au travail, elle se souvint d'avoir été « découragée » : « J'ai pensé qu'il deviendrait un fardeau pour moi, alors j'ai mélangé un peu d'arsenic à son thé. Je crois qu'il est mort le lendemain matin », raconta-t-elle plus tard.

Pendant l'hiver, la petite Ann tomba souvent malade, contractant des rhumes accompagnés de fièvre, ce qui obligeait sa sœur Lydia à rester à la maison pour s'occuper d'elle pendant que sa mère travaillait. La sœur dut finalement quitter son emploi à la mercerie et prendre des travaux de couture à la maison, beaucoup moins rémunérateurs. La mère dit plus tard : « J'ai pensé que si je me débarrassais d'elle, Lydia et moi on arriverait à s'en sortir. » Ann mit quatre jours pour mourir d'une atroce mort, soi-disant de la fièvre typhoïde, d'après le médecin.

Il ne restait donc plus que les deux Lydia. Mère et fille déménagèrent dans un plus petit appartement en haut de Broadway, mais au mois de mai la jeune Lydia

* Il n'existe pas de preuve probante, néanmoins, que Lydia ait tué de patients dans le cadre de cet emploi.

contracta tout à coup une fièvre. Malgré les efforts de sa mère pour lui faire recouvrer la santé, la jeune fille décéda et fut enterrée au cimetière de l'église de la Trinité à New York, aux côtés de son père et de ses cinq frères et sœurs, dans le caveau familial. Malgré les souvenirs d'un pasteur qui avait vu Lydia mourir de convulsions, le même médecin diagnostiqua de nouveau la fièvre typhoïde. Quant à Lydia, qui confessa tous les autres meurtres, elle soutint jusqu'au bout qu'elle n'était en rien responsable de la mort de sa fille aînée.

Pendant ce temps, l'un des beaux-fils de Lydia, devenu adulte, était devenu soupçonneux quant aux décès à intervalles rapprochés de son père et de ses demi-frères et sœurs. Il insista auprès du bureau du procureur de la ville de New York pour qu'on déterre les sept cadavres et qu'on conduise des analyses pour rechercher de l'arsenic. Mais il était trop tard. Lydia, totalement libérée de toute obligation familiale pour la première fois en vingt-trois ans, avait disparu.

Dans son étude sur les empoisonneuses américaines, Harold Schechter écrit : « À sa manière, même choquante, cette ex-épouse et mère de quarante-deux ans était une authentique Américaine, car elle croyait fermement à la possibilité de se renouveler à l'infini, de laisser le passé derrière elle et de changer de vie[80]. » Lydia se retrouva à Stratford, dans le Connecticut, où en quelques semaines elle rencontra et séduisit un vieux fermier fortuné, Dennis Hurlburt, dont la femme était récemment décédée. Il cherchait une gouvernante et Lydia sauta sur l'occasion. Elle déclara plus tard que quelques jours seulement après avoir commencé à travailler pour lui, le vieil homme la demanda en mariage.

Lydia était effectivement relativement séduisante. Une photographie d'elle datant de cette époque montre une femme mince, aux traits délicats, aux lèvres charnues et aux yeux légèrement mélancoliques, qui paraît plus jeune que quarante ans. En plus de sa beauté, si c'était une psychopathe il est possible qu'elle ait eu la personnalité charismatique typique de ce genre de personne, ce qui expliquerait l'envoûtement du médecin qui lui avait offert un emploi d'infirmière et à présent du fermier veuf qui voulait l'épouser.

Lydia avoua plus tard qu'elle avait accepté le mariage à condition qu'Hurlburt lui promette que « tout ce qu'il possédait serait à moi ». Le vieil homme rédigea un testament qui laissait à Lydia tout son domaine. Des témoins déclarèrent plus tard l'avoir vue pendant plus d'une année accueillir son mari sur le pas de la porte avec des baisers, lui avoir préparé à manger, reprisé ses vêtements et même l'avoir rasé lorsque ses mains avaient commencé à vraiment trembler.

Puis, un dimanche matin de 1868, alors qu'Hurlburt se préparait pour aller à l'église, il fut tout à coup pris de vertiges et tomba malade. À mesure que la journée avançait, il s'affaiblit de plus en plus. Remarquant son absence, ses voisins lui rendirent visite le jour suivant, apportant en cadeau des palourdes fraîchement ramassées, avec lesquelles Lydia s'empressa de préparer une bisque additionnée d'arsenic. Pendant toute la journée du lundi, Hurlburt se tordit de douleur. Le mardi, comme il insistait, un médecin fut appelé ; celui-ci déclara par la suite qu'il sut tout de suite que l'homme était à l'article de la mort. Il fut touché de voir combien son épouse se démenait pour prodiguer tous les soins possibles au vieil homme, lui essuyant le front et tentant de lui redonner des forces grâce aux médicaments et aux bouillons qu'elle préparait elle-même. Lorsqu'Hurlburt mourut dans d'atroces souffrances le jour suivant, le médecin attesta qu'il s'agissait d'un cas de « choléra-morbus ».

La veuve de quarante-six ans hérita d'un domaine de 20 000 dollars et de 10 000 dollars en liquidités, ce qui était une somme considérable en ce temps-là. Elle n'avait plus de problèmes financiers, et n'avait plus non plus de mari ou d'enfants pour envahir son espace ou lui causer des soucis. De la même manière que lorsque son dernier enfant était mort, « à présent, raconta-t-elle, je me sentais bien... Plus rien ne me tracassait ou ne m'inquiétait. »

En moins d'un an Lydia se lia avec un autre veuf, Horatio N. Sherman, un mécanicien d'usine très ouvert et buvant beaucoup ; sa femme était récemment décédée, le laissant seul avec quatre enfants dont un bébé malade, ainsi qu'une belle-mère vivant chez lui. Il est difficile d'expliquer la motivation de Lydia dans ce cas particulier. Horatio était en fait endetté, et Lydia finit par payer les trois cents dollars qu'il devait : en d'autres termes, il n'avait rien d'une vache à lait. Mais peut-être qu'à ce stade Lydia avait développé une addiction à la sensation de pouvoir qui montait en elle chaque fois qu'elle faisait mourir quelqu'un.

À mesure que ses enfants décédaient, Horatio sombrait un peu plus dans l'alcool et la dépression. Quelques mois après leur mariage, le couple faisait déjà chambre à part. Un jour, à son retour, Lydia l'attendait avec une tasse de chocolat chaud onctueux. Il mit quatre jours pour s'éteindre (le 12 mai 1871), après avoir souffert le martyre, et malgré les efforts du Dr Beardsley.

Ce dernier était un médecin expérimenté qui avait déjà eu à faire à plusieurs cas d'empoisonnement accidentel à l'arsenic, et il reconnut immédiatement les symptômes. Tout en examinant son patient, le docteur lui avait demandé s'il avait pris d'autres médicaments que ceux prescrits par lui. Horatio répondit (ce furent ses derniers mots) : « Seulement ce que ma femme m'a donné. »

Beardsley obtint la permission de pratiquer une autopsie sur le corps d'Horatio et envoya des échantillons à un expert en toxicologie de Yale, qui trouva assez d'arsenic dans son foie pour tuer plusieurs hommes. Un mandat d'arrêt fut immédiatement délivré contre Lydia Sherman, mais elle avait déjà quitté la ville et était retournée à New Brunswick. Pendant ce temps-là, les corps des deux enfants d'Horatio et du deuxième mari de Lydia furent exhumés, et on y trouva également des traces d'arsenic. Puis la police apprit rapidement que sept autres décès étaient liés à Lydia à New York. Quelques jours plus tard, elle fut arrêtée.

Elle fut jugée à New Haven, dans le Connecticut, en avril 1872, lors d'un procès de huit jours surmédiatisé. Surnommée « la Borgia américaine » et « la Reine des empoisonneuses », Lydia vit son histoire transposée dans de nombreux livres, chansons et poèmes. Le public américain était fasciné par cette meurtrière en série.

Ses crimes étaient si inexplicables et déments que les autorités ne parvinrent pas à trouver de consensus pour l'inculper de crime capital, et elle fut jugée à la place pour le meurtre sans préméditation d'Horatio Sherman. Les meurtres commis pour se soulager du fardeau que représentaient ses enfants et ses époux rappellent ceux de Susan Smith, une jeune femme de vingt-trois ans qui, en 1994 en Caroline du Sud, laissa sa voiture s'enfoncer dans un lac avec ses deux enfants attachés fermement à l'arrière. Quant à Lydia, son avocat tenta d'expliquer qu'elle avait « accidentellement » tué Horatio – ou que peut-être Horatio s'était suicidé après la mort de ses enfants et qu'aucune preuve probante n'indiquait que Lydia avait empoisonné quiconque.

Mais le jury finit par condamner Lydia, sur la base de présomptions, à la prison à perpétuité. Cela ne faisait que cinq ans qu'elle était incarcérée lorsqu'elle mourut des suites de maladie en mai 1878, à l'âge de cinquante-quatre ans.

Sarah Jane Robinson

Lydia Sherman venait à peine de décéder que Sarah Jane Robinson fit son apparition. Alors que Sherman avait commis des crimes sans mobile à proprement parler, Sarah Robinson, de son côté, entreprit une croisade meurtrière à la recherche du plaisir et du profit. Elle avait plus de quarante ans quand elle débuta sa carrière homicide, enchaînant les meurtres de son logeur pour une histoire de loyers impayés ; de son mari, assuré sur la vie ; de sa sœur, dans l'optique de « récupérer » un nouveau mari ; de sa nièce, âgée tout juste d'un an ; de son beau-frère et mari remplaçant, qu'elle avait entretemps convaincu de faire d'elle la bénéficiaire de son assurance vie, si jamais « il devait lui arriver malheur » ; de sa fille, qu'elle avait gentiment assurée sur la vie à la suite de tous ces décès ; de son jeune neveu, qui l'encombrait quelque peu ; et de son fils assuré lui aussi sur la vie, mais qui eut le temps de souffler avant de mourir : « C'est ma vieille mère qui m'a soigné[81]. »

Ironie macabre, Sarah racontait à tout le monde qu'elle avait des dons de médium et pouvait prédire les événements – surtout les malheurs, s'avéra-t-il. Lorsqu'elle suggéra à son beau-frère d'aller rendre visite à sa mère car ce serait peut-être sa dernière chance de la voir, le pauvre homme s'exécuta en pensant que Sarah avait vu en vision le décès de sa mère ; mais en fait, elle songeait à lui.

Sarah fut arrêtée pour le meurtre de son fils, grâce à ses indications, et lorsque les autorités exhumèrent les corps de six de ses proches récemment décédés, les analyses révélèrent des doses massives d'arsenic dans chacun des cadavres.

Elle fut inculpée de meurtre avec préméditation à cause du mobile manifeste du gain, mais son avocat soutint que ce ne pouvait être le seul mobile de tant de meurtres. Sarah souffrait assurément de « perversion incontrôlée ». C'était un monstre. « À ma connaissance, la justice ne pend pas les monstres », conclut-il. Néanmoins, les jurés eurent une autre vision des choses, et Sarah Robinson fut reconnue coupable de meurtre et condamnée à mort ; la sentence fut plus tard commuée en prison à perpétuité. C'est là qu'elle mourut en 1906, à l'âge de soixante-dix ans, clamant jusqu'au bout son innocence.

Jane Toppan – la superstar des tueuses en série américaines

Alors que les huit meurtres perpétrés par Sarah Robinson étaient clairement motivés par le gain, ceux commis par Jane Toppan entre 1880 et 1901, au nombre d'au moins trente et un, restent totalement inexplicables. Au contraire de ces femmes très pauvres des classes populaires qui tuaient pour obtenir un gain matériel modeste, Jane Toppan était une infirmière confirmée parfaitement à l'aise parmi les gens de la petite et de la grande bourgeoisie. Et si nous connaissons peu de choses sur l'enfance des tueuses en série décrites jusqu'à présent, nous en savons davantage sur celle-ci.

Venant au monde sous le nom d'Honora A. Kelly entre 1854 et 1857, selon les sources, Jane Toppan était la plus jeune des quatre filles d'une famille d'immigrés irlandais extrêmement pauvres qui vivait dans le Massachusetts. Sa mère décéda alors qu'elle n'avait qu'un an, et son père, un tailleur du nom de Peter Kelly, essaya d'élever ses filles. Malheureusement, sa santé mentale était défaillante ; plusieurs années après, il fut interné dans une institution psychiatrique et y passa le reste de ses jours. Leur grand-mère tenta ensuite d'élever les enfants mais elle se retrouva rapidement démunie et ne put les garder ; c'est ainsi que les filles furent emmenées à l'asile pour jeunes filles sans ressources de Boston, et de là adoptées par différentes familles.

Une famille d'Anglais protestants du nom de Toppan, qui avait déjà deux filles adultes, adopta Honora à l'âge de cinq ans, mais sous une formule similaire à un contrat d'apprentissage : si les parents n'étaient pas satisfaits, ils avaient la possibilité de renvoyer à tout moment la petite fille à l'orphelinat, et ce jusqu'à l'âge de dix-huit ans. Son nom fut changé en Jane Toppan. Avec ses cheveux épais et noirs, son teint olivâtre, son nez proéminent et ses grands yeux couleur noisette, on fit passer la petite Jane pour une orpheline italienne dont les parents étaient morts en mer. À l'époque, être irlandais avait quelque chose d'humiliant et Ann Toppan, la belle-mère WASP de Jane, que la petite appelait « Tata », lui rappelait sans cesse que même si elle était née irlandaise, elle n'avait pas à se comporter comme telle. C'est ainsi que Jane cultiva un dégoût pour son héritage familial.

Ann Toppan était une personne stricte en matière de discipline et traitait sa fille adoptive comme une employée de maison : malgré le nom qu'elle portait, Jane ne fut jamais acceptée comme un membre à part entière de la famille Toppan. À l'âge de dix-huit ans, elle fut émancipée de son contrat d'adoption et reçut la somme de cinquante dollars de ses parents adoptifs. Mais elle resta chez eux et continua à s'occuper de la maison en échange du gîte et du couvert.

Des années après, lorsque la mère adoptive de Jane décéda, elle laissa un héritage à ses deux filles sans jamais mentionner le nom de Jane dans son testament. L'une des deux filles, Elizabeth, s'installa dans la maison ; Jane y resta également, gardant le même statut, mais au contraire de sa mère Elizabeth traitait Jane avec respect et bienveillance.

D'anciennes camarades de classe de Jane témoignèrent plus tard du fait qu'elle était une fille sociable et populaire, mais qu'elle racontait beaucoup de mensonges sur elle-même – que son père avait voyagé sur les sept mers et vivait en Chine, que son frère avait personnellement été décoré par Lincoln à la bataille de Gettysburg, pendant la guerre de Sécession, et que sa sœur était d'une grande beauté et avait épousé un lord anglais*. Pourtant, Jane était considérée par ses pairs comme « la fille qui mettait toujours l'ambiance », et elle était de tous les goûters, pique-niques, et après-midi passés à canoter ou à patiner.

Nous voyons bien se dessiner en filigrane de l'enfance de Jane les germes potentiels de la psychopathe : des

* En réalité, l'une de ses sœurs biologiques allait elle aussi être internée dans un asile d'aliénés, alors qu'elle n'avait qu'une vingtaine d'années.

liens rompus très tôt entre la mère et l'enfant, de possibles traumatismes, des maladies mentales dans la famille, un manque certain d'affection et de présence de la part des parents adoptifs, une tendance au fantasme et au mensonge, ainsi qu'un sentiment de honte et de déresponsabilisation. Alors que Jane conservait une personnalité ouverte et amicale, intérieurement elle s'enfermait dans une posture de défense, même si après son adoption elle ne subit pas nécessairement de graves maltraitances. Dans la zone séparant sa personnalité extérieure et sa psyché intérieure, les fantasmes entraient en jeu, et se concentraient peut-être sur l'idée de responsabilisation et d'estime, dont elle manquait visiblement. Ses mensonges pompeux laissaient entrevoir l'immense fossé séparant ses désirs et sa vraie vie.

Elizabeth, la sœur adoptive de Jane, finit par épouser un diacre, Oramel Brigham, qui s'installa dans la maison. Jane continua à y vivre avec le jeune couple en échange de ses services ; elle n'avait pas d'héritage, ni de statut social, ni de profession ou de haut niveau d'éducation, ni de mari ou de famille. Malgré le fait que les époux Brigham traitaient Jane avec bienveillance, a priori, une sorte d'hostilité latente s'insinua dans leurs relations, qui finirent par devenir si tendues qu'en 1885 Jane partit de la maison dans laquelle elle avait vécu pendant près de vingt ans. Elizabeth l'enjoignit néanmoins de venir les voir quand elle le voulait, ajoutant qu'« il y aurait toujours une chambre pour elle ».

On sait très peu de choses quant à ce que fit Jane pendant les deux années suivantes. Rares étaient les opportunités intéressantes de travail pour une femme célibataire « respectable », à l'époque, hormis institutrice, couturière, domestique ou ouvrière du textile. Rien de tout cela n'intéressait Jane, qui nourrissait l'idée orgueilleuse d'être destinée à mieux. Et c'est ainsi qu'en 1887, Jane Toppan, une psychopathe de trente-trois ans, décida qu'elle ferait carrière en tant qu'infirmière. Elle fut admise à l'école d'infirmières de l'hôpital de Cambridge, près de Boston.

Jolly Jane

Au XIXe siècle, faire une école d'infirmières s'apparentait à entrer dans les ordres, en termes de conditions de vie, d'engagement et de discipline. Cela n'a rien d'étonnant si l'on songe qu'au Moyen Âge les monastères firent office d'hôpitaux, les premiers à être institués : les religieuses servaient d'infirmières et les moines de médecins. Rappelons-nous que grâce à Florence Nightingale, dans les années 1850, la profession d'infirmière était entrée dans une nouvelle ère de discipline et de professionnalisme, qui exigeait un conformisme et une obéissance stricts, ainsi que le sens du sacrifice et une dévotion à son devoir.

Dans les années 1880, les infirmières américaines faisaient en règle générale un apprentissage de deux ans dans des conditions très pénibles : elles travaillaient sept jours par semaine et n'avaient que deux semaines de vacances par an. Plusieurs apprenties infirmières partageaient une petite chambre, où elles dormaient sur des lits étroits. On les réveillait à 5 h 30 tous les matins, et on leur donnait le temps de faire leur lit, de s'habiller et de préparer leur petit déjeuner. En général elles travaillaient entre douze et quatorze heures par jour, avec une pause d'une heure et quart pour le déjeuner et le dîner, qu'on leur servait. Mais la nourriture était si infecte qu'elles devaient souvent s'acheter leurs propres provisions. Chaque infirmière devait en moyenne s'occuper d'une cinquantaine de patients, c'est-à-dire préparer à manger et distribuer la nourriture, laver et habiller, nettoyer les plaies et changer les pansements, mais aussi laver les vêtements et la literie. Les étudiantes étaient également censées s'occuper de leur salle en nettoyant les sols et les fenêtres, en faisant la poussière et en alimentant la chaudière.

Les infirmières en chef faisaient preuve d'une discipline de fer – la plus petite infraction au règlement, telle qu'être en retard, ne pas avoir nettoyé correctement la salle, sortir sans permission ou même se plaindre de la qualité de la nourriture, était punissable d'un renvoi ou de commentaires pénalisants dans le dossier de l'étudiante. En échange d'un contrat dans lequel elles s'engageaient au service de l'hôpital pendant deux ans, les infirmières avaient droit au gîte et au couvert, à un tablier et à une coiffe, ainsi qu'à un salaire de sept dollars par semaine, sur lequel elles devaient payer leurs dépenses en vêtements, manuels et autres[82]. Une fois par semaine, elles devaient aller à un cours du soir sur la théorie de la médecine. À la fin de ces deux années d'apprentissage, les étudiantes étaient interrogées sur leurs connaissances médicales et le métier d'infirmière par un jury composé de médecins, et si elles réussissaient leur examen de passage, on leur conférait un diplôme faisant d'elles des infirmières professionnelles.

Les infirmières qui étudièrent en même temps que Jane Toppan la voyaient comme une personne sociable et gaie, mais avec une facette cachée, d'intimidation. Elle avait tendance à lancer des rumeurs concernant les étudiantes qu'elle n'aimait pas, et accusa plusieurs étudiantes d'effractions qu'elles n'avaient pas commises, mais qui eurent quand même pour résultat leur renvoi.

Plusieurs de ses connaissances à l'époque témoignèrent ensuite de la jubilation de Jane à l'annonce de ces renvois, une attitude qui correspond aux affirmations des anthropologistes selon lesquelles commérages et calomnies sont les premiers signes de l'agression féminine.

Par ailleurs, elle n'avait pas perdu l'habitude de raconter des mensonges énormes sur elle-même, et prétendait, à titre d'exemple, que le tsar de Russie lui avait proposé une place d'infirmière au sein de sa famille.

Cela ne fut jamais prouvé mais il semble qu'elle se rendit coupable de menus larcins à l'encontre des autres étudiantes ou sur les fournitures de l'hôpital ; elle réussit à passer inaperçue à chaque fois. Bien des étudiantes et des surveillantes finirent par la détester, mais le personnel de l'école et les patients étaient complètement sous le charme de cette femme d'heureuse disposition, qui répandait la joie au quotidien. On la surnomma « Jolly Jane », « Jane la Boute-en-train ».

Jane goûtait ce sentiment d'admiration qu'elle provoquait chez certains de ses patients. Elle appréciait tant ces malades que, lorsque survenait la possibilité qu'ils sortent car ils avaient suffisamment recouvré la santé, elle trafiquait leur feuille de suivi en indiquant un état qui empirait, ou bien provoquait de minuscules overdoses médicamenteuses afin d'engendrer des symptômes alarmants, ce qui avait pour effet de prolonger leur séjour à l'hôpital. Mais s'agissant de ceux que Jane *n'aimait pas*, un tout autre sort leur était réservé.

L'addiction de Jane

Après son arrestation, les enquêteurs découvrirent parmi ses affaires de nombreux manuels, dont les pages sur les poisons et les médicaments dangereux étaient particulièrement usées, notamment celles sur la morphine, un opiacée couramment utilisé pour soulager la douleur, mais qui administré à forte dose provoque la mort. Toppan avoua plus tard qu'elle était devenue dépendante au frisson provoqué par la vue de patients en train de mourir d'une overdose de morphine. Invariablement, elle s'immobilisait à leur chevet pour les regarder succomber dans les yeux, observer leurs pupilles se contracter, écouter leur souffle devenir de plus en plus court, puis s'arrêter complètement. Elle expliqua que ces meurtres devinrent « une habitude dans sa vie » qui la rendait « ivre de joie ».

Elle finit par expérimenter des combinaisons de drogues, comme la morphine et l'atropine, dont les effets sont contraires. Les overdoses d'atropine entraînent une dilatation des pupilles, une accélération du rythme cardiaque et des spasmes. S'ensuivent ensuite souvent un accès de délire et une attaque, avec hallucinations et perte de tout contrôle musculaire. Toppan injectait d'abord de la morphine, plongeant le patient dans le coma, avant de le réanimer à coups d'atropine, ce qui entraînait le décès de sa victime : cet accès de sadisme la saisissait. De temps à autre, elle injectait tour à tour une dose de morphine et d'atropine, pour le simple plaisir d'observer leurs effets contraires sur la taille des pupilles de ses victimes. Tel un savant fou, elle jouait avec les différentes combinaisons des deux médicaments, ce qui déroutait les médecins, incapables de trouver des similitudes entre les décès. Tout cela, avoua-t-elle par la suite, déclenchait chez elle « une joie voluptueuse » – à l'époque victorienne, c'était une manière pudique d'évoquer le plaisir sexuel.

Il n'y eut qu'une seule survivante connue aux crimes

de Toppan capable de décrire ce qui lui était arrivé. Amelia Phinney, trente-six ans, avait été hospitalisée pour un ulcère de l'utérus et se tordait de douleur dans son lit, incapable de dormir. Jane Toppan arriva à son chevet, lui souleva la tête et porta un verre à ses lèvres en lui disant de boire car le liquide « la ferait se sentir mieux ». Phinney se souvint plus tard des sensations de sécheresse dans sa bouche et sa gorge, d'engourdissement dans tout son corps, et de lourdeur de ses paupières, alors qu'elle était en train de perdre conscience. C'est là qu'une chose étrange se produisit : elle sentit les couvertures qu'on rabattait, entendit le lit craquer et sentit le matelas se creuser au moment où Toppan s'y glissait. L'infirmière se pelotonna contre elle, lui caressant les cheveux et lui embrassant le visage. Ensuite Toppan se mit à genoux tout près d'elle et la regarda dans les yeux d'un air interrogateur : elle était sans nul doute en train d'observer l'état de ses pupilles. Phinney était convaincue qu'elle était en train de rêver, mais lorsque Toppan porta de nouveau le verre à ses lèvres en l'enjoignant de boire un peu plus, elle rassembla toutes les forces qui lui restaient et se détourna. C'est alors que Toppan sauta tout à coup du lit et se précipita hors de la pièce. Quelqu'un devait être en train de venir.

Phinney s'était réveillée le lendemain matin dans un état d'extrême faiblesse, mais les souvenirs qu'elle avait de la nuit étaient si étranges qu'elle crut à des hallucinations. En outre, ils étaient tout à fait embarrassants. C'est ainsi qu'elle attendit des années (et l'arrestation de Toppan) pour signaler ces événements.

« Jolly Jane » avait peut-être réussi à charmer le personnel – les médecins en particulier, car ils avaient des contacts sporadiques avec elle, mais les surveillantes et les autres étudiantes avaient fini par la détester cordialement. Les histoires à dormir debout qu'elle racontait constamment et les rumeurs qu'elle lançait finirent par l'isoler complètement des autres. On la soupçonnait également de voler dans les affaires des patients et les réserves de l'hôpital, mais rien ne put être prouvé. Rien ne put être prouvé non plus concernant le taux anormalement élevé de décès parmi les patients dont Jane avait la charge. Il aurait été inconcevable qu'une étudiante infirmière les ait tués volontairement.

Malgré cela, ou peut-être justement à cause de cela, Toppan fut transférée en 1888 à l'école d'infirmières de l'hôpital général du Massachusetts. Elle arriva bardée de recommandations élogieuses des médecins de l'hôpital de Cambridge. Mais très vite, pourtant, il y eut des tensions entre elle et ses supérieures immédiates ; pendant l'été 1890, peu de temps après avoir réussi ses examens, Toppan fut signalée comme étant sortie d'une salle sans permission et immédiatement renvoyée sans que son diplôme lui ait été délivré.

Elle parvint à obtenir un emploi en tant qu'infirmière en chef dans un autre hôpital de Cambridge à l'aide d'un faux diplôme, mais fut renvoyée quelques mois plus tard lorsque la supercherie fut découverte, à la suite de plaintes pour vol d'affaires et de feuilles de suivi des patients.

Elle décida donc de s'établir à son compte ; elle avait gardé ses lettres de recommandation dithyrambiques et pendant les dix années suivantes, elle en reçut tant d'autres de la part des médecins qu'elle devint l'infirmière libérale la plus réputée de Cambridge. Ses clients comptaient parmi les familles les plus en vue de la Nouvelle-Angleterre, et les médecins la réclamaient à cor et à cri pour qu'elle propose ses services à leurs riches patients. Elle gagnait vingt-cinq dollars par semaine, ce qui représentait une fortune, comparé aux cinq dollars que les femmes américaines gagnaient en moyenne à cette époque. Et si, malgré ce succès, les plaintes concernant des dettes non honorées, des mensonges et des menus larcins dans les maisons de ses patients continuaient à poursuivre Toppan, ses clients fermaient les yeux à cause de la manière enjouée et exubérante qu'elle avait de les soigner. En fait, Jane avait développé une double personnalité : avec ses clients elle était sage, ne buvait jamais et se comportait de façon agréable ; mais à ses connaissances elle montrait une autre facette d'elle, en racontant des blagues salaces, en buvant de la bière et en faisant preuve d'un caractère extrêmement vindicatif à l'encontre des personnes qui, pensait-elle, auraient pu vouloir contrecarrer ses projets. Raconter des mensonges, lancer des rumeurs et monter les gens les uns contre les autres lui procuraient un intense plaisir.

Ses victimes

On ne sait pas exactement combien de patients Toppan assassina en réalité pendant l'apprentissage de son métier, puis une fois établie à son compte. Au final, elle confessa en détail le meurtre de trente et une personnes entre 1880 et 1901. En avançant dans sa carrière funeste, elle se concentra davantage sur des personnes qui n'étaient pas ses patients. Après s'être liée d'amitié avec ses logeurs, Israel Dunham et sa femme Lovey, Jane les tua : d'abord le mari, en 1895, puis sa veuve deux ans plus tard. Pour elle ils étaient devenus « faibles et difficiles », « vieux et grincheux ».

Plusieurs personnes l'ayant connue à l'époque de l'école d'infirmières, puis en exercice, témoignèrent de ses fréquents commentaires concernant le fait que « cela ne servait à rien de garder les personnes âgées en vie ».

En décembre 1889, Mary McLear, soixante-dix ans, tomba malade alors qu'elle rendait visite à sa petite-fille à Cambridge pour les vacances de Noël. Le médecin venu la voir fit appeler « l'une de ses meilleures infirmières » pour prendre soin de la dame. McLear mourut le 29 décembre, après avoir passé quatre jours entre les mains de « Jolly Jane ». Après les obsèques, les membres de la famille remarquèrent que certains des plus beaux vêtements de la défunte manquaient, et exprimèrent leurs soupçons au médecin, qui se porta immédiatement garant de Jane, « l'une des plus remarquables femmes et infirmières qu'il connaissait ». L'affaire fut close.

Étant donné le succès de Jane et le bon niveau de son salaire, le gain ne pouvait être le mobile de ses meurtres : le vol était sans doute le dernier pouvoir qu'elle était en mesure d'exercer sur ses victimes, ou peut-être qu'il satisfaisait son besoin de trophées, ce qui est une caractéristique de certains meurtres en série.

La vengeance est un plat qui se mange froid

L'attention meurtrière de Jane finit par se porter sur Elizabeth, sa sœur adoptive plus âgée, et son mari, le diacre Oramel Brigham. De temps à autre, « Jolly Jane » revenait les voir et restait quelques jours dans la maison où elle avait été élevée. Les tensions s'étaient dissipées depuis bien longtemps grâce à la gaieté et au caractère facile de Jane : elle était sincèrement la bienvenue chez eux.

Mais à l'été 1899, Elizabeth se retrouva soudain impuissante à se débarrasser d'une certaine mélancolie que la saison hivernale avait déclenchée. Jane vint à sa rescousse. Elle invita sa sœur à venir pique-niquer à la plage et profiter du bon air à la villa qu'elle louait à Buzzards Bay, dans le Massachusetts. Le 25 août, après avoir donné cinquante dollars à sa femme pour ses dépenses, Oramel l'accompagna puis la laissa aux bons soins de Jane. Deux jours plus tard, il reçut un télégramme urgent de sa belle-sœur l'informant que son épouse était tombée gravement malade. Le temps qu'Oramel arrive par le train, Elizabeth était dans un profond coma. Selon le médecin qui était à ses côtés, elle avait eu une attaque. Elle décéda le jour suivant, le 28 août.

Le cœur brisé, Oramel était en train de ranger les affaires de sa femme lorsqu'il remarqua qu'il n'y avait que cinq dollars dans son sac à main. Il manquait donc quarante-cinq dollars, et lorsqu'il demanda ce qu'il en était à Jane, elle affirma n'être au courant de rien. Au moment de son départ, Jane expliqua à son beau-frère qu'Elizabeth avait exprimé le souhait, sur son lit de mort, que sa sœur ait sa montre sautoir en or, en souvenir d'elle. Touché par la tendre sollicitude de sa femme envers sa sœur adoptive, Oramel lui donna immédiatement l'objet en question. Plus tard il fut touché de la même manière par le fait que Jane refusait de porter la montre – cela démontrait un tel attachement, un tel respect pour ce précieux symbole du souvenir d'Elizabeth. Il n'avait aucun moyen de savoir que Jane l'avait en fait immédiatement mise au mont-de-piété. Quelques années après son arrestation, la police retrouva le reçu du prêteur sur gages daté de quelques jours seulement après la mort de sa sœur.

Lorsqu'elle avoua plusieurs années après, Jane reconnut avoir tout spécialement invité Elizabeth à la villa pour « me venger d'elle ». Toppan expliqua qu'elle avait haï sa sœur pendant des décennies ; elle fut la première de ses victimes qu'elle « détestait vraiment et avait empoisonnée par rancune ». Elle mit des années à attirer Elizabeth dans un piège, à force de calme et de bonne humeur. Elle confessa avoir délibérément prolongé l'agonie de sa sœur pour la torturer, et s'être mise au lit avec elle pour la câliner et la caresser alors qu'elle succombait : « Je l'ai tenue dans mes bras et j'ai observé avec grand plaisir le moment où la vie l'a quittée. »

La chute de Jane

En juin 1901, après avoir passé cinq étés à la villa, Jane devait la somme de cinq cents dollars pour la location à la famille Davis, qui possédait l'endroit et s'était liée d'amitié avec « Jolly Jane ». Entre le mois de juin et le mois d'août, elle assassina méthodiquement le père, la mère et leurs deux filles adultes, anéantissant totalement la famille.

Ensuite elle fit ses bagages et se mit en route pour la maison de son enfance, où Oramel vivait toujours. Elle s'était mis en tête qu'elle allait l'épouser. Ainsi qu'elle l'avoua plus tard : « Toutes les conditions semblaient réunies pour que j'épouse M. Brigham. J'avais exécuté les trois femmes qui me barraient le chemin. »

La première était, bien entendu, sa sœur adoptive Elizabeth. La deuxième était la gouvernante d'Oramel, une veuve d'âge moyen que Jane avait tuée l'année précédente lors d'une visite, quand elle était encore la bienvenue dans la maison. Jane expliqua par la suite : « J'étais jalouse d'elle… Je savais qu'elle voulait devenir la femme de M. Brigham. »

Sitôt la famille Davis décimée, le 24 août, Jane arriva chez Oramel, mais à son désarroi elle y trouva sa sœur aînée, Edna, à présent âgée de soixante-dix-sept ans. En dépit du fait que cette dernière avait prévu de partir quelques jours plus tard, et qu'elle n'était pas une rivale pour les projets romantiques de Jane, en trois jours elle était morte. Le même médecin qui, une année plus tôt, avait attesté la mort de la gouvernante, diagnostiqua une maladie de cœur pour justifier le décès d'Edna. À présent Jane pouvait commencer les préparatifs de son union avec Oramel Brigham : elle allait finalement devenir la maîtresse de la maison dans laquelle elle avait grandi, et dans laquelle on l'avait rendue esclave.

Mais dans le Massachusetts, la police s'interrogeait quant à la mort soudaine des quatre membres de la famille Davis, et leur proximité avec Jane Toppan. À la fin du mois d'août, les enquêteurs demandèrent l'exhumation des corps et l'envoi des échantillons à l'école de médecine de Harvard pour analyse.

Pendant ce temps-là, Jane s'était soudain retrouvée confrontée à un problème de taille. Malgré ses tentatives répétées pour impressionner Oramel par ses talents ménagers, celui-ci lui fit bien comprendre qu'il n'avait aucune intention de la garder ni en tant que gouvernante, ni en tant qu'épouse. C'est là que Jane tenta une autre stratégie, comme elle le dit elle-même plus tard, « pour gagner son amour ». Elle l'empoisonna à faible dose, ce qui le rendit simplement malade, puis l'aida à recouvrer la santé. Voyant que ce stratagème ne le faisait pas changer d'avis, elle le menaça de ruiner sa réputation en racontant partout qu'elle était enceinte de lui.

Brigham lui ordonna de quitter sa maison le 29 septembre, et ce jour-là Jane prit une surdose de morphine. Il lui fallut plusieurs jours pour se remettre, puis elle fut transférée dans un hôpital local. Mais à cette date, elle était déjà filée par un policier en civil venu du Massachusetts, qui avait pour ordre de la surveiller en attendant les résultats de l'autopsie des corps de la famille Davis. À sa sortie d'hôpital, le policier la suivit jusqu'à Amherst, dans le New Hampshire, où elle était partie se reposer chez une amie, Sarah Nichols, et son frère George.

Lorsque le rapport final sur les autopsies fut rendu vers la fin octobre, il n'y eut plus de doute quant à sa culpabilité, car des traces de doses mortelles d'arsenic avaient été découvertes dans les corps exhumés. Le 29 octobre 1901, des membres de la police d'État et fédérale arrêtèrent Jane Toppan chez la famille Nichols. Un seul chef d'inculpation fut retenu contre elle, le meurtre de la fille mariée des Davis, Minnie Gibbs.

Son arrestation fit grand bruit. Personne n'arrivait à le croire ; un torrent de lettres écrites par d'anciens patients contents et influents se déversèrent, qui faisaient l'éloge de Jane Toppan, cette infirmière excellente, gaie, respectable, humaine, efficace et tout à fait qualifiée. Quant aux médecins, ils portèrent au pinacle son dévouement et son professionnalisme, et exprimèrent toute la confiance qu'ils avaient dans les soins qu'elle portait aux patients. L'entrepreneur des pompes funèbres prit la défense de Jane, faisant remarquer que les produits utilisés pour embaumer le corps de Minnie contenaient de fortes doses d'arsenic. Tout portait à croire que Jane allait peut-être être relâchée. Puis survint un coup de théâtre : selon l'accusation, Jane ne s'était pas servie d'arsenic, mais avait tué avec une dose combinée de morphine et d'atropine, dont on avait retrouvé des traces dans le corps de la victime.

« Ne vous en prenez pas à moi, mais à ma nature.
Je ne peux pas changer ce qui devait arriver,
n'est-ce pas ? »

Les motivations de Toppan étaient tout aussi déconcertantes. On laissa d'abord entendre que Jane était devenue une dépravée dépendante à la morphine, mais aucune preuve ne vint étayer cette hypothèse. L'idée qu'elle avait tué pour le gain circula pendant quelque temps, mais à mesure que de nouvelles victimes étaient identifiées, il devenait absolument évident qu'aucun profit n'avait pu être retiré de certains des meurtres. Était-elle folle ? Pendant l'hiver 1902, l'accusation et la défense se mirent d'accord pour qu'une commission impartiale d'« aliénistes » (comme on appelait les psychiatres à l'époque) s'entretienne avec Jane afin d'estimer sa santé mentale. Ce sont ces entretiens qui permirent de prendre la pleine mesure des actes de Jane et de déterminer leur mobile (ou leur absence de mobile).

Jane expliqua aux médecins : « Quand j'essaie d'imaginer tout ça, je me dis : "J'ai empoisonné Minnie Gibbs, une amie chère. J'ai empoisonné Mme Gordon. J'ai empoisonné M. et Mme Davis." Cela ne m'évoque rien du tout, et quand j'essaie de penser à la situation des enfants et à toutes les conséquences, je n'arrive pas à me rendre compte de cette chose horrible. Pourquoi je ne me sens pas désolée et n'ai-je pas de peine pour cela ? Je ne comprends pas. »

La description donnée par Jane de son manque d'empathie pour ses victimes, ainsi que de son absence de remords pour les souffrances qu'elle avait causées, pourrait être tout droit sortie d'un manuel de diagnostics psychiatriques à la rubrique psychopathie et troubles de la personnalité de type antisocial. Toppan elle-même tenta clairement de ramener ses motivations à des pulsions sexuelles, « le désir d'éprouver une excitation sexuelle en tuant des gens », ainsi qu'elle le définit elle-même.

Les psychiatres puritains de Boston, qui manquaient d'imagination, restèrent sceptiques et définirent ses aveux dans leur rapport comme « une énumération éhontée de récits d'excitation sexuelle survenant en présence d'un(e) mourant(e) […] La représentation [donnée par Jane] de la nature de cette pulsion et les conditions l'entourant étaient si éloignées de toute forme de perversion sexuelle connue que ses examinateurs soupçonnèrent la simulation. »

Quant à Jane, elle résuma tout cela en déclarant : « Il semblerait que j'ai une sorte de paralysie de la pensée et de la raison. J'ai un désir incontrôlable de donner du poison, sans me soucier des conséquences. Je ne vois pas d'inconvénient à exprimer mes sentiments, mais je ne sais pas ce qu'il y a dans ma propre tête. Je ne sais pas pourquoi je fais ces choses. » D'après un journal de Boston, Jane aurait ajouté : « Ne vous en prenez pas à moi, mais à ma nature. Je ne peux pas changer ce qui devait arriver, n'est-ce pas ? »

Devant les psychiatres, Toppan conclut par ces mots : « La plupart des gens que j'ai tués étaient assez vieux pour mourir de toute façon, ou bien avaient une maladie qui aurait pu les faire mourir. Je n'ai jamais tué d'enfants. Je les adore. »

Bien qu'elle ait été inculpée pour un seul homicide, son avocat reconnut qu'elle avait commis onze meurtres dans les récentes années. Dans ses entretiens avec les psychiatres, Toppan donna les détails de trente et un meurtres, dont la plupart avaient été perpétrés depuis l'époque de l'école d'infirmières. Si l'on ajoutait à cela la kyrielle de patients qu'elle prétendait avoir tués depuis cette époque, on atteignait le chiffre effarant de plus de cent victimes.

À son procès elle fut déclarée non coupable pour raison de démence, ce que Jane remit elle-même en cause, affirmant qu'elle ne pouvait être folle puisqu'elle savait qu'elle avait fait quelque chose de mal. Effectivement, si Jane avait été jugée aujourd'hui, plaider la folie n'aurait pas fonctionné – les serial killers psychopathes ne sont pas fous, selon la définition juridique, qui veut qu'un criminel fou ne comprenne pas ce qu'il fait ou que ce qu'il fait est mal. Les serial killers en sont pleinement conscients et se donnent de la peine pour éviter de se faire prendre pour leurs actes. Le seul élément de « démence » chez les serial killers est la pulsion irrésistible enfouie quelque part dans leur psyché qui déclenche leur addiction au meurtre.

Le 24 juin 1902, Jane Toppan fut internée dans un hôpital psychiatrique, à l'âge de quarante-huit ans. Elle y mourut le 17 août 1938, à quatre-vingt-quatre ans, après trente-six ans de détention. À ce que l'on dit, en vieillissant elle était devenue calme, mais de temps à autre, elle aimait lancer aux infirmières de l'hôpital, histoire de blaguer : « Prends un peu de morphine, ma p'tite chérie, et on ira dans la cour. Toi et moi on va beaucoup s'amuser à les regarder mourir[83]. »

L'affaire Jane Toppan concluait peut-être le XIXe siècle en ce qui concerne les tueuses en série, mais bien d'autres allaient lui succéder au XXe.

DEUXIÈME PARTIE

ÉTUDES DE CAS DE TUEUSES EN SÉRIE ET DE LEURS COMPLICES AU XXe SIÈCLE

AILEEN WUORNOS **VELMA BARFIELD** DOROTHEA MONTALVO PUENTE **GENENE JONES** MARYBETH TINNING **CHRISTINE FALLING** CHARLENE GALLEGO **CAROL BUNDY** MARTHA BECK **MYRA HINDLEY** KARLA HOMOLKA **ILSE KOCH** IRMA GRESE

3

Le culte d'Aileen Wuornos

La tueuse en série postmoderne

(cf. photo p. 469)

Dans un ouvrage précédent, dont le sujet principal était l'histoire des tueurs en série, je décrivais Ted Bundy (qui sévit aux États-Unis dans les années 1970) comme le premier serial killer de l'ère postmoderne car, au contraire de ses prédécesseurs qui n'étaient pas intégrés à la société, il était plus « comme nous », du moins comme ceux d'entre nous qui croient en l'enseignement supérieur, aux valeurs de la classe moyenne et aux ambitions qui y sont communément associées. Bundy n'était pas une créature solitaire vivant dans un trou perdu ou opérant depuis sa cave, à pendre des cadavres par les pieds à des crochets de boucher, ou bien un vagabond agité à l'œil vitreux en perpétuelle quête d'auto-stoppeurs et de fugueurs au volant d'une voiture faisant office de vide-ordures pour ses canettes de bière et ses fringues sales. Bundy, lui, était propriétaire d'un appartement chic dont les placards étaient remplis de linge et de verres raffinés, et de tenues de ski. Il était séduisant, charmant, bien élevé, et semblait ambitieux – en d'autres termes, le *yuppie* des années 1970 par excellence. Seulement, il arrivait à Ted d'enlever des jeunes femmes dans des endroits publics, de les frapper jusqu'à ce qu'elles perdent conscience, et de les emmener dans sa jolie Coccinelle jusqu'à un endroit sombre et désert. Ensuite il les tuait et avait un rapport sexuel avec le cadavre. Le modèle même, dans la vraie vie, de l'*American Psycho* : un garçon populaire auprès des filles et invité à tous les dîners, un charmant étudiant en droit qui avait des liens politiques avec le parti républicain à Washington. Un jour, il aurait probablement été candidat au poste de gouverneur. Ou peut-être à un poste plus élevé encore. Il avait la coupe de cheveux et le sourire parfaits pour ce genre de carrière.

La passion Aileen Wuornos

Aileen Wuornos était tout le contraire de Ted Bundy, et c'est précisément ce qui en fait notre tueuse en série postmoderne. Alors que l'on pensait (jusqu'à l'arrivée de Bundy) que les serial killers étaient de sinistres monstres, on percevait les meurtrières en série comme des « dames » fatales. On les envisageait comme des femmes respectables, parfois séduisantes, dont les intentions criminelles se cachaient derrière une façade de mystique féminine : arsenic, vieilles dentelles et dangereuses demoiselles. Elles se servaient de leur beauté, de leur charme et de leurs manières distinguées pour attirer leurs victimes dans un piège meurtrier (tout comme Bundy) – tout en parvenant à maintenir une façade d'épouse, de mère, d'infirmière, de baby-sitter ou de veuve. Aileen Wuornos allait réduire ce stéréotype à néant.

Entre l'homme Ted Bundy et la femme Aileen Wuornos, notre perception des distinctions de sexe chez les serial killers se retrouvait complètement inversée. Ted Bundy transformait le serial killer en quelqu'un de normal, quelqu'un comme nous, tandis qu'Aileen Wuornos, en s'attaquant avec une arme à feu à des inconnus, au hasard et de nuit, coupa court au culte de la meurtrière au foyer. Cette femme s'épanouit là où d'autres auraient eu peur d'aller et où tant de femmes furent elles-mêmes tuées – en faisant de l'auto-stop sur les routes sombres, et des passes sur le bas-côté de la nationale. Elle ne ressemblait à aucune autre tueuse en série avant elle, et son parcours indiquait peut-être la tournure qu'allaient prendre les choses – le nombre infini de façons, pour la meurtrière en série, de s'émanciper, avec dans son sillage le sombre fardeau et le prix à payer ; le côté obscur, prédateur, de l'étoile polaire représentée par la femme-victime, telle que la tradition l'envisageait.

Comme Ted Bundy, après son arrestation Aileen devint célèbre dans le box des accusés grâce à la télé, une star des documentaires, l'interview de la semaine à-ne-pas-manquer. Bien avant qu'on entende parler d'elle, Aileen imaginait qu'un jour on écrirait un livre sur elle, et qu'on ferait aussi un film, et elle avait raison. Plusieurs ouvrages ont été publiés depuis son arrestation. Mais les livres n'étaient que le début : *Murder Trail*, un docufiction en quatre parties qui se penchait sur le phénomène Wuornos et d'autres criminels, fut ensuite réalisé pour Discovery Channel, et ce n'est qu'un exemple parmi la kyrielle de téléfilms et de documentaires qui la prennent pour sujet. Elle eut droit à un épisode d'*American Justice*, une émission qui se penche sur les affaires criminelles, et à la retransmission de son procès interminable sur Court TV. Wuornos est passée plus de fois à *Sixty Minutes* et

Dateline[*] que certains candidats à l'élection présidentielle. Sans oublier le téléfilm de 1992, *Overkill : The Aileen Wuornos Story*, et deux documentaires réalisés par Nick Broomfield, *Aileen Wuornos : The Selling of a Serial Killer* (1992) et *Aileen : Life and Death of a Serial Killer* (2003).

Des centaines de sites sont consacrés à Wuornos[**], où on la présente tour à tour comme une victime, une héroïne ou un monstre. Son histoire a même été scénarisée pour un opéra monté à San Francisco par Carla Lucero, qui expliqua à l'époque ses motivations en disant : « Je me sens intiment liée, et pourtant à contrecœur, à Aileen Wuornos. Son histoire incarne la noirceur qui existe dans l'âme de toutes les victimes, et les fantasmes passagers de tous les survivants… Aileen nous entraîne dans un abysse, en nous laissant le soin de trouver notre propre lumière. Peut-être cette lumière est-elle la conscience que nous avons d'avoir choisi un autre chemin ; d'avoir survécu[84]. »

Enfin, un an après son exécution, elle atteignit le statut ultime d'objet de culte avec *Monster*, un film hollywoodien primé aux Oscars : Charlize Theron reçut celui de la meilleure actrice pour son interprétation d'Aileen.

* Célèbres émissions équivalentes de *Sept à huit*, le dimanche soir sur TF1, diffusées respectivement sur CBS et NBC. (*N.D.T.*)

** Et lorsque l'on tape « Aileen Wuornos » sur Google, plus de 150 000 références à son nom apparaissent. (*N.D.T.*)

L'enfance d'Aileen

Dans la réalité, la vie d'Aileen était aussi éloignée que possible des tapis rouges d'Hollywood. Née en 1956, elle vécut son enfance à Troy, une banlieue oubliée à vingt-cinq kilomètres au nord de Detroit. La mère d'Aileen, Diane, avait seize ans à sa naissance, et elle était déjà séparée du père, un délinquant de dix-neuf ans nommé Leo Pittman qui, d'après les témoignages, était un compagnon cruel et violent. Diane affirme notamment que Leo l'aurait gravement battue alors qu'elle en était à plusieurs semaines de grossesse. Il est certain en tout cas qu'Aileen ne connut jamais son vrai père : il se suicida en prison, où on l'avait condamné à perpétuité pour l'enlèvement et le viol d'une petite fille de sept ans. Il en va ainsi pour les serial killers – parfois, et même assez fréquemment, ils naissent dans un environnement pour le moins hostile.

Diane avait déjà donné naissance au frère aîné d'Aileen, Keith, l'année précédente. C'était donc une jeune mère célibataire avec deux enfants en bas âge, et si elle tenta de les élever, elle ne s'en sortit pas très bien. Des témoins racontèrent plus tard que les enfants pleuraient pendant des heures pendant que Diane dormait ou sortait, tout simplement. Un jour, alors qu'Aileen avait six mois, Diane sortit pour le dîner, laissant les enfants à sa colocataire. Elle ne revint jamais, et au bout d'une semaine la colocataire finit par appeler les parents de Diane, Lauri Wuornos, un ouvrier de chez Ford, et sa femme Britta, qui vinrent prendre leurs petits-enfants.

Une psychopathologie déviante était déjà en germe entre Diane et ses parents. Selon Diane, sa mère était jalouse d'elle car elle intéressait son père sur le plan sexuel. Même si Diane affirma qu'il n'avait jamais abusé d'elle, il lui arrivait fréquemment de la toucher par inadvertance, et il tenta même un jour de lui donner un baiser passionné. Aileen déclara par la suite que son grand-père Lauri l'avait maltraitée, mais elle n'alla pas jusqu'à affirmer qu'il lui avait fait subir des sévices sexuels, mis à part un souvenir similaire de baiser passionné, raconté en riant.

Lorsque Aileen avait deux ans, Diane réapparut pour réclamer ses deux enfants, mais peu de temps après elle les abandonna de nouveau à la baby-sitter. Si la théorie de la perturbation de l'attachement du jeune enfant à sa mère est effectivement liée, de près ou de loin, aux troubles mentaux et à la psychopathie, alors Aileen Wuornos est sans aucun doute une candidate sérieuse. Britta et Lauri, qui avaient déjà deux autres enfants en plus de Diane, finirent par adopter Aileen et son frère. À l'instar de Bundy, à qui on avait fait croire que son grand-père était son père et que sa mère était sa sœur, Aileen croyait que Britta et Lauri étaient ses parents biologiques, et que son oncle et sa tante étaient son frère et sa sœur. Et à l'instar de Bundy, Aileen avait à peu près onze ans quand elle apprit la vérité sur ses liens de famille, par d'autres enfants. Mais là s'arrêtent les similarités entre eux deux.

Sur les photos d'école, Aileen apparaît comme une jolie petite fille aux beaux cheveux blonds, dont le visage plein de taches de rousseur s'illumine d'un sourire radieux, et vêtue d'une de ces robes en synthétique bon marché, avec un col en dentelle blanc, portées par toutes les petites filles élégantes du début des années 1960. On la voit également sur une photo de famille à l'âge de six ans, assise de manière affectée sur un petit tabouret au centre de l'image, tandis que son frère Keith, son « demi-frère » Barry et sa « demi-sœur » Lori forment un demi-cercle derrière elle – tous sourient à l'objectif. Et puis il y a Aileen à l'âge de treize ans, en vacances d'été en famille, sur le pont d'un petit bateau, une ado maigre et dégingandée vêtue d'un short en jean, toute mignonne et le sourire aux lèvres. Et puis, encore une autre photo d'elle sur son vélo – encore souriante. Aileen souriait toujours quand quelqu'un était assez fier pour prendre des photos de famille, quand le souvenir valait a priori la peine d'être gravé sur pellicule[85]. Mais les apparences étaient trompeuses.

Les voisins des Wuornos évoquent une maison où les rideaux étaient toujours tirés et où personne n'était jamais invité. Lauri était, semblerait-il, un « beau-père » tyrannique, dont la conception de la discipline prenait la forme d'une ceinture en cuir : il frappait Aileen sur ses jambes et ses fesses dénudées, selon son propre témoignage. Par ailleurs, Keith et Aileen étaient éduqués selon des critères plus stricts que les autres enfants de Lauri et Britta, en particulier leur fille Lori, qui n'avait que deux ans et demi de plus que sa « demi-sœur » Aileen. Plus tard, les accusations d'alcoolisme et de mauvais traitements proférées par Aileen à l'encontre de ses « parents » furent réfutées par son « demi-frère » et sa « demi-sœur », qui nièrent avoir subi des sévices, eux comme Aileen, d'ailleurs.

Les mauvais traitements infligés par des parents à des enfants en si bas âge sont toujours difficiles à interpréter. La frontière entre maltraitance physique et sexuelle est parfois très mince, et les souvenirs sont souvent refoulés ou modulés par les enfants. Au début des années 1960, prendre une fessée « cul nu » ou se faire corriger à coups de ceinturon ne sortait pas de l'ordinaire. Et ce genre de punition allait de la petite tape rituelle, suffisante pour effrayer tout enfant, aux véritables raclées – tout dépendait du parent. La fessée de l'un sera toujours considérée comme une violence par un autre. Néanmoins, Aileen semblait être spécifiquement choisie pour toutes sortes de punitions. Lauri ne l'autorisait pas à recevoir de cadeaux à Noël, par exemple. Un jour, alors qu'elle jetait une pomme de terre cuite au four qu'elle n'arrivait pas à finir, Lauri la força à la ramasser dans la poubelle et à la manger. Il la força aussi à regarder lorsqu'il noya un chaton qu'on ne l'avait pas autorisée à garder.

Dès le plus jeune âge Aileen manifesta un talent précoce pour le chant et la danse, et disait à qui voulait l'entendre qu'elle aimerait devenir star de cinéma. Elle avait grand besoin d'être le centre d'attention. Mais vers l'âge de huit ans elle développa un tempérament explosif, ce qui l'isola des autres enfants, car elle les effrayait. Lori se souvient qu'Aileen tentait en vain de s'intégrer et qu'elle lui avait conseillé plusieurs fois d'« être gentille » et de maîtriser sa colère et ses changements d'humeur. Cela ne marcha pas. Lori essaya ensuite d'intégrer Aileen à son propre groupe d'amies, mais elle finissait toujours par se plaindre et se mettre en colère, ce qui les éloignait. Les amies de Lori finirent par la prévenir de ne pas revenir avec Aileen, et elle leur obéit. Trente ans plus tard, après l'inculpation d'Aileen pour sept meurtres, Lori expliqua les larmes aux yeux : « J'en pleure encore de savoir qu'on l'a rejetée quand elle était petite. Quand elle voulait jouer avec nous et qu'on ne la laissait pas. »

Lori se rappelle aussi qu'Aileen pouvait être très gentille, mais que cela ne semblait pas naturel, comme si elle composait délibérément ce personnage aimable parce qu'elle savait que c'était le seul moyen pour elle de se faire accepter ou d'être tolérée par les autres. Mais elle perdait facilement le contrôle d'elle-même et s'emportait. Lori était désolée pour elle mais ne voulait pas non plus sacrifier ses propres amies et sa vie sociale pour Aileen. Elle raconte également que plus tard, quand Aileen commença à se droguer, ses accès de colère empirèrent et à plusieurs reprises elle menaça Keith ou elle de mort avec un couteau.

À l'école, jusque vers huit ans, Aileen eut de bonnes notes. Mais à partir de cet âge-là, à mesure que ses troubles du comportement s'intensifiaient et que le nombre de ses amis diminuait, elle se mit à avoir des mauvaises notes et à entrer en conflit avec ses professeurs. On lui découvrit également des problèmes de vue et d'ouïe. Mais Britta refusa de faire passer des tests à Aileen, soutenant qu'elle « ne faisait pas attention », tout simplement. Le quotient intellectuel verbal d'Aileen fut estimé à 80, ce qui n'est pas très élevé, mais malgré cela et ses troubles du comportement, elle ne reçut aucune aide psychopédagogique – probablement à cause de la résistance qu'opposait Britta. Lors de son procès, un psychiatre déclara qu'il y avait une grande différence entre le QI verbal d'Aileen et son QI fonctionnel, qui était apparemment assez élevé. Cette différence pouvait éventuellement expliquer les épisodes de troubles du comportement incontrôlables. Le psychiatre décrivit le problème comme « du sable qui aurait pénétré dans le réservoir à essence » d'un moteur qui fonctionne par ailleurs. Son cerveau avait des ratés – il s'arrêtait et repartait. Parfois elle contrôlait ses émotions, et à d'autres moments sa rage balayait tout sur son passage.

Cigarette Pig

Le temps qu'Aileen atteigne l'âge de onze ans, les choses s'étaient sérieusement aggravées : elle avait des rapports sexuels avec les garçons du coin dans les bois ou les ravins environnants, en échange d'un peu de monnaie ou de cigarettes. Ce type de comportement sexualisé à un si jeune âge indique presque immanquablement des sévices sexuels dans l'enfance. Même si elle y faisait parfois allusion, elle finissait toujours par nier avec véhémence. Si ce n'est pas cela, peut-être a-t-elle désespérément cherché à combler le sentiment de rejet infligé par ses pairs en se jetant à corps perdu dans le sexe.

De nombreux témoins masculins se souvinrent par la suite d'avoir perdu leur virginité avec Aileen, entre l'âge de douze et quatorze ans. Ils racontèrent que l'expérience avait été triste et mécanique, et qu'Aileen parlait très peu dans ces moments-là. Parfois elle avait des rapports avec six garçons ou plus à la fois. À cela s'ajouta le dénigrement – elle fut surnommée « Cigarette Pig », « la Cochonne aux clopes », par les garçons du coin et à l'école, pour sa tendance à échanger un rapport sexuel contre des cigarettes. Lorsqu'elle tenta de créer des liens avec certains de ces garçons, elle fut violemment et publiquement rejetée.

Tout cela met simplement en évidence combien le sourire de la jolie adolescente de treize ans sur les photos était en réalité trompeur.

C'était les années 1960, dans une banlieue de Detroit. Aileen, comme tant d'autres enfants du même âge, découvrit rapidement un monde où les drogues et l'alcool étaient facilement accessibles. Elle fuma de l'herbe et prit du LSD, mais finit par fixer son choix sur les tranquillisants et l'alcool comme drogues favorites. Elle se mit à voler à l'étalage, et se fit prendre dans le supermarché même où Britta travaillait. Gênée, celle-ci donna sa démission. À cette époque également, Aileen se bagarra avec ses parents et eut des relations sexuelles avec son frère Keith.

À l'âge de quatorze ans, elle tomba enceinte. Wuornos donna par la suite différentes versions sur les origines de sa grossesse : dans l'une c'était un ami de la famille, dans l'autre un imitateur d'Elvis qui l'avait kidnappée et violée. Dans tous les cas, Lauri, lui, ne compatissait pas beaucoup : le 19 janvier 1971 il la conduisit à Detroit pour la laisser sans ménagement à l'institution Florence Crittenton pour filles-mères. Le 24 mars elle donna naissance à un garçon, qui devait être immédiatement emmené pour adoption, insista Lauri, malgré les supplications d'Aileen qui voulait le voir. Elle nomma le bébé Keith en hommage à son frère.

À son retour à la maison, Wuornos retourna au lycée mais n'y resta guère longtemps. Elle fugua de nombreuses fois et eut des problèmes (mineurs) avec la police. Lauri finit par lui dire de ne pas revenir. C'est ainsi qu'elle se retrouva à se soûler et à se bourrer de drogues, se prostituant avec des hommes qui la prenaient en stop ou dormant dans des voitures abandonnées ou dans les bois voisins de sa maison. Comme elle, Keith s'était attiré des ennuis et avait quitté la maison.

Aileen avait quinze ans quand la seule mère qu'elle avait vraiment connue, Britta, mourut d'une cirrhose du foie. Les enfants en furent stupéfiés car Britta leur avait soigneusement caché son problème d'alcool. Même si Aileen avait des sentiments ambivalents envers elle, elle n'en demeurait pas moins ce qui s'approchait le plus d'une mère aimante. Lors de son séjour à l'institution, Lauri avait interdit les visites ou les coups de téléphone de la maison, mais Britta lui avait écrit de nombreuses lettres. Et à présent elle était morte.

La demi-sœur d'Aileen, Lori, dut aller à sa recherche parmi les voitures abandonnées à la périphérie de la ville pour lui annoncer la mort de Britta. Au funérarium Aileen se conduisit mal, soufflant sa fumée de cigarette au visage de la défunte étendue dans son cercueil : « Je fais c'que j'veux, si ça me chante d'envoyer la fumée dans la tête de la vieille plouc ! » grommela-t-elle avant d'être jetée dehors. Avec la mort de Britta, les derniers liens un tant soit peu d'affection qu'Aileen pouvait avoir dans sa vie avaient été rompus.

Diane, la mère biologique d'Aileen, arriva peu de temps après les obsèques de sa mère et fut choquée de voir que ses enfants étaient devenus de jeunes délinquants endurcis vivant dans la rue. Après les avoir abandonnés, Diane avait eu deux autres enfants qu'elle élevait de nouveau seule au Texas, grâce aux allocations familiales. D'après elle, les services sociaux texans ne l'auraient pas autorisée à ramener à la maison deux enfants de plus : « J'ai l'air d'être insensible… à dire que je ne peux pas reprendre mes propres enfants… mais qu'est-ce que je pouvais faire d'autre ? » Plus rien ne les liant à présent, les chemins de Lauri, de la jeune Aileen de quinze ans et de son frère de seize ans se séparèrent complètement.

À l'époque, Aileen n'avait pas du tout le même physique qu'au moment où on l'a arrêtée pour meurtre : c'était une grande blonde mignonne. Mais elle vivait une vie de vagabonde, faisant du stop et des passes le long des routes du Michigan, passant la nuit avec des hommes qu'elle ramassait en chemin ou se prostituant dans des motels miteux, opérant de plus en plus loin, jusqu'en Ohio, en Pennsylvanie, puis finalement vers le sud, en Géorgie et en Floride. Elle avait pour habitude de voler les clients et les personnes avec qui elle se liait d'amitié quelque temps, avant que ses soudains accès de colère ne les découragent.

De son côté, Keith allait réussir à se désintoxiquer de la drogue et de l'alcool pour passer la visite médicale qui allait lui permettre de s'enrôler dans l'armée en 1974, juste pour qu'on lui diagnostique un cancer un mois plus tard. Pendant qu'il se battait contre la maladie, Lauri, à présent veuf, se suicida en faisant tourner sa voiture dans son garage fermé, en 1976. Ni Aileen ni Keith n'allèrent à ses obsèques : la première était introuvable et même si on avait pu entrer en contact avec elle, il est peu probable qu'elle se serait préoccupée du décès d'un beau-père/grand-père qu'elle haïssait. Quant à Keith, son état était devenu critique, car le cancer s'était propagé à la gorge, au cerveau, aux poumons et aux os.

Quatre mois plus tard, il décéda.

Au milieu de tout cela, Aileen se maria. Un jour, alors qu'elle faisait du stop en Floride, elle fut prise par Lewis Gratz Fell, un riche retraité de soixante-neuf ans, originaire de Philadelphie et de sang noble. Fell désirait avoir la compagnie d'une jeune et jolie blonde, et Aileen remplissait les conditions ; Aileen, quant à elle, recherchait un homme mûr qui jouerait le rôle du protecteur, et Fell était exactement ce dont elle avait besoin, pensait-elle. Il lui offrit un gros diamant pour leurs fiançailles, et le mariage fit la une des pages société du journal de Daytona, avec une photo du couple étrangement assorti.

Aileen retourna à Troy en visite, paradant fièrement

avec sa belle bague au doigt et son mari grisonnant au bras, et déclarant à qui voulait l'entendre qu'elle nageait dans le bonheur. Mais il ne fallut que quelques jours pour que la jeune mariée se remette à boire et à traîner dans les bars miteux qui lui étaient familiers, au grand mécontentement de Fell. Il repartit rapidement en Floride sans elle, et déposa une ordonnance restrictive contre Aileen, déclarant qu'elle l'avait battu avec sa canne. Peu de temps après, il demanda le divorce.

Aileen raconta ensuite le contraire, affirmant que c'était elle qui avait été battue plusieurs fois, mais plusieurs témoins l'avaient entendue dire qu'elle en avait eu assez de Fell quand il s'était mis à lui donner de l'argent au compte-gouttes, « trente dollars à la fois ». Elle raconta qu'elle lui avait pris sa canne pour le frapper. En tout et pour tout, le mariage dura un mois.

Les années de dérive

Pendant les dix années suivantes Aileen traversa le pays à la dérive, vivant en marge de la société, mais restant toujours à l'intérieur du réseau des nationales. Elle traîna dans les bars de bikers, se prostitua et vola, passant voir de temps en temps les gens qu'elle connaissait, comme sa mère, au Texas, et Lori, qui s'était mariée. Les visites ne duraient jamais bien longtemps et étaient immanquablement ponctuées par les accès de rage d'Aileen.

Elle avait une sorte de charme un peu mielleux qui pouvait virer au noir et au laid en un éclair. On s'en aperçoit très bien en regardant les entretiens insérés dans les deux documentaires de Nick Broomfield. Ce dernier avait tissé des liens avec elle, ses deux films ayant été réalisés pendant son procès puis dans l'attente de son exécution. Tant que l'entretien allait dans son sens, elle était charmante, douce et amicale avec lui, mais dès que Broomfield s'écartait un peu du sujet, son regard devenait glacial et sombre et ses narines se dilataient, comme celles d'un requin. À quelques heures de son exécution, elle congédia brutalement le réalisateur quand celui-ci échoua à s'en tenir au scénario minutieusement préparé à l'avance qu'elle souhaitait jouer devant sa caméra. Aileen ressemblait à ces gentils pitbulls qu'on a envie de câliner et qui tout à coup vous mordent à la gorge sans raison apparente, si ce n'est que quelque chose a fait tilt dans leur tête.

Dans les années 1970 et 1980, Wuornos se mit à accumuler une longue liste de condamnations au pénal, même si elle le fit sous différents pseudonymes : coups et blessures, attaque à main armée, vol, possession d'arme à feu, trouble à l'ordre public et conduite en état d'ébriété. À un moment donné elle se blessa même au ventre avec son arme – par accident ou dans une tentative ratée de suicide, nul ne le sait.

Puis à Daytona, en 1981, elle finit par s'installer dans une relation agréable bien qu'occasionnelle avec Jay Watts, un ouvrier de l'industrie automobile de cinquante-deux ans. Elle emménagea chez lui et il semble qu'ils vécurent relativement heureux pendant deux mois. C'était peut-être la première relation qu'Aileen parvenait à faire durer. Mais une nuit ils se disputèrent, selon Watts pour quelque chose de si futile qu'il n'arrivait même pas à s'en souvenir. L'homme déclara sous serment qu'il avait toujours vu Aileen comme une femme extravertie, un peu turbulente mais amicale, avec qui on s'amusait bien, mais qu'il n'avait jamais été témoin de ses accès de colère légendaires.

Ce soir-là fut identique aux autres : elle sembla un peu contrariée mais ne fut absolument pas violente.

Mais Aileen avait une tout autre version. Elle en avait gros sur le cœur ce soir-là et avait demandé à Watts s'il voulait bien lui laisser un peu d'intimité dans la chambre qu'ils partageaient. Selon elle, Watts l'avait mal pris et lui avait répondu : « Tu peux bien sortir de ma chambre et même quitter la maison, pour ce que j'en ai à faire ! »

En se levant le lendemain matin, Aileen était persuadée que tout était fini entre eux. Emportant un pack de bières et prenant la voiture que Watts lui avait achetée et retapée, elle se rendit à la plage et se soûla. Puis elle acheta d'autres canettes de bière et un calibre 22 chez un prêteur sur gages. Elle se rendit au supermarché d'en face pour acheter des balles, puis dans un magasin de spiritueux où elle prit du whisky, qu'elle mélangea à des anxiolytiques ; elle déclara qu'elle avait songé à se suicider à ce moment-là.

Ensuite, vêtue seulement d'un bikini, elle entra en trébuchant dans une supérette tout en brandissant tant bien que mal son arme, avec l'intention de voler la caisse. D'après ses déclarations, elle voulait être arrêtée pour que Watts vienne la sauver, paie sa caution et la ramène chez lui – cela aurait voulu dire qu'il l'aimait toujours.

Elle fut arrêtée sans protester quelques kilomètres plus loin ; mais on la condamna à trois ans de prison. Watts lui trouva un avocat, lui rendit visite et correspondit avec elle. D'après lui, dans ses lettres Aileen se répandait en injures contre les lesbiennes croisées en prison, expliquant qu'elle devait tout le temps les repousser et qu'elles la dégoûtaient. Watts resta un an en contact avec elle avant de s'éloigner. Quand elle s'en rendit compte, Aileen, toujours en prison, mit une petite annonce dans un magazine de bikers et reçut des centaines de réponses.

Elle fut libérée en août 1983 et partit immédiatement pour Washington en stop, avec l'intention de sonner à la porte de l'un de ses correspondants, Ed, un ingénieur de quarante-sept ans originaire du Maryland. Après lui avoir dit qu'elle était homosexuelle et que leur relation resterait forcément platonique, elle s'installa chez lui pour une période courte (trois mois) mais mouvementée de beuveries, de colères et de fantasmes. Pendant ce temps-là, elle fit plusieurs allers-retours en Floride dans la voiture d'Ed pour aller voir Jay Watts, à qui elle volait des choses au moment de partir.

Ed raconta plus tard que Wuornos fantasmait de mettre une raclée à un biker qui avait tenté de la violer. Elle décrivait en le mimant comment elle inverserait les rôles et le mettrait à terre pour le frapper à la tête. Elle se mettait en colère à la moindre anicroche, et parfois n'avait pas besoin d'être provoquée du tout.

Un soir, Aileen prit l'initiative d'un rapport sexuel avec Ed, qui en fut surpris, étant donné qu'elle lui avait dit être homosexuelle. Elle lui répondit : « Je rigolais ! Voyons voir si je suis vraiment gay. » Quelques minutes après l'acte, elle se leva et revint en brandissant un ustensile de cuisine et en menaçant de tuer Ed. Il réussit à la calmer à force de paroles, mais à l'évidence elle n'était plus la bienvenue.

Ed comme Jay Watts se rappellent une Aileen s'imaginant être comme Bonnie and Clyde, et admirant les carrières d'errance et de violence de ces brigands. Elle était fascinée par les hors-la-loi et les bikers, et toute cette culture de la violence qui les enveloppait.

Ed finit par réussir à virer Aileen de son appartement le jour où celle-ci se soûla tellement qu'elle fit un coma éthylique et dut être hospitalisée. C'était un soulagement pour lui d'être débarrassé de la furie qui s'était invitée chez lui. Aileen repartit vers la Floride, en se prostituant de temps à autre sur les routes, et en volant parfois des objets dans les voitures de ses clients ou des gens qui la prenaient en stop. À un moment donné lors de ce périple, elle vola un pistolet dans la boîte à gants d'une voiture.

Dans les mois qui suivirent, sous divers faux noms, Wuornos allongea encore la liste de ses condamnations. Elle fut arrêtée au volant d'une voiture volée. Lors d'un autre incident impliquant une vérification de permis de conduire, elle tenta de prendre la fuite mais fut arrêtée par la police après une course poursuite. Le véhicule fut fouillé et on y découvrit le pistolet volé, ainsi qu'une boîte de munitions. Plusieurs mois après, elle fut de nouveau arrêtée pour possession d'une autre arme à feu, puis pour avoir contrefait des chèques pour un montant dépassant les 5 000 dollars ; elle ne se présenta pas à l'audience du tribunal. La seule chose qui empêcha Aileen de terminer derrière les barreaux fut la chance troublante qu'elle eut en réussissant à chaque fois à se faire passer pour quelqu'un d'autre ou à s'enfuir.

Depuis sa sortie de prison en 1983, Aileen s'était mise à raconter qu'elle était homosexuelle. Lors d'une conversation téléphonique avec Lori en 1984, elle lui annonça : « Je suis gay, et je sais que ça ne va pas te plaire. » À cette époque-là, elle eut une brève et tumultueuse liaison avec une femme nommée Toni.

Tyria « Ty » Moore : Aileen trouve le grand amour

Au mois de juin 1986, Aileen rencontra Tyria « Ty » Moore dans un bar gay de Daytona. Leur relation a été retracée avec force détails dans le film *Monster*,

Christina Ricci jouant le rôle de Ty (dans le film elle s'appelle Selby). Ce fut la plus longue relation (quatre ans et demi) qu'Aileen entretint dans sa vie, et c'est pendant cette période qu'elle commit sa série de sept meurtres. Ty avait vingt-cinq ans, soit six ans de moins qu'Aileen, ou Lee, comme elle se faisait appeler à présent. Ty et Lee devinrent donc un couple. Ty était fascinée par cette femme tapageuse qui faisait le trottoir et parlait tout le temps ; Lee, quant à elle, exerçait une domination sur la jeune femme.

Pendant les quatre années qui suivirent, le couple erra de chambres de motels miteux en petits appartements anonymes, en grande partie dans les environs de Daytona, mais dans d'autres secteurs de la Floride également. Tyria se faisait embaucher comme femme de chambre dans l'un de ces motels de bas étage que l'on trouve le long de toutes les routes de Floride, pendant que Lee restait dans sa chambre à boire. Quand elles étaient à court d'argent, Lee se postait sur le bas-côté de la nationale et allait de sortie en sortie en stop, faisant des passes entre les deux. Parfois elle ne se faisait que 20 dollars, mais d'autres fois elle revenait avec plus de 300 dollars.

Aileen était très jalouse et possessive vis-à-vis de Tyria, et elle aurait préféré qu'elle ne travaille pas du tout et qu'elle reste dans la chambre pendant que Lee se prostituait pour subvenir à leurs besoins. Certains ex-logeurs du couple se souviennent que parfois il se passait des jours sans que les deux femmes sortent de chez elles, mis à part pour acheter de la bière, des cigarettes et à manger. Quand la femme de ménage venait, elle devait enlever des monticules de canettes vides et d'emballages de chips ou de barres de chocolat.

Ty, qui n'avait pas de casier judiciaire, à l'exception

d'une plainte pour effraction lorsqu'elle avait tenté de récupérer ses affaires chez une ex-petite amie, se mit à accumuler les problèmes mineurs avec la police, comme de conduire sans phares ou de ne pas respecter les panneaux de signalisation. En juillet 1987, elle dut se faire soigner pour une plaie au cuir chevelu, après une altercation dans un bar. Mais tout cela était insignifiant en comparaison des méfaits d'Aileen.

Lee et Ty vécurent une existence confuse dans les sombres recoins du Sunshine State*. Elles vécurent leur errance à pied, dans un monde de nationales et de voitures immatriculées dans un autre État qui fonçaient à toute allure. Elles vécurent dans un monde de petits bars miteux et sales, de chambres de motel bon marché confinées et de mobile homes, qu'elles choisissaient uniquement pour leur proximité avec une supérette où elles pouvaient se fournir en bières et en cigarettes. C'était un monde d'argent en liquide, où on demandait rarement à voir les cartes d'identité – tout ce qu'on l'on voulait, c'était que le loyer soit réglé à l'avance. Elles se déplaçaient constamment, soit à cause d'ennuis avec la police, soit parce qu'elles se faisaient expulser, à la suite de leurs disputes fréquentes et bruyantes ou bien parce qu'elles ne payaient pas le loyer ou endommageaient les lieux.

Alors que Lee ne se mêlait pas aux autres et concentrait toute son attention sur Ty, dont elle était éperdument amoureuse, cette dernière travaillait et donc évoluait parmi d'autres personnes. Il arrivait à Tyria d'inviter ses collègues à passer la soirée dans la chambre de motel qu'elle partageait avec Lee. Celle-ci donnait la même impression à quasiment tout le monde : extérieurement

* Surnom de la Floride, l'« État ensoleillé ». (*N.D.T.*)

elle paraissait sympathique, mais il y avait en même temps quelque chose de sombre, de menaçant chez elle, et elle semblait vouloir tout contrôler. Elle faisait peur.

À l'automne 1989, Lee et Ty habitaient dans une chambre de l'Ocean Shores Motel à Ormond Beach, au nord de Daytona. Ty travaillait non loin, comme femme de chambre au Casa Del Mar Hotel. Le 23 novembre, peu avant les vacances de Thanksgiving, elle invita sa collègue Sandy Russell, une jeune et jolie blonde, à venir partager une dinde congelée avec Lee et elle. Russell raconta plus tard que malgré son apparence sympathique, Aileen ne toucha pas au repas qu'elle avait servi et au lieu de cela, resta là à la regarder manger. Plus tard lors de cette même soirée, Aileen était ivre et se mit à agiter un pistolet en tous sens dans la pièce, tout en expliquant qu'elle s'était tiré une balle dans l'estomac quelques années plus tôt. De nouveau, le comportement menaçant d'Aileen assombrissait ses tentatives manifestes pour rester agréable vis-à-vis de l'invitée que Ty avait ramenée à la maison.

Le premier meurtre

Le 30 novembre, Aileen entreprit de se faire un peu d'argent sur la route nationale avec quelques passes. Elle avait cessé depuis bien longtemps d'être la jolie blonde qu'elle était à vingt ans. En surpoids, d'aspect revêche, son visage et ses dents portaient les marques des années de négligence passées à boire et à se droguer. Aileen sentait les bas-fonds, dans son short en jean peu flatteur et son débardeur qui soulignait son ventre devenu flasque à force de bière.

De nombreux auteurs ont fait observer que le surpoids

d'Aileen et son côté peu féminin avaient dû avoir un effet néfaste sur ses revenus potentiellement tirés de la prostitution, et qu'il fallait peut-être chercher là le mobile de ses meurtres – un besoin éperdu d'argent. Aileen n'était pas une call-girl, le genre de prostituée jolie et sophistiquée que les hommes paient pour « faire comme s'ils avaient une petite amie ». C'était une putain de bord de routes, et plus elle avait l'air revêche et hagarde, plus elle attirait une certaine clientèle d'hommes, à la recherche de rapports rapides et sales avec une femme qu'ils n'auraient jamais imaginée à leur bras en plein jour. Ils ne recherchaient en aucun cas un substitut de petite amie ; ce que ces hommes désiraient, c'était une bonne dose de sexe avilissant. Aileen représentait à leurs yeux la Cochonne aux clopes de son enfance, et peu importe qu'elle ait eu l'air usée jusqu'à la corde, il y aurait toujours des clients pour vouloir justement ce genre de rapports sexuels.

Tyria déclara plus tard qu'Aileen était revenue tôt le lendemain matin en empestant l'alcool et au volant d'une Cadillac qu'elle avait « empruntée », lui dit-elle. Elles avaient repéré un petit appartement non loin de là et projetaient d'y emménager rapidement ; certaines de leurs affaires étaient déjà en cartons. Lee expliqua à Ty qu'elle s'était fait beaucoup d'argent la nuit précédente et qu'elles pouvaient s'installer dans l'appartement le jour même. Une fois leurs affaires transférées au nouvel endroit, Aileen mit un vélo dans le coffre de la Cadillac et partit « ramener la voiture ».

Le soir, tandis qu'elles buvaient des bières dans leur nouvel appartement tout en regardant la télé, Lee déclara de but en blanc : « J'ai tué un type aujourd'hui. » Ty resta silencieuse, fixant la télé d'un regard vitreux. Alors Aileen se mit à lui exposer les détails de son acte : elle avait tiré sur un homme et caché son corps dans les bois, en le recouvrant d'un bout de moquette. Les choses et les vêtements inconnus de Ty qu'Aileen avait apportés dans le nouvel appartement lui appartenaient. Lee voulut lui montrer une photo de l'homme, qu'elle avait manifestement volée dans son portefeuille, mais Ty détourna le regard. La voiture était à lui, conclut Lee, et elle s'en était débarrassée dans l'après-midi.

Ty ne lui posa pas une seule question, même pas « pourquoi ? ». Elle continua simplement à regarder la télé comme un animal docile. Lorsqu'on l'interrogea pour savoir si Aileen ne lui avait jamais expliqué pourquoi elle avait tué ce premier homme, Ty répondit que le mobile n'était jamais venu dans la conversation.

Le 6 décembre, Aileen se servit de la pièce d'identité volée à l'ancienne colocataire de Ty pour mettre en gage un appareil photo et un détecteur de radars volés dans la voiture de sa première victime, le tout pour 30 dollars. Comme le voulait la loi de l'État, on releva son empreinte de pouce pour la faire figurer dans le registre du prêteur sur gages aux côtés de sa signature. Le nom était faux ; mais pas l'empreinte. Celle-ci détruisait toute possibilité pour Aileen de s'en tirer sans être identifiée. La carte d'identité volée allait mener la police à la colocataire, puis de la colocataire à Ty, et de Ty à Aileen et à son empreinte de pouce. C'est comme cela qu'Aileen allait finir par tomber, mais pas avant une bonne année.

Des policiers en patrouille trouvèrent tout d'abord la voiture abandonnée, complètement vide ; toute empreinte y avait soigneusement été effacée. Une vérification auprès du service des plaques minéralogiques leur indiqua que le propriétaire était un dénommé Richard

Mallory, cinquante et un ans. Non loin de la voiture, les policiers découvrirent un portefeuille contenant de nombreuses cartes de crédit expirées, ainsi que des cartes de visite. Et enfin, ils découvrirent deux gobelets en plastique à demi enterrés et un sac contenant une bouteille de vodka à moitié vide.

Le siège du conducteur était trop avancé pour quelqu'un de la taille du propriétaire du véhicule. Et la tache sur le dossier du siège conducteur, qui ressemblait à du sang, ne présageait rien de bon.

Mallory fut retrouvé quelques jours plus tard, le 13 décembre, à une dizaine de kilomètres de sa voiture. Son corps fut découvert dans une petite clairière jonchée de détritus et bordée de palmiers nains par un groupe d'hommes occupés à fouiller les ordures, à la recherche d'emballages à recycler. Le cadavre était presque entièrement caché sous un grand morceau de moquette. Mallory était étendu à plat ventre, entièrement vêtu, son jean boutonné et sa ceinture bouclée, mais la boucle légèrement déviée. Ses poches de devant ressortaient, comme si quelqu'un les avait inspectées. On lui avait tiré à quatre reprises dans la poitrine avec des balles en cuivre à bout creux de calibre 22. L'une des balles avait a priori pénétré le corps alors qu'il se trouvait encore assis dans sa voiture. Son taux d'alcoolémie était juste à la limite autorisée.

Mallory avait une boutique de réparation d'appareils ménagers, et il était connu pour fréquenter des prostituées. Après son arrestation, Aileen déclara lui avoir tiré dessus lorsqu'elle avait « pris conscience » qu'il *était sur le point de* la violer.

« L'abolition de la rédemption sur le plan psychique » – le deuxième meurtre d'Aileen

Six mois passèrent avant qu'Aileen recommence à tuer. La victime était David Spears, un homme de quarante-trois ans à la voix douce et à la grande carrure, décrit comme « l'idée que tout le monde se fait du chic type ». Il était prévisible, travailleur, honnête, doux et responsable. De bien des façons il était tout le contraire de la première victime. Il avait trois enfants et avait divorcé après vingt ans de mariage, mais il continuait toujours à voir son ex-épouse depuis six ans et ils envisageaient même de se remarier. David avait déjà acheté une nouvelle bague de fiançailles. Ses enfants vivaient avec leur mère à environ cent cinquante kilomètres de chez lui, près d'Orlando, et Spears allait systématiquement passer le week-end avec eux. Le matin du 19 mai 1990, un samedi, il avait justement pris la route dans son pick-up pour l'une de ces visites. Celle-ci était particulière, en plus, car l'une de ses filles fêtait son vingt-troisième anniversaire ainsi que l'obtention de son diplôme universitaire. Il avait une grosse somme d'argent en liquide sur lui, qu'il comptait lui donner comme cadeau de fin d'études, et il était censé arriver là-bas vers 14 heures. Mais il n'arriva jamais, et ne téléphona pas non plus – ce qui ne lui ressemblait pas du tout.

Le corps nu en pleine décomposition de David Spears fut découvert le 1er juin, dans une clairière parmi les pins et les palmiers nains, au sud de Chassahowitzka, non loin de la route nationale 19, à plus de cent vingt kilomètres au-delà de sa destination initiale. Le cadavre était si décomposé et rongé par les animaux que sur le coup on ne réussit pas à déterminer s'il s'agissait d'un homme ou d'une femme. L'autopsie révéla qu'il avait reçu au moins neuf balles, dont six par un calibre 22. Au moins une ou deux balles avaient été tirées dans le dos de Spears, tandis que le reste avait été tiré de face, dans sa poitrine et son abdomen.

Le pick-up avait déjà été retrouvé, pillé et abandonné. La police trouva quand même du sang sur le marchepied côté conducteur, ainsi qu'un paquet de préservatifs vide.

D'après ce qu'Aileen avoua au moment de son arrestation, Spears l'avait prise en stop à l'intersection de la route 27 et de l'I-4 – à une demi-heure environ de l'endroit où sa femme et ses enfants habitaient et où ils l'attendaient pour la fête. Elle déclara que sans téléphoner à sa femme pour s'excuser, cet homme prévisible et fiable continua sur cent vingt kilomètres jusqu'au secteur d'Homosassa, où il sortit de la route pour s'arrêter dans un coin désert et avoir un rapport sexuel avec Aileen, vers une ou deux heures du matin – soit près de neuf heures après le moment où il était censé arriver dans sa famille.

Wuornos déclara également qu'ils avaient bu beaucoup de bière, qu'ils s'étaient dévêtus tous les deux et qu'ils étaient en train de « glandouiller » lorsque Spears l'invita à monter à l'arrière de son pick-up. En s'y rendant, elle remarqua un tuyau de plomb, et au même moment Spears commença à devenir violent. C'est alors qu'elle sauta de l'arrière du pick-up et courut jusqu'à la portière passager, où elle récupéra son sac contenant le pistolet, puis tira sur Spears alors qu'il se tenait toujours debout à l'arrière du véhicule. Blessé, l'homme se précipita vers la portière conducteur avec l'énergie du désespoir et tenta de monter dans son pick-up, a priori pour fuir. Wuornos affirma qu'ensuite elle lui avait tiré dessus par la fenêtre côté passager, en criant : « Qu'est-ce que tu croyais qu't'allais faire, putain, mec… J'vais te tuer, parce que tu pensais pouvoir faire c'que tu voulais avec moi ! »

Spears s'éloigna du pick-up en chancelant, et Aileen en profita pour se glisser du côté conducteur et tirer une troisième fois, ce qui le fit tomber à terre. Elle ne se souvint pas d'avoir tiré au moins quatre fois de plus dans sa poitrine et deux fois dans son dos. Avant de s'en aller au volant de son pick-up, elle lui vola entre 500 et 700 dollars, qu'elle trouva cachés dans ses vêtements et le véhicule. Ensuite elle revint à la maison, déchargea certains des outils de l'arrière du pick-up en pensant pouvoir les vendre, puis repartit assez loin pour abandonner le véhicule sur un bas-côté. Ty, qui travaillait de jour, se souvint qu'Aileen était revenue avec un pick-up « emprunté », mais elle n'y était pas montée faire un tour.

La géographie du site où le meurtre eut lieu, le temps écoulé, l'engagement constant et fiable de Spears auprès de sa famille, tout porte à croire qu'il est peu probable que Spears ait soudain changé d'avis trente minutes à peine avant d'arriver à destination, pour passer les neuf heures suivantes à traîner avec une prostituée qui exerçait ses talents sur la nationale, à cent vingt kilomètres au-delà de sa destination première. Tout au moins, il aurait prévenu par téléphone.

Ian Brady, « le Tueur de la Lande », complice de Myra Hindley dont l'histoire est racontée plus loin, a écrit dans un ouvrage que c'est le deuxième meurtre qui importe le plus dans l'évolution du serial killer.

Le premier méfait laisse le meurtrier dans un état de confusion et de choc. Selon Brady, le meurtrier est

> … trop absorbé par les implications psychologiques et judiciaires de l'homicide initial, sans mentionner la logistique attenante, c'est-à-dire le travail physique qu'impliquent le meurtre et l'enlèvement du corps. Il n'est par conséquent pas en état d'évaluer de façon détachée la complexité des traumas qui bombardent ses sens.
> […] Le deuxième meurtre comprend tous ces mêmes inconvénients, les mêmes éléments gênants que le premier, mais dans une moindre mesure. Cela permet une assimilation plus objective de l'expérience faite. Cela entretient également une sensation de toute-puissance qui va en s'accroissant, une sorte de vision grand angle de l'échiquier métaphysique.
> Dans de nombreux cas, l'élément d'esthétisme exalté du deuxième meurtre donnera une impression plus déterminante que le premier acte, et probablement que tout autre acte meurtrier ultérieur. Non seulement il représente le rituel de confirmation, un bond en avant car c'est l'acte révélateur d'un manque de foi en l'humanité, mais également le début d'une dépendance au nihilisme hédoniste. En d'autres termes, c'est l'abolition de la rédemption sur le plan psychique[86].

Meurtres en série

Six mois s'étaient écoulés entre le premier et le deuxième meurtre d'Aileen, mais elle n'attendit pas aussi longtemps pour commettre le troisième. Elle s'était transformée en une monstrueuse machine à tuer. Deux semaines après l'épisode Spears, quelque part près de Tampa, Wuornos rencontra Charles Carskaddon, un ouvrier de quarante ans en chemin vers la Floride pour aller chercher sa fiancée et la ramener avec lui jusque dans le Missouri, où il venait de trouver un emploi dans une usine. Aileen le tua avec son arme sur le siège arrière de sa Cadillac. Selon ses déclarations ultérieures, elle fouilla ensuite la voiture et trouva un pistolet de calibre 45. Il avait manifestement l'intention de la tuer, expliqua-t-elle. Cette découverte la rendit tellement furieuse qu'elle rechargea son calibre 22 et tira plusieurs fois de suite sur le cadavre de Carskaddon.

Comme les fois précédentes, Aileen ramena la voiture et ce qu'elle y avait trouvé comme trophée à la maison. Ty et elle s'entraînèrent à tirer avec le calibre 45 de Carskaddon. La voiture resta là pendant deux jours avant d'être abandonnée quelque part.

Sept jours plus tard, dans un café au bord de l'I-95, non loin de Bunnell, Wuornos rencontra Peter Siems, un pasteur de soixante-cinq ans voyageant dans une Sunbird remplie de bibles pour aller rejoindre la caravane de la *Christ Is the Answer Crusade*, un mouvement religieux itinérant. Elle finit dans sa voiture. Selon les dires de Wuornos, ils se dévêtirent tous deux et étaient sur le point d'avoir un rapport sexuel sur une couverture lorsqu'elle se rendit compte qu'il avait l'intention de la violer. Elle le tua, abandonna le corps, et de nouveau pilla sa voiture avant de la ramener chez elle. Le corps de Siems n'a jamais été retrouvé.

Ty se souvint par la suite que tout à coup il y avait une bible dans leur chambre. Cette fois-ci, Aileen garda la voiture, qu'elle gara derrière le motel où elles habitaient. Lorsque Ty lui demanda ce qu'il en était, elle répondit qu'elle l'avait empruntée mais que c'était compliqué pour la rendre.

Un mois plus tard, Aileen avait toujours la voiture, et emmenait Ty partout avec. Le 4 juillet, jour de la fête nationale américaine, Lee et Ty la prirent pour faire une virée. Elles s'arrêtaient constamment pour acheter de la bière ; elles pouvaient en boire une quantité impressionnante en une seule journée. Aileen finit par être tellement soûle qu'elle ne pouvait plus conduire, et demanda à Ty de prendre le volant, malgré son état d'ébriété équivalent. Ty obéit mais perdit rapidement le contrôle du véhicule, qui finit dans un fossé, non loin d'un lotissement.

Comme des gens sortaient pour aider, Aileen et Ty prirent la fuite, mais on les avait vues. Lorsque les policiers récupérèrent la voiture, ils découvrirent qu'elle était enregistrée au nom de Siems, un homme récemment signalé disparu par sa famille. Ils interrogèrent les passants pour obtenir des descriptions précises des deux femmes, et à partir de là dessinèrent deux portraits-robots. Une empreinte appartenant à Wuornos fut également trouvée dans le véhicule.

Chose intéressante, la police suspectait déjà qu'une femme se cachait derrière certains de ces meurtres, même si, comme ils avaient eu lieu dans différentes juridictions, le lien n'avait pas encore été fait entre eux. Dans l'affaire Mallory, la police soupçonnait que la coupable était à chercher parmi l'une des prostituées ou strip-teaseuses dont il avait récemment loué les services, et dans le cas de Spears, la possibilité que son ex-femme soit impliquée d'une manière ou d'une autre dans son décès avait traversé l'esprit des enquêteurs. La récurrence des tirs dans la poitrine montrait que l'on avait affaire à une tireuse, selon eux. Même dans les cas de suicides, les femmes visaient rarement la tête, préférant plutôt tirer dans le cœur ou d'autres parties de la poitrine.

Ensuite, ce fut au tour d'Eugene « Troy » Burress, un chauffeur livreur de cinquante ans travaillant pour un fabricant de saucisses, de ne pas rentrer chez lui le 30 juillet, ni de ramener le camion à son patron. Le véhicule fut retrouvé le lendemain sur une route faisant partie de son itinéraire. Le corps de Troy, quant à lui, fut retrouvé le 4 août, face contre terre, non loin d'un chemin de terre ; il avait reçu deux balles. Selon Aileen, après qu'il l'eut prise en stop, ils s'étaient mis d'accord sur une passe, mais au lieu de cela Troy lui avait jeté à la figure un billet de dix dollars en disant qu'il allait la violer. Elle lui tira une première fois dans la poitrine. Alors qu'il agonisait sur le sol, elle tira une seconde fois, dans son dos. Eugene Burress était un homme marié, avec des enfants et des petits-enfants, sans antécédents de comportement fantasque ou de vices connus. La nouvelle du meurtre porta un coup terrible à sa famille, qui offrit une récompense à quiconque apporterait des informations permettant l'arrestation du coupable.

Le 11 septembre 1990, Aileen assassina sa sixième victime, Dick Humphreys, un ancien commissaire originaire d'Alabama reconverti en enquêteur sur les cas de maltraitances à enfants. Lorsqu'il ne rentra pas chez lui un soir sans prévenir, sa femme se mit à appeler frénétiquement son bureau et ses anciens collègues policiers. Le jour suivant, des enfants en train de faire du vélo découvrirent Humphreys dans un champ près de la route, affaissé dans une position presque assise. Il était entièrement vêtu mais ses poches avaient été retournées. Il portait encore sa montre et son alliance. On lui avait tiré dessus sept fois, dont une dans la nuque. Sur son côté droit un petit bleu était visible, correspondant à la marque laissée par le canon d'une arme à feu pressée fortement contre lui. Le rapport de toxicologie ne mentionna aucune trace de marijuana ou d'alcool dans son organisme. Humphreys lui non plus n'avait pas de mœurs spéciales, a priori, et laissait derrière lui une famille aimante et éplorée.

Le 17 novembre, pendant la période des vacances de Thanksgiving, Aileen commit son dernier meurtre. La victime se nommait Walter Jeno Antonio, avait soixante ans et était routier, agent de sécurité et accessoirement officier de réserve de la police. D'après Aileen, il l'avait ramassée alors qu'elle faisait du stop et avait accepté de l'« aider à se faire un peu d'argent » en ayant un rapport sexuel avec elle sur le siège arrière de sa voiture. Mais lorsqu'elle se déshabilla, Antonio brandit une plaque de policier en lui disant qu'il l'arrêterait si elle ne le faisait pas gratuitement. Ils sortirent de la voiture et se disputèrent. Quand Antonio s'approcha du côté passager, Aileen sortit son pistolet. Une bagarre s'ensuivit mais Aileen eut le dessus, et au moment où Antonio prenait ses jambes à son cou, elle lui tira dans le dos. Elle tira ensuite trois coups, dont un dans la nuque, comme lors d'une exécution, et comme pour Dick Humphreys. Pour finir, elle enleva la bague en or et diamants du doigt d'Antonio, un cadeau de sa fiancée qu'il allait épouser très prochainement.

Chute et arrestation

L'erreur d'Aileen fut d'assassiner quatre de ses victimes dans le même comté – le scénario répété des tirs de calibre 22 sur des hommes d'âge moyen ou âgés, jetés ensuite dans un fossé sur le bord de la route, était trop manifeste pour ne pas être pris en compte. Et la police finit par faire des recoupements avec des meurtres similaires commis dans d'autres comtés. Grâce à la description des deux femmes prenant la fuite après l'accident avec la voiture de Peter Siems, ainsi qu'à l'empreinte retrouvée sur les lieux du crime, la police remonta la piste jusqu'au faux nom utilisé par Wuornos lors de son arrestation par hasard pour port illégal d'arme – un calibre 22. L'empreinte qu'elle avait laissée au prêteur sur gages et la carte d'identité qu'elle lui avait montrée allaient mener les policiers tout droit à Aileen et Ty. Pendant très longtemps, ils crurent qu'elles avaient agi ensemble, et deux équipes de policiers cherchaient donc les deux femmes séparément.

À l'automne 1990, les choses n'allaient pas très bien entre Aileen et Ty. Lorsque la police publia un avis de recherche sur deux suspectes dans des meurtres en série, avec un dessin de leur visage, Ty rompit avec Aileen et rentra chez elle en avion, dans l'Ohio. Tyria était au courant de certains de ces meurtres – trois, au moins. Elle avait été transportée dans les voitures ramenées par Aileen, et elle avait vu ses différents butins.

Aileen Wuornos fut finalement repérée le 8 janvier 1991, et mise sous surveillance. Lorsqu'elle s'invita dans une énorme fête très arrosée censée durer toute la nuit au Last Resort, un bar de bikers à Daytona, les policiers, qui craignaient de la perdre dans la foule bruyante, décidèrent de l'arrêter à l'aube. Aileen était en fait dans un état de si total hébétement qu'elle s'était endormie dans un coin – son dernier repos de femme libre. Par la suite les propriétaires du bar mirent une plaque pour commémorer l'endroit.

Une seconde équipe, qui travaillait dans l'Ohio, avait déjà localisé Ty à Scranton, en Pennsylvanie, alors qu'elle séjournait dans sa famille. Ils l'interpellèrent sans difficulté.

La trahison de l'amante

Après leur arrestation séparée, Tyria Moore allait passer plusieurs coups de fil à Aileen en prison, destinés à la compromettre : la police enregistrait toutes leurs conversations. On avait promis à Ty qu'elle serait blanchie si elle pouvait prouver qu'elle n'était pas présente lors des meurtres, et si elle aidait à faire condamner Aileen. Sous l'incitation de la police, Tyria commença à tisser une toile au téléphone, dans laquelle Aileen finalement se retrouva piégée.

WUORNOS : C'est toi, Ty ?
MOORE : Ouais.
WUORNOS : Quoi de neuf ?
MOORE : Rien. Et toi ?
WUORNOS : Ben, rien. Je suis juste là, en prison.
MOORE : Ouais, c'est ce qu'on m'a dit.
WUORNOS : Comment… Qu'est-ce que tu fiches dans le coin ?
MOORE : Je suis revenue pour essayer d'comprendre c'qui s'passait.
WUORNOS : Tout est au poil. Je suis là pour… euh… euh…à cause du flingue que j'avais en 86… et une contravention.
MOORE : C'est vrai ?
WUORNOS : Oui oui…
MOORE : Parce qu'y a des flics qui se sont pointés chez mes parents pour poser des questions.
WUORNOS : Oh.
MOORE : Et j'commence à flipper.
WUORNOS : Hmm. Oh, tu sais, il n'y a pas de quoi s'inquiéter, à mon avis.
MOORE : Ouais, ben j'ai quand même la trouille.

WUORNOS : Je ne te laisserai pas avoir d'ennuis à cause de moi.
MOORE : C'est une bonne chose.
WUORNOS : Tu sais quoi ? Je serais prête à mourir pour toi.

Les coups de fils continuèrent dans cette veine pendant plusieurs jours, Tyria pleurant au téléphone en disant qu'elle avait peur d'être accusée de complicité dans les meurtres.

WUORNOS : Je… écoute, t'as rien fait, et je vais… je vais vraiment leur faire savoir, OK ?
MOORE : C'est évident que tu ne m'aimes plus. Tu me fais plus confiance, c'est clair. J'veux dire, tu vas me mettre dans la merde pour un truc que j'ai pas fait.
WUORNOS : Tyria, je t'ai dit que NON. Écoute. Arrête de chialer et écoute.
MOORE : J'y peux rien. J'ai vraiment la trouille.
WUORNOS : Je t'aime. C'est vrai. Je t'aime beaucoup.
MOORE : Je sais pas si je devrais continuer à vivre ou si je devrais…
WUORNOS : Je te laisserai pas aller en taule. Écoute-moi, si je dois
tout avouer, je le ferai.
MOORE : Putain, Lee, pourquoi t'as fait tout ça ?
WUORNOS : Je sais pas. Dis, t'es revenue ici pour parler aux flics ?
MOORE : Non, je suis venue toute seule. Mais bordel, pourquoi t'as fait ça ?
WUORNOS : Ty, écoute-moi. Je sais pas quoi dire, sauf que c'était de la légitime défense. T'inquiète pas. Ils vont forcément découvrir que ça a été fait en solitaire, et je leur dirai ça, OK ?

L'allusion aux actes de « légitime défense » d'Aileen était mise sur le tapis. À n'en pas douter, Aileen était dans une certaine mesure convaincue – non qu'elle se faisait des illusions, mais plutôt comme si elle rationalisait la chose – que c'était exactement ce qu'elle avait fait en tuant ces sept hommes, se défendre. Mais bien d'autres éléments s'ajoutaient à cela :

> WUORNOS : J'imagine que je ne vais pas faire de vieux os, mais je m'en fous. Hé, au fait, je vais entrer dans l'histoire.
> MOORE : Et de quelle façon.
> WUORNOS : Non, j'veux dire… si un jour j'écris un livre, j'aurai… je te donnerai l'argent. J'sais pas. C'est juste que… laisse-moi t'expliquer pourquoi j'ai fait ça, d'accord ?
> MOORE : Mmmm.
> WUORNOS : C'est parce que je suis tellement… tellement amoureuse de toi putain, et que j'étais tellement inquiète parce qu'on avait pas d'appart, et tout ça, j'avais peur qu'on nous fiche dehors, et j'croyais qu'on serait plus ensemble. Je sais que j'ai l'air d'une tarée, mais c'est la vérité.

Et tout se résume probablement à cela. La raison pour laquelle Aileen Wuornos tua à ce moment-là, et pas plus tôt. La sensation qui ressort de la relation entre Aileen et Tyria est que la première jouait le rôle du mari, et la seconde le rôle de l'épouse en quête de sécurité. En fait, Aileen appelait Tyria sa « femme ». Mais c'était Ty qui prenait des petits boulots minables pour assurer un minimum de rentrées d'argent, tout en faisant remarquer en permanence combien le style de vie d'Aileen était erratique. Les déplacements perpétuels, les expulsions, la pauvreté et l'insécurité déchiraient

Tyria et pesaient sur leur relation : tout cela menaçait non seulement le statut d'Aileen en tant que « mari » mais aussi la seule relation amoureuse à long terme qu'elle avait réussi à avoir dans sa vie, était sa seule famille aimante. Son histoire, sa tragédie grecque aux proportions épiques : après avoir enduré toute une vie de sévices et de rejets de toutes sortes, ce n'est que lorsque Aileen réussit enfin à trouver une partenaire amoureuse qu'elle se transforma en monstre criminel.

Aileen assassina en rage d'amour, et en fin de compte, c'est ce même amour qui allait la trahir et la faire mourir. Elle fit des aveux qui la menèrent tout droit à la peine de mort, pour sauver Tyria.

« J'les ai tous tués parce qu'ils sont devenus violents avec moi et j'ai décidé de me défendre »

Le 16 janvier, une semaine après son arrestation et après avoir eu ces conversations avec Tyria, Aileen fit des aveux filmés. Son premier meurtre, dont la victime était Richard Mallory, devint le plus crucial pour plusieurs raisons. Tout d'abord car Wuornos allait être jugée séparément pour chaque meurtre, et ce serait donc la première affaire à passer devant un jury. En second lieu, ce serait le moment décisif où son argument de légitime défense serait mis à l'épreuve.

Après une longue déclaration en guise d'introduction qui confirmait qu'elle avait agi seule et que Tyria n'était en rien impliquée ou au courant des détails de ses crimes, Aileen passa aux aveux, sous forme de divagations qui durèrent trois heures.

Elle raconta que le soir du 30 novembre 1989, elle faisait du stop sur la nationale reliant Tampa à Daytona, après avoir passé sa journée à faire des passes. Richard Mallory s'arrêta et lui proposa de l'emmener à Daytona où il allait rejoindre une femme avec qui il avait une relation par intermittence.

Selon Aileen, au départ le trajet était agréable. Ils eurent une conversation sympathique pendant que Mallory fumait de la marijuana et buvait de la vodka. Elle refusa de prendre de la marijuana mais accepta de boire un verre de vodka-orange. En chemin ils s'arrêtèrent dans une supérette et Mallory lui acheta sa boisson préférée : un pack de bière. Ils arrivèrent en périphérie de Daytona vers minuit, mais au lieu de déposer Aileen et de mettre le cap vers sa destination, Mallory et Aileen se garèrent dans une zone isolée à l'écart de la route, et continuèrent à discuter et à boire. À un moment donné, Aileen dit à Mallory qu'elle se prostituait et lui demanda s'il voulait « l'aider à se faire un peu d'argent ». Après avoir rapidement négocié un prix, Mallory accepta.

Il devait être cinq heures du matin, selon Aileen, quand Mallory prit l'initiative de l'acte sexuel. Elle enleva ses vêtements et ils s'embrassèrent un peu. Mais quand Aileen proposa à Mallory d'enlever ses vêtements, celui-ci refusa, annonçant qu'il déferait simplement la fermeture éclair de son pantalon. Cette version est tout à fait plausible. Les gens qui connaissaient Mallory déclarèrent qu'il était un peu paranoïaque et très prudent. Dans les trois dernières années il avait changé sa serrure de porte huit fois, et il était convaincu que quelqu'un le suivait. En outre, fumer de la marijuana accentue ce sentiment de paranoïa.

La soirée s'était déroulée de façon sympathique jusque-là, mais entre la paranoïa de Mallory et le tempérament explosif d'Aileen, les choses tournèrent mal, tout à coup. Selon Wuornos, le refus de Mallory de se déshabiller était la preuve de son intention imminente de la violer. Elle ouvrit la portière et s'immobilisa, toute nue, près de la voiture. Aileen avoua ensuite s'être penchée à l'intérieur pour attraper son sac dans lequel se trouvait un pistolet de calibre 22. Mallory était toujours assis au volant, mais d'après Aileen, alors qu'elle prenait son sac Mallory pivota dans son siège pour l'attraper, ce qui confirmait à ses yeux son intention de la violer.

Elle réussit à lui arracher le sac des mains, sortit le pistolet et lui tira dessus une fois, alors qu'il était toujours assis dans son siège, tout en criant : « Espèce de fils de pute ! Je savais que tu voulais me violer. »

Mallory sortit de la voiture en chancelant et tenta de fuir. Aileen déclara qu'à ce moment-là elle fit le tour du véhicule en courant pour le rattraper et lui dit : « Si tu t'arrêtes pas tout d'suite, mon vieux, j'continue à tirer. » Elle tira une deuxième fois, et Mallory tomba à terre. S'approchant de l'homme à présent effondré sur le sol, elle lui tira deux balles de plus dans la poitrine.

L'une des balles avait traversé les poumons de Mallory, provoquant une grosse hémorragie interne. L'homme agonisa apparemment dix à vingt minutes avant de succomber, et Aileen resta à ses côtés tout ce temps-là.

Lors de ses aveux, elle déclara :

> Alors, je lui ai dit : « OK, comme on a discuté toute la nuit, et que t'as l'air d'être un type très sympa, quoi, alors d'accord, si on… si on prenait un peu de bon temps ? » Alors j'ai commencé à m'allonger et il allait, vous savez, défaire sa fermeture éclair. Alors je lui ai dit : « Pourquoi tu te déshabilles pas ? » Mince, quoi, j'ai dit : « C'est que ça va faire mal si on fait ça comme ça. » Alors il

s'est énervé, et il s'est mis à m'insulter. Il a dit : « Va te faire foutre, ma belle, j'vais te baiser ici et maintenant » quelque chose dans le genre.
… Alors j'ai dit : « Non, non, tu vas pas juste me baiser. Tu dois me payer. » Et il a répondu : « Tu déconnes. » Et c'est là qu'il s'est énervé. Ça y est, j'en reviens à m'rappeler. Alors après on s'est battus, et tout le bazar et je suis sortie en vitesse. Il a attrapé mon sac et j'ai attrapé mon sac et il s'est fait mal au bras et j'ai réussi à reprendre le sac et à lui arracher des mains et c'est là que j'ai chopé le flingue. Et quand j'ai réussi à choper le flingue, je lui ai tiré d'sus sur le siège conducteur.
… Et quand je lui ai tiré dessus la première fois, il a reculé. Et j'me suis dit… Putain, merde, est-ce que j'devrais, vous voyez, quoi, essayer d'aider ce type ou est-ce que je devrais simplement le tuer ? Alors j'savais pas quoi faire, et j'me suis dit, bon si j'aide ce type et qu'il s'en sort, il va me dénoncer et j'vais me faire choper pour tentative de meurtre, et tout le tintouin. Et j'me suis dit, OK, la meilleure chose à faire c'est de continuer à tirer. Là j'en suis arrivé à me dire, Ben voilà, c'est fait. Cet enfoiré m'aurait tué alors j'ai continué à tirer. Vous voyez, quoi. En gros, j'lai tué et j'me suis dit, Bon sang, quoi, si j'l'avais pas… tu… tué, c'est lui qui l'aurait fait parce qu'y m'aurait fichu une sacrée raclée, peut-être j'aurais perdu connaissance. Il aurait trouvé le flingue dans mes affaires, et m'aurait tuée. Parce qu'y aurait sûrement tenté d'essayer de m'violer, vous comprenez ? Alors j'lui ai tiré d'sus et j'me suis dit, Putain de merde, autant continuer à lui tirer d'sus. Parce que j'devais tuer ce type parce qu'il… il allait… vous savez, aller raconter à quelqu'un s'il restait vivant, oú un truc dans l'genre. Après j'me suis dit, Ben, ce sa… ce sale con mérite de mourir, toute façon, à cause de ce qu'il voulait me faire subir.
Et ces trois choses me sont venues à l'esprit à chaque fois que j'ai tué un type… Il faut que j'vous dise, que j'les ai tous tués parce qu'ils sont devenus violents avec

moi et j'ai décidé de me défendre. J'allais pas les laisser me mettre une raclée ou me tuer, toute façon. J'suis sûre qu'après la bagarre, s'ils avaient découvert que j'avais une arme, ils m'auraient tuée. Alors j'les ai tués, c'est tout[87].

Après s'être assurée que Mallory était mort, Aileen lui fit les poches, prenant son argent et sa carte d'identité, puis elle traîna le corps et le recouvrit avec un bout de moquette et un morceau de carton. Toujours nue, elle quitta la scène du crime au volant de la Cadillac de Mallory et s'arrêta dans un autre endroit isolé, non loin de là. Elle s'habilla, finit la bière. Elle garda ce qui lui semblait avoir de la valeur et jeta le reste, comme les autres vêtements de Mallory, dans les bois le long de la route, et dans une benne à ordures. Au lever du soleil, elle était en route pour le motel où Ty dormait encore.

Comment expliquer le cas Aileen Wuornos

Des années plus tard, alors qu'elle attendait dans le couloir de la mort, Aileen confesserait : « Ça m'a pris dix-sept ans pour tuer quelqu'un en fin de compte… pour avoir le cran de le faire… violeur ou pas. Mais j'ai fini par devenir dure comme la pierre et me dire, vous savez, quoi, ça suffit comme ça. »

Il y a une certaine logique mélancolique à cet aveu d'Aileen, si l'on songe à ce que pouvait engendrer la confrontation entre la paranoïa de Mallory et la colère d'Aileen, sa compagne depuis si longtemps. D'innombrables récits remontant à son enfance racontent comment l'humeur d'Aileen changeait tout à coup, passant de l'aimable au menaçant. Même si elle n'avait pas fait vraiment de mal à quelqu'un depuis des années, elle avait effrayé des tas de personnes avec ses soudains accès de colère, de sa propre demi-sœur à ses amis, amants et connaissances. Ce n'était qu'une question de temps avant qu'elle ne fasse du mal à quelqu'un.

Une fois qu'elle eut tué, en revanche, elle franchit une limite qui la menait sur un tout nouveau territoire, celui de la catharsis, et en un sens, celui de sa renaissance sous la forme d'un monstre. Qu'elle ait volontairement décidé de s'adonner au meurtre, soit ; mais il ne faut pas oublier qu'Aileen subissait aussi des sévices, sexuels ou non, depuis l'âge de onze ans – c'est un fait indiscutable. Tous ces fantasmes de violence qu'elle avait réfrénés pendant ses accès de colère se déchaînaient finalement dans la réalité, et il n'y avait pas de retour en arrière possible. Elle était une meurtrière, à présent, et un meurtre de plus ou moins ne changerait rien à cet état de fait. Ce qui l'avait retenue jusqu'à présent de prendre la vie d'autrui n'avait plus de sens.

Le matin du premier meurtre, elle ne mentionna pas la tentative de viol à Ty quand elle revint au motel, et selon cette dernière aucune marque ou bleu n'était visible sur le corps d'Aileen. En fait, à aucun moment Aileen ne dit à Tyria qu'elle s'était fait violer ou agresser pendant qu'elle faisait ses passes au bord de la nationale. Ce ne fut que treize mois plus tard, alors qu'elle faisait ses aveux à la police, qu'elle déclara pour la première fois avoir tué Mallory parce qu'elle avait pris peur en pensant qu'il allait la violer.

Dans leur analyse psychologique de Wuornos, Stacey Shipley et Bruce Arrigo affirment qu'elle incarne parfaitement le cas de la psychopathie déclenchée à la suite de troubles de l'attachement. Ses accès de colère, son comportement de parasite, son incapacité à développer des liens d'affection et son narcissisme grandiose sont comme des monstres nocturnes venus tout droit de son enfance à problèmes. Ces traits de caractère eurent pour conséquence une aliénation encore plus accablante de la part de ses pairs, et d'autres mauvais traitements, ce qui à son tour aggrava et amplifia ses troubles du comportement. Son activité sexuelle très précoce l'exposa à davantage de brimades encore. Le temps qu'Aileen atteigne le milieu de l'adolescence, elle avait déjà été complètement utilisée et exploitée, et peut-être bien violée à maintes reprises – vu qu'elle était une « Cochonne aux clopes » depuis l'âge de onze ans. Le fait qu'Aileen Wuornos n'ait tué personne avant d'avoir atteint la trentaine relève quasiment du miracle, en fait, et pourrait même indiquer qu'il y avait une sorte d'étincelle de bonté profondément enfouie en cette femme.

Ainsi que Shipley et Arrigo l'expliquent :

> Elle était assez socialisée pour moduler ses propres émotions à travers un certain détachement et contrôler son environnement par l'agression et la violence. Malgré les sévices endurés, Aileen apprit à s'identifier avec l'agresseur. Pour elle, dans la vie il n'y avait que deux catégories de gens : les victimes et les agresseurs. Elle choisit la seconde. Les modèles intérieurs, rigides, qu'elle avait d'elle-même et du monde dans lequel elle vivait, ne permettaient aucune nuance. Elle ne serait plus jamais la victime[88].

Quant à Deborah Schurman-Kauflin, elle écrit à propos des tueuses en série qu'elle a étudiées :

> Dans leurs vies, elles s'étaient senties impuissantes face à cette succession d'horreurs, et pour pouvoir restaurer un sentiment d'équilibre (au moins dans leurs têtes),

elles ont utilisé le meurtre comme bien d'autres utilisent la cigarette… Elles en sont devenues accros car elles y trouvent un apaisement, car même si elles savent en leur for intérieur que c'est mauvais pour elles, cela reste une source immédiate de plaisir. Et pour la meurtrière en série, contrôler un autre être humain jusqu'à la mort fait l'affaire. Elles sont à la recherche d'un apaisement dans leur vie qu'elles ne trouveront jamais, et au plus profond d'elles-mêmes, elles savent véritablement que cela ne « réparera » jamais leur vie[89].

Nous ne saurons jamais ce qu'il s'est réellement passé avec Richard Mallory. A-t-il vraiment tenté de violer Aileen ? Nombreux seront ceux qui répondront oui, que même si elle avait accepté d'avoir un rapport sexuel avec lui, qu'elle était nue et qu'elle changea d'avis au dernier moment pour une raison aussi insignifiante que le fait qu'il refuse d'enlever son pantalon, cela restait un viol. Quand on dit non, c'est non.

D'autres pourraient répliquer que même si c'est un viol, ce n'est pas le genre de viol qui justifierait de tuer la personne. Mallory n'était pas en train de lui faire des avances de façon unilatérale et inattendue. Ils s'étaient mis d'accord. Le problème n'était pas de savoir s'ils allaient avoir un rapport sexuel, mais *comment* – si Mallory allait enlever son pantalon, ou juste défaire sa fermeture éclair.

La défense d'Aileen : « Je me suis dit, faut qu'j'me batte ou je vais mourir »

Mais toutes ces considérations allaient être balayées, cependant, lorsque le procès d'Aileen pour le meurtre de Richard Mallory débuta un an plus tard. Sa ligne de défense avait radicalement changé, tout comme le récit de sa rencontre avec Mallory.

Selon son témoignage sous serment du 25 janvier 1992 :

> Je lui ai dit que je ne voulais pas avoir de rapport sexuel avec lui. « C'est c'qu'on va voir, salope. Tu feras tout ce que j'te dirai de faire. Sinon, j'te tuerai et j'te baiserai après, comme avec les autres putains. Ça m'est égal, ton corps sera encore chaud. » Il m'a attaché les poignets au volant et m'a prise par derrière. Après, il a sorti une bouteille d'alcool à 90ºdu coffre. Il m'a dit que la bouteille était l'une de mes surprises. Il me l'a vidée dans le rectum. Çam'a fait vraiment mal parce qu'il m'avait déchirée grave. Il s'est habillé, a mis la radio, s'est assis sur le capot pendant ce qui m'a semblé être des heures. J'en avais vraiment ras le cul. Je lui hurlais dessus, et j'essayais en même temps de me libérer.
>
> Finalement, il m'a détaché les mains du volant et m'a mis la corde autour du cou. Il continue à raconter un tas de conneries sur ce qu'il veut me faire. Il me dit de me retourner, de m'allonger et d'écarter les jambes. Et je devine qu'il va me baiser comme ça, juste en baissant sa fermeture éclair. Il était habillé. Il tenait la corde autour de mon cou comme si c'était des rênes. Je me suis dit, faut qu'j'me batte ou je vais mourir.
>
> J'ai sauté d'un bond et je lui ai craché à la figure. Et il a dit : « T'es morte, salope. T'es morte. »
>
> J'ai attrapé mon sac et j'ai sorti illico mon pistolet en le pointant vers lui, et il s'avançait vers moi avec le bras droit levé, et j'ai tout de suite tiré. Je lui ai tiré dessus. Il a voulu se jeter sur moi de nouveau. J'ai tiré. Il s'est arrêté. Je l'ai genre éloigné de moi. Et il s'est genre assis sur le siège conducteur. J'ai ouvert la portière passager en vitesse, j'ai couru jusqu'au côté conducteur, j'ai ouvert sa portière, j'l'ai regardé et il a commencé à sortir. Et j'ai

dit : « M'approche pas, ou je te tire encore dessus », ou quelque chose dans le genre. « M'oblige pas à te tirer encore dessus », quelque chose comme ça. Il a commencé à se jeter sur moi et je lui ai tiré dessus… Il est tombé à terre.

Malgré les efforts de la défense pour exclure des pièces à conviction les aveux filmés d'Aileen datant de l'année précédente, qui offraient une version radicalement différente de ce qu'elle déclarait à présent, le jury ne put que constater l'évolution des dires de l'accusée, dans un premier temps qu'elle avait tué Mallory parce qu'il ne voulait pas enlever son pantalon, après avoir accepté de faire l'amour avec lui contre de l'argent, et à présent qu'il lui avait carrément fait subir un viol anal, après lui avoir attaché les mains et l'avoir menacée de mort. Par ailleurs, il ne s'agissait pas seulement de Mallory – les sept victimes d'Aileen n'étaient que des violeurs, tous autant qu'ils étaient, qu'elle avait tués en état de légitime défense. Non seulement Aileen s'était défendue, mais en plus ils méritaient de mourir. Cette ligne de défense était particulièrement condamnable, parce qu'elle réduisait instantanément toutes les victimes au plus petit dénominateur commun de violeur, et élevait Aileen au rang sacré de victime.

« Le plus tabou des fantasmes de Madame Tout-le-Monde » : des martiennes féministes viennent à la rescousse d'Aileen

L'affaire Wuornos et le fait qu'elle ait plaidé la « légitime défense suite à un viol » attirèrent la frange radicale des féministes comme le miel attire les abeilles (pour rester poli), et la plus grosse abeille de toutes se nommait Phyllis Chesler, professeur d'études féminines et de psychologie à l'université de New York (College de Staten Island), auteur et « témoin expert » dans les affaires de femmes battues ayant tué leur agresseur. Ainsi que l'indique l'une des critiques du livre de Chesler : « Ce féminisme-là n'est pas fait pour les lâches[90]. » Certes, on ne peut dire le contraire.

Chesler proposa ses services à l'avocat d'Aileen en sa qualité d'« experte » dans le domaine des assassinats commis en légitime défense par des femmes à la suite d'un viol, et fit pression dans les médias en faveur d'Aileen, notamment en écrivant dans le *New York Times* une chronique intitulée « Deux poids, deux mesures pour le meurtre[91] ? »

Lorsque son offre fut élégamment refusée par l'avocat de la défense, elle fonça quand même tête baissée et prit directement contact avec Wuornos, parvenant finalement à la rencontrer pour l'assurer de son soutien et lui dire que c'était elle, la victime, et que la légitime défense, justifiée en cas de viol, faisait qu'elle avait été faussement accusée d'être une tueuse en série par l'hétéropatriarcat phallocentrique, l'oppresseur de toutes les femmes.

Chesler publia par la suite le récit de son rôle dans l'affaire dans l'ouvrage *Notes from an Expert Witness* (Notes d'un témoin expert)[92]. Elle y raconte que dès qu'elle avait entendu parler du fait que deux suspectes étaient recherchées par la police de Floride pour une série de meurtres sur les nationales (même avant l'identification et l'arrestation d'Aileen), elle avait songé que cette histoire

> … semblait diaboliquement saugrenue, autant que l'émission d'Orson Welles à la radio sur l'invasion des martiens, en 1938. Que faisaient le plus tabou des fantasmes

de Madame Tout-le-Monde et le pire des cauchemars de Monsieur tout-le-Monde à la télévision ? Était-ce une blague ? Peut-être ces femmes étaient-elles des martiennes *féministes* venues sur terre avec pour mission de venger les victimes du Tueur de la Green River* ou du Massacre de Montréal**. Si ce n'était pas le cas, les tueuses en série existaient-elles vraiment sur terre[93] ?

Selon Chesler, les femmes ne pouvaient tout simplement pas être des serial killers car « les serial killers sont essentiellement des hommes blancs instables, obsédés par la pornographie et leur haine des femmes, et qui eux-mêmes ont subi des sévices *paternels* dans l'enfance[94] ». (L'emphase est de l'auteur.)

Cette assertion, manifestement, est absurde. La majorité des serial killers n'est pas instable (seuls 35 % sont itinérants) et nombre de tueurs en série ont subi des sévices *maternels*, l'unique et la plus grande contribution à leur haine des femmes. À titre d'exemple, Edmund Kemper, qui finirait par assassiner huit femmes (dont sa mère), fut puni par cette dernière à l'âge de huit ans en étant forcé de dormir dans une cave sombre pendant huit mois ; la seule issue était une trappe dans le sol sur laquelle elle avait installé la table de cuisine[95]. Viola, la mère prostituée d'Henry Lee Lucas,

* Meurtrier dont les victimes étaient exclusivement des femmes (prostituées ou fugueuses) et qui tua dans les années 1980 et 1990 aux États-Unis. (*N.D.T.*)

** Le 6 décembre 1989 à Montréal, un homme de vingt-cinq ans nommé Marc Lépine, qui venait de se voir refuser l'admission dans une école d'ingénieurs, entra dans une salle de classe de cette même école avec un fusil et, après avoir fait sortir tous les étudiants masculins, tua quatorze femmes, étudiantes et membres du personnel, au cri de « Je hais les féministes » ; puis il se suicida.

insistait pour que son fils et son mari cul-de-jatte la regardent pendant l'acte sexuel avec ses clients. S'ils refusaient, elle les frappait avec un gourdin. La seule chose qu'aima Lucas dans son enfance était une mule qu'on lui avait offerte en cadeau, mais lorsque sa mère découvrit son affection pour la bête, elle força son fils à regarder pendant qu'elle la tuait, avant de le battre car cela allait lui coûter cher de faire transporter le cadavre de l'animal hors de chez elle[96]. Ottis Toole, qui serait plus tard le partenaire criminel de Lucas, soupçonné notamment d'avoir enlevé et décapité Adam Walsh* se faisait habiller en fille par sa mère, jupons en dentelle compris. Eddie Cole, qui assassina treize victimes, était habillé en « petite fille à sa maman » par cette dernière, qui le forçait ensuite à servir à boire à ses invités et amants vêtu ainsi. Il est avéré qu'au moins sept serial killers, dont Charles Manson, ont été tourmentés dans l'enfance par leur mère en étant habillés de force en fille. Quand la maman de Jerry Brudos découvrit des taches de pollutions nocturnes sur ses draps de lit, elle le força à les laver à la main et à dormir sans draps pendant que ces derniers séchaient sur le fil à linge dans le jardin, à la vue de tous les voisins. Brudos fut obligé d'aller vivre dans l'abri de jardin lorsque sa mère décida que son fils préféré, l'aîné, avait besoin d'une chambre pour lui tout seul. La mère adoptive de Joseph Kallinger interdisait à son fils de jouer dehors, le fouettait, le battait avec un marteau, le menaça même

* Cet enfant de six ans mort en 1981 est le fils de John Walsh, qui, à la suite de ce drame, devint avocat pour les victimes puis présentateur de l'émission vedette de la chaîne Fox, *America's Most Wanted*, où il présente les criminels les plus recherchés par la police, en invitant le public à aider à leur capture. (*N.D.T.*)

de lui couper les organes génitaux si elle le surprenait à avoir une érection, et elle choisit son épouse. Dans la vie de chaque serial killer, Maman est là, toujours à ses côtés.

Chesler déclare que « 99 % des tueries, des meurtres sexuels et des meurtres en série » sont commis par des hommes[97]. Je ne peux me prononcer en ce qui concerne les tueries et les meurtres sexuels, mais selon l'étude la plus approfondie sur les homicides en série aux États-Unis entre 1800 et 1995, seulement 83 à 85 % des victimes ont été assassinées par des hommes[98]. Cela signifie que les femmes sont complices de 15 à 17 % de tous les homicides en série – quasiment un sur six ! Bien que les hommes commettent la grande majorité des meurtres en série, la contribution féminine au nombre de victimes n'est quand même pas exactement aussi insignifiante que Chesler voudrait bien nous le faire croire. Voilà ce que vaut la prétendue « expertise » de Chesler.

Mais ce n'est pas son ignorance en tant qu'experte autoproclamée qui est si décourageante[99]. Ce qui rend ses propos si choquants, c'est son dénigrement total des victimes assassinées par Wuornos. Chesler ne se distingue en rien de ceux qui discréditent la valeur des prostituées victimes « parce que c'était des putains bonnes à rien qui ne demandaient que ça, à faire le tapin dans la rue », ou de ceux qui prétendent « que les prostituées méritent d'être violées – cela fait partie des risques du métier », lorsqu'elle déclare que Wuornos était une victime simplement parce que « les hommes qu'elle a tués avaient tous le profil du micheton, le genre d'homme à fréquenter les prostituées[100] ». Imaginez aller dire *cela* à la famille du pasteur Peter Siems dont on n'a jamais retrouvé le corps, et dont Aileen a balancé par la vitre les bibles qu'il stockait dans sa voiture. Ou à la veuve de l'ancien commissaire Dick Humphreys, qui ne manquait jamais de l'appeler s'il prenait du retard. Ou à la fille de David Spears, dont Wuornos dépensa l'argent censé la récompenser pour son diplôme en bières et en cigarettes, après avoir tué son père. Quel « profil » commun avaient toutes ces victimes, selon Chester ? Elle ne le dit jamais. Peut-être le fait que c'était tous des hommes ?

Certes, il doit aussi arriver aux pasteurs et aux flics de ramasser des prostituées. Mais à l'exception d'une victime, aucun de ces hommes n'avait sur son casier judiciaire d'arrestation pour un tel délit, ou pour tout autre, d'ailleurs. On ne sait toujours pas exactement comment Aileen s'est retrouvée dans leur voiture au départ. Humphreys, par exemple, avait une marque correspondant à celle qui aurait pu être laissée par le canon d'une arme à feu pressée fortement contre lui. Aileen n'était pas habillée de façon provocante, avec son short en jean et son T-shirt crades d'auto-stoppeuse, et elle ne faisait ses propositions malhonnêtes qu'une fois montée en voiture. Elle aurait tout aussi bien pu se faire passer pour une automobiliste en détresse. En fait, le pasteur, l'ancien commissaire et l'officier de réserve étaient précisément le genre d'hommes à s'arrêter sur le bord de la route pour aider une personne semblant en détresse, en particulier une femme. Chesler devrait avoir honte. Aileen Wuornos, elle au moins, se battait pour ne pas mourir quand elle a dit du mal de ses victimes. Mais quelle était l'excuse de Chesler ?

Elle concentra son mépris sur une victime en particulier – la première, Richard Mallory. De bien des manières, ce dernier constitue la clé pour comprendre ce qui a pu déclencher cette folie meurtrière chez

Aileen Wuornos. D'après Chesler, l'ex-petite amie de Mallory, Jackie Davis, dressa un portrait « sinistre » de lui à la police :

> Mallory, déclara Mlle Davis, avait passé dix ans en prison pour cambriolage, avait de graves sautes d'humeur, buvait trop, était violent envers les femmes, aimait aller dans les bars à striptease, « versait » dans la pornographie et avait fait une thérapie pour une sorte de dysfonctionnement sexuel. Les recherches effectuées sur le plan professionnel révélèrent que Mallory n'était pas très stable de ce côté-là : il était lourdement endetté, avait des ennuis avec le fisc et avait reçu de nombreuses plaintes écrites de la part de clients mécontents[101].

Chesler déclare que lors d'une série de rencontres avec Trish Jenkins, l'avocate de Wuornos, près de sept mois avant le procès, « certaines féministes, dont moi, avaient demandé à Jenkins et à son enquêteur, Don Sanchez, de faire des recherches sur le passé de Mallory. Ce qu'ils ne firent jamais[102] ».

De plus, toujours selon les dires de Chesler, le témoignage de Jackie Davis sur la « violence envers les femmes dans le passé » de Mallory ne fut pas versé au dossier par le juge. Elle souligne également que les requêtes « déposées par la défense pour que Davis soit amenée et interrogée de nouveau » furent refusées. Et Chesler de conclure : « À mon avis, l'absence de telles preuves venant à l'appui de la défense fut tout à fait préjudiciable au cas de légitime défense plaidé par Aileen[103]. »

On dirait bien qu'il s'agit d'une conspiration entre un juge phallocentrique et une avocate de la défense incompétente visant à expédier la condamnation à mort de

Wuornos pour avoir osé se défendre contre un membre du patriarcat qui tentait de la violer. Mais Chesler ne nous raconte pas toute l'histoire de la déposition de Davis à la police.

Car Davis n'a jamais dit que Mallory avait été violent avec elle. Elle a en fait déclaré qu'il était « gentil et doux mais sujet à des sautes d'humeur. Parfois il était gentil et facile à vivre, et à d'autres moments il s'enfermait dans sa coquille[104]. » La définition de Chesler des « mauvais traitements infligés aux femmes » par Mallory renvoie ainsi à la propension que l'homme avait de louer les services de stripteaseuses et de prostituées, deux par deux, pour les regarder simuler l'acte sexuel entre elles.

Pour des féministes radicales comme Chesler, il n'y a pas des prostituées (*prostitutes*), seulement des « femmes que l'on prostitue » (*prostitued women*). C'est quasiment le seul terme utilisé par Chesler dans son ouvrage, terme qui implique que toutes les prostituées sont obligées de vendre leur corps, par des hommes bien entendu. Elle fait invariablement référence à Aileen de cette manière, en dépit du fait que personne n'a entraîné Aileen dans la prostitution, que personne n'a été « le boss » d'Aileen, qu'elle n'eut jamais de proxénète (en tout cas aucun qui parvienne à supporter assez longtemps son tempérament explosif). Aileen a fait le choix malheureux de se prostituer au lieu de prendre un emploi subalterne, comme l'a fait son amante, Tyria. L'aversion d'Aileen pour le travail était même une source de conflit entre elles deux.

(Et Chesler ne montre pas non plus beaucoup de respect envers ce qu'Aileen lui a dit lorsqu'elles se sont rencontrées. Alors qu'Aileen lui expliqua qu'elle avait choisi le métier de prostituée et que certains de ses clients étaient des amis, Chesler écrivit : « Elle est aussi conformiste que la plupart des femmes [victimes de mauvais traitements][105]. » Pour les êtres comme Phyllis Chesler, il n'a jamais vraiment été question d'Aileen, de toute façon.)

Mais continuons : le juge n'empêcha pas non plus Jackie Davis de témoigner. Il est vrai que la défense apprit très tard son existence. Mais pendant le procès, Davis fut amenée au tribunal et interrogée par la défense afin de décider si elle pouvait venir à la barre pour déposer devant un jury. Or, il s'avéra que son témoignage n'était rien d'autre que des ouï-dire qui le rendaient donc irrecevable. Elle n'avait personnellement *jamais* subi de mauvais traitements aux mains de Mallory, et n'avait pas non plus du tout connaissance de mauvais traitements qu'il aurait pu infliger à d'autres femmes (ainsi que nous entendons, sur la planète Terre, le terme « mauvais traitements », non comme le définit Chesler depuis sa planète Mars féministe).

Non seulement Jackie Davis avait rendez-vous avec Mallory le jour de sa disparition, mais après son décès elle se chargea de ses obsèques. Elle avait beaucoup d'affection pour lui et était réticente à l'idée de témoigner pour la défense. À la fin de son interrogatoire, ce fut l'avocat de la défense qui décida de ne pas l'appeler à la barre devant un jury, non le juge[106].

Mais en toute honnêteté, on ne peut considérer Chesler sous le seul angle de la féministe radicale un peu cinglée. Entre le procès de 1992 et les appels, l'année suivante, il convient de signaler, à son honneur, que Chesler fit tout ce que l'équipe chargée de la défense de Wuornos ne fit pas. Elle loua les services d'un détective privé, un ancien officier de police qui avait enquêté sur l'affaire au départ, afin de fouiller dans le passé de Mallory. Il découvrit que l'homme avait fait quatre ans de prison (Chesler écrit dix) pour avoir cambriolé une maison dans l'intention de commettre un viol ! Si Mallory faisait « subir des mauvais traitements » aux femmes parce qu'il aimait louer les services de prostituées, vous imaginez ce que ces révélations faisaient de lui à présent !

Le seul hic dans cette histoire, c'est que Mallory a commis cet unique délit il y a trente ans, alors qu'il avait dix-neuf ans et toujours des boutons d'acné, et qu'il était à la veille de son incorporation dans l'armée. Mallory entra par effraction dans une maison qu'il connaissait pour avoir travaillé comme livreur dans une société de boissons, et fit des avances à la femme qui vivait là, mais prit ses jambes à son cou dès l'instant où elle lui opposa une résistance. Certes, il suivit une thérapie et fut enfermé dans l'aile psychiatrique d'une prison du Maryland. Il avoua avoir des envies irrésistibles de faire des avances sexuelles à des femmes – ce qui n'est pas exactement la même chose qu'un viol, mais qui s'en approche tout de même fortement. Il fut libéré quatre ans après mais resta classé dans la catégorie des « délinquants déficients » jusqu'en 1968, soit pendant dix ans (d'où, probablement, l'erreur de Chesler sur ses dix ans de prison).

Mallory prit pleinement conscience de son problème très tôt dans sa vie et tenta d'y remédier par lui-même. Il avait en fait démissionné de son emploi de livreur car il s'inquiétait de faire des avances inappropriées à des clientes. Dans les trente années qui suivirent sa remise en liberté, Mallory ne commit aucun autre délit, et il semble qu'il soit parvenu à rediriger ses pulsions sexuelles vers ses petites amies et des prostituées. Il en fréquenta pendant plus de vingt ans dans le quartier où il vivait, et nombre d'entre elles le connaissaient de nom. Aucune ne signala de comportement violent de sa part, avant ou après son meurtre. Rien de tout cela ne fait de lui un citoyen droit et un être humain convenable, mais cela ne constitue pas non plus la preuve de la crédibilité des déclarations de Wuornos concernant l'affreux viol anal que Mallory lui aurait fait subir.

Lors du procès en appel de Wuornos, un juge déclara que ces révélations n'auraient pas changé la validité de ses déclarations de viol, et qu'elles auraient de toute façon été irrecevables, étant donné le caractère unique et daté du délit de Mallory, qui excluait que l'on s'en serve comme preuve pour juger de sa conduite actuelle.

À mesure qu'Aileen Wuornos devenait plus menaçante à son procès, hurlant au jury qui la condamna : « J'espère que vous vous ferez tous violer. Vous êtes les ordures de l'Amérique ! », les féministes qui avaient pris sa défense se mirent à abandonner la partie. À la fin, Chesler conclut : « Ses balles ont brisé le silence qui entourait les violences faites aux femmes que l'on prostitue, ont mis en lumière ces femmes qui répondent aux coups ; et ce qui leur arrive quand elles le font[107]. » Puis Chesler se trouva un nouveau sujet de harangue*.

* En ce moment, la marotte de Chesler est le Moyen-Orient et le terrorisme. Dans le plus récent de ses ouvrages (intitulé *The Death of Feminism* – La Mort du féminisme), Chesler, selon le *Publisher's Weekly*, « prend les féministes libérales à partie pour leur silence coupable concernant ce qui constitue pour elle la plus importante menace pour la liberté occidentale : le terrorisme islamiste ». Nous pouvons dormir sur nos deux oreilles, maintenant que l'on connaît l'engagement de Phyllis dans la guerre contre le terrorisme.

« Un jour à meurtre... »
– qu'est-ce qui a poussé Aileen ?

La vérité est peut-être à chercher à mi-chemin entre le scénario avancé par l'accusation et les déclarations de Wuornos. Il n'en fallait pas beaucoup pour faire exploser Aileen, et Mallory était connu pour sa paranoïa, surtout quand il avait bu. Tout s'est peut-être passé à un niveau inconscient, à la limite de l'animal – quand l'odeur de la peur déclenche l'agressivité. Il est ainsi possible que Mallory ait envoyé un signal de peur à Aileen, qui l'a effrayée car elle a cru qu'il allait l'attaquer, et elle y a répondu. Ou bien qu'il lui ait simplement dit quelque chose qui a déclenché l'une des colères légendaires d'Aileen, comme des centaines d'autres personnes avant lui. Peut-être se sont-ils bagarrés exactement comme Wuornos l'a décrit dans ses aveux, et dans le feu de l'action elle l'a abattu. Ou encore peut-être qu'il l'a en fait vraiment violée, exactement de la façon dont elle l'a décrit un an plus tard à son procès. C'est possible. Mallory, tout au moins à un moment donné de sa vie, avait cela en lui – peut-être que c'était la nuit où cela devait éclore de nouveau. C'est possible.

Que Mallory ait vraiment violé Aileen, ait essayé, ou qu'Aileen ait pensé qu'il essayait, ou encore que leurs deux êtres, abîmés et tourmentés, soient violemment entrés en collision dans un cocktail fatal de rage et de paranoïa, le fait est que Wuornos ne s'est pas arrêtée là et a assassiné six autres hommes, et que ces meurtres semblent avoir été commis pour le gain, et dans un état de rage impitoyable. Ont-ils tous tenté de la violer ? Le viol fait en effet partie des risques du métier pour une prostituée, mais dans quelle mesure, exactement ? Est-il concevable de penser qu'une prostituée de bord de route telle qu'Aileen ait pu se faire violer sept fois en un an ? Personne ne peut répondre à cette question de manière définitive, car il n'existe aucune étude objective sur ce sujet. Dans l'une des études couramment citées par les féministes, cinquante-cinq prostituées de l'Oregon déclaraient se faire violer en moyenne trente-trois fois par an, mais l'étude avait été conduite par le Conseil pour les alternatives à la prostitution, qui avait donc une idée très précise en tête, et les déclarations de ces femmes n'étaient en aucune façon attestées.

Les policiers ont une vision différente de la chose. Ainsi que me l'a expliqué l'un d'entre eux, tous les jours les flics vont dans la rue pour *chercher des ennuis*, et pourtant certains peuvent passer vingt ans en patrouille sans avoir jamais besoin de sortir leur arme. Ce n'est pas tout à fait pareil, mais cela illustre le fait que la fréquence à laquelle les ennuis peuvent vous tomber dessus dans la rue est difficile à déterminer.

Cela facilite quelque peu les choses d'examiner les antécédents des hommes assassinés par Aileen. À l'exception d'un seul, aucun des hommes qu'elle accusa de tentative de viol n'avait de condamnation pour agression sexuelle sur son casier judiciaire. Se pourrait-il qu'Aileen ait eu la malchance de croiser le chemin de six violeurs débutants sur une période d'un an ? Le chemin de six hommes, d'âge moyen ou âgés, qui après avoir passé toute une vie à ne jamais commettre (du moins, autant qu'on le sache) d'agression sexuelle, choisirent si tard dans leur vie de le faire pour la première fois avec Aileen ? Peu probable.

On a beaucoup glosé sur le fait qu'Aileen avait racolé des centaines d'hommes (elle déclara le chiffre aberrant de deux cent cinquante mille) sans pour autant les tuer. Aileen elle-même fit remarquer qu'elle avait fait un nombre incalculable de tours en voiture avec des hommes sans les assassiner. C'était seulement ces sept violeurs, insistait-elle. Et Chesler de s'engouffrer dans cette brèche également en citant l'un de ses films préférés, un obscur opus hollandais intitulé *A Question of Silence* (Une question de silence), dans lequel, alors qu'elles sont en train de faire leurs courses dans un magasin, trois femmes, qui en ont toutes « marre d'être traitées comme une "femme" par les hommes… battent subitement à mort le deux cent cinquante mille et unième homme à les traiter avec mépris ; et tout cela sans échanger un mot[108] ».

Mais les serial killers ne fonctionnent pas ainsi. Lorsqu'ils se mettent à tuer, ce n'est pas pour ensuite assassiner chaque personne qui croise leur chemin ou dès qu'ils en ont l'occasion. Ils fonctionnent par cycles, avec des pics et des creux dans leur désir de tuer. Il ne s'agit pas seulement d'occasions. Le fait que Wuornos n'ait pas tué tous les hommes à avoir été en contact avec elle ne fait pas de ceux qu'elle a vraiment assassinés des violeurs.

Bien des hommes qui se firent connaître pour raconter qu'ils avaient survécu à leur rencontre avec Aileen Wuornos avaient des histoires à donner la chair de poule. L'un d'entre eux décrivit Aileen comme un loup-garou, sa personnalité changeant du tout au tout et prenant soudain un tour si sombre et menaçant qu'il avait pris peur et avait dû ruser pour la faire sortir de sa voiture et démarrer brusquement, avant qu'elle ait pu remonter.

Le plus probable reste qu'Aileen fut prise de l'une de ses rages folles, attestées par de nombreuses sources

– et peut-être que ses accès de colère ont toujours été déclenchés par ses antécédents d'agressions sexuelles –, et qu'une fois qu'elle eut appris à tuer, elle exprima sa rage avec comme finalité le meurtre et ressentit un plaisir qui faisait office de catharsis en songeant au contrôle qu'elle exerçait sur le corps et les biens de ses victimes : cela revient à commettre un meurtre comme on fumerait une cigarette pour se calmer.

Même si Mallory avait vraiment tenté de la violer et qu'elle avait vraiment agi en légitime défense, une fois qu'elle eut tué, cela devint une addiction pour elle. Peut-être que les vestiges d'une sorte de boussole morale la guidaient encore ; son affirmation selon laquelle elle n'aurait jamais assassiné de sang froid a l'air sincère, même si c'est exactement ce qu'elle a fait. Pour dépasser ce paradoxe, elle avait besoin de se convaincre que les hommes qu'elle assassinait étaient vraiment sur le point de la violer, et par conséquent qu'ils méritaient de mourir. Il est peu probable qu'elle ait fabriqué le mobile après coup – elle s'est probablement bercée d'illusions tout le temps, s'encourageant à chercher un signe qui lui confirmerait que cet homme avec qui elle était montée avait en fait de bien sinistres intentions, et donc, qu'il méritait de mourir.

Ainsi qu'Aileen l'a expliqué :

> J'avais plein de mecs, peut-être dix ou douze par jour. J'aurais pu tous les tuer, mais j'en avais pas envie. Je suis vraiment quelqu'un de gentil. Je suis en train de vous décrire une journée normale, mais une journée à meurtre ça donnerait à peu près la même chose. Un jour normal, on le faisait sur le bas-côté de la route s'ils voulaient juste une fellation, ou on se mettait derrière un bâtiment ou peut-être un peu à l'écart de la route, dans les bois, s'ils voulaient la totale.

Un jour à meurtre, ces types voulaient aller loin, loin dans les bois. Maintenant je sais pourquoi : ils allaient me faire du mal.

Peut-être qu'il n'en fallait pas plus.

Sa relation avec Tyria a peut-être également été d'une importance critique dans ses meurtres. Non seulement elle était amoureuse de Tyria, mais c'était réciproque. Après avoir été toute sa vie rejetée, en commençant par sa propre mère, avoir été maltraitée par ses grands-parents, rejetée par ses pairs, par les garçons avec qui elle eut des rapports sexuels dès l'âge de onze ans, après avoir donné naissance à un enfant qu'on lui enleva tout de suite, aprèsavoir raté son mariage et toutes ses autres relations – Tyria était la première à rester avec Aileen. C'était la première relation d'importance qui semblait fonctionner à un certain niveau. Mais cela a peut-être aussi été justement le « déclencheur » qui la transforma finalement en serial killer.

Les fantasmes, les facilitateurs et les déclencheurs sont les trois piliers du meurtre en série. Aileen fantasmait de se venger des hommes qui lui avaient fait subir des sévices sexuels tout au long de sa vie – même dans le cas hautement improbable où elle n'aurait *jamais* été violée dans le passé, elle avait certainement l'impression de l'avoir été. Pas besoin d'être diplômé en psychologie pour comprendre quel genre de fantasmes une femme ayant subi des sévices sexuels depuis l'âge de onze ans peut bien avoir. Les facilitateurs sont les « stimulants » (pornographie, drogue ou alcool) qui vont intensifier le fantasme et faire tomber les inhibitions permettant la réalisation de ce même fantasme. Aileen était pratiquement toujours ivre lorsqu'elle tua (même si elle était pratiquement toujours ivre lorsqu'elle faisait quoi que ce soit). Pour finir, le déclencheur est en général une série ou une combinaison de pressions subies dans la vie quotidienne (nommées « facteurs de stress » par la police), qui à un moment donné conduisent l'individu prédisposé à craquer et à accomplir son fantasme. Quand ils enquêtent sur quelqu'un suspecté d'une série de meurtres, les policiers essaient souvent de trouver les facteurs de stress qui formeraient un schéma dans la vie du suspect : un divorce, la perte d'un emploi, un décès dans la famille, un échec quelconque, une rupture amoureuse, un conflit avec les parents. Dans l'étude menée par le FBI sur les serial killers, 59 % d'entre eux expliquèrent avoir eu un conflit avec une femme juste avant de tuer pour la première fois, et parfois avant les meurtres ultérieurs. Parmi les autres facteurs de stress figuraient un conflit avec les parents (53 %), des difficultés financières (48 %), un problème au travail (39 %), des problèmes conjugaux (21 %), des problèmes avec la justice (28 %), un conflit avec un homme (11 %), une blessure (11 %), la mort d'un être cher (8 %), et enfin, la naissance d'un enfant (8 %)[109].

La relation qu'entretenait Aileen avec Tyria aurait facilement pu servir de facteur de stress pour ses meurtres. Aileen assassina pour la première fois quelques jours seulement après que Tyria eut ramené à la maison cette jolie blonde de vingt-neuf ans, Sandy Russell, pour le dîner de Thanksgiving. Et elle ne tua pas jusqu'à l'arrivée de la demi-sœur de Tyria, Tracy Moore, qui séjourna pendant l'été avec elles et à qui Tyria portait toute son attention. Pendant son séjour, Aileen assassina David Spears, Charles Carskaddon et Peter Siems. Juste avant qu'elle tue Dick Humphreys, Ty venait de perdre son travail et parlait de quitter la Floride pour retourner vivre dans l'Ohio. Et quand Aileen assassina Walter Jeno Antonio, Ty était partie toute seule dans l'Ohio pour les vacances de Thanksgiving, après avoir dit à Aileen qu'elle avait besoin de faire le point. Souvenons-nous de ce qu'Aileen laissa échapper lors de ses conversations téléphoniques enregistrées avec Tyria : « Laisse-moi t'expliquer pourquoi j'ai fait ça, d'accord ? C'est parce que je suis tellement… tellement amoureuse de toi putain, et que j'étais tellement inquiète parce qu'on avait pas d'appart, et tout ça, j'avais peur qu'on nous fiche dehors, et j'croyais qu'on serait plus ensemble. »

La tueuse en série que l'on prostitue

Aileen Wuornos n'était peut-être pas la « femme que l'on prostitue » que Chesler aurait voulu faire d'elle, mais c'était une tueuse en série que l'on prostitue. Tout le monde se fit de l'argent ou tira quelque chose de la situation critique dans laquelle se retrouvait Aileen (moi y compris, j'imagine, avec cet ouvrage). Trois policiers, ainsi que Tyria, négocièrent des contrats avec Hollywood avant même le début du procès. Son avocat faisait payer l'interview dix mille dollars aux médias, et Aileen décidait comment répartir l'argent parmi les parasites qui l'entouraient – elle-même ne pouvait garder l'argent en vertu de la loi du Fils de Sam (d'après le serial killer du même surnom), qui interdit aux criminels de tirer profit de leur notoriété.

Il faut dire qu'elle était la candidate idéale pour faire grimper l'audience à la télévision, avec son tempérament volcanique. Dans un entretien pour l'émission de télévision *Dateline*, on l'entendit par exemple proférer avec véhémence : « J'ai un message à envoyer aux familles : C'est vous qui me devez quelque chose. Votre mari m'a violée de façon atroce, Mallory et Carskaddon. Et les cinq autres ont essayé, et j'ai dû sacrément me bagarrer pour arriver à les battre. C'est vous qui me devez quelque chose, moi j'vous dois rien. »

Une chrétienne *born again** adopta légalement Aileen pour pouvoir l'atteindre et la soutenir quand Aileen décida de ne plus faire appel afin d'accélérer son exécution, dans l'idée qu'elle retournerait ainsi plus vite « auprès de Jésus ». Nick Broomfield réalisa deux films sur elle, manquant de peu de la suivre, armé de ses caméras, jusque dans la salle d'exécution. Et quelques années aprèslamortd'Aileen, l'actrice mannequin Charlize Theron put mettre un Oscar dans sa bibliothèque pour l'avoir incarnée dans *Monster*. Tout le monde eut un morceau d'Aileen – des jeunes puceaux qui la baisèrent contre une cigarette aux réalisateurs de films à petit budget et de documentaires voyeurs, aux écrivaillons d'histoires à sensation, aux avocats, aux producteurs télé, aux féministes radicales, aux lesbiennes militantes, aux grenouilles de bénitier, aux activistes anti- comme pro-peine de mort, et au système judiciaire de Floride qui, en s'occupant si peu d'elle, la laissa se condamner. Lors de ses derniers procès « sans appel », Aileen ne prit même pas la peine d'être présente, préférant rester dans sa cellule. Tout

* Le terme *born again* (ou *born again christian*, quelquefois traduit par « recommençant ») désigne les individus autrefois écartés de la religion qui revendiquent leur rédemption religieuse et une *nouvelle naissance* en tant que chrétiens. L'ex-président américain, George W. Bush, se revendique comme un *born again*. (*N.D.T.*)

ce qu'elle voulait, c'était que cela cesse. Ses plaintes de viol se transformèrent en un silence ambigu, et sa version finale fut de dire que la police lui avait délibérément permis de commettre cette série de meurtres pour faire monter les enchères sur le projet de film la concernant.

Aileen Wuornos vit finalement son souhait se réaliser le 9 octobre 2002, quand elle fut exécutée par injection à l'âge de quarante-six ans. Elle était la dixième femme aux États-Unis à subir la peine capitale depuis la réintroduction de la peine de mort en 1976. Ses derniers mots furent : « Je voudrais juste dire que je pars en bateau avec The Rock et que je serai de retour comme dans *Independence Day* avec Jésus, le 6 juin, comme dans le film, avec le super vaisseau spatial et tout. Je reviendrai. »

Elle fut incinérée et ses cendres renvoyées dans le Michigan, où à la demande expresse d'Aileen on les répandit autour d'un arbre, au son de la chanson de Natalie Merchant, *Carnival*. Aileen ne cessait de l'écouter dans le couloir de la mort.

Au Last Resort, le bar de Daytona Beach où Aileen fut arrêtée, se trouve un portrait d'elle avec la légende : CI-GISAIT AILEEN « LEE » WUORNOS LE 9 JANVIER 1991, SA DERNIÈRE NUIT DE LIBERTÉ AU LAST RESORT. La femme peinte sur le portrait est aussi rayonnante, pleine d'entrain et belle que la petite fille sur les photos de la famille Wuornos. Un jour quelqu'un a apporté un cliché d'elle peu flatteur, qu'il avait découpé dans un journal, et a essayé de le coller sur le tableau car la femme du portrait était bien trop belle par rapport à la vraie Aileen[110]. L'artiste s'y opposa, expliquant qu'elle l'avait délibérément peinte de cette manière-là, parce qu'on mérite tous qu'on nous fiche la paix.

S'il en est ainsi, c'est probablement la seule fois où Aileen y aura eu droit dans sa triste vie, sa « vie torturée et torturante », ainsi que Natalie Merchant l'écrivit d'elle.

4

Le meurtre d'amis et d'intimes

Veuves Noires et femmes qui tuent pour le gain

La Veuve Noire est la tueuse en série que nous pensons connaître le mieux – celle qui charme et séduit des hommes, les prend comme amants, les épouse puis les tue pour le profit. Mais les meurtrières cupides ne tuent pas que des hommes : elles assassinent également des femmes et des enfants – les leurs, et ceux des autres aussi. Elles tuent des connaissances, des parents proches, des frères ou des sœurs, des jeunes et des vieilles personnes, des patients et des clients, et elles le font parfois pour une seule et unique raison : le gain.

On imagine la Veuve Noire comme une créature du passé, appartenant à une tout autre époque et un tout autre monde, un monde où l'on vivait parfois dans une terrible pauvreté, où l'on pouvait rencontrer sa fiancée par correspondance et où, en lieu et place de bases de données numériques, on n'avait que des fiches écrites à la main à disposition – une époque où les gens pouvaient changer d'identité comme de chemise. En ce temps-là, il était aussi facile de disparaître dans la nature après s'être marié que d'assassiner.

On pense à Belle Gunness, qu'on soupçonne d'avoir

tué de quarante à quarante-huit personnes dans l'Illinois et l'Indiana entre 1900 et 1906 ; ou bien à Nancy Hazel Doss, arrêtée en 1955 dans l'Oklahoma, qui fut jugée pour l'empoisonnement à l'arsenic de quatre de ses cinq maris et reste soupçonnée d'avoir tué ses deux sœurs, sa mère, deux de ses enfants, un neveu et un petit-fils, soit un total (connu) de onze victimes, sur une période de trente-trois ans (de 1921 à 1954).

On s'imagine que de telles créatures n'existent plus de nos jours… Mais c'est une erreur, ainsi que l'indiquent les deux affaires, l'une datant des années 1970 et l'autre des années 1980, qui sont décrites en détail dans ce chapitre.

La Veuve Noire est à n'en pas douter une sous-espèce des tueuses en série motivées par le gain – l'équivalent au féminin du tueur à la recherche du bien-être hédoniste. Le terme même de Veuve Noire décrit davantage le MO de la meurtrière (séduire des hommes pour les rendre sans défense) que sa signature ou son profil. Les Veuves Noires peuvent en effet tuer pour des raisons diverses, pas uniquement pour l'argent, par exemple, et ciblent parfois d'autres personnes que leur mari ou leurs prétendants. Le mobile peut être la vengeance, ou bien le contrôle, et parfois même le meurtre est une manifestation du syndrome de Münchhausen par procuration (étudié en détail au chapitre suivant). Étant donné que les Veuves Noires sont parfois mues par des démons autres que le gain, s'emparer des biens de la victime peut être une expression du contrôle final exercé sur celle-ci, plutôt qu'un désir nécessairement matérialiste. C'est ainsi qu'il existe des cas de Veuves Noires tuant pour des sommes ridicules.

De la même manière, toutes les tueuses en série motivées par le gain ne sont pas des Veuves Noires.

Certaines prennent l'apparence d'Anges de la Mort, qui tuent leurs patients pour s'emparer de leurs biens. D'autres encore échappent à toute tentative de définition, en tuant des intimes, des connaissances et des inconnus, pour diverses raisons.

Velma Barfield – La Grand-Mère du Couloir de la Mort

(cf. photo p. 469)

Les cinq certificats de décès étaient étalés sur le bureau de Joe Britt, le procureur du comté de Robeson, en Caroline du Nord. Plus tard, il déclarerait : « On aurait dit une quinte flush, bon sang : gastroentérite, gastroentérite, gastroentérite[111]... » Ces certificats concernaient l'actuel fiancé de Velma Barfield, la maman de Velma, un couple de personnes âgées, et un autre homme âgé, qui avaient tous trois engagé Velma comme auxiliaire de vie.

« Gentlemen, nous avons une tueuse en série sur les bras », fut obligé d'en conclure Britt, à l'époque.

L'enfance et la première vie de Velma

Quasiment toutes les histoires de tueurs en série ont pour point de départ une enfance tragique, et celle de Velma Barfield en fait partie. Enfant de la Grande Dépression née en Caroline du Nord, une région agricole sinistrée à l'époque, elle dut subir des sévices physiques et sexuels aux mains de son père, Murphy, envers qui elle entretint des sentiments ambigus, mêlant haine et amour. Parallèlement, elle nourrissait un ressentiment profond envers sa mère,

Lillie, à qui elle reprochait de ne pas les protéger, elle et ses frères et sœurs, de leur père. À chaque raclée, Velma en voulait un peu plus à sa mère, plutôt qu'à son père. Plus tard, dans un ouvrage qu'elle écrivit en prison, Velma résuma son enfance en trois mots : « J'avais toujours peur[112]. »

Son système psychique de défense, qui redirigeait la colère qu'elle aurait dû ressentir pour Murphy vers Lillie, à cause de sa passivité, la déconnecta également de ses émotions. Pour le restant de leurs jours, elle conserva une relation conflictuelle avec sa mère et, parallèlement, une relation normale et aimante avec son père, lui rendant visite et emmenant ses propres enfants chez lui – le même homme qui l'avait battue et violée alors qu'elle n'était qu'une petite fille. Elle reporta sa rage et sa colère ailleurs.

À l'âge de dix-sept ans, Velma s'enfuit de cet environnement difficile en épousant Thomas Burke, qui n'était guère plus âgé qu'elle. Deux ans plus tard, elle donna naissance à un fils, Ronnie, et de nouveau deux ans plus tard, à une fille prénommée Kim. Tout le monde s'accorde à dire que Velma se passionna pour son rôle de mère et fit tout pour que la vie de ses enfants ne ressemble en rien à ce qu'elle avait vécu. Jamais il n'y aurait de baffes ou de cris à la maison. Petit à petit, Thomas trouva un bon travail, puis économisa assez d'argent pour qu'ils emménagent dans une grande maison située à quelques mètres d'une église baptiste, où ils se rendaient assidûment. La famille faisait les choses ensemble et les enfants étaient couverts d'affection : tout était parfait. Mais leurs vies allaient bientôt basculer.

À l'âge de trente ans, en 1962, on diagnostiqua chez

Velma une tumeur à l'utérus. Ne voulant pas d'autres enfants, le couple suivit les recommandations des médecins et Velma subit une hystérectomie – l'opération chirurgicale la plus courante chez les Américaines, grossesse mise à part. Mais une hystérectomie implique une ménopause instantanée, et personne n'avait prévu que les bouleversements hormonaux auraient un tel impact sur la personnalité de Velma, qui était plutôt jeune pour subir une telle opération.

À la suite de cela, elle devint énervée et facilement irritable, parlant constamment d'un ton brusque à ses enfants et son mari. Elle se sentait déprimée et trouvait qu'elle avait grossi : elle commença à prendre des comprimés pour maigrir. Elle devint très dépensière, faisant de temps à autre des chèques dont elle savait qu'ils étaient sans provision. Mais elle parvenait toujours à rembourser les magasins avant que cela n'aille plus loin, et ainsi à le cacher à sa famille.

En 1964, elle commença à se plaindre de maux de dos ; on lui prescrivit des calmants, dont elle devint vite accro. Dans l'intervalle, Thomas s'était mis à boire à la suite du décès de son père. Velma abhorrait cela car enfant, elle avait vu les effets de l'alcool sur son propre père. Elle se mit donc à diriger sa rage contre Thomas, peut-être en songeant que c'est ainsi que sa mère aurait dû agir avec son père. Le couple se disputait de plus en plus violemment, et entrait dans un cercle vicieux d'amertume et d'agression, dont il ne sortirait pas indemne.

Après qu'elle se fut effondrée sans raison un jour de 1968, un médecin prescrivit à Velma du Valium, un tranquillisant à forte accoutumance. Plus tard, elle déclara que dès qu'elle prenait ses cachets, la colère et la rage qui la consumaient s'atténuaient. Velma allait finir par devenir complètement dépendante à un cocktail de calmants et de tranquillisants, qu'elle obtenait en allant voir jusqu'à cinq médecins simultanément, tous ignorant qu'ils n'étaient pas les seuls à lui établir une ordonnance.

Ni Ronnie ni Kim, qui étaient des adolescents à présent, ne comprenaient ce qu'il se passait ; seule certitude pour eux, les jours heureux et insouciants en famille étaient terminés pour toujours.

Les meurtres de maris

Le 19 avril 1969, Thomas mourut dans l'incendie de sa maison pendant que Velma était descendue en ville pour faire sa lessive hebdomadaire à la laverie automatique. Quelques jours avant son exécution, son fils Ronnie lui demanda si elle avait tué son père. Velma répondit : « Probablement » ; elle se souvenait d'avoir laissé une cigarette ou une allumette allumée sur le lit alors qu'il dormait, puis d'avoir soigneusement fermé la porte en sortant de la chambre.

Quelques mois après la mort de son mari, Velma commença à voir Jennings Barfield, un veuf de cinquante-quatre ans qui vivait d'une pension d'invalidité car il avait des problèmes cardiaques et faisait du diabète et de l'emphysème. L'été suivant, ils annoncèrent leur mariage, ce qui ne manqua pas d'inquiéter Ronnie et Kim, étant donné l'état de santé de Jennings et les problèmes d'addiction de leur mère. À cette époque, Ronnie faisait tout son possible pour ne pas partir au Vietnam en tant que soldat, notamment sous la pression de sa mère, qui perdait tout contrôle lorsque son fils était loin d'elle. Cela n'empêcha pas Velma de devenir le 23 août 1970 Mme Barfield, le nom qu'elle emporterait avec elle dans le couloir de la mort.

Mais un mois après leur mariage Velma faisait une première overdose ; lorsque Jennings l'apprit, il refusa de s'occuper d'elle. Il était lui-même trop malade.

Ronnie conseilla alors à sa mère de maîtriser son accoutumance si elle voulait que son mariage fonctionne ; Jennings demanda aux médecins de le prévenir si sa femme redemandait des ordonnances, puis il tenta de cacher les médicaments, mais rien n'y fit.

Ils se rendirent tous deux compte de l'erreur qu'ils avaient commise en se mariant. À la troisième overdose de Velma, Jennings se résolut à demander le divorce. De son côté, Velma se plaignait de la vie avec son mari, qui empirait de jour en jour, selon elle. Elle devait s'occuper de lui alors qu'il refusait obstinément de s'en tenir au régime prescrit par les médecins : et plus il s'obstinait, plus elle prenait de médicaments, expliqua-t-elle. Dans son livre elle écrivit :

> Chaque jour était pire que le précédent. *Je ne peux pas supporter tout ça. Je dois m'éloigner de toute cette pression. Je ne tiendrai pas beaucoup plus longtemps.* J'ai acheté du poison pour fourmis et cafards[113].

Velma insista sur le fait qu'elle avait seulement eu l'intention de le rendre malade : « Comme ça il sera désolé de m'avoir posé autant problème, et il ne recommencera pas. »

Mais Jennings mourut à l'hôpital, après y avoir été emmené par Velma pour des vomissements et des crampes abdominales. Dans son livre, Velma écrit qu'elle s'était persuadée du fait que son mari n'était pas mort à cause du poison qu'elle lui avait administré, mais à cause de ses poumons, lui qui était déjà faible et malade. Si Jennings est bien sa première victime, rien dans son récit ne permet de comprendre ce qui a bien pu se passer dans sa tête quand elle a franchi la limite. Elle passe de « Je ne tiendrai pas beaucoup plus longtemps » à « J'ai acheté du poison pour fourmis et cafards ». Rien entre ces deux phrases, aucune réflexion sur son acte, comme si elle avait été programmée depuis toujours pour tuer.

La désintégration de Velma

Après les obsèques de Jennings, auxquelles Velma n'assista pas car elle était trop abrutie par les tranquillisants, les choses empirèrent encore. Ronnie tentait toujours de ne pas partir au Vietnam, et sa mère le pressait pour qu'il se fasse réformer et revienne auprès d'elle. Ses employeurs durent la licencier, tandis que ses factures de médicaments augmentaient. Elle fit un emprunt à la banque, puis signala que l'argent avait été volé chez elle pour toucher la prime d'assurance.

Sa vie était à présent rythmée par les overdoses et les séjours à l'hôpital ; un jour, elle se retrouva même en prison pour avoir fabriqué une fausse ordonnance.

Velma finit par perdre sa maison, qu'elle ne pouvait plus payer, et dut aller vivre chez sa mère (son père était décédé d'un cancer des poumons quelque temps auparavant). Entre le tempérament autoritaire de Lillie et les overdoses de Velma, la tension était palpable entre mère et fille ; de nouveau, elle lui en voulait, car elle se retrouvait dépendante d'elle, comme quand elle était enfant. À un moment donné, elle contracta un prêt au nom de sa mère, en faisant croire qu'elle était malade et ne pouvait se déplacer pour signer. Mais Velma paniqua bientôt à l'idée qu'elle devait rapidement trouver du travail pour rembourser ce prêt – elle était comme paralysée, par tant d'angoisse, de culpabilité, et de rage, surtout lorsque Lillie eut vent des remboursements dus, sans comprendre de quoi il retournait. Et puis un jour, alors qu'elle se trouvait au drugstore pour acheter des médicaments :

> … J'ai fait un tour pour regarder les produits qu'ils vendaient. Mes yeux se sont posés sur une bouteille en plastique clair de poison pour fourmis et cafards. Je ne me souviens pas d'avoir songé à ce que je ferais après. Mais quelque part en moi, j'avais déjà dû réfléchir à un plan. Je l'avais déjà fait une fois, même si j'avais barré cet événement de ma mémoire consciente[114].

Une fois de plus, Velma insiste sur le fait qu'elle voulait seulement rendre sa mère malade le temps qu'elle rembourse le prêt, pour ne pas que Lillie s'aperçoive de la supercherie. Et une fois de plus, les médecins firent le mauvais diagnostic, attribuant le décès à une grippe intestinale :

> Tandis que j'attendais, je me repassais en boucle ce que le médecin avait dit. *Ce n'était pas le poison qui lui avait fait ça. C'est quelque chose dans l'air, comme le médecin a dit. Plein de gens l'attrapent, pas seulement Maman.* C'est comme ça que je l'ai tourné dans ma tête[115].

À mesure que la famille arrivait à l'hôpital et demandait à Velma ce qu'il s'était passé, celle-ci ne cessait de répéter : « J'ai fait tout ce que j'ai pu pour elle. Tout ce que j'ai pu. »

Sans argent ni toit, et toujours accro aux tranquillisants, Velma se tourna vers ses deux enfants, qui firent leur possible pour s'occuper de leur mère. Ils s'étaient tous deux mariés, et allaient être parents à quelques mois d'intervalle. Velma emménagea chez sa fille, qui vivait dans un village de mobile homes, et y fit une overdose après l'autre. Un jour, la police vint chez eux en expliquant que Velma avait émis d'autres chèques sans provision, et que si elle ne les remboursait pas, elle irait en prison. Dans ses mémoires, Velma se justifie sur ce point en expliquant que son fils et sa fille étaient tout le temps en train de chercher les médicaments qu'elle cachait, et de les jeter dans les toilettes lorsqu'ils avaient réussi à mettre la main dessus. Elle se disait : Bon sang, ils ne se rendent pas compte du prix que ces cachets coûtent ? C'était de leur faute si elle en était venue à faire des chèques sans provision – encore un de ces processus de pensée typique des psychopathes, qui rejettent la faute sur tout le monde sauf eux-mêmes.

Kim et Ronnie n'avaient pas les moyens de payer les dettes de leur mère. Ensemble, ils tombèrent d'accord pour la laisser se faire arrêter, dans l'espoir que cela lui serait salutaire.

Après quatre mois de prison, où elle avait réussi à passer des médicaments en cachette, elle fut libérée avec mise à l'épreuve. Quelques jours plus tard, elle était de nouveau aux urgences après une overdose de médicaments qu'elle avait payés en signant des chèques sur un compte en banque qu'elle ne possédait plus. Lorsque la police revint, cette fois-ci, c'était pour l'arrêter de faux et usage de faux, ce qui constitue un délit criminel aux États-Unis. Velma implora tant et si bien ses enfants qu'ils cédèrent et payèrent les sommes dues. En contrepartie, elle dut leur promettre de changer et d'arrêter les médicaments.

En octobre 1975, Kim donna naissance à une fille, et le couple emménagea bientôt dans une vraie maison. Velma était une grand-mère comblée et semblait avoir vraiment changé. Elle décida qu'elle resterait vivre dans la caravane et trouverait du travail en s'occupant de personnes âgées et malades.

« C'est vraiment triste, on dirait que tous les gens dont ma mère devient proche meurent »

Elle commença par s'occuper d'un couple, dont le mari était très âgé et très malade. Par leur biais, elle fit la connaissance de Stuart Taylor, qui deviendrait son fiancé et serait sa dernière victime. Pendant un an, il n'y eut aucun incident majeur à signaler, si ce n'était que la dame dont elle s'occupait lui donnait des ordres tout le temps et n'était jamais contente de la façon dont elle faisait les choses. Lorsque son mari mourut au début de 1977, elle lui tapa de plus en plus sur les nerfs. Velma avait l'impression de se retrouver en face de sa mère, toujours insatisfaite. Alors un jour, elle acheta une bouteille de poison en allant faire ses courses, et la tua ; on attribua une fois de plus le décès à une gastroentérite.

Dix jours plus tard, elle avait retrouvé du travail, à nouveau chez un couple de personne âgées – qui la rendirent folle, cette fois-ci, parce qu'ils se chamaillaient en permanence. Pour elle, cela augmentait la pression et justifiait du même coup sa prise de tranquillisants.

Velma finit par craquer : « J'ai décidé que le seul moyen de partir de cet endroit, c'était d'empoisonner M. Lee[116]. » De nouveau, elle se convainquit que ce n'était pas son poison qui l'avait tué, mais qu'il l'avait seulement rendu malade ; la cause de son décès, c'était son problème au cœur.

Ronnie n'en revenait pas, c'était une vraie hécatombe. À tort, il en conclut : « C'est vraiment triste, on dirait que tous les gens dont ma mère devient proche meurent. »

Stuart Taylor, avec qui Velma était sortie pendant un temps, réapparut dans sa vie et leur relation devint si sérieuse qu'ils se fiancèrent. Mais peu de temps après que Velma eut emménagé chez lui Stuart découvrit tout de son passé caché, la prison, les contrefaçons de chèques et son addiction. Furieux, il se disputa avec elle, et suspendit les préparatifs du mariage.

Un jour où elle venait de faire un autre chèque sans provision, elle se rendit compte qu'elle allait perdre Stuart. Elle décida donc de l'empoisonner juste assez pour le rendre malade, le temps de remettre de l'argent sur le compte sans qu'il s'en aperçoive. Bien évidemment cela ne se passa pas ainsi. Atterrés en apprenant la mort de leur père, les enfants de Stuart approuvèrent l'idée du médecin de procéder à une autopsie – ce qui allait causer la perte de Velma.

La fin de Velma

Joe Britt, le procureur de la ville, était connu pour sa pugnacité et surtout convaincu que la peine de mort était la solution à tous les problèmes. Il fut même cité dans le *Livre Guinness des records* comme le procureur ayant envoyé le plus de condamnés à la chaise électrique : vingt-deux au total, dont Velma.

Les pièces du puzzle commencèrent à se mettre en place : les traces d'arsenic dans le corps du fiancé de Velma, révélées par l'autopsie ; le casier judiciaire de cette même Velma, qui parlait de lui-même ; et le signalement de chèques volés à un couple de personnes âgées dont, comme par hasard, elle s'était occupée. Velma fut arrêtée, non sans avoir auparavant tenté d'empoisonner sa fille Kim et son gendre, qui avaient refusé de lui prêter leur voiture.

Britt choisit de l'inculper seulement pour le meurtre de Stuart Taylor ; il voulait s'assurer qu'elle ne ressortirait pas de prison vivante, et pourrait toujours l'inculper pour d'autres meurtres si d'aventure cela échouait cette fois-ci. Lorsque la défense l'interrogea à la barre, elle montra un visage de grand-mère pieuse et douce, et témoigna honnêtement de son accoutumance aux tranquillisants, qui la rendaient confuse. Elle n'avait pas eu l'intention de tuer Stuart, seulement de le rendre malade.

Mais lorsque ce fut au tour de l'accusation de l'interroger, elle perdit rapidement le contrôle d'elle-même et se mit en colère, répondant aux questions du procureur d'un ton brusque en le fusillant du regard. Velma tenta même de le contredire sur le type de poison dont elle s'était servie sur certaines des victimes. La salle d'audience fut choquée de découvrir le côté obscur que donnait à voir la prévenue qui avait par ailleurs l'air d'une gentille grand-mère.

Jusqu'au bout, elle resta comme déconnectée de ses émotions. Lorsqu'elle raconte dans son livre comment elle tua la dame âgée, elle explique :

Ce soir-là, je l'ai empoisonnée. Le lendemain, elle dut subir des souffrances pendant un long moment, mais j'avais pris tellement de médicaments que je me sentais comme séparée de sa douleur… Je ne faisais pas la connexion entre le poison que je lui avais fait boire et la réaction qu'elle donnait à voir. *Elle est âgée et ne doit pas se sentir très bien*[117].

Il y a quelque chose de trompeur dans l'affirmation de Velma : peut-être ne *ressentit*-elle pas la connexion entre le poison et les souffrances de la dame, mais il est indéniable qu'elle la *fit*.

En définitive elle fut condamnée à mort, et malgré les appels, les campagnes pour commuer sa peine, les visites médiatisées de ses petits-enfants en prison, et un regain de religieux dans sa vie, elle mourut par injection létale le 2 novembre 1984.

Velma fut enterrée auprès de son premier mari, Thomas, qu'elle avait assassiné, à quelques pas seulement de la maison où Ronnie et Kim avaient vécu leurs premières années de bonheur en famille. Ils voulaient qu'il en soit ainsi.

L'histoire de Velma Barfield est difficile à évaluer. Si tout sembla changer radicalement après son hystérectomie, les graines de sa folie avaient été plantées bien avant, dans son enfance difficile. Les médicaments devinrent les facilitateurs de son comportement homicide.

Velma représente l'exemple type de la difficulté à catégoriser les tueuses en série. Ses motivations forment une matrice complexe, où tout est lié. Au premier abord, elle semble être une Veuve Noire, dans le sens où elle exploita la plupart de ses victimes sur le plan financier, même si les sommes dont on parle sont ridiculement petites. Mais en même temps, sa rage était si forte qu'elle pourrait entrer dans la catégorie des tueuses par vengeance, à l'instar d'Aileen Wuornos. Dans la fixation obsessive que Velma faisait sur son fils Ronnie, et le besoin qu'elle avait de le savoir auprès d'elle, on retrouve des éléments du syndrome de Münchhausen par procuration, qui se manifeste lorsque des personnes tuent pour gagner la sympathie de leur entourage. Ou bien peut-être était-elle simplement malfaisante, et cachait, derrière une bible et un masque de douce grand-mère, un flacon d'arsenic dans sa main.

L'étude de cas suivante est bien moins ambiguë du point de vue du mobile, qui était clairement le gain. Cette histoire est fascinante du point de vue du temps : la meurtrière avait plus de cinquante ans lorsqu'elle commença à tuer – à moins qu'elle n'ait réussi à cacher certains meurtres commis antérieurement.

Dorothea Puente Montalvo – le crime doit être payant

(cf. photo p. 469)

C'était en 1988 à Los Angeles, par un de ces après-midi d'automne où il fait assez froid mais très beau. Charlie Willgues, un menuisier à la retraite qui cheminait dans la 3e Rue, décida avant de rentrer d'aller prendre une bière au Monte Carlo, un petit bar miteux du coin. On était mercredi et il venait de s'acheter un coupe-verre, ce qui constituait en gros le point d'orgue de sa semaine passée à ne rien faire. Non que Charlie s'en souciât encore. Après toute une vie passée à travailler et à se plier aux obligations, à jouer de malchance et à avoir le cœur brisé, il se satisfaisait à présent de vivre seul dans un appartement à deux rues de là, dans l'un de ces quartiers quelconques et un peu déprimants par lesquels on ne fait que passer, en chemin vers ailleurs.

Charlie avait la soixantaine bien tassée mais se sentait déjà comme un vieillard, car il souffrait d'arthrite et d'emphysème et avait déjà eu deux attaques. Il s'en sortait grâce à son chèque mensuel d'indemnités de la Sécurité sociale. Personne n'attendait son retour, et personne ne dirait rien s'il prenait une bière ou deux en plein milieu de l'après-midi. Surtout que certains jours (Thanksgiving arrivait à grands pas), et malgré l'habitude, la solitude le gagnait.

Ses yeux mirent quelques instants à se faire à l'obscurité qui régnait dans le bar. Charlie était un habitué et connaissait la plupart des clients, des retraités déguenillés, des solitaires et des infirmes qui, comme lui, n'avaient pas d'autre occupation à cette heure de la journée. C'est pourquoi, lorsqu'elle entra, laissant entrapercevoir le ciel bleu vif et les reflets du soleil sur les voitures en mouvement, Charlie leva les yeux de son verre.

Elle était bien habillée, c'est sûr, avec son manteau bien coupé d'un rouge flamboyant et ses escarpins de couleur violette, mais surtout, elle avait l'air distingué. Elle s'assit au bar, non loin de Charlie. Elle était manifestement plus jeune que lui, à peine la soixantaine, sûrement. Avec ses cheveux gris soigneusement coiffés elle aurait pu être grand-mère, certes, mais elle se débarrassa de son manteau élégant de façon assez sexy. Parfois il suffit d'un geste, et quand elle croisa les jambes, dans ses escarpins violets, Charlie sentit que quelque chose bougeait en lui. Moi qui pensais être fini, se dit Charlie en son for intérieur en parlant de lui, mais peut-être aussi d'elle, ou d'eux deux.

Une cliente assise à quelques tabourets de là déclarerait plus tard : « Elle avait l'air très jolie. Elle était très bien coiffée, et très bien maquillée[118]. »

Elle commanda une vodka-orange, et quand ses yeux croisèrent ceux de Charlie, son visage s'éclaira d'un sourire chaleureux. Charlie se sentait très confiant (et très seul) quand il lui dit poliment : « Vous allez attraper froid dans le dos avec le ventilateur, là-bas, vous devriez vous rapprocher[119]. »

Elle lui sourit gentiment, le remercia, prit son verre et son sac, et s'assit sur un tabouret à côté de lui. Ses mouvements étaient si beaux, si gracieux. Ce n'était pas vraiment sexuel – mais plutôt le fait qu'elle avait tout de suite plu à Charlie et qu'il avait entamé une conversation agréable avec elle. Elle lui dit qu'elle s'appelait Donna Johansson et qu'elle logeait au Royal Viking Motel, un endroit assez connu à Los Angeles situé à deux kilomètres et demi de là.

Charlie se sentait attiré par son air de brillante intelligence et de raffinement, mais ce qui le touchait au plus profond c'était l'impression de vulnérabilité, voire de naïveté, qui se dégageait d'elle – cette femme possédait une sorte de beauté angélique, un peu désuète, et surtout elle avait une histoire triste à raconter. Son mari était décédé un mois plus tôt à Sacramento. Elle venait à peine d'arriver à Los Angeles, dans l'espoir de tout recommencer à zéro.

Sa fragilité ressortit d'autant plus quand elle expliqua comment le chauffeur de taxi qui l'avait emmenée au motel s'était enfui avec tous ses bagages. Il ne lui restait que son petit sac avec une tenue de rechange et les habits qu'elle portait. Délicatement, elle tendit une jambe mince pour montrer à Charlie comment elle avait abîmé ses chaussures en faisant tout ce chemin à pied depuis le motel, à la recherche d'un endroit où s'installer. Charlie lui proposa galamment d'aller faire réparer ses escarpins chez le cordonnier du coin, qu'il connaissait. Elle le remercia de sa gentillesse, lui donna trois dollars et l'attendit tranquillement au bar en sirotant son verre.

Lorsqu'il revint, elle remit ses escarpins en le remerciant de nouveau et les deux inconnus poursuivirent leur agréable conversation. Tandis qu'ils commandaient d'autres verres, Donna lui demanda : « Si vous êtes à la retraite, comment subvenez-vous à vos besoins ? »

Charlie lui parla de sa maladie et de son chèque mensuel de 576 dollars envoyé par la Sécurité sociale. Elle lui répondit qu'elle avait une grande expérience des prestations sociales datant de l'époque où elle vivait à Sacramento, et qu'il pourrait facilement obtenir 680 dollars. Elle pouvait l'aider à remplir le formulaire de demande d'augmentation. Le temps s'étira ; elle avait l'air si intelligente, si compétente et si gentille, mais c'était sa vulnérabilité qui touchait le plus Charlie. Lorsqu'elle lui proposa de venir chez lui le lendemain soir pour préparer un dîner de Thanksgiving, il ne se fit pas prier. Elle disait être très bonne cuisinière.

Vers la fin de leur conversation, elle dit quelque chose à Charlie qui le fit réfléchir. Elle lui proposa d'emménager avec lui – pensez à tout cet argent qu'on pourrait économiser en partageant un appartement à deux, insista-t-elle. Cette idée mettait Charlie mal à l'aise. Ils se connaissaient depuis moins de deux heures, tout de même, et puis cela faisait des années qu'il vivait seul, et il y était habitué. Cela lui plaisait, même. Mais il ne trouva pas sa proposition incongrue non plus, car les gens vivant dans le quartier cherchaient à faire des économies par tous les moyens : « Cela aurait pu paraître bizarre, mais c'est plutôt normal par ici », déclara-t-il plus tard. Il lui dit qu'il devait y songer, mais qu'il l'appellerait plus tard dans la soirée pour confirmer le dîner du lendemain.

Il insista pour qu'elle ne rentre pas au motel à pied mais prenne un taxi. Ses chaussures étaient maintenant comme neuves, pourquoi les abîmer de nouveau ? Pendant qu'elle attendait, Charlie alla acheter deux plats à emporter avec son argent – comme cela, expliqua-t-elle, elle n'aurait pas à ressortir plus tard dans la soirée. Elle avait trop peur de s'aventurer dehors à la tombée de la nuit, lui dit-elle. Charlie comprenait. Il la mit dans le taxi, et promit de l'appeler ce soir-là.

En regardant le taxi s'éloigner, Charlie se sentit euphorique. C'était agréable de se découvrir des « atomes crochus » avec quelqu'un, dans cet océan de solitude et de logements à loyers modérés. Quelqu'un, en plus, qui avait l'air bien, respectable et intelligente – une personne un peu plus sophistiquée que les retraités en piteux état parmi lesquels Charlie évoluait. Malgré leurs différences, il avait senti comme quelque chose de familier chez cette femme, dès l'instant où il l'avait vue.

Mais alors que Charlie croyait que Donna avait marché jusqu'à en abîmer ses chaussures dans l'espoir de trouver un appartement à un prix abordable, la vérité était tout autre : ce qu'elle cherchait, c'était quelqu'un d'exactement comme lui. Il était logique que Donna lui semble familière, car il l'avait vue au journal télévisé le week-end passé, sous un nom différent : Dorothea Puente.

À Sacramento, Puente avait dirigé une pension de famille pour personnes alcooliques ou handicapées qui vivaient des aides sociales, mais l'un de ses pensionnaires avait mystérieusement disparu alors que ses chèques continuaient à être encaissés. Par un curieux hasard, quelqu'un des services sociaux s'en était assez ému pour enquêter sur cette disparition. Après des semaines de faux-fuyants de la part de Puente, ils finirent par appeler la police. Lorsque les agents se mirent à déterrer des cadavres (dont un sans tête) dans le jardin de sa pension, elle prit la fuite.

Le jardin d'ossements de Puente

On mit un certain temps à signaler le problème aux autorités car Dorothea Puente était connue à Sacramento pour son implication auprès des associations et des services sociaux. Elle avait une réputation de générosité et de gentillesse envers les orphelins, les personnes âgées et tous ceux qui étaient sur le point de craquer. Dans son travail, elle avait accepté de se charger des cas les plus difficiles, notamment d'alcooliques dont les services sociaux ne savaient plus que faire, et avait réussi à transformer certains d'entre eux en des personnes sobres et en bonne santé, à tel point qu'ils avaient pu quitter sa pension et vivre leur vie en toute indépendance – du moins c'était ce que croyaient ces mêmes services sociaux.

Elle louait une immense demeure de style victorien en plein centre de Sacramento, au 1426 F Street, à quelques pâtés de maisons de certains sites historiques de la ville, comme la résidence du gouverneur. L'endroit était bien entretenu et Dorothea aimait s'occuper de son jardin, où les fleurs le disputaient aux statues d'ornement. Par rapport aux endroits sombres et miteux où tant de bénéficiaires des minima sociaux atterrissaient en bout de course, la pension de famille de Puente ressemblait au paradis – en tout cas à un très beau *Bed & Breakfast*, aux dîners (faits maison) légendaires.

Mais lorsque la police fut contactée, les enquêteurs en savaient un peu plus que les services sociaux sur cette Puente. Son casier judiciaire n'était pas vierge : elle avait été condamnée pour détournement de fonds en lien avec des bénéficiaires des aides sociales quelque huit années auparavant, et on la soupçonnait également d'être liée à un décès. Rien de probant, mais cela suffisait tout de même pour que les enquêteurs se penchent de plus près sur son cas. Par ailleurs, en dirigeant une pension de famille pour des bénéficiaires des prestations sociales, elle enfreignait les conditions de sa liberté surveillée. Après plusieurs jours d'enquête et d'interrogatoires les policiers, armés de pelles et de pioches, finirent par aller retourner le jardin de la maison victorienne.

Ils déterrèrent quasiment tout de suite un corps, mais pas celui de l'homme disparu – il s'agissait d'une femme, apparemment enterrée bien avant la date de disparition dont ils disposaient. Les enquêteurs interrogèrent Puente, qui nia connaître l'existence de ce cadavre. Elle avait coopéré avec eux et ne s'opposait pas à ce qu'on retourne son jardin, à condition de ne pas toucher à ses plates bandes. La police se retrouvait dans une situation délicate : ils ne connaissaient pas l'identité du cadavre, et n'avaient aucune preuve liant présentement Puente à la victime. Il était tout à fait concevable que le corps se soit trouvé là avant qu'elle n'emménage dans la maison. Elle ne fut donc pas arrêtée, et put rentrer chez elle ce soir-là.

Tôt le lendemain matin, un samedi, la police

commença des fouilles intensives du jardin de Puente sous le regard de badauds de plus en plus nombreux à mesure que la nouvelle d'un cadavre déterré se répandait. Dorothea avait manifestement l'air bouleversée et épuisée. Elle demanda à John Cabrera, l'inspecteur en chef présent sur la scène, si elle était en état d'arrestation. Pas encore, lui répondit-il. Mettant alors son plus beau masque de femme mûre un peu fragile, elle chaussa ses escarpins violets, revêtit une robe rose et un manteau rouge, puis demanda si elle pouvait s'échapper quelques instants du bruit et du désordre qui régnaient chez elle pour aller boire un café à l'hôtel Clarion, en bas de la rue. Si Cabrera avait le moindre doute concernant l'intention de fuir de ce petit bout de femme frêle, elle le dissipa en lui demandant expressément de l'escorter jusqu'à l'hôtel, afin de passer sans encombre la foule de journalistes, de caméras et de badauds qui l'attendaient dehors. C'était la séquence que Charlie verrait à la télé plus tard ce week-end-là – mais il ne fit pas le lien entre la femme rencontrée le mercredi suivant et celle de la télé, malgré le manteau rouge.

Une fois arrivés à l'hôtel, Cabrera observa Puente aller à la rencontre de quelques amis et se dit que cette petite femme d'un certain âge, même si elle tentait de fuir, n'irait pas bien loin. Convaincu qu'elle ne bougerait pas de là, Cabrera retourna donc à ses fouilles. Il n'avait aucun moyen de savoir que, dans son sac à main, Dorothea Puente avait trois mille dollars en liquide. Moins de vingt minutes plus tard, les policiers trouvaient un deuxième cadavre. Mais le temps que Cabrera retourne au Clarion en courant, Puente était partie depuis longtemps. À mesure que les corps furent déterrés ce jour-là – il finirait par y en avoir sept au total –, Dorothea s'éloignait de plus en plus.

Dès que l'inspecteur l'avait laissée seule au Clarion, elle avait pris un taxi jusqu'à Stockton, une ville située à soixante kilomètres de là ; il lui en coûta soixante-dix dollars. Le chauffeur la déposa à la gare routière de Stockton à 13 heures. Alors que la police la cherchait toujours à Sacramento, Dorothea était déjà dans un car en route pour Los Angeles. Elle arriva tard dans la nuit, et dormit dans un hôtel près de la gare routière ; le lendemain matin, un dimanche, elle prit une chambre au Royal Viking Motel. Personne ne prêtait attention à cette femme anonyme d'âge mûr. Elle resta enfermée dans sa chambre, se regardant à la télé, et sortit juste pour prendre des plats à emporter dans l'un des nombreux fast-foods de la 3e Rue.

Terrée dans sa chambre pendant les trois jours suivants, à regarder les journaux télévisés, elle se rendit compte qu'elle devait trouver rapidement un endroit où se cacher ainsi qu'une source de revenus, car elle serait bientôt à court d'argent. Le mercredi midi, Dorothea enfila son manteau rouge et ses escarpins, et se mit à descendre lentement la 3e Rue, passant la tête dans les magasins et les bars, à la recherche d'une occasion. Aucun être sensé n'aurait songé que cette femme d'âge mûr, habillée élégamment et se baladant dans la rue, était une tueuse en série en train de rôder pour trouver sa prochaine victime.

Lorsque, après plusieurs heures de marche, elle entra au Monte Carlo et vit un homme fatigué et à l'air malade en train de boire seul dans un bar pourri en plein milieu de l'après-midi un jour de semaine, elle sut tout de suite qu'elle avait trouvé exactement ce qu'elle cherchait. Elle s'assit directement dans la ligne de visée de Charlie Willgues et se mit au travail.

À son retour au motel, en ce début de soirée, Dorothea

se sentait revigorée. L'alcool qu'elle avait bu en compagnie de Charlie lui avait ouvert l'appétit, et elle dévora le premier plat qu'il avait acheté pour elle. Elle se sentait presque euphorique, après cette chasse, et avait gardé cette concentration d'animal prédateur. Elle était contente d'elle. Los Angeles n'était pas un terrain vraiment familier pour elle, mais en quelques heures de déambulation dans les rues, elle s'était trouvé une source potentielle de revenus qu'elle savait comment exploiter facilement – un vieil homme solitaire et malade vivant des aides sociales et dont personne, a priori, ne s'apercevrait de la disparition. Plus tard, Dorothea s'était sentie tout excitée du numéro qu'elle avait servi à Charlie quand il avait appelé pour confirmer le rendez-vous chez lui, le lendemain soir. Elle avait dû vibrer de toutes les fibres de son corps en songeant au succès apparent de sa traque, jusque-là. Le lendemain, elle prendrait le contrôle total de la situation et refermerait le piège sur lui. Elle décapsula une bière bien fraîche, et mangea avec satisfaction le second plat.

La jeunesse de Dorothea Puente

Dorothea Helen Gray vit le jour le 9 janvier 1929 à Redlands, une petite ville du comté de San Bernardino, en Californie. Née à la veille de la Grande Dépression, elle était la sixième d'une fratrie de sept enfants. Son père, Jesse James Gray, avait fait la Première Guerre mondiale et en était revenu suicidaire, infirme et handicapé mental, à la suite d'une attaque au gaz moutarde. Sa mère, Trudy Mae Gates, était une alcoolique qui quittait fréquemment la maison pendant des jours ou des semaines, puis revenait de nulle part. En d'autres termes, Dorothea fut avant tout élevée par ses frères et sœurs plus âgés. C'étaient des miséreux, comme ceux que décrivit quasiment à la même époque John Steinbeck, dans *Les Raisins de la colère* ; ils survivaient en allant de ferme en ferme pour proposer leurs services d'ouvriers agricoles.

La famille se rendit notamment à Los Angeles, puis à San Dimas, en recherche perpétuelle de travail. En chemin, le père mourut, le 29 mars 1937 ; Dorothea avait huit ans. La mère sombra un peu plus dans l'alcool, et en 1938 elle perdit la garde de ses enfants. Dorothea fut envoyée dans un orphelinat géré par l'Église du Christ à Ontario, en Californie. Plusieurs mois après, sa mère mourut au volant d'une moto ; elle était ivre.

On ne peut nier que l'enfance de Dorothea fait immédiatement penser au schéma typique de l'attachement perturbé entre mère et enfant, dont beaucoup pensent qu'il constitue le terreau de la psychopathie. Ses professeurs se souviennent que Dorothea racontait des mensonges extravagants, ce qui constitue un autre signe prévisible de problèmes à venir. Ainsi que la sœur aînée de Dorothea en fit la remarque d'un air entendu, à la suite de son arrestation en 1988 : « Parfois, quand les gens ont eu une enfance difficile, que leur monde est tellement difficile, ils en inventent un autre et jouent à faire semblant[120]. »

C'est ainsi que jusqu'à l'âge de seize ans, Dorothea vécut une existence nomade, passant des mains de familles d'accueil à ses sœurs aînées ou à des proches. En grandissant elle devint une belle fille mince, et elle le savait. Elle apprit à se servir de sa beauté et de l'art du mensonge pour parvenir à ses fins. C'était une fille intelligente et dure comme la pierre, qui prit la décision de changer de vie dès que cela s'avérerait nécessaire.

En 1945, elle se rendit à Olympia, dans l'État de Washington, et se prostitua sous le nom de Sheri. Elle se mit également à boire. Il est peu probable qu'elle soit devenue prostituée à seize ans si elle était vierge, et par conséquent elle avait dû débuter sa vie sexuelle avant, ce qui, de nouveau, est un comportement assez typique des femmes psychopathes – mais ici les preuves manquent.

Car le récit qu'en fait Dorothea elle-même n'est pas fiable. Elle déclara, lors d'un premier séjour en prison : « Quand j'avais trois ans, j'ai dû commencer à ramasser du coton, des pommes de terre, des concombres, des piments, ensuite des fruits. Finalement je me suis mariée quand j'avais treize ans ; il est mort quelques années après. » Cela est faux.

Dorothea se marie

En novembre 1945, Dorothea épousa, à l'âge de seize ans, un soldat de vingt-deux ans nommé Fred McFaul, tout juste rentré du front du Pacifique. Ils partirent s'installer dans une petite ville perdue du Nevada, Gardnerville. Dorothea eut deux filles entre 1946 et 1948, qu'elle rejeta, confiant la première à des parents vivant à Sacramento et faisant adopter la seconde. Elle se sépara momentanément de Fred et vécut à Los Angeles, mais ils finirent par se réconcilier au bout de quelques mois. Dorothea tomba de nouveau enceinte, mais fit une fausse couche. À la fin de l'année 1948, Fred en eut assez d'elle et la quitta. Humiliée, abandonnée, Dorothea allait mentir en disant que Fred était mort quelques jours après leur mariage.

Lorsqu'on l'interviewa en 1988, Fred McFaul était bien vivant mais commençait à se faire vieux, et sa mémoire lui jouait des tours. Il se souvenait pourtant de deux choses concernant Dorothea : qu'elle était d'une beauté exceptionnelle, et qu'elle racontait toutes sortes d'histoires à dormir debout sur son passé. Elle avait été star de cinéma, elle était membre d'une famille royale, elle venait d'une famille riche qui avait tout perdu pendant la crise de 1929, etc. Elle avait cette extraordinaire capacité à faire faire ce qu'elle voulait aux autres, grâce à ses histoires, son charme et sa beauté.

Après son divorce, elle partit s'installer à San Bernardino, où elle fut arrêtée une première fois pour un chèque sans provision. Elle négocia une remise de peine et resta quatre mois en prison avant d'être relâchée en liberté conditionnelle. Elle disparut sans attendre. Un mandat d'arrêt fut établi contre elle, mais son délit était si anodin que personne ne s'embêta vraiment à la chercher.

En 1952, Dorothea épousa son deuxième mari, Axel Johansson, le nom dont elle se servirait pour se présenter à Charlie Willgues en 1988. Pendant les années 1950 et 1960, elle continua à boire beaucoup et à inventer des histoires. Son mariage avec Johansson ressemblait à celui de ses parents : ils se disputaient fréquemment et elle partait, pendant des jours et des semaines, avant de revenir auprès de lui. Elle recommença à se prostituer, mais quand elle se rendit compte que sa beauté commençait à se flétrir, elle relança sa carrière en ouvrant un bordel à Sacramento. Elle obtint un assez bon résultat et finit par louer tout un bâtiment, soit disant pour y faire « de la comptabilité », mais en réalité pour y installer des *call girls*. La police la rattrapa, et après une enquête fouillée elle fut inculpée en avril 1960 pour gestion de maison mal famée, mais elle parvint à se faire condamner pour délit mineur en convainquant le juge qu'elle ne faisait que « passer par là » ; elle ne resta que trois mois en prison.

En 1966, alors que Dorothea avait trente-sept ans, Johansson en eut assez et finit par demander le divorce. Son deuxième mariage était donc terminé ; sa beauté, fanée depuis longtemps ; elle approchait des quarante ans, avait des kilos en trop et un problème d'alcool ; et maquerelle ne semblait pas être une activité si tranquille.

Si on ne les a pas encore arrêtés, la plupart des serial killers de cet âge commencent à ralentir la cadence et même à cesser leurs activités criminelles. Ils fantasment encore, à l'occasion, revivent parfois les meurtres qu'ils ont commis grâce aux trophées et aux souvenirs qu'ils ont gardés de la scène du crime, ils peuvent même se laisser aller à tuer une dernière fois, mais leur obsession constante pour le meurtre, cultivée depuis toujours et mue par le fantasme, a relâché l'étau dans lequel elle prenait leur imagination. Ce n'était pas le cas de Dorothea – elle ne se mettrait à tuer, autant qu'on le sache, que quinze ans plus tard.

Dorothea devient une bonne Samaritaine

En 1968, Dorothea commença à s'intéresser au cas des personnes malades, âgées et alcooliques. Elle s'était peut-être rendu compte que celles-ci représentaient une sorte de présage de ce qu'elle deviendrait elle-même si elle ne faisait rien. Elle loua un petit immeuble, puis fit le tour des centres sociaux en se présentant comme la propriétaire des « Samaritains », une pension et un centre d'aide pour alcooliques. Lorsque les assistantes sociales vinrent inspecter les lieux, elles furent impressionnées par les soins prodigués par Puente aux personnes qu'on lui envoyait : elle savait être gentille et bienveillante envers ses pensionnaires malades ou alcooliques, mais n'hésitait pas non plus à être très ferme concernant les règles de la maison, et à les secouer physiquement ou en paroles s'ils refusaient de prendre leurs médicaments.

Les assistantes sociales de Sacramento étaient donc ravies d'envoyer leurs clients les plus difficiles chez Dorothea, en dépit de la condition stricte qu'elle imposait, à savoir que les prestations sociales soient versées directement sur son compte. Elle déduisait le coût du gîte et du couvert et faisait en sorte que ses résidents dépensent l'argent qu'il leur restait pour acheter les choses dont ils avaient besoin, et non de l'alcool, insistait-elle. Son établissement n'avait pas besoin d'autorisation étant donné qu'elle n'offrait pas d'autres prestations (soins infirmiers ou thérapies), et les inspections à l'époque étaient négligées. Pour compléter ses revenus, elle proposait ses services d'auxiliaire de vie et d'« infirmière » auprès des personnes âgées ou infirmes.

Par contraste, la vie privée de Dorothea allait à vau-l'eau. Elle pesait à présent quatre-vingt-dix kilos et buvait sans interruption du matin au soir, même si elle n'hésitait pas à s'en prendre violemment à ses pensionnaires si elle en trouvait un ivre. Elle se mit par ailleurs à faire croire qu'elle était d'origine hispanique, en déclarant à qui voulait l'entendre que sa famille venait du Mexique. Elle avait grandi dans les années 1930 parmi les ouvriers agricoles mexicains, parlait un peu espagnol et connaissait la culture, le rôle n'était donc pas difficile à endosser.

À l'âge de trente-neuf ans, Dorothea épousa un Latino de vingt et un ans, Roberto Jose Puente. La cérémonie eut lieu à Reno, dans le Nevada, et le mariage en lui-même ne dura que deux semaines. De cet homme elle ne garda que le nom de famille, sous lequel elle allait être connue en tant que tueuse en série. En 1969, elle obtint le divorce et mit « Les Samaritains » en faillite avec une dette de dix mille dollars.

Rapidement, elle s'installa dans une nouvelle résidence, une immense maison de style victorien avec seize chambres. Elle reprit son affaire là où elle l'avait laissée, mais sous son nouveau nom et en s'organisant encore mieux.

De temps à autre, elle invitait les assistantes sociales à un banquet, où elle ne manquait pas de démontrer combien elle s'occupait bien de ses pensionnaires et combien elle leur faisait bien la cuisine. La table était toujours dressée de façon impeccable, et les inspecteurs se voyaient présenter un déjeuner de choix dans la cuisine immaculée. Ce n'était pas pour la parade – les pensionnaires confirmaient d'eux-mêmes qu'ils mangeaient très bien, même lorsque aucune assistante sociale n'était dans les parages. Puente avait embauché deux cuisinières, et surveillait attentivement ce qu'elles préparaient.

Dorothea dirigeait son établissement depuis le troisième étage de la maison, où elle avait ses appartements. Aux premier et deuxième étages étaient logés ses clients les plus aisés, qui recevaient des aides de l'État fédéral. Chacun avait une petite chambre bien rangée, avec une penderie et un poste de télévision, comme à l'hôtel. Les pensionnaires les plus pauvres, qui ne recevaient que des aides du comté, étaient entassés au sous-sol, dans des sortes de box séparés seulement par des rideaux. Mais ils mangeaient tous bien.

La seule chose qui dérangeait quelque peu les services sociaux était la tendance de Dorothea à exagérer son passé. Elle racontait qu'elle connaissait des célébrités, mais aussi qu'elle avait survécu à la marche de la mort de Bataan* et pire, qu'elle se trouvait à Hiroshima quand la bombe nucléaire était tombée sur la ville.

Cependant, les assistantes sociales ne se rendaient pas compte du fait que Dorothea endossait de plus en plus le rôle du médecin, et n'hésitait pas à accrocher de faux diplômes au mur d'un petit bureau installé au sous-sol de la maison, ou encore à stocker du matériel médical, tel que des seringues et des tensiomètres. Un médecin employé par les services sociaux, qui venait chaque mois en visite dans l'établissement de Dorothea, se souvient combien elle insistait pour assister aux bilans de santé de ses résidents. Elle disait qu'elle aussi était médecin, et passait en revue avec lui les médicaments qu'il prescrivait et leur posologie. Tout le monde était si impressionné par la façon dont elle gérait sa pension qu'on ne cherchait pas à lui reprocher son « excentricité ». Dans ce quartier à majorité latino, Dorothea commença à se faire appeler « La Doctora » et à proposer ses conseils médicaux et ses piqûres de « vitamines » aux gens du coin.

Dès 1975, Dorothea avait achevé sa nouvelle métamorphose, et était devenue une figure sociale majeure de la communauté latino de Sacramento. Elle parrainait de nombreuses actions de bienfaisance et faisait fréquemment des dons. Elle avait échangé son image de

* Marche forcée imposée par les Japonais, en avril 1942, à près de 70 000 prisonniers de guerre américains. Elle dura une semaine, aux Philippines ; environ 10 000 prisonniers moururent en chemin, la plupart tués par les Japonais.

séductrice et d'ancienne prostituée contre celle d'une riche matrone aux cheveux grisonnants, qui faisait beaucoup plus âgée que ses quarante-cinq ans. Elle disait qu'elle possédait plusieurs propriétés à différents endroits du monde. Elle soutenait des artistes latinos en les aidant à obtenir un visa pour les États-Unis et des contrats pour jouer, grâce aux contacts qu'elle s'était faits dans le milieu de la radio et de la télévision de langue espagnole.

En 1976, Dorothea se maria pour la quatrième fois, de nouveau à Reno. Pedro « Angel » Montalvo, un Mexicain qui avait dix ans de moins qu'elle, était un ouvrier à qui elle avait donné du travail dans sa pension. Les personnes qui côtoyaient Dorothea se souviennent qu'il avait l'air déséquilibré ; il était très bavard mais débordait d'une énergie floue, un peu étrange. Le mariage ne dura que quelques semaines avant d'être annulé, mais il donna à Dorothea encore une autre possibilité de faux nom : Montalvo.

En 1977 Dorothea soutenait activement, grâce à ses dons, les candidats politiques des deux partis, républicain comme démocrate. Elle « achetait » des tables entières aux dîners organisés pour collecter les fonds et y faisait une apparition majestueuse. Elle discutait en toute intimité avec les membres du Congrès et les représentants du comté. À l'un de ces événements, le gouverneur de Californie de l'époque, Jerry Brown, vint en personne embrasser la superbe Dorothea, puis l'invita à danser parmi les riches et les puissants. Toujours impeccable, charmante et généreuse, Dorothea était devenue une mondaine qui était la bienvenue parmi l'*establishment* californien.

Puente s'intéressait tout particulièrement au sort des jeunes filles latinos issues de familles à problèmes :

elle les « adoptait », finançait leur éducation et parfois les logeait. Elle avait engagé un avocat pour s'occuper des détails en matière de droit des familles, et les présentait souvent comme ses « filles », bien qu'elle n'en adoptât jamais une seule légalement. Tout cela n'était pas une vaste imposture : peut-être se retrouvait-elle en ces jeunes filles, peut-être savait-elle exactement ce dont elles avaient besoin dans leur vie et était-ce facile pour elle. Après son arrestation pour de multiples meurtres, plusieurs jeunes femmes latinos se firent entendre en clamant que, malgré sa culpabilité, Dorothea restait pour elles celle qui les avait sauvées : « Je n'imagine même pas où j'en serais aujourd'hui si cette femme n'était pas entrée dans ma vie », expliqua l'une d'entre elles.

Il est intéressant ici de rapprocher l'histoire de Dorothea de celle d'un autre serial killer, John Wayne Gacy, un entrepreneur du bâtiment qui avait réussi, mais également un homme qui était un membre respecté de sa communauté à Chicago. Il conduisait chaque année la parade organisée pour commémorer la fête nationale polonaise, et pendant son temps libre il faisait du bénévolat pour une association, et se déguisait en Bozo le clown pour divertir les enfants hospitalisés*. Il était responsable politique de son quartier pour les démocrates, et lorsque la Première Dame de l'époque, Rosalynn Carter, vint en visite à Chicago, il faisait partie de son escorte. Mais dans sa maison, sous le vide sanitaire aménagé dans le sous-sol, la police découvrit un jour les cadavres ligotés de vingt-huit garçons et jeunes hommes, que Gacy avait invités chez lui pour

* D'où son surnom de « Clown tueur », qui inspira par la suite des romanciers comme Stephen King. (*N.D.T.*)

travailler, avant de les torturer, les violer et les tuer avec une violence inouïe.

Pour en revenir à Dorothea, en 1977 elle fut admise à l'hôpital pour subir un pontage intestinal, destiné à lui faire perdre du poids. Cette procédure chirurgicale ne se pratique plus aujourd'hui aux États-Unis, à cause des importants effets secondaires sur le foie et d'autres organes. Dorothea raconta à tout le monde qu'elle se faisait opérer car elle souffrait d'une maladie cardiaque et d'un cancer, et la veille de l'opération, elle rédigea un testament dans lequel elle léguait des millions de dollars à ses « belles-filles » et à plusieurs fondations qui seraient créées en son nom. C'était un testament digne de la riche douairière pour qui elle se faisait passer, même s'il n'y avait en réalité aucun argent pour le financer, si d'aventure elle était décédée ce jour-là.

Car son style de vie, où elle dépensait sans compter en vêtements, chaussures, coiffures, dons et parrainages, cadeaux et autres actes de chirurgie esthétique, était entièrement financé grâce à l'argent de la Sécurité sociale qu'elle volait à ses pensionnaires et aux personnes à qui elle rendait visite en tant qu'« infirmière à domicile ».

Dorothea tombe en disgrâce

Le château de cartes édifié par Dorothea s'effondra en 1978, lorsqu'un ancien pensionnaire fut incarcéré et qu'elle continua à toucher ses prestations. Le ministère des Finances commença à examiner les paiements effectués par la Sécurité sociale à l'ordre des résidents placés chez Dorothea, et lorsque les inspecteurs du Trésor arrivèrent à un total de quatre mille dollars en fonds détournés, ils se dirent qu'ils en avaient assez pour l'inculper et ne cherchèrent pas plus loin.

Mais à cause de la longue liste de ses récentes actions civiques et son air de grand-mère fragile, le juge eut pitié d'elle et ne l'envoya pas en détention. Elle reçut une peine de cinq ans de prison avec sursis et obligation de se faire suivre par un psychiatre, et fut également sommée de fermer sa pension.

L'ancienne « mondaine » essuyait là un dur revers, car elle dut se séparer de son établissement, de ses employés, et de tous les gens qu'elle avait parrainés. Elle s'éloigna donc discrètement de Sacramento et se rendit à Stockton, plus au sud, où elle enchaîna les petits boulots en cuisine, à la plonge ou en salle. Elle avait cinquante ans à présent, et la plupart des individus qui auraient fait l'expérience de la grandeur et de la décadence, comme elle, auraient préféré se recroqueviller sous leur couette et ne plus jamais avoir à sortir de leur lit, à ce stade-là. Mais pas Dorothea. La psychopathie induit deux effets différents : elle atténue la peur et l'empathie lors des crimes, mais elle peut également amortir la sensation de honte et de culpabilité qui rendrait toute autre personne réticente à l'idée de se montrer en public, exposée de la façon dont Dorothea le fut. La psychopathie de Dorothea fit ce qu'elle était destinée à faire – elle l'équipa de formidables outils de survie et, vers la fin, d'un talent de prédateur fatal.

La personne qui fournit l'aide psychologique ordonnée par le juge conclut dans le cas de Dorothea à une « schizophrénie chronique de type indifférencié[121] ». Ce diagnostic, qui ne veut absolument rien dire, fut régulièrement attribué aux serial killers dans les années 1970, lorsque leur nombre commença à croître. La schizophrénie est un trouble mental organique qui se caractérise par des hallucinations, un comportement catatonique ou totalement désorganisé, et un discours incohérent ou délirant. Le comportement de Dorothea Puente n'était en rien comparable à tout cela, mais à l'époque, alors que les psychologues débattaient encore de la nature exacte de la psychopathie et même du terme à employer pour la désigner, cette expression de « schizophrénie chronique de type indifférencié » devint un fourre-tout commode qui en vint à englober tous les troubles du comportement inexpliqués.

« J'ai des problèmes psychiatriques.
Parfois j'oublie mes actes. »

En 1979, Dorothea retourna à Sacramento et se lança dans le même genre d'affaires, mais en visant moins grand. Elle décida qu'un plus petit établissement, qu'elle dirigerait personnellement, et sans avoir à se soumettre aux activités mondaines, lui conviendrait parfaitement. Se faisant à présent appeler Dorothea Montalvo, elle loua le deuxième étage du 1426 F Street, une autre demeure de style victorien, en bas de la rue où elle habitait auparavant. Pour se faire un peu d'argent, elle se fit passer pour une auxiliaire de vie qualifiée qui acceptait de rester à demeure pour s'occuper de personnes âgées et malades, et elle parvint même à se faire engager par une société privée.

Au début de l'année 1980, une patiente dont s'occupait Dorothea fut hospitalisée pour difficultés respiratoires et arythmie. À peine son état se stabilisait-il et était-elle renvoyée chez elle qu'on la ramenait aux urgences, pour une rechute. L'assistante sociale qui s'occupait du dossier de la patiente avait remarqué qu'à chaque épisode Dorothea Montalvo était présente, étrangement. Des rumeurs troublantes couraient à son sujet : elle se servirait d'autres noms que Montalvo et aurait empoisonné plusieurs maris. Si la première était vraie, la seconde rumeur était complètement fausse mais allait ironiquement devenir une prémonition de la façon dont Dorothea finirait par employer son avenir.

L'assistante sociale, inquiète pour cette personne âgée, alla voir son médecin et le persuada de lui faire faire une analyse toxicologique, qui révéla des traces de deux médicament puissants, le phénobarbital et la digoxine ; ni l'un ni l'autre n'avait été prescrit à la patiente. Entretemps, l'assistante sociale avait appris que Dorothea s'était permis d'appeler la famille pour lui demander d'augmenter ses heures, car on avait diagnostiqué chez la personne âgée un cancer. Ce qui était totalement faux. Le médecin réussit à convaincre sa patiente de licencier Dorothea. Par la suite, elle ne fit plus de rechute, mais mourut quand même en maison de retraite.

C'était l'une de ces histoires typiques où personne ne se soucia d'informer la police, de demander aux services sociaux du comté à ce que Dorothea soit interdite d'exercer, ou de contacter les agences privées qui l'avaient engagée. L'excuse habituelle dans ce genre d'affaire était le manque de preuves. Et dans le cas de Dorothea, il faut l'avouer, personne n'arrivait vraiment à croire que cette gentille petite grand-mère nourrissait des projets de meurtres dans le cadre de son travail. Cela semblait impossible.

Pendant ce temps-là, Dorothea se déchaîna. Le médecin qui avait traité la personne âgée en reçut une autre ayant des symptômes similaires. Il suivit son intuition et lui demanda qui s'occupait d'elle : il s'agissait de Dorothea. À présent, l'attention de la police de Sacramento et du bureau du procureur était éveillée. Et pourtant, en dépit du fait que Dorothea était dans le collimateur de tout le monde, rien ne fut fait. Certains médecins et assistantes sociales, au courant, tinrent leurs clients et patients à l'écart de Dorothea, mais sur le plan officiel, absolument rien ne fut entrepris.

Il fallut attendre 1982 pour que Dorothea, finalement, aille trop loin. Dans un bar, elle dragua un homme qui avait dans les soixante-dix ans et le persuada de la ramener à son appartement. Dans la soirée, elle le drogua avec une substance qui allait le paralyser, mais sans lui faire perdre connaissance. Assis sur son canapé, incapable de bouger, il fut obligé de regarder cette femme fouiller son appartement et fourrer dans une valise trouvée là tous ses biens de valeur, de l'argent en liquide, son chéquier et sa précieuse collection de pièces. Pour finir, elle lui prit la main, lui enleva la bague qu'il portait, et s'en alla. Il resta dans cet état de paralysie pendant une heure avant de pouvoir bouger ; il appela immédiatement la police. Dorothea fut rapidement arrêtée, et on trouva sur elle le chéquier de sa victime, dont elle déclara qu'il le lui avait donné de son plein gré.

À peu près au même moment, se faisant passer pour une infirmière du comté, Dorothea s'était également présentée dans une maison de retraite où vivait une dame de quatre-vingt-deux ans, qu'elle avait rencontrée un peu plus tôt chez le coiffeur. Dorothea lui « diagnostiqua » des problèmes de tension artérielle, et lui donna des médicaments. Quelques heures plus tard, quand la vieille dame reprit connaissance, elle découvrit que l'« infirmière » avait disparu en même temps que sa bague en diamants et tous ses médicaments. La police réussit à identifier Dorothea grâce au salon de coiffure. Elle fut mise en accusation, mais la bague ne fut jamais retrouvée.

Cette année-là, il y eut deux autres cas séparés de femmes âgées à qui on vola des biens, et au nom desquelles on encaissa des chèques, après qu'elles eurent reçu la visite d'une certaine Dorothea Montalvo, envoyée chez elles comme auxiliaire de vie par une agence. À chaque fois, les victimes se souvenaient combien Dorothea était pleine de sollicitude, bienveillante et amicale. Dans certains cas elles étaient même peu enthousiastes à l'idée de la licencier, incapables de croire que leur auxiliaire de vie, si chaleureuse et consciencieuse, pouvait avoir une quelconque mauvaise intention.

Au printemps 1982, Dorothea avait déjà été arrêtée à quatre reprises, mais libérée sous caution à chaque fois. Elle avait cinquante-quatre ans mais déclarait en avoir plus de soixante-dix, et elle dégageait une telle aura de grand-mère fragile et sans défense qu'aucun juge n'eut le cœur de la mettre en prison. Dorothea soutenait que les victimes lui avaient donné en toute conscience les chèques et les cadeaux, mais qu'au cas où, elle les avait prévenus : « J'ai des problèmes psychiatriques. Parfois j'oublie mes actes. »

Cependant, en avril 1982, Dorothea devait faire face à la perspective d'être poursuivie au pénal pour vol, vol aggravé et faux et usage de faux. Pendant l'audience préliminaire, la police arrêta Dorothea à nouveau car une autre victime l'accusait d'avoir falsifié des chèques. Personne ne parvenait à comprendre pourquoi la fragile grand-mère était menottée et envoyée en prison. Son avocat, comme à son habitude, plaida le fait qu'elle était âgée, qu'elle était connue dans le quartier, qu'elle était toujours venue à ses audiences au tribunal et avait toujours payé ses cautions, et qu'un non-lieu avait été rendu dans certaines affaires. Une fois de plus, Dorothea fut relâchée.

Dorothea commet son premier meurtre

C'est à ce moment-là, alors qu'elle était en plein marasme judiciaire et que la perspective d'être incarcérée pour de bon se précisait (selon William P. Wood, le procureur qui s'occupait de son affaire à l'époque), que Dorothea commit son premier meurtre de sang-froid[122]. Ce même mois d'avril, elle s'associa avec Ruth Munroe, une retraitée dont le mariage récent était en train de s'effondrer car son mari venait d'apprendre qu'il était en phase terminale d'une maladie. Ignorant tout des problèmes de Dorothea avec la justice, Ruth accepta de monter avec elle une petite affaire de restauration et transféra sur un compte professionnel joint plusieurs milliers de dollars, qui correspondaient à une partie de ses économies. Dorothea était renommée pour ses talents de cuisinière, elle semblait être efficace au niveau administratif et en outre, les deux femmes s'étaient rapidement liées d'amitié. Mais ce n'était pas tout : pour faire des économies, Dorothea l'invita gentiment à venir vivre avec elle dans sa maison victorienne. Le 11 avril, les fils de Ruth l'aidèrent à emménager au 1426 F Street. Dix-sept jours plus tard, leur mère était morte.

Dans les jours qui suivirent son emménagement, Ruth eut une « crise de nerfs » à cause de son mariage, et dut être mise sous sédatifs par les médecins, d'après Dorothea. Le 27 avril, son fils lui rendit visite et fut informé par Dorothea que le médecin venait de partir, après avoir fait à sa mère une autre piqûre pour les nerfs. Malgré l'empressement de Dorothea à ne pas la déranger, le fils monta dans la chambre de sa mère. Plus tard, il témoignerait du fait qu'il l'avait trouvée allongée sur le côté, face au mur, les yeux ouverts mais le corps totalement immobile, comme si elle était paralysée. Elle avait l'air de ne pas se rendre compte de sa présence. Supposant qu'elle se trouvait sous l'effet du médicament administré par le médecin, il eut pour sa mère ces derniers mots : « Ne t'inquiète pas, maman, ça va aller. Dorothea va prendre soin de toi. »

Il se souvint qu'une unique larme coula sur sa joue, mais tout le reste de son corps resta immobile. Elle tentait en fait de crier au secours, sans y parvenir, puisque le médicament que lui avait donné Puente l'avait paralysée.

Le matin suivant, le 28 avril, Ruth Munroe avait succombé, morte dans son sommeil d'après Dorothea. La police et une ambulance arrivèrent sur les lieux, tout comme la famille de Ruth. Aucun médecin n'étant présent, on ordonna une autopsie qui révéla la présence de doses massives de codéine. Lorsque les problèmes personnels de Ruth furent divulgués, on attribua très officiellement son décès à une « cause indéterminée » ; mais officieusement, on pensait qu'elle s'était suicidée. Personne ne soupçonna un instant la frêle Dorothea, qui était visiblement bouleversée.

Pendant ce temps-là, le bureau du procureur, qui poursuivait ses efforts pour faire condamner Dorothea dans les autres affaires, ne fut absolument pas informé du décès de Ruth Munroe, ni de ses liens avec

Mme Montalvo. Personne dans la famille ne fit attention au fait que Ruth avait effectué un gros retrait sur son compte, ni que le compte joint qu'elle possédait avec Dorothea avait été récemment vidé.

Pendant cette même période, alors que Dorothea attendait son procès, elle décida de s'enfuir de Sacramento. Le 16 mai, elle téléphona à un ancien patient avec qui elle avait sympathisé, et s'invita chez lui pour prendre un café. Le temps que sa victime reprenne connaissance, Dorothea lui avait volé sa carte de crédit et quelques chèques en blanc. Elle s'acheta un billet d'avion pour le Mexique, mais fut arrêtée par la police avant d'avoir réussi à sortir du pays. Cette fois-ci, la décision de liberté provisoire de Dorothea fut annulée.

La presse de Sacramento avait eu vent de l'affaire, mais la traitait comme une vaste plaisanterie : la « grand-mère idéale » qui séduisait et droguait un homme de soixante-dix ans, comme c'était drôle ! Elle continua de cultiver son aura de vieille dame inoffensive, sans défense, fragile, et de se faire passer pour quelqu'un de bien plus âgé qu'en réalité. Pendant sa détention préventive, un contrôleur judiciaire remarqua que lors de son entretien avec Dorothea, celle-ci semblait égarée et au bord des larmes, mais qu'elle avait soudain exigé une explication concernant un terme qu'il avait noté sur son calepin. Elle était en train de lire ses notes à l'envers, à travers la vitre du parloir[123].

Le 19 août 1982, Dorothea fut condamnée à cinq ans de prison. Le jour suivant, les fils de Ruth Munroe informèrent le bureau du procureur de leurs soupçons concernant la mort de leur mère : pour eux, Dorothea l'avait assassinée. Mais, le procureur, qui était satisfait d'avoir réussi à l'enfermer, décida qu'il n'y avait pas assez de preuves pour poursuivre l'enquête : ce décès avait trop l'air d'être un suicide.

Dorothea fait une dernière tournée

Trois ans plus tard, en août 1985, un veuf de soixante-dix ans nommé Everson Gillmouth était en train de se préparer pour une nouvelle vie. Cela faisait un moment qu'il vivait dans une caravane fixée à son pick-up rouge, sur la ferme de sa sœur, dans l'Oregon, mais voilà qu'il allait bientôt se marier. Everson était assez nerveux, car il savait qu'à son âge c'était probablement sa dernière chance d'être heureux en ménage, et d'échapper à la solitude qui le rongeait depuis le décès de sa femme. Il n'avait encore jamais rencontré sa future épouse – cela faisait un an qu'ils s'écrivaient via un programme mis en place pour les femmes incarcérées. Sa correspondante, Dorothea Puente, lui écrivait qu'elle se sentait prête à prendre le temps de remettre de l'ordre dans sa vie, avec quelqu'un qu'elle aimait à ses côtés.

Puente devait être libérée en ce mois d'août, après avoir effectué trois ans de prison sur les cinq prévus. Elle proposa à Everson de passer la prendre à Fresno, où elle se trouvait depuis quelque temps en centre de réadaptation, et ensemble ils iraient à Sacramento pour s'installer dans un appartement qu'elle louait dans une maison victorienne. (Puente avait complètement ensorcelé le propriétaire du 1426 F Street, elle était la marraine de ses enfants et une bienfaitrice de sa famille. Il continua à lui louer un étage de sa maison pendant toute la durée de son incarcération, puis lorsqu'elle fut libérée, la maison entière.)

La sœur d'Everson n'ayant eu aucune nouvelle de lui à la mi-septembre, elle appela la police de Sacramento qui alla faire un tour à la maison de F Street, et put lui parler. Plus tard, dans la soirée, Everson appela sa sœur pour lui expliquer que son ingérence l'agaçait. C'était la dernière fois qu'elle entendrait sa voix. Puis, en novembre, à sa grande surprise, elle reçut un télégramme de son frère expliquant que les choses ne se passant pas bien avec Dorothea, il s'en allait vers le sud – et qu'elle ne devait pas l'en empêcher. Elle trouva cela étrange d'envoyer un télégramme plutôt qu'une lettre, ou mieux, que de passer un coup de fil, mais elle n'y pouvait pas grand-chose.

En avril 1986, la sœur reçut une carte postale d'une femme déclarant être la nouvelle conquête de son frère. Elle écrivait qu'il avait eu une petite attaque en janvier mais qu'il allait bien, maintenant, et qu'ils vivaient tous deux dans une communauté perdue dans le désert. Il n'y avait aucune adresse où répondre.

La dernière fois qu'Everson avait en fait été aperçu, c'était à la mi-décembre, dans la maison de F Street ; il avait l'air un peu malade, et Dorothea tentait de le soulager en lui faisant prendre des médicaments qu'elle lui préparait. Elle avait déjà vendu sa caravane, qu'il lui avait offerte en cadeau, prétendait-elle. À la fin du mois de décembre, Dorothea embaucha Ismael Florez, un homme rencontré dans un bar, pour faire des petits travaux de menuiserie dans la maison. Lorsqu'il eut fini, elle lui demanda à la dernière minute de lui fabriquer une grande caisse de rangement. En échange, elle lui donna un pick-up rouge.

Quelques jours plus tard, elle demanda à l'ouvrier de l'aider à transporter la caisse à l'arrière du pick-up, pour la mettre dans un garde-meuble situé en dehors de la ville. Lorsqu'ils eurent quitté Sacramento et qu'ils longèrent le fleuve, Dorothea dit soudain à Florez qu'elle avait changé d'avis : cela ne servait à rien de stocker toutes ces vieilleries qu'elle avait mises dans la caisse. Elle lui demanda donc de jeter le tout près du fleuve. Ils mirent la caisse sur un diable et parvinrent à la manœuvrer jusqu'à la berge, où ils la laissèrent, en pensant que les grandes marées du printemps l'entraîneraient.

Mais le jour de l'an un habitant du coin, qui se promenait le long du fleuve, découvrit la caisse. En l'ouvrant, il eut la surprise de trouver un cadavre enveloppé dans du plastique avec force boules de naphtaline et désodorisants en stick. L'autopsie ne révéla aucune blessure ou plaie sur le corps et la décomposition avancée du cadavre empêchait de déterminer la cause du décès. La victime semblait être morte depuis deux semaines, environ. On ne parvint pas à l'identifier, et le shérif classa l'affaire sous le nom de « John Doe* ».

Dans l'intervalle, les chèques de pension de retraite d'Everson continuaient à arriver tous les mois au 1426 F Street. Lorsqu'il y eut une erreur dans les paiements en février 1986, quelqu'un écrivit un courrier à la caisse de retraite pour démêler l'affaire, et tout revint dans l'ordre rapidement.

Dans les années suivantes, Dorothea allait assassiner sept personnes de plus, et enterrer leur corps dans son jardin, en dépit du fait qu'il était visible de la rue et des maisons avoisinantes. Elle louait les services de différentes personnes pour y creuser des trous peu profonds, à la recherche de « canalisations d'égout ».

* Dans les affaires judiciaires américaines, nom systématiquement donné aux hommes non identifiés ou dont on veut préserver l'anonymat ; les hôpitaux s'en servent également pour se référer aux patients dont on n'arrive pas à déterminer l'identité. Pour les femmes, on emploie l'équivalent féminin « Jane Doe ». (*N.D.T.*)

Le jour suivant, les trous avaient été bouchés et il y avait à la place une vasque, un banc ou des plantations.

Pendant cette période, Dorothea finit par louer la maison entière pour ouvrir une nouvelle pension de famille, mais cette fois-ci de façon informelle, sans demander d'autorisation. Les services sociaux, comme d'habitude, étaient débordés et n'avaient pas assez de personnel, qui changeait fréquemment. Au cours des trois années que Dorothea avait passées en prison, plusieurs générations d'assistantes sociales avaient succédé à celles qui l'avaient connue, sans oublier qu'elle se faisait appeler par un autre nom. Une fois de plus, par conséquent, les services sociaux furent impressionnés par le professionnalisme de Dorothea et la façon dont elle arrivait à gérer les clients difficiles, notamment les Latinos, à force de bienveillance et de soins.

En faisant cela, manifestement, elle enfreignait totalement les conditions de sa liberté surveillée, selon lesquelles il lui était interdit de prendre des pensionnaires ou d'encaisser des chèques de la Sécurité sociale qui ne lui revenaient pas. Depuis sa remise en liberté, Dorothea avait déjà eu trente-cinq contacts avec des contrôleurs judiciaires fédéraux, dont quatorze chez elle, au 1426 F Street[124]. En dépit du fait que les gens entraient et sortaient de la maison, et que les voisins étaient au courant de toutes sortes de choses qui s'y déroulaient, àaucun moment, lors de ces quatorze visites, les contrôleurs judiciaires ne devinèrent que des pensionnaires logeaient làou que Dorothea complétait ses revenus (eux-mêmes fournis par la Sécuritésociale) d'une façon quelconque. Pour eux, Mme Puente était une vieille dame gentille, polie et délicate, profitant des dernières années de sa vie après avoir commis de graves erreurs.

Il fallut attendre novembre 1988 pour que Puente

soit démasquée, lorsqu'une assistante sociale du genre obstiné chercha, en vain, à retrouver la trace de Bert Montoya, un handicapé mental de cinquante ans qui était pensionnaire chez Dorothea. Cette dernière soutenait que son client était parti vivre au Mexique, mais l'assistante sociale, qui connaissait bien la personne et son handicap, n'avala pas cette histoire. Sur ce, Dorothea embaucha un complice non identifié à ce jour pour appeler les services sociaux et leur dire qu'il était le frère de Bert, et que celui-ci était venu vivre avec lui dans le Colorado. Mais d'après ce qu'ils savaient de Bert, il n'avait pas de famille dans le Colorado ; de plus, le prétendu frère fut incapable de leur passer Bert au téléphone.

Lorsque la police de Sacramento fut finalement informée, ils ressortirent le dossier qu'ils avaient sur Dorothea Puente Montalvo et comprirent enfin à quoi ils avaient affaire. Le 11 novembre, deux enquêteurs et le contrôleur judiciaire de Dorothea sonnèrent au 1426 F Street. Les langues commençaient à se délier, et toutes sortes d'étranges rumeurs couraient à propos de la maison de F Street : c'était l'endroit idéal où manger un bon repas, mais la maîtresse de maison était violente. L'insoumission était punie par des insultes, une claque ou même une bousculade. Et ceux qui ne se pliaient pas aux règles étaient enterrés dans le jardin.

Les enquêteurs ne prirent pas l'histoire du jardin au pied de la lettre. L'endroit était clairement visible depuis le trottoir et les maisons avoisinantes. C'étaient les divagations amères d'alcooliques en bout de course, pensèrent-ils. Mais ils demandèrent quand même à Dorothea la permission de fouiner un peu dans son jardin. Du moment qu'ils ne lui abîmaient pas ses plantations toutes récentes, la maîtresse de maison n'y voyait pas d'objection : « Vous ne trouverez rien », leur dit-elle.

Mais ils ne mirent pas longtemps à découvrir que le jardin servait en fait de cimetière. Parmi les sept cadavres retrouvés soigneusement enveloppés dans des couvre-lits, comme des momies, figurait celui de Bert Montoya, comme l'assistante sociale l'avait pressenti. Les six autres étaient :

- Dorothy Miller, une Indienne-Américaine alcoolique de soixante-quatre ans, découverte avec ses bras scotchés à sa poitrine. Elle avait été vue pour la dernière fois par l'assistante sociale qui s'occupait d'elle, assise sur le porche de Puente en train de fumer une cigarette.

- Benjamin Fink, un homme de cinquante-cinq ans avec un problème d'alcool, qui avait été vu pour la dernière fois par un témoin oculaire en avril 1988, lorsque Puente l'avait emmené à l'étage pour « le calmer », parce qu'il chicanait un peu. On le retrouva enterré avec pour tout vêtement un boxer.

- Betty Palmer, une victime de soixante-dix-huit ans dont le corps fut retrouvé sans la tête, les mains et les pieds, sous une statue de saint François d'Assise, à quelques pas seulement du trottoir.

- James Gallop, un homme de soixante-deux ans qui avait survécu à une crise cardiaque et une tumeur au cerveau, mais pas aux bons soins de Dorothea.

- Vera Faye Martin, une femme de soixante-quatre ans dont la montre fonctionnait toujours quand elle fut déterrée, et qui, à en juger d'après les traces retrouvées dans la terre entourant sa tombe, avait peut-être été enterrée vivante et avait tenté de se hisser hors de là en vain.

- Leona Carpenter, une patiente de soixante-dix-huit ans que l'hôpital avait confiée aux bons soins de Puente, avant qu'elle disparaisse[125].

Dorothea Puente volait à peu près cinq mille dollars chaque mois à ses victimes. Peu de temps avant que la police fasse une descente chez elle, elle avait subi une opération de chirurgie esthétique. Dans sa chambre, les enquêteurs découvrirent de luxueux flacons de parfum, des vêtements et des chaussures de marque, et des piles de romans-westerns bon marché.

Fin de partie

Après l'appel de Charlie Willgues pour confirmer le dîner de Thanksgiving du lendemain, Puente avait dû pousser un soupir de soulagement. Si elle parvenait à entrer chez lui et à le tuer, elle serait tranquille. Pour la première fois depuis que la police avait fait une descente chez elle, Dorothea sentait que la situation était sous contrôle. Rapidement, elle s'assoupit.

Jusqu'à ce que la police de Los Angeles se mette à tambouriner à la porte de sa chambre une heure plus tard, Puente n'avait aucun moyen de savoir que Charlie, quand il l'avait appelée, était en fait assis à côté d'un journaliste d'une télé locale. Quelques heures après leur rencontre dans le bar, Charlie s'était soudain souvenu où il avait déjà vu cette femme, et avait appelé KCBS-TV. Un journaliste était venu l'interviewer, avant de décider ensemble qu'il valait mieux prévenir la police. Puente fut donc arrêtée cette nuit-là, et ramenée le lendemain à Sacramento. Plus jamais elle ne serait en liberté.

Dorothea Puente Montalvo fut inculpée de neuf meurtres – ceux des sept corps retrouvés dans son jardin, celui d'Everson Gillmouth une fois que ses restes furent identifiés, et celui de Ruth Munroe, quelques années plus tôt.

Malgré les faits accablants contre elle (des cadavres déterrés sous sa fenêtre de chambre, et le fait qu'elle connaissait chaque victime), l'accusation eut bien du mal à prouver sa culpabilité. L'état de décomposition avancé des cadavres empêchait de déterminer précisément la cause de chaque décès, et il ne fut pas non plus aisé, concernant les traces de médicaments retrouvées dans les corps, de distinguer ceux qu'on avait pu leur administrer contre leur gré de ceux qu'ils prenaient régulièrement pour se soigner. La tendance des victimes à boire de l'alcool ne facilitait pas la tâche non plus, étant donné les interactions possibles avec les médicaments. Se pouvait-il que ce soit des morts naturelles que Dorothea aurait cachées car elle s'inquiétait d'avoir enfreint les conditions de sa liberté surveillée ? La défense soutint que, tout au plus, Puente était coupable d'avoir dissimulé les décès.

Au final, elle fut condamnée à la prison à perpétuité pour trois meurtres, le 10 décembre 1993. Puente avait quasiment soixante-cinq ans ; elle allait sûrement mourir en prison. Mais comme dans un film d'horreur, elle revint à la vie en 2004, à l'âge de soixante-seize ans, en publiant un livre de cuisine dans lequel elle livre cinquante recettes délicieuses qui faisaient la joie de ses pensionnaires et victimes, et où figure également un entretien avec elle.

Rien ne pourra stopper Dorothea Puente jusqu'à ce qu'elle s'arrête pour de bon.

5

L'amour à mort

Mamans tueuses, Anges de la Mort et autres baby-killers

La première personne que nous rencontrons tous en venant au monde est notre mère. À compter de ce moment-là, la plupart d'entre nous (disons, plus précisément, les chanceux) perçoivent automatiquement la femme comme celle qui nourrit, et apporte l'amour et les soins nécessaires. En grandissant, nous apprenons à recevoir ces soins d'autres personnes que notre mère, des femmes qui en ont fait leur métier, telles que des baby-sitters, des infirmières, des enseignantes. Les infirmières, en particulier, nous font l'effet d'être des professionnelles dédiées à leur travail, qui consiste à soigner et à soulager les souffrances. Pourtant, certaines femmes se servent justement de cette apparence rassurante pour cacher d'atroces actes meurtriers.

Genene Jones – l'infirmière qui tuait les bébés

(cf. photo p. 469)

Le cas de Genene Ann Jones illustre parfaitement ce type de déviance. Née le 13 juillet 1950 à San Antonio, elle ne connut jamais sa mère, qui la fit adopter sur-le-champ. Le bébé fut emmené dans la famille de Dick et Gladys Jones, où trois autres enfants adoptés avaient déjà été accueillis. Dick avait bâti sa fortune grâce au Kit Kat Club, un cabaret un peu louche où l'on s'adonnait aux jeux d'argent à l'abri des regards. La famille Jones vivait dans un manoir en haut d'une colline, où on voyait à quinze kilomètres à la ronde ; l'endroit possédait des jardins, une piscine, des courts de tennis et mêmes des écuries pour les chevaux. Les parents adoptifs de Genene menaient un train de vie pour le moins fastueux.

Mais lorsque Genene eut treize ans, les affaires de Dick Jones commencèrent à péricliter. Le Kit Kat Club ne marchait plus très bien, malgré ses tentatives pour le transformer en restaurant familial. Jones céda une partie de ses terres autour de la maison pour en faire un village de mobile homes, mais rien n'y fit. Il finit par vendre son cabaret et se lancer dans un nouveau business : les panneaux d'affichage.

Les enfants adoptés se regroupaient suivant leur âge : Wiley et Lisa, plus âgés que Genene, jouaient ensemble, tandis que Genene était plus proche de Travis, de deux ans son cadet. Elle était profondément attachée à ce petit garçon, qui avait des difficultés d'apprentissage.

D'après ce que l'on sait, Genene était la plus intelligente des enfants et avait beaucoup d'assurance ; c'était souvent elle qui menait la conversation. Elle savait coudre, faire du crochet et cuisiner, et jouait du piano avec talent. Elle aimait raconter des histoires et être le centre d'attention. Mais Genene était également quelqu'un de très sensible – la moindre critique la faisait fondre en larmes. Elle n'appréciait pas sa sœur aînée, Lisa, dont elle pensait qu'elle était la préférée de leurs parents. Leurs rapports restèrent conflictuels jusqu'à ce que Lisa se marie et parte de la maison. Après cela, Genene lutta sans relâche contre sa mère, qui était une femme volontaire. L'atmosphère à la maison n'était jamais à l'apaisement, et plus tard Genene déclarerait que les moments les plus heureux de sa vie furent ceux qu'elle passa avec son père, lorsqu'ils allaient à cheval dans la campagne environnante pour jeter un œil aux panneaux d'affichage.

Genene Jones entra au lycée en 1965. À l'adolescence, elle était aussi peu attirante qu'elle le serait plus tard : avec son mètre soixante-deux et ses quinze kilos en trop, elle était aussi gracieuse qu'un hippopotame. Seule sa personnalité odieuse et tyrannique compensait son physique. Elle fit un certain nombre de petits boulots, à l'époque du lycée, où elle ne manqua jamais de réprimander ses collègues dès qu'ils ne faisaient pas les choses correctement, selon elle.

D'après certains camarades de classe, elle se plaignait d'être mise à l'écart parce que son père avait été un joueur ; mais c'était surtout son manque de popularité qui la tracassait, car elle cherchait désespérément à être reconnue et estimée.

Elle racontait des mensonges pour le moins saugrenus, comme le fait qu'elle était une parente de Mickey Dolenz, le chanteur du super groupe pop The Monkees, et qu'elle bavardait souvent avec lui au téléphone. Elle disait aussi que ses parents l'aimaient tellement peu qu'ils ne l'avaient jamais adoptée légalement, au contraire de ses frères et sœurs. Elle mentait sur tout : « Pour elle, cela faisait simplement partie de la conversation », raconte une camarade de classe[126]. Pour compenser son manque de popularité, Genene se fit une réputation en conduisant dangereusement, et lorsqu'elle était au volant de la El Camino de son père, elle défiait souvent les garçons de faire la course : elle était si imprudente qu'elle gagnait souvent.

Genene avait seize ans lorsque la tragédie s'abattit sur sa famille. Travis, son frère adoré, était en train de jouer avec une bombe artisanale lorsque celle-ci explosa ; il mourut à l'hôpital quelques heures plus tard. Genene acheta une couronne de fleurs avec son propre argent, et pendant le service funèbre elle s'évanouit à force de pleurs et de hurlements. Mais ses camarades de classe se souviennent que juste après l'enterrement elle était retournée au lycée et avait tout fait pour que le sentiment de compassion suscité chez ses amis perdure.

En 1968, alors qu'elle n'avait que dix-sept ans, son père mourut d'un cancer. Plus tard elle déclara que ce jour-là « tout s'assombrit », mais en fait, elle avait la ferme intention de se marier six semaines plus tard. Car elle avait enfin rencontré un garçon qui faisait attention à elle – un certain Jimmy DeLany, qui avait abandonné le lycée. Gladys Jones ne l'aimait pas du tout et refusa de donner sa permission (requise car Genene était encore mineure) jusqu'à ce que sa fille obtienne son diplôme, en espérant que d'ici là elle aurait changé d'idée.

En juin de la même année, Genene finit le lycée 197e sur 274 – autant dire que ses résultats étaient médiocres. Quatorze jours plus tard, comme si elle ne le faisait que par défi envers sa mère, Genene épousa le malheureux Jimmy. La mère paya le mariage ainsi que la lune de miel ; la sœur haïe fut dame d'honneur. À leur retour, le couple emménagea dans un pavillon sur le domaine familial.

Jimmy n'était intéressé que par les voitures et les fêtes. De temps à autre il travaillait dans des stations-service, juste assez pour avoir de quoi se payer son essence et des bières. Le couple se disputait pour un rien. Jimmy, par exemple, était très contrarié par le fait que Genene faisait des courses avec sa voiture pendant qu'il travaillait. Au bout de sept mois de ce régime, leur mariage était au point mort, et Jimmy s'enrôla dans la marine. Pendant qu'il faisait ses classes, Genene trouva un nouveau moyen d'atteindre la popularité : elle eut toute une série de liaisons avec d'autres hommes, dont l'époux de fraîche date d'une amie du lycée[127].

Gladys Jones finit par vendre le domaine pour aller habiter seule dans une maison, ce qui força Genene à trouver un appartement, même si sa mère continua à lui payer le loyer et lui verser une rente, tout en insistant pour qu'elle trouve rapidement un emploi. Genene s'inscrivit donc dans une école pour devenir esthéticienne.

Jimmy nc mit pas longtemps à revenir, après avoir été réformé. Il retourna vivre avec Genene, trouva un emploi de mécanicien tandis qu'elle devenait esthéticienne. En janvier 1972, elle donna naissance à son premier enfant, un garçon, et six mois après elle demandait le divorce – avant de se rétracter deux mois plus tard, et de se réconcilier avec Jimmy. En février 1974, elle redemanda le divorce, qui fut prononcé en juin de la même année. Genene était maintenant une jeune mère célibataire de vingt-trois ans. Elle reprit son nom de jeune fille.

Genene va à l'école d'infirmières

En 1976, Genene retomba enceinte. Elle ne sut jamais exactement qui était le père, mais il est possible que ce soit son ex-mari, Jimmy. Dans l'intervalle, son frère aîné (adopté comme elle) avait contracté un cancer des testicules auquel il avait succombé ; Genene devint obsédée par la maladie et se mit à aller voir le médecin à la moindre toux ou éruption de boutons. Elle avait trouvé un emploi dans un salon de beauté qui avait ouvert dans un hôpital de San Antonio, ce qui la décida à entamer une carrière médicale. Lorsqu'elle eut une crise d'urticaire, selon elle due aux produits de beauté qu'elle manipulait à longueur de journée, elle parvint à convaincre sa mère de lui payer une école d'infirmières. Elle choisit un cursus court, lui permettant donc de travailler le plus rapidement possible, même si cela voulait également dire que son salaire serait moins élevé, n'étant pas infirmière agréée.

Genene était faite pour cette profession, et avait de bien meilleures notes qu'au lycée. Ici elle était populaire, et jouait même aux coiffeuses-visagistes pour ses camarades de promo. Celles-ci se souviennent qu'elle n'était pas une étudiante très sérieuse, elle ne révisait pas pendant les pauses, elle plaisantait avec les professeurs pendant les cours et en cours d'anatomie elle dessinait des organes génitaux masculins sur son cahier, au lieu de prendre des notes. Pourtant, cela ne l'empêcha pas d'obtenir son diplôme en mai 1977 avec les félicitations. Elle était alors enceinte de sept mois : en juillet elle donna naissance à une fille.

Au vu des résultats encourageants de sa fille, Gladys Jones fit tout son possible pour l'aider à se lancer dans sa nouvelle carrière, l'aidant sur le plan financier comme en gardant ses enfants.

« Genene serait capable de poser une intraveineuse à une foutue mouche »

En septembre, Genene s'était assez remise de son accouchement pour commencer à exercer. L'hôpital méthodiste de San Antonio la recruta pour travailler au service de réanimation ; elle allait tenir sept mois avant d'être licenciée. Au départ, pourtant, Genene impressionna ses supérieurs par son enthousiasme et son dynamisme : les heures supplémentaires, lorsqu'il y avait un besoin, ne lui faisaient pas peur. Mais au bout de cinq mois, une note sur son dossier mettait en garde sur le fait que « Mme Jones a tendance à porter des jugements alors qu'elle n'en a ni l'expérience, ni l'autorité ».

Le 26 avril 1978, Genene fut licenciée à la suite des plaintes d'un patient cardiaque, qui déclarait que l'infirmière s'était mal comportée avec lui et l'avait traité durement. En apprenant cela Genene demanda à parler au patient, ce qui lui fut catégoriquement refusé, mais elle y alla quand même et fit une telle scène que le patient dut être mis sous sédatifs. Elle fut renvoyée pour « manquement aux devoirs de la profession et comportement déplacé en service ».

La pénurie d'infirmières frappant tout le pays à cette époque, Genene n'eut aucun mal à retrouver aussitôt un emploi dans un hôpital privé plus petit, dès le 15 mai. Elle y resta jusqu'au 16 octobre, car n'ayant pas eu le temps d'accumuler des congés maladie, elle dut démissionner – elle avait décidé de se faire ligaturer les trompes pour ne plus avoir d'enfants, alors que l'opération n'avait aucun caractère d'urgence.

Deux semaines plus tard, elle trouvait son troisième emploi en un peu plus d'un an, en répondant à une petite annonce pour le Bexar County, un énorme hôpital récemment construit qui fait également partie de l'école de médecine de l'université du Texas. On a avancé l'hypothèse selon laquelle elle avait été engagée, malgré son manque d'expérience et son dossier inégal, à cause de la sévère pénurie d'infirmières. Elle fut affectée à l'un des postes les plus délicats, à l'unité de soins intensifs pédiatriques. C'était un petit service spécialement aménagé pour gérer les urgences infantiles, où les enfants gravement malades étaient mis dans des sortes de box en verre, afin de pouvoir les observer vingt-quatre heures sur vingt-quatre. Les infirmières de ce service forment une espèce à part, car leur travail requiert une grande concentration (à cause du monitoring constant des petits patients) et un sang-froid à toute épreuve lorsqu'un « Code Bleu » est déclenché, c'est-à-dire qu'un patient fait un arrêt cardiaque ou respiratoire. Médecins et infirmières se précipitent alors auprès du patient avec un « chariot d'urgence », contenant du matériel et des médicaments d'urgence, pour tenter de le ranimer. Les infirmières les plus expérimentées de ce service ont la capacité troublante de déceler un problème imminent chez un patient et d'intervenir avant un Code Bleu : elles forment une sorte d'équipe d'élite, fière et dynamique.

Dès son arrivée, Genene devint une source de préoccupation pour ses collègues. L'infirmière qui lui montra ce qu'elle devrait faire se souvient très bien d'avoir été perturbée par la réaction de Genene, qui était devenue « dingue » en apprenant le décès d'un nourrisson de six jours atteint d'une maladie incurable, dont on venait de lui donner la charge. Elle n'avait quasiment pas eu de contact avec le petit malade mais s'était mise à sangloter de façon théâtrale, puis avait amené un tabouret dans le box du nourrisson décédé et était restée là pendant des heures, à pleurer. Ce n'était pas une attitude normale.

Malgré ces doutes, Genene réussit à impressionner ses supérieurs. Les infirmières agréées (qui avaient fait un cursus d'études long) regardaient en général les autres infirmières, comme Genene, de haut ; mais celle-ci, qui était de service entre 15 heures et 23 heures (le plus chargé), leur en mettait plein la vue avec son enthousiasme, ses connaissances et ses compétences techniques. Elle en savait beaucoup plus en anatomie et en physiologie que ne le laissait présager le cursus qu'elle avait suivi, et si d'aventure elle ne cernait pas quelque chose, on la voyait aller regarder dans les manuels de médecine pour comprendre.

Elle se distinguait notamment par son extraordinaire talent à poser une intraveineuse. Cette tâche, loin d'être aisée à accomplir sur un patient adulte, est encore plus difficile lorsqu'il s'agit d'un enfant ou d'un nourrisson, leurs veines étant tellement fines – certaines infirmières ne parviennent jamais à maîtriser totalement cet art au cours de leur carrière. Genene était une championne, elle ne ratait jamais une veine ; rapidement, les autres infirmières prirent l'habitude de lui demander de le faire. Dans le service, on disait que « Genene serait capable de poser une intraveineuse à une foutue mouche ». Parmi ses fans, elle comptait l'infirmière en chef de l'hôpital et le médecin chef de son service. Ils l'encouragèrent tous deux à retourner à l'école d'infirmières pour terminer le cursus long et devenir infirmière agréée ; dans son évaluation, une seule remarque négative fut notée : « doit essayer de mieux contrôler son émotivité ».

En revanche, l'une des choses que les médecins n'aimaient pas à son propos, c'était la tendance de Genene à les appeler constamment (quatre fois plus que ses collègues) pour qu'ils viennent voir des patients qui, d'après elle, avaient tel ou tel problème. Cette propension agaçait particulièrement les internes, qui étaient bien souvent de service pendant trente heures non stop, et tentaient donc de faire des micro-siestes entre les appels ; chose quasiment impossible lorsque Genene était de service.

Au fil du temps, Genene commença à être réputée pour cette capacité à déceler un problème chez un patient pour lequel un Code Bleu était sur le point d'être déclenché. Lorsqu'elle annonçait qu'un patient allait avoir une attaque ou un arrêt cardiaque, même s'il dormait apparemment paisiblement, elle avait fréquemment raison. Parallèlement, et de façon assez étrange, elle accumula également toute une série de graves erreurs – huit, rien que la première année. Elle manqua d'obéir aux ordres d'un médecin qui lui avait demandé d'administrer un médicament à un enfant. Elle ne remarqua pas une intraveineuse défaillante posée sur l'un de ses patients. Elle administra des surdoses de médicaments dans l'intraveineuse ; pour un patient, elle avait mis dix fois la dose normale. Lorsqu'on l'envoya voir un conseiller pour discuter de ces erreurs, elle nia les avoir commises ou bien fournit des explications quelque peu alambiquées. Après avoir commis quatre erreurs dans l'administration d'un médicament en douze mois, elle fut contrainte de retourner en cours pour réapprendre les bases ; par deux fois, elle ne s'y présenta pas.

Par ailleurs, il lui arrivait de s'attacher à certains patients et de rester avec eux même lorsque son service était terminé. Un jour on la trouva assise auprès d'une petite fille de dix mois qui avait des problèmes cardiaques, alors qu'elle n'était plus en service. Lorsque l'infirmière en chef venue la déloger de là lui dit de rentrer chez elle, elle refusa, en expliquant que la petite fille avait *besoin* d'elle. Plus tard, lorsqu'on lui demanda de justifier son comportement ce jour-là, elle écrivit : « J'avais le sentiment que l'aider dans cette crise, la pire pour elle, était très important, non seulement pour moi mais pour elle aussi. » On la notifia du fait que si elle désobéissait de nouveau aux ordres, elle serait suspendue et probablement licenciée.

Deux mois plus tard, après avoir terminé son service la veille, Genene arriva à l'hôpital à l'improviste, à cinq heures du matin, et se rendit au chevet d'un autre de ses petits patients. Elle eut le temps d'attraper une seringue et de tripoter l'intraveineuse de l'enfant alité avant que le personnel de service, voyant qu'elle avait l'haleine chargée, lui ordonne de sortir. Elle fut sanctionnée pour avoir « singulièrement manqué de jugement », mais fut ensuite autorisée à retourner travailler.

Dans son dossier, se côtoyaient ainsi les rapports sur ses erreurs et autres fautes professionnelles et les recommandations pour « contribution exemplaire », comme celle-ci : « Ces quatre derniers mois, alors que le service de soins intensifs pédiatriques subissait une grave pénurie de personnel, Mme Jones a fait douze journées supplémentaires pour contribuer à assurer le bon fonctionnement du service ; ce faisant, elle a bien souvent sacrifié des jours de congés… Mme Jones doit être recommandée, pour son soutien et son dévouement au service. »

« On aurait dit qu'elle savait ce qui allait se passer »

Le service était à présent divisé au sujet de Genene Jones. Elle continuait à avoir des rapports très proches avec l'entourage des patients, et répondait souvent présente lorsqu'il s'agissait de consoler les parents d'un enfant décédé. Mais avec ses collègues elle était grossière et vulgaire, elle racontait souvent des blagues salaces et se répandait en invectives d'une voix forte ; elle ne se privait pas non plus de dire ce qu'elle pensait des autres membres du personnel, médecins comme infirmières.

Comme à l'époque du lycée, Genene aimait être le centre d'attention et racontait des mensonges démesurés sur elle-même, par exemple qu'elle s'était retrouvée dans le coma après un accident de la route, ou qu'elle avait tiré sur son beau-frère dans l'aine après qu'il eut frappé sa sœur.

Séparées de près d'un siècle d'existence, Genene Jones et Jane Toppan ont des personnalités qui n'en demeurent pas moins incroyablement similaires, notamment en ce qui concerne les histoires à dormir debout, l'hostilité et les divergences d'opinion entre les personnes qui les encadraient et celles qui devaient travailler au jour le jour avec elles.

Par exemple, Genene Jones devint très autoritaire dans son travail : si un médecin mettait en doute ses conseils, elle en appelait simplement un autre. Elle contestait tout, les médicaments, les dosages, les traitements. Et lorsque le médecin passait outre ses recommandations, elle lui prédisait une catastrophe : « Ce gosse va mourir si vous ne faites pas ça. »

Aux changements de services, les infirmières se réunissaient pour discuter de l'état de leurs patients ; Genene ne manquait pas de faire de sinistres annonces lors de ces réunions, prévenant que tel ou tel patient pourrait peut-être bien ne pas passer la nuit. Ainsi qu'une des infirmières agréées l'expliqua par la suite : « Ce n'était pas comme si elle faisait des prédictions. On aurait dit qu'elle *savait* ce qui allait se passer. »

Pendant toute cette période, Genene fréquenta également elle-même beaucoup l'hôpital en tant que patiente. En vingt-sept mois de travail au Bexar County, elle se rendit une trentaine de fois à la clinique de jour ou aux urgences, se plaignant d'une infinie variété de problèmes : diarrhée et crampes abdominales, vomissements, gastroentérite aigüe, indigestion, renvois et « brûlures » dues à une constipation. Elle avait des douleurs fulgurantes à la poitrine et se sentait prise de vertiges. Elle s'était coupé le pouce, ses mains la grattaient. Des saignements menstruels trop abondants – ou trop peu abondants. Des maux de gorge, des allergies aux médicaments. Des douleurs à la nuque, au genou, à l'estomac, dans le bas du dos. Son hypocondrie ne connaissait pas de limites.

En 1981, Genene demanda à être affectée auprès des patients les plus atteints. Pour être plus précis, elle l'exigea, et se mit à refuser de s'occuper des patients ayant selon elle des maladies banales. Elle avait réussi à exercer une domination sur le service entier, à force d'enfreindre les règles sans que cela ait de conséquences pour elle. Elle arrivait donc en avance pour choisir ses patients, en notant son nom au crayon sur les feuilles de suivi des enfants qui l'intéressaient. De cette manière, elle était certaine d'avoir affaire plus fréquemment que les autres à des Codes Bleus, dont l'excitation qui les accompagnait lui plaisait. De ces urgences, Genene dirait plus tard : « C'est une expérience incroyable. Bon sang, ça fiche la trouille. On est conscient de tout ce qui nous entoure, mais on n'écoute vraiment que deux ou trois personnes... Il faut vraiment arriver à se contrôler physiquement, parce qu'on est tout excité[128]. »

Lorsque ses patients succombaient, Genene craquait et se mettait à pleurer. Certes, il arrive que des infirmières ne parviennent pas à retenir leurs pleurs lorsqu'il s'agit de patients avec qui elles ont développé une vraie relation ; mais Genene, elle, pleurait chaque patient décédé – et ils étaient de plus en plus nombreux. Elle demandait au médecin d'attendre avant de l'annoncer aux parents, et pendant ce temps-làberçait le bébé mort. La procédure voulait que l'infirmière emmène le corps sur une civière à la morgue mais Genene, les joues ruisselantes de larmes, les portait dans ses bras jusqu'au sous-sol, telle une mère éplorée.

Par contraste, chez elle Genene ignorait la plupart du temps ses deux enfants, et les laissait en garde à sa mère. Le garçon, qui était l'aîné, commençait déjà à traîner seul dans les rues, et les voisins le soupçonnaient d'être un voleur.

Congédiée mais « peut être réembauchée »

Le nombre de patients dont Genene s'occupait et dont elle pronostiquait (à raison) qu'ils allaient mourir commença à augmenter de façon alarmante. Les médecins, qui ne restaient pas en permanence dans le service, ne voyaient pas qu'il se passait quelque chose d'anormal – mais les infirmières, si. Lorsque certaines firent part de leurs inquiétudes à une supérieure, celle-ci écarta leurs objections. Défendant Genene, elle alla jusqu'à les accuser de jalousie et menaça de punir toute personne qui oserait en reparler sans apporter de preuve manifeste. Ce que fit l'une des infirmières : elle rassembla des statistiques sur le taux de décès dans le service, en spécifiant qui s'était occupé de chaque patient décédé. Malgré cette preuve par les chiffres, la supérieure continua à défendre Genene, rappelant à toutes qu'elle se portait volontaire pour s'occuper des cas les plus critiques : il était donc logique que son taux de décès soit plus élevé. Mais au final, elle s'avéra être bien loin du compte.

Ces statistiques révélèrent en effet un total de quarante-trois décès dans le service de soins intensifs pédiatriques entre le 1er janvier 1981 et le 17 mars 1982. Quinze infirmières s'étaient occupées de ces patients, dont Genene Jones. Mais ses patients représentaient 50 % des décès (vingt-deux sur les quarante-trois). En outre, Genene avait assisté aux décès de sept patients supplémentaires, après s'être portée volontaire. Les chiffres avaient parlé, et ne pouvaient être ignorés. Il fallut trois mois pour qu'une enquête interne soit ouverte.

Sa conclusion était formelle : soit Genene Jones était gravement incompétente, soit elle tuait délibérément ses patients – mais aucune preuve spécifique ne venait corroborer cette suggestion. Ainsi que l'expliqua l'avocat de l'hôpital aux enquêteurs, par la suite : « Dans toute cette affaire, le plus gros problème pour l'hôpital restait le risque de se faire poursuivre en justice par Genene s'ils ne trouvaient pas assez de preuves pour étayer leurs soupçons. » Il fallait donc régler tout cela à l'amiable, et étouffer l'affaire.

Mais que faire de Genene Jones ? À en juger par sa réaction quant aux plaintes inscrites dans son dossier, elle n'allait sûrement pas se laisser tranquillement congédier, et ne semblait pas non plus disposée à démissionner. Les enquêteurs trouvèrent donc un stratagème : si l'on faisait valoir que désormais seules des infirmières agréées pouvaient travailler dans le service de soins intensifs pédiatriques, Genene Jones, qui n'avait jamais complété le cursus, devrait en partir. Lorsqu'il fallut trouver d'autres affectations pour les infirmières du même niveau que Genene, seule cette dernière et celle qui s'était plainte à son propos restèrent sans poste. Genene dut donc plier bagage en mars 1982 sans faire d'histoires, même si elle ne se gêna pas pour manifester son mécontentement : on la soupçonne d'avoir envoyé des lettres de menace à certains membres du personnel. Dans son dossier professionnel, on nota : « peut être réembauchée », sans oublier les lettres de recommandation.

Lorsque, au printemps 1982, le Dr Kathleen Holland appela l'hôpital car elle souhaitait proposer un poste à Genene dans la clinique pédiatrique qu'elle avait l'intention d'ouvrir dans la petite ville de Kerrville, on lui confirma son statut d'infirmière apte à être « réembauchée ». En privé, certains médecins du service mirent le Dr Holland en garde au sujet de l'infirmière, mais jamais ils n'entrèrent dans le détail, rapportant seulement sa tendance à être autoritaire. Le Dr Holland n'en tint pas compte : elle avait besoin d'une personnalité passionnée par son travail, et n'avait de toute façon pas les moyens d'embaucher une infirmière agréée. Elle offrit donc le poste à Genene ; mieux encore, elle loua également une maison avec elle – désormais, elles vivraient toutes les deux, avec les deux enfants de Genene.

De nouveau, les similitudes entre Genene Jones dans les années 1980 et Jane Toppan dans les années 1880 sont troublantes. Toppan aussi avait été bardée de lettres de recommandation pour les autres hôpitaux, malgré un taux inexplicablement élevé de décès chez ses patients, et on avait finalement réussi à se débarrasser d'elle dans des circonstances tout aussi ambiguës.

« Je me suis dit que je pouvais la laisser prendre Chelsea quelques minutes »

Genene commença son travail à la clinique du Dr Holland le lundi 23 août 1982 ; la chronologie des événements prend ici une importance capitale. Ce jour-là, elles n'eurent qu'un patient ; le lendemain également.

Petti et Reid McClellan, âgés de vingt-sept ans tous les deux, correspondaient exactement au profil de clients qu'espérait voir arriver dans sa clinique le Dr Holland. Née prématurément, leur fille Chelsea souffrait de problèmes respiratoires depuis la naissance. Après une assez longue hospitalisation et d'autres alertes sur son état de santé, Petti et Reid furent enchantés d'apprendre l'ouverture de la clinique à Kerrville : ils habitaient à vingt-cinq kilomètres de là, seulement, alors que San Antonio était quatre fois plus loin et qu'à l'hôpital local il n'y avait pas de pédiatre. Lorsque la petite Chelsea (quatorze mois) sembla avoir attrapé « un rhume de cerveau », Petti décida d'en profiter pour aller consulter à la clinique qui avait ouvert la veille. Vers 13 heures, ce mardi 24 août, elle poussa la porte de la clinique avec sa fille, et demanda à voir le Dr Holland.

Tandis que le docteur posait des questions à Petti sur les antécédents de Chelsea, la petite fille se dégagea des bras de sa mère en se tortillant et se mit à attraper tout ce qui se trouvait à sa portée sur le bureau de Holland. Petti raconta par la suite qu'une femme souriante passa alors la tête dans l'embrasure de la porte en disant : « Madame McClellan, et si vous me laissiez prendre Chelsea pendant que le Dr Holland et vous finissez votre conversation ? »

« C'était l'infirmière, expliqua Petti. Je ne l'avais jamais rencontrée, mais je me suis dit que je pouvais la laisser prendre Chelsea quelques minutes. »

Genene Jones emmena la petite fille qui babillait, en lui susurrant : « Allez viens, on va jouer. »

Petti continua donc à expliquer les problèmes de santé de sa fille au médecin, se sentant un peu gênée de l'avoir amenée pour si peu, mais mieux valait prévenir que guérir. Le Dr Holland la rassura en lui disant qu'elle avait bien fait ; plus tard, elle déclarerait sous serment qu'à cet instant précis, elle entendit un bruit provenant de la salle d'examen qui la déconcentra. Elle n'entendait plus que la voix de Genene qui disait, depuis l'autre pièce : « Ne t'endors pas, bébé. Réveille-toi. Réveille-toi, Chelsea. Ne t'endors pas. »

C'était pour le moins bizarre, étant donné que cinq minutes plus tôt la petite Chelsea s'amusait dans son bureau. Holland tenta de refouler la vague d'angoisse qui montait en elle et de reporter son attention sur la mère, qui parlait toujours, mais elle entendit Genene l'appeler : « Docteur Holland, pourriez-vous venir ici tout de suite, s'il vous plaît ? » Au son de sa voix, glaciale, on sentait bien que c'était urgent.

Chelsea était allongée sur la table d'examen, inconsciente, et Genene appuyait un masque à oxygène sur son visage. « Elle a eu une attaque, dit-elle. Elle a arrêté de respirer. »

Kathleen l'intuba en urgence, tandis que Genene

s'affairait avec une grande efficacité, trouvant puis tendant au médecin les ustensiles requis. Cette dernière eut le temps de se féliciter d'avoir choisi cette infirmière : Genene agissait en vraie pro et gardait son sang-froid, même sous pression. Elle posa une intraveineuse à Chelsea, suivant les ordres de Kathleen, et y injecta un médicament censé contrer l'acidité qui augmentait rapidement dans son système circulatoire défaillant. Ensuite elles appelèrent une ambulance, et la petite fille fut emmenée d'urgence à l'hôpital de Kerrville, non loin de là ; elle y fut admise à 13 h 35.

Deux heures et demie plus tard, Chelsea était assise dans son lit et souriait à sa maman, ce qui ne manqua pas de plonger tout le monde dans la perplexité. Pendant les dix jours suivants on lui fit subir toute une batterie d'examens, mais on ne trouva rien. Chelsea finit par être renvoyée chez elle. Petti était reconnaissante au Dr Holland et à son infirmière pour leur rapidité d'intervention. Elle vanta les mérites de la clinique auprès de tous les parents qu'elle connaissait, les enjoignant d'y emmener leurs enfants malades.

Le vendredi 27 août, une jeune mère amena son bébé de trois mois, une fille nommée Brandy, qui souffrait de diarrhées sanguinolentes. Après examen du nourrisson, le Dr Holland décida qu'elle devait être transférée à l'hôpital local, pour y rester en observation. Elle mit Brandy sous oxygène et demanda à Genene de lui poser une intraveineuse ; elle avait décidé que telle serait la procédure pour les transferts de routine à l'hôpital, car elle souhaitait que ses patients arrivent là-bas déjà préparés, afin d'être pris en charge immédiatement. Ensuite elle laissa le bébé seul avec Genene, pour appeler l'hôpital et organiser le transfert.

À son retour cinq minutes plus tard, elle prit peur en constatant que l'état du bébé avait empiré : son visage était devenu livide, ses extrémités avaient bleui et sa respiration était très lente. Elle passa immédiatement en procédure d'urgence.

À l'hôpital, Kathleen Holland parvint à stabiliser l'état de Brandy, mais elle ne s'expliquait toujours pas comment elle en était arrivée là. Elle décida de transférer le bébé dans un service pédiatrique de San Antonio. Brandy fut donc intubée, on lui posa une intraveineuse et on la relia à un électrocardiographe pour faire le voyage en ambulance jusqu'à San Antonio. Genene Jones, Phillip Kneese (auxiliaire médical) et Sarah Mauldin (infirmière agréée) montèrent tous trois avec l'enfant ; quant à Holland, elle suivit dans sa propre voiture, car elle souffrait du mal des transports. Au moment de partir, Sarah Mauldin était formelle : Brandy respirait normalement.

Mais à mi-chemin, le bébé eut soudain un arrêt cardiaque. L'ambulance s'arrêta sur le bas-côté, et le Dr Holland monta. Elle lui fit un massage cardiaque, avec succès. Elle remonta ensuite dans sa voiture pour continuer le voyage. Dans l'ambulance, en dépit du fait que Mauldin était l'infirmière la plus qualifiée, ce fut Genene Jones qui prit les choses en main : elle posa une seconde intraveineuse sur le pied de Brandy.

L'auxiliaire médical déclara plus tard : « L'ambulance n'était pas équipée pour poser des intraveineuses, elle avait donc forcément emmené le matériel avec elle… C'est difficile à expliquer, elle avait l'air déterminée, dans le sens où elle donnait tout le temps l'impression de savoir exactement ce qu'elle faisait. J'ai simplement pensé que l'enfant en avait besoin, pour une raison que j'ignorais. »

Sarah déclara sous serment que Genene s'était alors tournée vers elle et l'avait regardée dans les yeux avant de lui lancer, « d'une voix où l'on sentait pointer l'excitation : "L'état de la gosse empire. Ballonne à fond." Et j'ai obéi. »

« Ballonner » veut dire pomper à la main une sorte de poche (ressemblant à un ballon) gonflée d'oxygène et rattachée à des tubes reliés aux voies respiratoires du patient. Inutile de dire que Brandy survécut de justesse à son voyage jusqu'à San Antonio.

La clinique du Dr Holland avait eu à gérer deux arrêts cardiorespiratoires pendant ses quatre premiers jours d'activité. Mais Kathleen Holland était un jeune médecin inexpérimenté : jusque-là, elle n'avait travaillé que dans un grand hôpital en milieu urbain, où l'on avait à s'occuper de patients gravement malades – elle n'avait aucun moyen de savoir combien ces événements étaient exceptionnels, statistiquement parlant, pour une clinique située dans une petite ville comme la sienne. Elle ignorait notamment qu'en quarante ans de carrière, le vieux médecin de Kerrville n'avait eu à gérer qu'un seul arrêt respiratoire chez un enfant.

Le mardi suivant, le 30 août, Genene accompagna un petit patient lors de son transfert par hélicoptère vers l'hôpital de San Antonio. Les deux médecins militaires qui pilotaient l'engin n'en crurent pas leurs yeux lorsqu'ils virent le petit Jimmy Pearson faire un arrêt cardiaque, alors que quelques minutes auparavant son électrocardiogramme était stable. Et comment oublier le comportement pour le moins déroutant de l'infirmière ? L'adjectif qui revient dans tous les témoignages (celui de la mère du garçon, également) pour qualifier le comportement de Genene est : *excité*. L'enfant mourut sept semaines plus tard à l'hôpital ; mais comme il avait des antécédents de nombreuses maladies (sauf d'arrêt cardiaque ou respiratoire), et comme le Dr Holland ne reçut aucun rapport des événements qui s'étaient déroulés dans l'hélicoptère, n'étant pas le médecin traitant de ce garçon, l'affaire s'en tint là.

Le vendredi 3 septembre, ce fut au tour de la petite Misty, vingt et un mois, de faire un arrêt respiratoire dans la salle d'examen de la clinique du Dr Holland, alors que celle-ci organisait son transfert vers l'hôpital de Kerrville. Elle avait diagnostiqué, avec son éminente infirmière, ce qui aurait pu être les premiers signes de la méningite. De nouveau, malgré toute une batterie de tests effectués aux urgences de l'hôpital, la cause de l'arrêt demeura inconnue.

Le samedi 11 septembre, Mary Morris, infirmière à l'hôpital de Kerrville, vit sur le tableau qu'une patiente se plaignant d'un ulcère, du nom de Genene Jones, avait été admise. Elle avait fait l'école d'infirmières avec une fille du même nom, et alla la voir : c'était bien elle.

En bavardant, Mary fut surprise d'apprendre que Genene travaillait ici même, à Kerrville, à la clinique du Dr Holland. Genene ajouta quelque chose d'étrange – elle était aussi venue à Kerrville pour une autre raison : elle allait aider l'hôpital à mettre en place un service de soins intensifs pédiatriques, et ensuite on lui en donnerait la direction.

Pour Mary, tout cela était ridicule. Premièrement, Genene n'était même pas agréée, il était donc tout à fait improbable qu'elle soit nommée à la tête d'un tel service ; et deuxièmement, il n'y avait pas assez d'enfants malades à Kerrville pour légitimer la mise en place d'un tel service. Elle répondit donc à Genene que cela faisait deux ans maintenant qu'elle travaillait ici, et que « oui, c'est sûr, on a des enfants malades, mais je ne suis pas sûre qu'il y en ait assez dans la région pour justifier un service de soins intensifs en pédiatrie ».

Ce à quoi Genene répliqua : « Oh, si, il y en a. Il suffit juste d'aller les chercher. »

Mais parfois, on les lui apportait directement sur un plateau.

Le vendredi 17 septembre, Petti avait ramené Chelsea à la clinique pour une seconde visite de routine : on devait la vacciner. La petite fille s'était tout à fait remise de l'épisode récent, et ce matin-là, elle était très alerte.

Après avoir examiné la petite et confirmé que tout allait bien, le Dr Holland confia à son infirmière le soin de la vacciner. Genene dit alors à la mère : « Vous devriez attendre à l'extérieur, madame McClellan. Je sais que les mères n'aiment pas voir leurs enfants recevoir des piqûres, en général. »

Mais cela ne gênait pas du tout Petti, qui préférait rester avec sa fille. Elle se souvient que l'infirmière sembla mécontente d'entendre cela, et qu'« elle avait l'air un peu vexé ».

Dans la salle d'examen, Petti vit deux seringues remplies prêtes à l'emploi. Quelques secondes après la première piqûre, Chelsea réagit. Petti se rappelle : « Mon Dieu, j'ai pensé, qu'est-ce qui se passe ? J'avais l'impression qu'elle ne respirait pas correctement, et ses yeux me regardaient bizarrement. Elle gémissait un peu – on aurait dit qu'elle essayait de me dire, “Aide-moi”, mais elle ne pouvait pas. »

Petti dit aussitôt à l'infirmière que quelque chose n'allait pas, mais Genene la coupa en disant : « Elle est simplement fâchée parce qu'on lui fait des piqûres. Ce n'est rien. Elle réagit à la douleur. » Petti protesta :

« Non, arrêtez. Elle ne se comporte pas normalement. Elle a une autre attaque ! »

Genene ne l'écouta pas. Marmonnant quelque chose comme : « Je dois lui faire cette autre piqûre », elle enfonça la seringue dans le corps de la petite fille et lui injecta le produit qu'elle contenait. Selon Petti, sa fille arrêta de respirer et devint toute bleue ; puis ses membres « devinrent mous, comme une poupée de chiffon », déclara-t-elle plus tard, au tribunal.

De nouveau on déclencha la procédure d'urgence, puis on la transféra à l'hôpital. Là, les choses revinrent à la normale et le Dr Holland décida de transférer l'enfant à San Antonio pour plus de sûreté. L'hélicoptère étant indisponible, ils durent se rabattre sur une ambulance – comme la dernière fois, avec Genene près de la patiente, et le Dr Holland dans sa voiture. Ils n'étaient pas partis depuis dix minutes que Chelsea avait une crise cardiaque. Lorsque Kathleen monta dans l'ambulance, Genene était en train de faire un massage cardiaque. « C'est plat ! » s'écria-t-elle, ce qui voulait dire que son électrocardiogramme ne montrait qu'une ligne verte plate : il n'y avait plus de pouls.

Holland s'en assura par elle-même et ordonna à Genene de lui faire les injections de médicaments d'urgence. Genene sortit quelques seringues de son sac (la mère de Chelsea l'avait vue les emporter) et lui injecta de l'adrénaline, du chlorure de calcium et du bicarbonate de sodium – mais sans résultat.

Holland ordonna alors que l'ambulance se rende à l'hôpital le plus proche, en Code Bleu. Ils arrivèrent à 13 h 05, et bientôt le seul espoir qui restait fut la défibrillation, mais les palettes n'étaient pas adaptées à son petit corps. À 13 h 20, Chelsea fut déclarée morte.

Les personnes présentes (à part Holland, qui était en état de choc) se souviennent de Genene sortant de la pièce avec le bébé décédé enveloppé dans une couverture qu'elle tendit à sa mère. Mais plus tard, elle reprit Chelsea dans ses bras, berçant le corps inanimé, et tout en sanglotant repartit en ambulance jusqu'à l'hôpital de Kerrville pour mettre elle-même le corps à la morgue.

Ce même après-midi, de retour à la clinique, elle écrivit dans le journal de bord du bureau, en très gros :

> … RÉANIMATION ABANDONNÉE. PARENTS INFORMÉS DU DÉCÈS PAR DR HOLLAND. BÉBÉ TRANSPORTÉ À L'HÔPITAL SID PETERSON PAR LES AMBULANCIERS ET MOI-MÊME, PUIS EMMENÉ À LA MORGUE. J'AURAIS DONNÉ MA VIE POUR ELLE. AU REVOIR, CHELSEA

Tout de suite après, Genene se pencha sur le cas d'un petit garçon de cinq mois, Jacob, emmené là par ses grands-parents et sa mère, Lydia, parce qu'il avait été grognon toute la semaine. Le Dr Holland n'était pas encore revenue à la clinique, mais la réceptionniste leur dit que l'infirmière pouvait commencer l'examen de l'enfant.

Tout se passa normalement ; l'infirmière pesa et mesura le bébé, puis demanda à la mère ses antécédents médicaux. Sauf une chose, expliqua Lydia à la cour, lorsqu'on l'appela à la barre :

> Je me souviens qu'elle revenait constamment à ses yeux – elle le regardait droit dans les yeux – et elle tou-

chait aussi beaucoup sa tête. Elle semblait inquiète et dit quelque chose sur son œil gauche qui ne répondait pas correctement à la lumière, que la pupille était molle, ou quelque chose comme ça, mais l'œil droit semblait normal, d'après elle. Je n'avais jamais remarqué que Jacob avait un problème aux yeux, et je ne voyais pas non plus quel était le souci à ce moment-là – mais je n'ai pas vraiment « revérifié » derrière elle.

Genene expliqua à Lydia et ses parents qu'elle avait détecté un mouvement oculaire typique des cas d'attaques, et qu'il valait peut-être mieux transférer Jacob à l'hôpital pour lui faire des analyses. Elle quitta la pièce un instant et déclara en revenant que le Dr Holland l'avait autorisée à faire une prise de sang et à poser une intraveineuse à Jacob, afin de préparer son transfert.

Mais Lydia s'en émut, et commença à avoir des doutes à propos des « analyses » – peut-être devraient-ils attendre un peu et y réfléchir. Les assurant que tout irait bien, Genene la poussa alors, elle et ses parents, hors de la salle d'examen, en ajoutant : « À présent, messieurs dames, je dois le préparer pour le transfert. Moi aussi je suis une mère et je sais ce que ça fait de voir son enfant malheureux. Il vaudrait mieux que vous alliez attendre à l'accueil. »

La mère de Lydia s'en mêla, disant que sa fille pouvait sortir mais qu'elle serait heureuse de pouvoir aider l'infirmière. Genene insista sur le fait que le règlement interdisait qu'un parent soit présent lorsqu'il y avait une « procédure délicate » à effectuer.

Assis dans la salle d'attente, Lydia et ses parents entendirent Jacob crier de façon atroce. « Ce n'était pas les cris habituels d'un bébé, déclara sous serment la grand-mère. C'était un hurlement. C'était un cri de terreur. Il cria plusieurs fois, et puis, en plein cri – comme si c'était une bande qu'on aurait arrêtée –, plus rien, juste un silence de mort. »

Kathleen Holland était toujours à l'hôpital pour remplir les papiers nécessaires à la suite du décès de Chelsea. Elle avait été prévenue de la venue du petit Jacob à la clinique et avait demandé à la secrétaire de les envoyer directement à l'hôpital pour examen. Mais à présent elle apprenait qu'il avait eu un arrêt respiratoire à la clinique et qu'elle devait s'y rendre immédiatement.

Le temps qu'elle arrive, le petit Jacob était déjà dans l'ambulance. Montant dedans avec Genene, elle lui demanda ce qu'il s'était passé : « Il a eu une attaque. J'ai dû appeler le médecin d'à côté. Il m'a ordonné d'administrer 180 milligrammes de Dilantin [un antiépileptique]. » Selon Holland, Genene toussa à cet instant-là et, roulant des yeux, ajouta : « Je savais que c'était beaucoup trop, alors je ne lui en ai donné que 80. »

L'état de Jacob fut stabilisé à l'hôpital et après six jours d'examens, ils n'arrivaient toujours pas à déterminer la cause de l'arrêt respiratoire.

« Vous avez une tueuse d'enfants sur les bras »

Au contraire des gros hôpitaux de San Antonio, celui de Kerrville était une petite infrastructure où tout le monde se connaissait et savait également ce qu'il se passait en ville. Cinq attaques traitées en urgence à la clinique pédiatrique récemment ouverte ne pouvaient pas passer inaperçues. « Il devait forcément y avoir un problème », commenta plus tard un médecin exerçant en ville.

Plus troublant encore, tout revenait à la normale dans l'heure, quasiment – à moins que Genene Jones n'accompagne les patients en transfert, auquel cas systématiquement, en chemin, ils avaient une autre attaque.

Le mercredi 22 septembre, les médecins dirigeants de l'hôpital décidèrent de convier le Dr Holland à un entretien le jour suivant, afin de discuter du problème. Ils décidèrent également qu'à la prochaine urgence transférée de la clinique, ils ne manqueraient pas d'être présents pour observer attentivement ce qu'il se passait. Ils n'eurent pas longtemps à attendre.

Le lendemain, jeudi 23, le Dr Holland eut à traiter le cas d'une petite fille de cinq mois souffrant de diarrhée et de déshydratation. Préférant l'emmener à l'hôpital pour observation, elle prépara son transfert en posant elle-même l'intraveineuse – et pendant qu'elle faisait cela, elle demanda à Genene de préparer le médicament à injecter dedans. Puis elle se fit passer la seringue et procéda elle-même à l'injection ; quelques minutes plus tard, le bébé faisait un arrêt respiratoire et devait être emmené à Sid Peterson.

Lorsque l'on sut à l'hôpital qu'un nouveau Code Bleu arrivait de la clinique de Holland, quasiment tous les médecins en service vinrent dans la salle pour observer.

Comme d'habitude, le bébé sembla se remettre ; mais lorsqu'on essaya de l'intuber, il se mit à convulser et à se débattre. L'un des médecins présents, un anesthésiste, reconnut immédiatement ces signes : l'enfant était en fait en train de se remettre des effets d'un certain type d'anesthésique, l'Anectine, un médicament à base de curare dont on se sert pour relâcher les muscles lors des opérations délicates. Il provoque une paralysie temporaire de tous les muscles du corps, dont le diaphragme (une assistance respiratoire est donc indispensable), et même le cœur, s'il est administré à forte dose.

Mais la journée était loin d'être finie. Une autre maman venue consulter le Dr Holland à la clinique avait amené son bébé souffrant d'une otite à l'hôpital, sur les conseils de Genene Jones – dès qu'elle avait un moment, elle l'examinerait. Le précédent Code Bleu étant stabilisé, l'infirmière alla voir la mère et emmena son enfant dans une salle d'examen. Quelques minutes plus tard elle déclenchait un nouveau Code Bleu. Les médecins réagirent rapidement et sauvèrent l'enfant ; mais, fait étonnant, lorsque Kathleen Holland arriva sur les lieux, elle trouva une seringue à moitié remplie dans le lit du petit garçon, et après avoir demandé sans succès aux infirmières présentes (dont Genene) ce que c'était, elle vida le contenu de la seringue sur le sol et dit aux infirmières de s'en débarrasser.

Le soir, alors que Kathleen Holland, exténuée, et son infirmière sortaient de l'hôpital et s'arrêtaient un instant devant une plaque commémorative fixée à l'entrée, Genene lança, d'un air mélancolique : « Peut-être qu'un jour on créera ici un service de soins intensifs pédiatriques à la mémoire de Chelsea McClellan. »

Quasiment au même moment, les médecins de l'hôpital se réunissaient pour discuter des événements de la journée et des soupçons de l'anesthésiste. Ils décidèrent d'appeler les collègues qu'ils connaissaient au Bexar County, l'hôpital de San Antonio, pour rassembler le plus d'informations possible sur le Dr Kathleen Holland. C'est ainsi qu'ils apprirent par un interne qu'effectivement il y avait récemment eu un problème en pédiatrie : un taux de décès anormalement élevé que personne ne s'expliquait, et dont le dénominateur commun se trouvait être une infirmière travaillant dans le service.

S'appelait-elle Genene Jones ?

L'interne ne s'en souvenait plus ; il allait vérifier et rappeler.

Cinq minutes plus tard, le téléphone sonna : « Vous avez une tueuse d'enfants sur les bras », annonça-t-il.

Le 24 septembre, Kathleen fut convoquée à l'hôpital. Onze médecins lui faisaient face, dont un psychiatre. Ils commencèrent à lui poser des questions, écoutant attentivement ses réponses tout en observant son langage corporel. Un grand nombre d'enfants tombait malade à sa clinique, semblait-il. Pourquoi, selon elle ?

Kathleen expliqua que chaque enfant était un cas particulier qu'elle avait passé en revue et qui s'expliquait. Elle apparut tendue aux médecins, mais professionnelle, et au final sincère. Ils lui posèrent toutes sortes de questions sur son approche de la pédiatrie, ses méthodes, les instruments qu'elle utilisait, les médicaments qu'elle stockait. À un moment donné ils lui demandèrent si elle avait de l'Anectine à sa clinique ; ce à quoi elle répondit oui, mais elle ne s'en était jamais servie.

Lorsqu'ils l'interrogèrent sur Genene Jones, elle prit sa défense, en disant qu'elle avait beaucoup appris d'elle, en réanimation infantile.

Après son départ, les médecins saisirent la commission texane des infirmières non agréées pour demander quoi faire, à présent. C'est ainsi que les policiers locaux, les *rangers*, furent finalement appelés, pour la première fois en deux années de décès pour le moins curieux. C'était le début de la fin pour Genene Jones et sa carrière meurtrière.

En revenant à la clinique, Holland raconta son entretien avec les médecins à Genene, et ce qu'on lui avait posé comme questions, notamment si elle avait administré de l'Anectine à un ou plusieurs patients de la clinique. Elle raconta également qu'ils s'étaient montrés inquiets concernant le comportement agressif de l'infirmière, et qu'ils lui avaient demandé si elle faisait confiance à son personnel.

« À ce moment-là, elle se vexa, témoigna plus tard le Dr Holland. "Quelqu'un a lancé des rumeurs", me répondit-elle, ou quelque chose de similaire. »

Kathleen partit en week-end, mais en revenant le dimanche soir dans la maison qu'elle partageait avec Genene, alors qu'elles discutaient tranquillement avant d'aller se coucher, elle eut la surprise de l'entendre annoncer, de but en blanc : « Ah, au fait, j'ai retrouvé le flacon d'Anectine manquant. »

Première nouvelle pour Kathleen : « Quel flacon manquant ? »

Genene entreprit de lui rafraîchir la mémoire ; seulement, le Dr Holland ne se souvenait absolument pas d'avoir eu une telle conversation avec elle.

« Et où l'avez-vous trouvé ?

– Dans le meuble de la salle d'urgence, tiroir du bas, bien caché, répondit Genene sans la regarder. Il y a un problème, ajouta-t-elle. Il a été ouvert. »

Le Dr Holland se figea. C'était déjà une drôle de coïncidence que le médicament à propos duquel les médecins l'avaient interrogée plus spécifiquement à l'entretien ressorte à présent dans la conversation avec Genene ; mais là, le problème devenait sérieux.

Genene ne s'expliquait pas ce qu'il s'était passé, sinon que beaucoup de gens allaient et venaient dans cette pièce – une réponse qui fut loin de satisfaire Kathleen.

Avant de monter se coucher, l'infirmière ajouta : « Ah oui, j'ai vérifié, et il n'y a pas de trou dans le bouchon. J'ai comparé le niveau avec le flacon de remplacement, et tout est là. Si quelqu'un veut s'en servir, il peut. Tout est là. »

Kathleen eut du mal à trouver le sommeil cette nuit-là. Elle entendait Genene s'agiter dans la partie de la maison qu'elle occupait. Le lendemain, le médecin arriva à la clinique alors que Genene avait pris sa pause-déjeuner. Elle alla immédiatement dans la salle où étaient rangés les flacons de médicaments, dans le réfrigérateur. En prenant les deux doses d'Anectine et en les regardant à la lumière, elle se rendit tout de suite compte qu'il y avait une légère différence de texture entre les deux – mais pire, l'une des deux n'avait plus de bouchon et elle distinguait nettement deux trous faits par une seringue dans le capuchon en caoutchouc rouge recouvrant le goulot.

Lorsque Genene revint de son déjeuner, elle était de bonne humeur et dit au Dr Holland qu'elle venait juste de rendre visite à Chelsea. Effectivement, Petti témoignerait plus tard du fait que ce jour-là elle avait vu se recueillir sur la tombe de sa fille l'infirmière, qui se balançait d'avant en arrière et sanglotait en scandant le nom de la petite fille.

Kathleen réunit son personnel et demanda une explication concernant la dose d'Anectine trouée.

Personne ne put lui en fournir de valable ; Genene répétait sans cesse qu'il y avait beaucoup de passage à la clinique.

Après la réunion, alors qu'elle remettait les flacons dans le frigo, Kathleen demanda à Genene : « Comment vais-je faire pour expliquer ces trous, Genene ? »

À sa surprise, celle-ci lui répondit froidement, sur la défensive, comme elle le qualifia plus tard : « À mon avis vous ne devriez pas les expliquer du tout. À mon avis vous devriez juste jeter les doses. Dites-leur qu'on les a perdues. On ne mentira pas en disant qu'on les a perdues. On les a *vraiment* perdues. Je sais qu'on les a retrouvées, mais ils n'ont pas à le savoir. Jetez-les, tout simplement. »

Leur conversation fut interrompue mais Holland eut le temps de lui dire qu'elle était indignée par ses propos et ne pouvait faire cela, sur le plan éthique comme légal. Lorsque, une heure plus tard, Genene vint la voir en lui disant, d'un œil vitreux, qu'elle avait fait une bêtise et pris des médicaments, ce fut la goutte d'eau qui fit déborder le vase. Holland se précipita chez le médecin d'à côté en lui disant que son infirmière venait de faire une overdose et que, « primo, je ne suis pas assez qualifiée, et deuzio, je n'en peux plus, de cette femme ».

Une fois Genene partie en ambulance, Kathleen appela le président du comité de médecins à l'hôpital pour lui annoncer qu'elle venait de virer son infirmière parce qu'elle avait tenté de se suicider dans sa clinique ; pouvait-il passer ? Holland lui raconta tout ce qu'elle savait, notamment sur les fameux flacons d'Anectine. En passant en revue les formulaires de commandes pour ce médicament, ils découvrirent qu'en fait, trois flacons avaient été commandés, non deux – il en manquait donc toujours un. Par ailleurs, deux des commandes avaient été réceptionnées par… Genene Jones.

Le procès

Le 12 octobre 1982, un jury d'accusation* de Kerr County se pencha sur les problèmes soulevés par le décès de Chelsea McClellan et de huit autres arrêts cardiaques ou pulmonaires subis par des enfants à la clinique ou à l'hôpital. Le corps de Chelsea fut exhumé, et la présence d'Anectine y fut confirmée. Mais cela n'allait pas être aisé pour autant : concrètement, personne n'avait vu Genene injecter le médicament à la petite fille.

Pendant ce temps-là, à San Antonio, un second jury d'accusation commença à enquêter sur un total à peine croyable de quarante-sept décès suspects en lien avec le travail, pendant quatre années, de Genene Jones dans trois hôpitaux différents de la ville.

Le premier procès de Genene, débuté le 15 janvier 1984, concernait le meurtre de Chelsea McClellan et les blessures infligées aux autres enfants. Le 15 février, elle était condamnée pour meurtre à la peine maximale, quatre-vingt-dix-neuf ans, par un jury qui mit seulement trois heures à délibérer. En octobre de la même année, elle fut jugée à San Antonio et reconnue coupable

* Dans le système judiciaire américain, le jury d'accusation ou « grand jury » est composé de douze à vingt-trois personnes réunies à huis clos et chargées de décider si telle personne devra comparaître devant un jury de jugement (*trial jury* ou « petit jury »), seul capable de statuer sur son éventuelle culpabilité. (*N.D.T.*)

d'avoir injecté de l'héparine à un patient. Sa peine totale, à présent, se montait à cent-cinquante-neuf ans de prison, mais avec possibilité de faire une demande de liberté conditionnelle.

Bien que Genene Jones ait été soupçonnée d'avoir tué quarante-sept autres enfants, le *New York Times* révéla que les services administratifs du Bexar County avaient détruit des centaines de dossiers médicaux datant de la période où Jones y était employée, donc potentiellement des preuves dont le jury d'accusation aurait pu se servir. En dépit des protestations de l'hôpital comme quoi cette destruction était « de routine » et « une coïncidence », le procureur, alerté par un informateur, réussit à empêcher la destruction de vingt-cinq tonnes supplémentaires de documents hospitaliers, et même à récupérer quarante boîtes pleines de dossiers qui auraient pu concerner l'affaire. Le doyen de l'université de médecine de Bexar fut même assigné pour outrage à la cour lorsque le jury d'accusation découvrit qu'on lui avait caché certaines versions des rapports d'enquête de l'hôpital sur Genene Jones[129].

Jones fut habilitée à présenter une demande de mise en liberté conditionnelle après dix ans de prison, mais la famille de Chelsea fit campagne pour qu'elle reste derrière les barreaux. Plusieurs sources fiables indiquent aujourd'hui qu'elle n'effectuera au final qu'un tiers de sa peine à cause d'une loi en vigueur au Texas à l'époque de sa condamnation, votée pour gérer la surpopulation carcérale. Dans ce cas de figure, Genene Jones obtiendrait automatiquement la liberté conditionnelle en 2017.

Le syndrome de Münchhausen par procuration

Que se passait-il dans la tête de Genene Jones ? À peu près au moment où elle commettait ses actes, on inventait un nom pour sa pathologie : le syndrome de Münchhausen par procuration (ou SMP).

Karl Friedrich Hieronymous, baron de Münchhausen, est un officier allemand qui vécut au XVIIIe siècle et fut accessoirement un mercenaire à la solde de l'armée russe. À son retour du front russo-turc, le baron à la faconde légendaire raconta ses nombreux exploits à ses amis pour les distraire. Mais au fil du temps, ses histoires devinrent de plus en plus « extraordinaires », jusqu'à en devenir saugrenues. Münchhausen atteignit une certaine notoriété lorsqu'un recueil de ses aventures fut publié.

Près d'un siècle après, un comportement inhabituel observé chez certains jeunes hommes commença à être reconnu grâce aux écrits de Jean-Martin Charcot, un neurologue français pionnier dans son domaine. En 1877, il décrivit des cas d'adultes qui, après s'être infligé des blessures ou avoir falsifié des ordonnances médicales, cherchaient à se faire hospitaliser pour être traités. Charcot nomma cet état *mania operativa passiva*.

Soixante-quatorze ans plus tard, en 1951, le scientifique anglais Richard Asher décrivit dans ses travaux un schéma similaire de patients s'infligeant des sévices et inventant des histoires de maladies. Cela engendrait invariablement des enquêtes médicales complexes, des hospitalisations, et dans certains cas, des actes chirurgicaux inutiles. Se souvenant du baron et de ses histoires rocambolesques, Asher nomma cette pathologie le syndrome de Münchhausen[130].

Le terme de syndrome de Münchhausen *par procuration* fut inventé en 1977 par Roy Meadow, un pédiatre britannique, quasiment au moment où Genene Jones sortait de l'école d'infirmières, son diplôme en poche. Meadow décrivit dans un article le comportement de deux mères qui venaient le consulter pour leur enfant alors qu'il n'était pas malade : elles lui faisaient endosser le rôle de patient de leur propre maladie. En d'autres termes, elles se servaient des deux enfants « par procuration[131] ». Par la suite Meadow rassembla des données sur un certain nombre de cas semblables, et en tira la conclusion que la plupart du temps les médecins, en répondant aux plaintes par ailleurs convaincantes des mères, faisaient du mal à l'enfant, en lui infligeant des analyses et des traitements inutiles.

Au départ, Meadow détermina la mère comme l'auteur du méfait et l'enfant comme la simple victime, et écrivit même en 1982 que seuls des enfants ayant moins de six ans pouvaient être manipulés ainsi, car un enfant plus âgé révèlerait probablement la supercherie[132]. Mais deux ans plus tard, il découvrit des cas d'enfants plus âgés jouant un rôle de complice dans leur propre victimisation, en feignant de ressentir les symptômes requis par leur mère, dans une sorte de *folie à deux*[133] (voir le chapitre suivant pour l'explication de ce terme). Selon lui, ce genre de comportement pouvait perdurer jusqu'à l'âge adulte : il en voulait pour preuve le cas d'un jeune homme de vingt-deux ans obligé de rester dans un fauteuil roulant car il avait grandi dans l'idée qu'il était atteint de spina-bifida et ne pouvait donc pas marcher, en dépit du fait que toutes les analyses médicales effectuées montraient un dos et des jambes complètement normaux.

Meadow se rendit compte que bien souvent, les

mères semblaient normales aux yeux des psychiatres qui leur faisaient passer des tests : ces derniers signalaient fréquemment que selon eux, la mère ne pouvait être coupable de la supercherie dont on l'accusait. Il est souvent difficile, pour le praticien, d'admettre l'incongruité de la situation et le contraste entre l'attitude bienveillante que semble avoir la mère atteinte de SMP et la façon dont elle agit en réalité : par exemple, gratter la peau de l'enfant pour provoquer des rougeurs, lui donner une surdose de médicaments ou l'étouffer pour provoquer une attaque, etc.

Kathryn A. Hanon, inspectrice de police et spécialiste des cas de SMP, écrit : « Les coupables de [SMP] restent inhabituellement calmes face aux symptômes déconcertants de leur enfant, et se réjouissent de savoir qu'il va devoir subir des tests médicaux douloureux. Elles conservent également une très grande implication dans les soins prodigués à leur enfant tout au long du traitement, et vanteront à l'excès les mérites du personnel soignant. Elles semblent s'y connaître énormément en ce qui concerne les maladies de leur enfant, ce qui indique parfois qu'elles ont eu une formation médicale, ou qu'elles ont fait des études dans ce domaine. Elles ont parfois également des antécédents des mêmes maladies affichées par leur victime[134]. »

Les motivations qui se cachent derrière un cas de SMP sont variées. Meadow identifia plusieurs « renforceurs » individuels, comme un meilleur statut social, des relations familiales améliorées (l'attention et la compassion qu'attire la mère en présentant son enfant dans le rôle de la « victime »), mais aussi des gains financiers directs ou indirects. Une autre étude soulignait que dans certains cas de SMP des pulsions sadiques s'exprimaient. En outre, le besoin de dépendance de l'adulte peut être assouvi à travers le lien symbiotique qui s'installe entre elle et l'enfant, et qui se trouve renforcé par la production de faux symptômes[135].

Il est fréquent que la mère brouille les traces en « donnant » ses propres symptômes à l'enfant : elle pioche dans ses antécédents médicaux et insiste sur le fait que son enfant a la même maladie, ou encore reproduit ses symptômes à travers son enfant. Un cas fut même signalé d'une mère boulimique qui provoquait des vomissements et empêchait l'épanouissement de son nourrisson en lui administrant du sirop d'ipéca à hautes doses, apparemment pour le rendre conforme à son idéal de minceur[136].

Dans les cas de SMP la mère a invariablement une relation de symbiose avec son enfant-victime, envers qui elle est très protectrice. Ils s'inquiètent mutuellement l'un pour l'autre. La mère compte sur l'enfant pour qu'il réponde à ses besoins, pour l'aider à gérer ses obsessions médicales ou psychologiques : un renversement des rôles typique observé dans d'autres formes de maltraitance à l'enfant. Dans un cas particulier, une mère était tellement déprimée par son mariage qui allait à vau-l'eau qu'elle ressentait le besoin d'exprimer le sentiment d'être « malade » en rendant son enfant malade ; ce faisant, sa dépression s'atténua[137].

Le syndrome de Münchhausen par procuration ne se limite pas nécessairement aux mères, comme le cas de l'infirmière Genene Jones le prouve. Tout le monde connaissait des histoires de pompiers allumant des incendies sciemment pour pouvoir ensuite les combattre héroïquement bien avant que le terme de SMP soit inventé. Tout cela n'a rien de nouveau.

En ce qui concerne Jones, à son procès l'accusation avança l'argument selon lequel l'infirmière souffrait du complexe du héros, savourant les éloges qu'elle recevait chaque fois qu'elle prédisait avec succès qu'un enfant allait avoir une crise ou qu'elle en ressuscitait un autre. Ou bien c'était peut-être simplement l'excitation suscitée par le fait de se retrouver au centre de l'attention – susciter l'intérêt des médecins en rendant ses patients malades fait partie des symptômes classiques des cas de SMP. Peut-être y eut-il une sorte de transfert symbiotique des peurs de Genene concernant sa propre santé sur celle de ses patients, puisqu'elle se rendait très régulièrement aux urgences pour énoncer une litanie d'affections dont on ne trouva jamais la source.

Mais comme toujours, avec les tueuses en série, les motivations ne sont jamais nettement définies. Genene Jones avait peut-être tout simplement choisi de punir ces médecins et autres infirmières qu'elle n'aimait pas. Ceux qui ne suivaient pas ses conseils voyaient souvent leurs patients passer en Code Bleu. Lorsqu'une infirmière de l'hôpital de Kerrville demanda à Genene de sortir son patient d'un lit pour y amener un autre malade, elle se retrouva peu après avec un autre problème sur les bras – exactement comme Genene l'avait prédit : « Eh bien, j'espère sacrément que ce bébé ne va pas nous faire un arrêt cardiaque. »

Marybeth Tinning – la maman tueuse

Dans un cas extrême de SMP, Marybeth Tinning, une mère au foyer de Schenectady, dans l'État de New York, est soupçonnée d'avoir assassiné neuf de ses enfants (dont un enfant adopté), les uns après les autres, sur une période de treize ans, entre 1972 et 1985.

Marybeth Roe est née dans la petite ville de Duanesburg, non loin de Schenectady, le 11 septembre 1942. On sait très peu de choses sur son enfance. Quand elle était petite, son père étant parti au front et sa mère travaillant, Marybeth fut envoyée à tour de rôle chez des parents proches ; c'est ainsi qu'elle apprit, sans ménagement, qu'elle était « un accident ». Lorsque son frère cadet devint en âge de comprendre, elle prit l'habitude de lui dire : « Toi ils te voulaient, pas moi. »

Marybeth semble avoir eu tendance à faire des caprices, à ce que l'on dit. Son père lui courait après jusque dans sa chambre avec une tapette à mouches ou une règle, en lui ordonnant d'y rester jusqu'à ce que sa « crise de larmes » passe. Peut-on parler de maltraitance ? Marybeth le nia par la suite, expliquant qu'il était obligé de se servir de la tapette car il commençait à avoir de l'arthrite aux mains ; dans l'ensemble, lors de son procès, elle prit sa défense. Là encore, la discipline un peu sévère faisait partie de la culture de l'époque, et il est donc difficile de juger précisément du degré de sévices physiques subis par Marybeth dans son enfance.

Ses anciennes camarades de classe se souviennent d'elle comme d'une enfant solitaire et un peu pénible, réclamant constamment l'attention. Un jour, elle fut nommée chef du car scolaire : elle s'en sortit très mal au niveau de l'autorité, hurlant des insultes aux plus petits et essayant de mener à la baguette les plus grands. Au final, elle s'aliéna tous les enfants qui prenaient le car.

À l'adolescence, quasiment personne n'a de souvenir d'elle. L'un de ses anciens professeurs déclara après son arrestation : « Rien ne me revient à son propos, que ce soit en bien ou en mal. En ce qui me concerne, elle était quasiment transparente[138]. »

On évoque une fille quelconque qui s'habillait de façon quelconque. Elle ne faisait partie d'aucune bande, ne causait aucun problème. Elle n'était ni méprisée ni populaire. Simplement ignorée. Quelques anciens élèves se rappellent qu'elle était lunatique et avait tendance à mentir et à exagérer lorsqu'elle parlait d'elle-même, pour se donner de l'importance. En cours elle avait un niveau moyen, et lorsqu'elle quitta le lycée en 1961, un seul commentaire fut accolé à son nom, dans son dossier : « Mauvais caractère ».

Elle aurait voulu continuer ses études à l'université, mais ses notes n'étaient pas assez bonnes. Elle connut donc une succession de petits boulots, finissant par être aide-soignante dans un hôpital de Schenectady. Elle épousa ensuite Joe Tinning, un ouvrier de l'usine General Electric, comme son père.

Dans les cinq premières années de leur mariage, le couple eut deux enfants, Barbara et Joseph. Des témoins se souviennent qu'ils vivaient dans une maison jumelle non loin de l'usine, et que s'ils avaient du mal à joindre les deux bouts, ils paraissaient être une famille heureuse. Même si leurs amis et voisins ne s'expliquaient pas son comportement « étrange », ils s'accordaient dans l'ensemble à penser que Marybeth « aimait » ses enfants. Ces derniers étaient toujours propres et bien habillés, et avaient le comportement apaisé de l'enfant qui se sent aimé et en sécurité.

En 1971, Marybeth était enceinte de son troisième enfant. À son septième mois de grossesse, son père décéda brusquement d'une crise cardiaque, alors qu'il travaillait à l'usine. Le choc fut terrible pour sa fille, incapable de contrôler ses crises de larmes à l'enterrement. Dix semaines plus tard, le 26 décembre, leur fille Jennifer vit le jour. Mais le bébé mourut de la méningite une semaine après. Les infirmières se rappellent la réaction « bizarre » de Marybeth : prostrée dans son lit d'hôpital, la mère avait rabattu le drap sur elles deux et berçait sa fille morte, dans une attitude complètement passive. Bien que les infirmières aient constaté ce comportement très perturbé, il n'y eut aucune prise en charge thérapeutique : à l'époque, c'était loin d'être une procédure de routine comme aujourd'hui. Aux obsèques de l'enfant, Marybeth avait l'air hébété, et elle ne pleura pas.

On pense que la vague de compassion et de soutien qui suivit ce décès eut l'effet d'une drogue sur Marybeth, et que c'est à compter de ce moment qu'elle se mit à tuer ses autres enfants. Quinze jours après la mort du bébé, elle amena son fils de deux ans (Joseph) à l'hôpital en déclarant qu'il s'était arrêté de respirer après avoir eu une sorte d'« attaque ». Pour le personnel soignant il s'agissait d'une infection virale, et après avoir gardé le garçonnet en observation pendant dix jours, ils le renvoyèrent chez lui. Le jour même, Tinning revenait précipitamment aux urgences avec lui, en expliquant qu'elle l'avait trouvé entortillé dans ses draps, et que son corps était devenu tout bleu. Cette fois-ci, il était bien mort. La cause du décès fut certifiée comme « inconnue », bien qu'un arrêt cardio-respiratoire ait été soupçonné.

En mars 1973, ce fut au tour de sa petite fille de quatre ans d'être emmenée à l'hôpital par Marybeth, laquelle déclara qu'elle avait été prise de convulsions. Les médecins souhaitaient garder l'enfant en observation pour la nuit, mais Tinning insista pour la ramener à la maison. Elle revint plusieurs heures après, la petite fille inconsciente dans ses bras ; quelques heures plus tard, elle mourait. Les médecins pensèrent que le décès était dû au syndrome de mort subite du nourrisson (ou MSN), même s'ils ne furent pas en mesure de le certifier.

En dépit du fait que trois de ses enfants étaient morts coup sur coup, en novembre 1973 Tinning donna naissance à un quatrième, un garçon. Trois semaines plus tard, sa mère le ramenait aux urgences, mort. Marybeth déclara qu'elle l'avait trouvé sans vie dans son berceau. Les médecins, ne trouvant aucun signe pouvant expliquer le décès, attestèrent qu'il s'agissait d'une MSN.

Et l'hécatombe continua. En mars 1975, Tinning donna naissance à un autre garçon, son cinquième enfant, qui se retrouva aux urgences trois semaines plus tard avec des difficultés respiratoires et des saignements importants au nez et à la bouche. On diagnostiqua une pneumonie, et un mois plus tard le nourrisson fut rendu guéri à sa mère. Le 2 septembre, Marybeth arrivait aux urgences, l'enfant mort dans ses bras. Elle raconta qu'elle était en train de conduire, avec son bébé à côté d'elle sur le siège passager, quand elle avait remarqué qu'il avait cessé de respirer. La cause du décès fut enregistrée sous le terme d'œdème pulmonaire aigu.

À ce stade, le personnel des urgences était divisé sur le cas Tinning. La moitié compatissait vraiment avec Marybeth et avait de la peine pour sa perte tragique et incroyable de cinq enfants en si peu de temps ; l'autre moitié la détestait et redoutait à tout moment de la voir débarquer à l'hôpital. Bon sang, pourquoi n'arrêtait-elle pas de faire des enfants ?

Marybeth commença à émettre l'hypothèse (certains dirent à se vanter) que la mort de ses enfants était causée par une anomalie génétique. Lors de ses grossesses ultérieures, ses collègues prirent l'habitude de râler : « Marybeth est à nouveau enceinte, et elle va tuer encore un autre bébé ! »

Marybeth et son époux firent une demande d'adoption, qui fut rapidement acceptée car les personnes en charge du dossier compatissaient avec les antécédents de problèmes « génétiques » de Marybeth, et leur demande aboutit en août 1978 avec l'arrivée dans la famille d'un petit garçon, Michael. Mais à cette date-là, Marybeth était déjà enceinte de sept mois.

En octobre 1978 naquit une petite fille, Mary Frances. En janvier 1979, elle survécut à une première « urgence médicale ». Un mois plus tard, Marybeth revenait à l'hôpital avec le bébé mort dans les bras, expliquant qu'elle l'avait trouvé inanimé dans son berceau. De nouveau, la cause du décès fut imputée à une MSN.

Marybeth ne perdit pas de temps pour retomber enceinte. Le 19 novembre 1979, elle donnait naissance à un garçon, Jonathan. En mars 1980, elle le ramenait à l'hôpital parce qu'il avait « des problèmes pour respirer » ; les médecins ne trouvèrent rien d'anormal, et renvoyèrent le bébé chez lui. Quelques jours plus tard Marybeth revenait avec lui, inconscient cette fois-ci. On découvrit qu'il n'avait plus aucune activité cérébrale, et le bébé mourut le 24 mars.

La réaction de Marybeth à ces décès successifs était de faire la tournée de sa famille et de ses amis pour annoncer de façon théâtrale l'enterrement et une réunion de famille à la suite. Ses annonces, de naissances comme de décès, faisaient d'elle le centre de l'attention. L'un de ses parents proches témoigna : « Chaque enterrement était vécu comme une fête par elle, et aucune larme ne coulait, quasiment. »

Le 2 mars 1981, Marybeth arriva chez son pédiatre avec son fils adoptif enveloppé dans une couverture. Il était mort. Elle expliqua qu'elle l'avait trouvé inconscient le matin même. Le décès de l'enfant adoptif invalidait l'explication « génétique », et sema le doute dans l'esprit des gens, qui commencèrent à penser l'impensable : était-ce possible que cette mère ait en fait assassiné tous ses enfants ?

Mais cela n'alla pas plus loin. En août 1985, Marybeth (qui avait maintenant quarante-deux ans) donna naissance à son neuvième enfant, une fille nommée Tami Lynne. Le matin du 20 décembre, le bébé fut retrouvé mort dans son berceau ; on certifia de nouveau qu'il s'agissait d'un cas de mort subite du nourrisson.

Une voisine rendit visite à la famille Tinning le lendemain pour tenter de réconforter Marybeth qui, pensait-elle tout naturellement, serait en train de pleurer la mort de son enfant. En entrant dans la maison elle trouva Joe et Marybeth dans la cuisine, en train de prendre tranquillement leur petit déjeuner, comme si rien ne s'était passé.

Après l'enterrement de Tami Lynne, Marybeth reçut quelques personnes pour un brunch. Son comportement ne manqua pas d'étonner : « Elle souriait. Elle mangeait, bavardait avec tout le monde, et ne semblait pas le moins du monde bouleversée », d'après la voisine. Sandy Roe, sa belle-sœur, déclara sous serment que ce jour-là Marybeth ne semblait pas éplorée. « Nous avons discuté de Noël, elle n'a pas vraiment parlé de la mort du bébé. Cela ne semblait pas la chagriner. »

Mais neuf décès commençaient à faire beaucoup, et les policiers demandèrent une autopsie, qui révéla que l'enfant était mort par asphyxie. Marybeth Tinning avoua la mort de ce nourrisson, ainsi que de deux autres de ses enfants, mais ce fut tout. Elle avoua également qu'elle essayait d'empoisonner son mari. En 1987, elle fut condamnée à perpétuité avec une période de sûreté de vingt ans.

Lors de l'audience formelle où elle présentait une demande de mise en liberté conditionnelle, en mars 2007, elle expliqua : « Pour être honnête, la seule chose que je peux vous dire, c'est que je sais que ma fille est morte. Je vis avec tous les jours. Je n'ai aucun souvenir, et je n'arrive pas à croire que je lui aurais fait du mal. Je ne peux rien dire d'autre, à part ça. » Sa demande fut rejetée.

En janvier 2009, devant la même commission elle justifia le meurtre de sa fille en disant qu'elle « traversait une période difficile, à l'époque ». Sa demande fut de nouveau rejetée, car on jugea que les remords qu'elle exprimait étaient, « au mieux, superficiels ».

Tinning est censée pouvoir déposer une troisième demande en 2011.

Christine Falling – la baby-sitter désaxée

L'affaire Christine Falling est un autre exemple de syndrome de Münchhausen par procuration poussé à l'extrême. Christine Laverne Slaughter Falling est née dans le nord de la Floride, dans un entourage frappé par une terrible pauvreté. Bien que sa mère ait été âgée de seize ans, Christine était déjà son deuxième enfant ; quant à son père, il avait soixante-cinq ans. Christine fut ballottée de parents proches en familles d'accueil, et devint une enfant obèse, un peu gourde et souffrant d'épilepsie. Ses amis d'enfance se souviennent qu'elle tuait les chats pour « vérifier s'ils avaient vraiment neuf vies ». Malgré cela, Christine déclarait aimer beaucoup ces animaux.

Elle fut finalement adoptée dans une famille très croyante, mais finit par devenir si incontrôlable qu'à l'âge de neuf ans elle fut envoyée dans un centre pour enfants difficiles, où elle acquit une renommée de voleuse et de menteuse compulsive. Lorsqu'elle fut assez grande pour aller au collège, ce fut en alternance, en travaillant l'autre moitié du temps.

À l'âge de quatorze ans, Christine épousa un jeune homme d'une vingtaine d'années. Le mariage dura six semaines, pendant lesquelles Christine eut le temps d'envoyer une lourde chaîne stéréo à la tête de son mari dans un accès de colère. Dans les deux années qui suivirent ce fiasco, Christine se rendit au moins une cinquantaine de fois aux urgences de l'hôpital local, se plaignant pêle-mêle de s'être fait mordre par un serpent, d'avoir des boutons rouges, de saigner des amygdales, de s'être démis un os, de s'être brûlée avec de la graisse chaude, ou de saigner du vagin.

À cette époque-là, Christine avait seize ans et vivait avec sa mère. Elle n'était pas assez douée pour travailler dans un magasin et ne pouvait gagner sa vie qu'en faisant du baby-sitting, dans son quartier frappé par la pauvreté.

Le 25 février 1980, alors qu'elle gardait Muffin Johnson, la petite fille de deux ans arrêta de respirer, d'après elle. Falling se précipita à l'hôpital, où on déclara l'enfant mort d'une encéphalite. Le personnel soignant fit l'éloge de Christine pour avoir si bien géré l'urgence en enveloppant l'enfant dans une couverture et en tentant de lui faire du bouche-à-bouche sur le chemin de l'hôpital.

Un an plus tard, Christine gardait Jeffrey Davis,

un cousin éloigné de quatre ans. Lorsque l'enfant fut retrouvé mort, elle déclara qu'elle l'avait couché pour la sieste et ne s'était pas rendu compte qu'il ne respirait plus. Le décès fut imputé à une myocardite, c'est-à-dire une inflammation cardiaque.

Trois jours après, on confia à Christine la garde de son petit cousin de deux ans, Joseph, tandis que ses parents étaient à l'enterrement de Jeffrey. Le garçonnet ne se réveilla jamais de sa sieste. De nouveau, une myocardite provoquée par un virus fut diagnostiquée comme cause du décès.

Mais certains commençaient à penser que Christine était peut-être porteuse d'un virus mortel pour les enfants, comme le Coxsackie A8, qui se transmet oralement via un contact avec les matières fécales. Les médecins ne trouvèrent cependant aucune trace de virus chez elle.

Lorsque des soupçons commencèrent à peser sur Christine et son rôle dans ces décès, sa famille et ses voisins vinrent à sa rescousse, affirmant combien elle aimait les enfants et combien elle était gentille et affectueuse dans son travail. Quant aux médias, ils aidèrent également Christine indirectement en faisant remarquer que les décès de jeunes enfants n'étaient pas rares dans les zones pauvres de l'État de Floride, où les conditions d'hygiène étaient déplorables, la plupart du temps.

Par la suite, Christine trouva un emploi de femme de ménage pour un homme de soixante-dix-sept ans, William Swindle, qui vivait dans un petit cottage. Le jour où elle commençait son travail, Swindle était retrouvé mort sur le sol de sa cuisine. On pensa qu'il était décédé de cause naturelle.

Plus tard, dans une interview, Christine déclara :

« La façon dont j'vois les choses, c'est qu'il y a bien une raison si Dieu m'a fait subir ça. Si Dieu avait pas voulu me faire subir ça, Il aurait pas permis que ça arrive. » Retour à la case départ pour Christine, et au baby-sitting.

Le 14 juillet 1981, elle accepta d'aider sa demi-sœur à s'occuper de sa petite fille de huit mois, Jennifer. Les deux femmes allèrent en voiture avec le bébé jusqu'à un centre médical où Jennifer devait se faire vacciner. Le bébé pleurait lorsqu'elles en sortirent. Ensuite elles allèrent au supermarché, où la mère devait acheter des couches ; Christine resta seule dans la voiture avec le bébé en pleurs. Lorsque la mère revint, l'enfant ne pleurait plus. Elles étaient en route vers la maison lorsque Christine dit tout à coup à sa demi-sœur que Jennifer ne respirait plus. Le temps qu'elles aillent aux urgences, le bébé était mort.

Aux obsèques de la petite Jennifer, Christine s'évanouit au son d'un hymne gospel intitulé *Precious Memories*. Elle expliqua ensuite aux personnes présentes que le bébé était mort d'une « maladie de "neumonie" ».

Un an plus tard, le 2 juillet 1982, une jeune mère de dix-sept ans laisse son bébé de dix semaines à Christine, pour qu'elle le garde toute la journée et toute la nuit. À quatre heures du matin, d'après les dires de Christine, elle lui donne un biberon et tout va bien. Le matin, elle le retrouve mort dans son berceau.

De nouveau, on soumit Christine à toute une batterie d'examens. Dans l'idée que ses médicaments contre l'épilepsie s'étaient peut-être retrouvés, Dieu sait comment, dans le lait du nourrisson, les médecins demandèrent une autopsie détaillée. Ce qu'elle révéla était tout autre : l'enfant avait été étouffé. Christine fut inculpée de trois meurtres.

Elle avoua : « J'aime les p'tiots. J'sais pas pourquoi j'ai fait c'que j'ai fait… La façon que j'l'ai fait, j'l'ai vue à la télé dans les émissions. Mais j'avais ma façon de faire quand même. Simple et facile. Personne les entendait crier. J'voulais faire, comment, vous voyez, simple, mais c'était pas simple. Je mettais une couverture sur la tête. Et puis je l'enlevais. Et puis encore je refaisais le truc avec la couverture sur la tête… juste ce qu'il fallait pour le petit. Une voix me disait : "Tue le bébé", encore et encore… très lentement, et puis après je revenais à moi et je me rendais compte de ce qui s'était passé. »

Christine Falling a été condamnée à la prison à perpétuité ; elle était censée pouvoir prétendre à la liberté conditionnelle en décembre 2006, mais quelques mois auparavant, le ministre de la Justice de l'État de Floride lui enleva ce droit à cause du caractère odieux de ses crimes. La commission chargée des libertés conditionnelles lui a accordé la date de 2252 pour déposer une nouvelle demande, tout en lui permettant de faire appel de cette décision dès 2011.

Il existe des signaux d'alarme indiquant qu'on a affaire à un cas de syndrome de Münchhausen par procuration, mais ils ne sont repérables qu'en situation, et si le médecin ou d'autres membres du personnel soignant sont capables d'évaluer ce genre d'informations, la famille l'est moins :

- Des maladies persistantes ou récurrentes dont on n'arrive pas à trouver la cause ; l'enfant continue à être présenté dans le rôle de la victime par la mère grâce à des « rajouts » et des symptômes ou des détails dont elle « se souvient » après coup.

- Des décalages entre les antécédents et les résultats cliniques ; par exemple, des déclarations de maltraitance qui devraient engendrer des conséquences physiques, comme un viol répété – mais les examens médicaux n'en trouvent aucune trace ; ou bien des contradictions sur les faits déclarés, comme des lieux cités que la police n'arrive pas à retrouver pour confirmation.
- Des symptômes ou des signes qui n'apparaissent pas lorsque la mère est loin de l'enfant ou bien l'enfant qui répond négativement aux symptômes lorsque sa mère est absente.
- L'échec répété d'un enfant à tolérer ou à répondre à une thérapie médicale ou psychologique, sans cause manifeste.
- Un parent qui semble moins inquiet que le médecin, et parfois réconforte le personnel soignant, ou bien un enfant qui récite ses symptômes machinalement ou est impatient de raconter son histoire.
- Des hospitalisations répétées et des évaluations médicales de la mère ou de l'enfant sans diagnostic définitif ; une mère qui fait tester régulièrement son enfant pour rechercher des maladies ou des maltraitances, et se montre peu satisfaite des résultats négatifs.
- Une mère qui est constamment au chevet de son enfant, insiste pour rester dans la chambre pendant les soins donnés à son enfant, vante à l'excès les mérites du personnel soignant, ou bien devient très impliquée dans les soins d'autres patients.
- Une mère qui se réjouit des analyses médicales qui vont être faites sur son enfant, même lorsque celles-ci sont douloureuses (notamment dans les cas d'abus sexuels répétés).

- Des comparaisons fréquentes des problèmes médicaux de l'enfant avec ceux de la mère.
- Une mère qui prétend en savoir plus sur ce que l'enfant ressent que l'enfant lui-même.

Si ces indications peuvent aider le médecin à l'hôpital, ce n'est pas le cas du père à la maison. À quel point le mari de Marybeth Tinning était-il au courant de la souffrance (supposée) de ses enfants lorsqu'il était au travail à l'usine ? Et quand bien même il savait, combien de fois accompagna-t-il sa femme dans la salle d'examen de l'hôpital ? S'il avait été à ses côtés dans ces moments-là, aurait-il été en mesure de comprendre que sa femme racontait en fait des mensonges au médecin ?

6

Sexe, meurtre et vidéo

Les femmes complices de serial killers

Il n'existe pas, dans l'histoire, de tueuses en série ayant commis des actes aussi brutaux et dépravés que lorsqu'elles sont complices de tueurs en série.

Sur une période de trois ans, Charlene Williams Gallego et son mari Gerald (cf. photo p. 471) accostèrent dix jeunes filles, dans les centres commerciaux de Sacramento, sur des parkings ou des bas-côtés de routes, et les kidnappèrent en les emmenant dans leur camionnette. Ensemble, ils les violèrent et les torturèrent guidés par leurs fantasmes sexuels sadiques, faisant d'elles leurs esclaves sexuelles, et quand ils en avaient fini avec elles, Charlene regardait ou attendait dans la camionnette pendant que son époux assassinait puis jetait le corps, dans des champs isolés ou des plaines désertiques. L'idée, à la base, était de Charlene. Ils enterrèrent vivante l'une de leurs victimes, qui était enceinte. Par trois fois, ils kidnappèrent deux jeunes filles en même temps. Gerald « partageait » les filles avec sa femme, qui aimait bien mordre ; elle arracha d'un coup de dents le mamelon d'une des victimes. Une fois, ils se battirent même parce que Gerald commençait à violer leurs deux captives du jour à l'arrière de la camionnette « sans l'attendre », pendant que Charlene conduisait ; ils échangèrent des coups de feu jusqu'à ce qu'elle blesse son mari au bras.

Lorsqu'ils furent finalement arrêtés, Gerald fut condamné à mort, tandis que sa femme reçut une sentence de seize ans de prison en échange de son témoignage contre son mari. Une fois libérée, elle déclara aux médias qu'elle avait été autant la victime de Gallego que les autres filles : « La prison c'était être libre, en comparaison de la vie avec lui. »

Toujours sur la côte Ouest, Carol Bundy (cf. photo p. 471) assassina un ancien amant pour prouver à l'homme qu'elle aimait, un tueur psychopathe du nom de Doug Clark, qu'elle en était capable et regagner ainsi sa faveur. Entre deux meurtres de prostituées, cet homme ultra-dominateur qui aimait avoir des rapports sexuels avec des cadavres ne cessait de lui répéter qu'il n'arriverait jamais à en faire une bonne meurtrière, tant elle était maladroite et peu observatrice. Carol Bundy était pourtant une femme intelligente – elle avait simplement choisi de mettre sa réflexion au service d'un psychopathe, en lui suggérant par exemple d'avoir toujours avec lui un « sac à meurtre », contenant tous les accessoires nécessaires pour se faciliter la tâche et éviter de se faire prendre. Lorsqu'elle se rendit compte que le meurtre qu'elle avait commis ne comptait pas pour Douglas, elle finit par tout avouer à la police, et fut assez honnête pour dire : « À la vérité, c'est marrant de tuer des gens, et si on me laissait en liberté, je recommencerais probablement. »

Rosemary et Fred West, Judith et Alvin Neelley, Catherine et David Birnie, Cynthia Coffman et James Marlow, sont tous des couples qui, ensemble, ont kidnappé, violé et tué de nombreuses victimes.

Les femmes complices de meurtriers sexuels sadiques

Sur les soixante-deux tueuses en série connues aux États-Unis ayant vécu entre 1800 et 1995, un tiers ont agi en tandem ou en couple[139]. Dans la plupart des cas, la femme n'était meurtrière que techniquement, selon la définition de la justice, car elle n'avait pas physiquement commis le meurtre, mais elle avait participé à l'homicide en attirant les victimes ou en aidant à les garder en captivité, à les torturer, à les agresser sexuellement, à se débarrasser de leurs corps, ou encore à détruire les preuves du méfait. Dans la majorité des cas également, le complice de la femme était un homme, qui dominait soi-disant sa complice féminine, mais nous verrons qu'il existe des exceptions à cette règle. Viennent enfin les cas des meurtrières travaillant en équipes exclusivement féminines, des homosexuelles œuvrant en couple, et enfin de celles qui agissent en famille ou en tant que membres d'un groupe de fanatiques – en résumé, trois tueuses ou plus qui opèrent ensemble, et qui sont dominées, de nouveau, par une figure masculine[140]. La « famille » de Charles Manson reste probablement le groupe de fanatiques meurtriers (auquel appartenaient des jeunes femmes) le plus connu de l'histoire récente (cf. photo p. 471).

Les couples de tueurs en série homme-femme restent dans l'ensemble le phénomène le plus courant aux États-Unis. C'est lorsqu'elles font partie d'un duo de ce genre que les femmes s'approchent le plus du stéréotype du serial killer sexuel, prédateur, sadique. Jusqu'à très récemment, les femmes complices étaient jugées quasiment tout le temps en tant que victimes maltraitées par leur partenaire masculin, et leur condamnation reflétait ce sentiment. Alors que les tueurs en série sont condamnés à mort ou à la prison à perpétuité, il arrive que leurs complices féminines (qui ont contribué à part égale aux crimes, ou parfois plus que leur partenaire masculin) soient libérées après avoir purgé des peines de prison bien moins longues : les affaires Charlene Gallego et Karla Homolka constituent certainement les exemples les plus célèbres de tueuses en série ayant réussi à se défendre en prétendant être des victimes soumises et battues, forcées par leur mari à participer à ces crimes atroces. Notre société n'est pas prête à reconnaître qu'une femme peut être potentiellement aussi sadique et meurtrière qu'un homme, surtout dans le contexte d'un couple assassin.

L'attention portée sur la domination masculine dans ce genre de tandem meurtrier est renforcée par le fait que l'homme est quasiment toujours plus âgé que sa partenaire, et a souvent des antécédents conséquents de prédateur sexuel solitaire avant sa rencontre avec la femme. Cette dernière est, en moyenne, plus jeune (environ vingt ans lors du premier meurtre) que les tueuses en série typiques qui agissent en solitaire (trente ans lors du premier meurtre)[141]. Tandis que l'homme a parfois accumulé un nombre considérable d'actes criminels avant sa rencontre avec sa complice, celle-ci bien souvent n'a pas de tels antécédents. Dans les cas de Charlene Gallego ou de Karla Homolka par exemple, les deux avaient eu ce qu'on pourrait appeler une enfance « normale » dans des familles de classe moyenne, et rien n'indique qu'elles aient subi des maltraitances, commis des actes de délinquance ou eu des troubles mentaux dans leur jeune âge.

Les couples de meurtriers sont en règle générale

extrêmement organisés et méticuleux dans la planification de leurs crimes et le choix de leurs victimes. Il est intéressant de souligner le fait que leur carrière d'assassins conjointe est souvent bien plus courte que celle des meurtrières solitaires : une année pour les couples, comparée à la moyenne de quatre années pour les tueuses en série qui travaillent en solo. Il est fréquent de constater que l'arrestation du couple est due au partenaire masculin, à la suite d'une désorganisation ou d'une perte de contrôle. Celui-ci laisse souvent une empreinte typique de tueur au profil sexuel prédateur « sur » le crime – des victimes très visibles, des corps dont on se débarrasse dans des lieux publics, et l'utilisation d'armes (blanches ou à feu), de la torture et de la mutilation. Cela contraste avec les tueuses en série solitaires, qui ont tendance à tuer « discrètement », grâce au poison ou par asphyxie, et dont les victimes ne sont fréquemment même pas reconnues en tant que telles par les autorités. En revanche, il est saisissant (et effrayant) de voir à quel point la complice est capable de s'aventurer dans le schéma meurtrier de son partenaire masculin.

Épouses et petites amies de sadiques sexuels

Comment une femme en apparence normale se retrouve-t-elle complice d'un homicide ? Il existe peu d'études dignes de ce nom sur la question. En 2002, Janet Warren et Ron Hazelwood, un vétéran du profilage pour le FBI, publièrent les résultats qu'ils avaient obtenus après avoir interrogé une vingtaine d'ex-femmes et ex-petites amies de sadiques sexuels, dont sept avaient participé au meurtre de dix-neuf victimes au total[142].

Quatre de ces femmes qui fréquentaient des assassins étaient en fait présentes lors du meurtre, et ont donc été jugées comme complices ; deux d'entre elles sont aisément reconnaissables sous les traits de Charlene Gallego et Karla Homolka, bien que l'étude ne donne pas les vrais noms des participantes.

Dix-sept de ces femmes interrogées pour l'étude avaient été élevées dans une famille intacte et n'avaient aucun antécédent judiciaire avant leur rencontre avec leur compagnon. Les trois dernières avaient été arrêtées pour des délits mineurs : vol d'un bâton de rouge à lèvres à l'âge de quatorze ans, d'une machine à écrire, ou encore d'un chèque, sur le lieu de travail. Soixante-quinze pour cent des femmes étaient sorties du lycée diplômées ou avaient au moins ce niveau d'éducation, et 50 % d'entre elles faisaient partie de la catégorie de la main-d'œuvre qualifiée. Vingt pour cent étaient étudiantes lorsqu'elles rencontrèrent leur partenaire. Seules quatre d'entre elles parlèrent d'alcoolisme ou d'usage de stupéfiants, de tentatives de suicide, ou de problèmes de santé mentale survenus avant leur rencontre avec le sadique. Les deux chercheurs en conclurent que la majorité de ces femmes « avaient des vies plutôt conventionnelles, stables et sans crime, avant le début de la relation qui mena à des changements radicaux dans leur comportement[143] ».

Cette conclusion est diamétralement opposée à ce que nous savons des tueuses en série solitaires, qui ont tendance à avoir des antécédents d'instabilité dans leur famille, un niveau d'éducation relativement bas, des casiers judiciaires dès l'adolescence et des antécédents de problèmes psychiatriques.

Mais d'autres aspects de l'enfance de ces femmes complices se rapprochaient plus de celle des tueuses en série solitaires, et même des serial killers. Trente-cinq pour cent d'entre elles parlèrent de maltraitance familiale due à une discipline trop dure, et près de la moitié signalèrent avoir subi des sévices sexuels tout au long de leur enfance ; 30 % certifièrent que leur agresseur était leur père, et qu'il avait agi alors qu'elles avaient entre quatre et huit ans. Parmi les autres agresseurs sexuels cités, on trouvait les frères, une grand-mère, une tante, une sœur, et d'autres connaissances. Aucun cas d'agression sexuelle commise par un inconnu ne fut signalé.

Lorsqu'on leur demanda pour quelle raison elles s'étaient engagées dans une relation sadique et violente, 75 % des femmes répliquèrent que c'était par amour et par désir de plaire à l'homme. Deux se décrivirent comme extrêmement naïves, deux autres indiquèrent que cela avait été le moyen pour elles de partir de chez leurs parents, et la dernière ne fournit aucune explication.

La majorité (85 %) déclara que ces hommes étaient doux et affectueux au départ, qu'ils leur faisaient des cadeaux surprise (65 %), qu'ils les emmenaient en voyage (40 %) et qu'ils avaient « beaucoup d'argent à dépenser pour elles » (85 %). Lorsqu'on leur demanda pourquoi elles avaient continué cette relation, seules trois sur les vingt femmes interrogées répondirent qu'elles étaient amoureuses ; huit expliquèrent qu'elles étaient naïves ou idiotes, et qu'elles avaient espéré une amélioration du comportement de leur compagnon ; une parla de dépendance financière, une autre de dépendance affective. Seules sept répondirent qu'elles étaient restées parce qu'elles avaient peur de leur compagnon. Enfin, lorsqu'on leur demanda pourquoi elles avaient rompu, huit répondirent qu'elles avaient eu peur pour leur vie ;

trois pour la vie de leurs enfants ; trois parce que leur partenaire avait été arrêté ; cinq pour d'autres raisons ; quant à la dernière, c'est elle qui avait été quittée. De façon intéressante la peur était quasiment le motif le plus cité, que la femme soit restée ou au contraire ait abandonné cette relation.

Les auteurs de l'étude qualifièrent ces femmes d'êtres « dociles ». Ils conclurent en disant que même si toutes ces femmes « expriment une volonté, en échange de leur docilité, de recevoir de l'attention et de l'affection de la part de l'homme sadique, il semble qu'il y ait également eu parfois une dynamique sous-jacente dans la relation, qui fit que ces femmes furent assimilées à l'agression sexuelle de leur partenaire ». Selon eux, toutes celles qui s'étaient engagées sur une telle voie ne l'avaient fait qu'après la rencontre avec leur partenaire, et elles n'auraient rien fait de tel de leur propre chef, indépendamment des hommes. D'autre part, les auteurs avaient le sentiment que les hommes auraient, eux, tué, même s'ils n'avaient pas rencontré leur partenaire féminine – au moins dans sept cas sur les vingt.

Femmes fortement dominantes

Au milieu des années 1930, le psychologue américain Abraham Maslow entreprit un certain nombre d'études (basées sur des animaux) sur les liens entre comportement sexuel et dominance. Il remarqua que lorsqu'ils étaient en captivité, les singes les plus dominants se lançaient dans des actes sexuels de façon quasi constante, et que la nature de ces actes était souvent « anormale » – des mâles montant d'autres mâles, et même des cas de femelles dominantes montant des mâles. Malsow en conclut que l'acte sexuel, dans ces circonstances, était fréquemment l'expression de la dominance, plutôt que des pulsions sexuelles des primates. Il remarqua également que lorsqu'un nouveau singe était introduit dans le groupe, les singes les moins dominants agissaient de façon extrêmement violente envers lui. Pour le psychologue, ces attaques étaient comparables à la violence vue chez les êtres humains dénués d'amour-propre.

Maslow se pencha ensuite sur le cas de jeunes étudiantes, qu'il interviewa longuement. La conclusion de son étude était que la sexualité féminine était également liée à la dominance ; selon lui, les humains se répartissaient en trois catégories : fortement dominants, moyennement dominants et peu dominants.

Les femmes fortement dominantes étaient de mœurs plus légères, aventurières sur le plan sexuel et sans inhibitions. Les femmes moyennement dominantes avaient aussi tendance à avoir un comportement très sexualisé, mais étaient en général capables de se contenter d'un seul partenaire à la fois. Enfin, les femmes peu dominantes avaient une très mauvaise opinion du sexe et de l'acte sexuel, qu'elles pratiquaient peu, et dont elles avaient le sentiment que l'unique but était de servir à la reproduction. Maslow releva également que les caractéristiques sexuelles de chaque catégorie n'avaient rien à voir avec le désir : il était important de distinguer pulsions et actes véritablement accomplis, car leur nombre différait.

Lors de cette étude, Maslow découvrit que les femmes préféraient des hommes légèrement plus dominants qu'elles-mêmes, mais restant dans la même catégorie. Les femmes très dominantes rejetaient la plupart des hommes du fait de leur dominance moindre. L'une des jeunes femmes interrogées expliqua au psychologue que si elle était capable d'avoir un orgasme simplement en regardant un homme attirant, elle se sentait en revanche incapable d'en avoir un lors de l'acte sexuel avec certains hommes car pour elle ils étaient trop faibles, et elle ne s'imaginait pas « leur céder ».

Les femmes de la catégorie moyenne trouvaient les hommes fortement dominants trop effrayants, tandis que celles de la catégorie basse trouvaient les hommes moyennement dominants intimidants. Chacune d'entre elles s'accouplait à des hommes légèrement plus dominants qu'elles, mais dans la même catégorie qu'elles. Pour Maslow, cela représentait le cours normal des relations entre hommes et femmes. Sa théorie peut également s'appliquer dans bien des cas pour les relations homosexuelles.

Mais parfois, ce sont des partenaires de différentes catégories de dominance qui s'accouplent, et dans ce cas une dynamique très forte apparaît peu à peu dans la relation. La raison pour laquelle de tels accouplements ont lieu est à chercher en général dans un certain trouble affectif, qui pousse telle personne à chercher un compagnon ou une compagne appartenant à une classe de dominance différente. Les individus très dominants, affectés de troubles de la personnalité et qui ont besoin de dominer leur partenaire par le sadisme, chercheront probablement un(e) concubin(e) appartenant aux catégories inférieures ; tandis que les individus peu dominants, mais qui souffrent eux aussi de troubles de la personnalité, peuvent se sentir obligés de concrétiser un fantasme de maltraitance en cherchant un partenaire appartenant aux catégories supérieures. Bien souvent, cela se traduit par une relation de quasi-esclavage, d'envoûtement, où un partenaire domine totalement l'autre, mais où les deux sont désespérément dépendants l'un de l'autre. Parfois, l'élément décisif qui manque au partenaire dominant pour déclencher l'exécution des fantasmes meurtriers est procuré par le partenaire soumis.

Martha Beck et Raymond Fernandez – les tueurs de la lune de miel

(cf. photo p. 470)

Ironie de la chose, la première étude de cas d'un couple de tueurs en série proposée ici défie dans une certaine mesure les normes décrites ci-dessus, dans le sens où il semble que dans ce duo, la femme ait été la figure dominante d'une relation où l'homme pensait que c'était *lui*, le dominant.

L'histoire de Martha Beck et de Raymond Fernandez, surnommés les « tueurs des petites annonces » à la fin des années 1940, devint le sujet d'un film culte des années 1970, *Les Tueurs de la lune de miel*, écrit et réalisé par Leonard Kastle, et plus récemment (2007) d'un autre film intitulé en français *Cœurs perdus*, avec Salma Hayek et John Travolta.

Martha Julie Seabrook vit le jour à Milton, en Floride, en 1919. Son père, rédacteur en chef du journal local, abandonna sa famille alors que Martha était encore bébé. La petite fille souffrit dans son enfance d'un trouble hormonal, à cause duquel elle se développa si rapidement qu'à l'âge de dix ans elle avait le corps et les pulsions sexuelles d'une femme adulte. Vint s'ajouter à cela un problème de poids, comme pour tant d'autres tueuses en série dans leur enfance.

Lors de son procès pour meurtre en 1951, Martha affirma qu'on l'avait violée à l'âge de treize ans. Lorsqu'elle avait raconté à sa mère ce qui était arrivé, celle-ci l'avait corrigée et par la suite l'avait surveillée de près, empêchant tout garçon de s'approcher d'elle. À l'école, cette petite fille en surpoids était la risée de ses camarades. Elle n'avait pas d'amis et se retira peu à peu dans un monde reclus où les rêveries le disputaient aux histoires sentimentales, et peut-être aux fantasmes plus menaçants.

Martha était une fille intelligente, et en 1942, âgée de vingt-trois ans, elle sortit première de sa classe dans une école d'infirmières de Pensacola. Mais malgré ses bonnes références, son excès de poids l'empêcha de trouver un travail dans ce domaine. Seules les pompes funèbres acceptèrent de l'employer ; on la chargea de préparer les corps de femmes en vue des funérailles. À son procès, elle allait dire de cette période : « D'une façon un peu bizarre, j'apprenais à me déconnecter, à force d'observer la mort en face. »

Petites annonces de rencontre

La Seconde Guerre mondiale faisant rage, Martha finit cependant par trouver un emploi d'infirmière dans un hôpital militaire californien. Elle y vécut une vie solitaire, faite de rencontres d'un soir, soldats ou marins en permission qu'elle ramassait au hasard. En 1944, elle tomba enceinte. Lorsqu'elle aborda le problème du mariage avec le père de son enfant, pour toute réponse il se suicida.

Martha décida alors de retourner à Milton pour accoucher ; là-bas elle prétendit s'être mariée avec un officier de la marine. Elle portait même une bague en guise de preuve. Peu de temps après la naissance de son enfant, elle s'envoya à elle-même un télégramme annonçant le décès de son mari lors d'une action militaire dans le Pacifique. La petite ville compatit sincèrement pour sa perte, et son histoire fut même rapportée dans la presse locale.

Peu de temps après, Martha retomba enceinte, d'un conducteur de bus de Pensacola nommé Alfred Beck. Il l'épousa, mais six mois après ils avaient divorcé. Pesant près de cent quinze kilos à l'époque, cette nouvelle mère célibataire avec deux enfants à charge s'installa dans une vie solitaire, alimentée par la lecture avide des fameux « confession magazines », ces revues relatant de vraies histoires sentimentales qui plaisaient tant aux femmes américaines en cette période. Elle trouva un travail à l'hôpital de Pensacola en tant qu'infirmière en pédiatrie, où grâce à ses excellents résultats elle reçut une série de promotions, et pour finir devint chef des infirmières de tout l'hôpital.

En 1947, pour lui faire une blague cruelle, certains membres du personnel sous ses ordres envoyèrent à Martha une publicité pour s'abonner à un club de rencontres, « le Club familial de Maman Dinene pour les cœurs à prendre ». Dans cette période d'avant l'Internet, des centaines d'agences proposaient leur services à des célibataires qui se sentaient seuls, de correspondre par courrier avec d'autres personnes dans le même cas qui cherchaient à trouver l'amour, un compagnon, ou bien à se marier. Imperturbable, Martha y passa donc une petite annonce, où elle oublia de mentionner son poids et l'existence de ses deux enfants.

Dans les semaines qui suivirent, elle ne reçut pas une

seule réponse. Toute cette histoire lui était quasiment sortie de l'esprit lorsque tout à coup, juste avant Noël, un membre du club âgé de trente-trois ans et nommé Raymond Martinez Fernandez se manifesta. Il lui écrivit qu'il était un riche homme d'affaires d'origine espagnole travaillant dans l'import-export, et qu'il vivait à New York dans la 139e Rue Ouest, « dans cet appartement bien trop grand pour un homme célibataire, mais j'espère un jour pouvoir le partager avec une épouse ». Il ajouta qu'il avait choisi de correspondre avec Martha parce qu'elle était infirmière, ce qui lui faisait penser qu'elle aurait « un grand cœur, pleinement capable de réconforter et d'aimer ».

Pendant plusieurs semaines, Martha et Raymond entretinrent une correspondance passionnée. La première envoya au second des photos d'elle prises en groupe, où sa corpulence était dissimulée derrière les autres infirmières. Elle acheta également du beau papier à lettres, qu'elle prit l'habitude de parfumer juste avant de cacheter l'enveloppe ; elle se mit à emporter les lettres de Fernandez partout où elle allait. Cet homme avait une belle écriture, et un style raffiné et romantique, truffé de références littéraires. Fernandez finit par lui demander la chose la plus romantique qui soit : lui envoyer une mèche de cheveux. Martha, éperdument amoureuse, s'exécuta.

Mais la malheureuse n'avait aucun moyen de savoir que Fernandez n'avait en fait que faire de cette mèche comme souvenir : il en avait besoin pour compléter un rituel vaudou, dont il était persuadé qu'il la réduirait en esclave amoureuse de lui. Fernandez était un vrai cinglé !

Raymond Martinez Fernandez – l'espion vaudou

Né le 17 décembre 1914 à Hawaï, Raymond Fernandez était d'origine espagnole. À l'âge de trois ans, il déménagea avec sa famille à Bridgeport, dans le Connecticut, où il passa toute son enfance. C'était un enfant doux et frêle, mais en grandissant il devint un homme attirant et bien bâti. À l'âge de dix-huit ans, il partit vivre chez son oncle en Espagne, où il épousa une femme du coin avec qui il eut un fils. Pendant la Seconde Guerre mondiale, il s'engagea dans la marine marchande espagnole et joua à l'espion au service des Britanniques.

À la fin de l'année 1945, Fernandez décida de retourner aux États-Unis pour chercher du travail ; sa femme et leurs deux enfants le rejoindraient par la suite. Il obtint un emploi sur un cargo en partance pour les Antilles néerlandaises. Mais pendant la traversée il eut un terrible accident : il fut frappé à la tête par une lourde écoutille en acier, qui se rabattit avec une telle force qu'il en garda une marque sur le crâne et des lésions cérébrales irréversibles. Il resta hospitalisé de décembre 1945 à mars 1946.

Sa personnalité avait profondément changé. Il était devenu distant, lunatique, prompt aux accès de colère. Il avait perdu ses cheveux à l'endroit de sa blessure, et la cicatrice était très visible. Il prit rapidement l'habitude de porter une perruque pour la cacher. Toujours sur le cargo en direction des États-Unis, il lui vint l'étrange idée de voler un grand nombre de vêtements et d'objets dans la réserve du navire. Le pot-aux-roses fut découvert par les douanes à son arrivée, et Fernandez se retrouva en prison pendant un an, à Tallahassee, en Floride. Son compagnon de cellule pratiquait un genre de vaudou, auquel il initia Fernandez.

Il devint dès lors convaincu que les rituels vaudous lui donneraient du pouvoir sur les femmes. Handicapé par des migraines et de violentes sautes d'humeur, il se mit à correspondre avec des femmes via des clubs de rencontres, leur demandant toujours une mèche de cheveux, avec laquelle il exécutait le rituel. Il gagna la confiance et séduisit ainsi des dizaines de femmes, qu'il dépouillait ensuite de leur argent, de leurs bijoux et de tout ce qui lui tombait sous la main. Ses victimes étaient trop gênées ou honteuses pour porter plainte.

L'appartement new-yorkais évoqué par Fernandez dans sa correspondance avec Martha appartenait en fait à l'une de ces victimes – qui n'était plus de ce monde. Jane Lucilla Thompson était une riche divorcée qui avait commencé à correspondre avec Fernandez en 1947. Ils se rencontrèrent et eurent une idylle très brève. En octobre de la même année, Thompson acheta des billets pour une croisière en amoureux jusqu'en Espagne. Là, Fernandez lui présenta son épouse espagnole, et on les vit fréquemment dîner tous les trois en ville, même si ce qu'elles savaient l'une de l'autre reste un mystère. Le 7 octobre, une sorte de dispute se produisit dans leur chambre d'hôtel, et Thompson fut retrouvée morte le matin suivant, apparemment d'une overdose.

Entretemps, Fernandez était reparti avec un faux testament à New York, où il prit possession de l'appartement de la défunte. Il expulsa sans vergogne des lieux la mère de la défunte, qui était veuve. En quelques semaines, il avait établi des correspondances avec des dizaines de femmes inscrites aux clubs de rencontres, dont Martha Beck.

Une fois son rituel vaudou accompli avec la mèche

de cheveux de Martha, Fernandez prit le train pour Pensacola le 28 décembre, afin de rencontrer sa prochaine victime. Martha étant chef des infirmières, il supposait qu'il y aurait chez elle de l'argent à voler.

S'il fut surpris par l'apparence physique de sa conquête à la descente du train, il ne le montra pas. Martha était ravie de voir que l'homme était si beau. Elle l'emmena chez elle et le présenta à ses deux enfants. Puis elle s'attaqua au dîner. Lorsque les enfants furent montés se coucher, Fernandez, convaincu de son pouvoir vaudou sur Martha, lui fit des avances sexuelles. On est en droit de se demander qui séduisit vraiment l'autre, mais il est certain en tout cas qu'ils restèrent ensemble le jour d'après, et la nuit encore d'après. À un moment donné, forcément, Fernandez se rendit compte que cette femme ne possédait rien qu'on pût voler ; il finit par lui annoncer qu'il devait retourner à New York.

Mais Martha avait une autre idée en tête. Elle lui fit une déclaration d'amour éternel, et exigea en hurlant comme une hystérique qu'il reste en Floride pour l'épouser. Fernandez, qui était à n'en pas douter persuadé que cette situation embarrassante était causée par son propre pouvoir vaudou (qui devenait quelque peu effrayant), réussit tant bien que mal à s'extraire des griffes de Martha en lui promettant de revenir la chercher, ou de lui envoyer de l'argent pour qu'elle vienne le rejoindre à New York. Martha prit cela comme une demande en mariage.

Pendant que Fernandez repartait à toute vitesse d'où il venait, Martha racontait à tout le monde en ville qu'elle était fiancée. Elle organisa même une fête en cet honneur. Fernandez tenta ensuite de rompre, mais Martha le menaça de se suicider. Fernandez céda, et lui proposa de venir le voir à New York pendant deux semaines. À son retour en Floride, Martha apprit qu'elle avait été licenciée par l'hôpital – probablement parce qu'elle avait omis de demander un congé. Désormais rien ne la retenait plus là.

Le 18 janvier 1948, Martha reprit le train en direction de New York, mais cette fois avec ses deux enfants dans ses bagages. Elle se présenta à l'improviste chez Fernandez. Ce dernier appréciait l'attention servile qu'elle portait à ses moindres besoins, alimentaires comme sexuels, mais il la prévint : elle devait se débarrasser des enfants. Sans grande hésitation, Martha les abandonna dans un foyer de l'Armée du Salut une semaine après son arrivée. Elle les avait définitivement chassés de sa vie.

« Dans l'histoire de l'humanité,
combien de crimes ont été imputés à l'amour ? »

Raymond avoua ses arnaques par petites annonces à Martha, qui n'y vit pas d'inconvénient. Pour elle, il était de « son devoir » de l'aider, et ils se mirent à lire ensemble quantité de lettres de femmes esseulées afin de choisir une victime appropriée pour Fernandez. Le 28 février 1948, ce dernier épousa une institutrice à la retraite originaire de Pennsylvanie avec laquelle il correspondait depuis un moment, et la ramena chez lui, à New York. Martha endossa le rôle de la belle-sœur de Fernandez d'un précédent mariage. L'institutrice finit par entendre des rumeurs sur les circonstances dans lesquelles la « femme » de Fernandez en Espagne était décédée, et quand celui-ci commença à lui reprocher de ne pas vouloir lui donner accès à sa pension de retraite et à ses polices d'assurances, elle retourna chez elle, non sans y avoir laissé quelques plumes, sa voiture et une grosse somme d'argent.

Le 14 août de la même année, après avoir épousé et soulagé plusieurs autres femmes de leur argent, Fernandez se maria avec Myrtle Young, originaire de l'Arkansas, une femme plus jeune et plus active que les précédentes victimes. Cette fois, Martha prétendit être la sœur de Fernandez, mais l'idée que Raymond puisse avoir des rapports sexuels avec Myrtle la rendait si jalouse qu'elle insista pour dormir dans le même lit que les jeunes mariés, entre eux deux ! Après quelques jours de ce traitement pour le moins curieux, Myrtle commença à protester ; sur ce Martha insista pour que Raymond lui administre des sédatifs. Ils transportèrent ensuite Myrtle, inconsciente, jusqu'à la gare routière, et la renvoyèrent chez elle dans l'Arkansas, endormie dans le car, après lui avoir soutiré quatre mille dollars en liquide. Malheureusement, ils avaient mal calculé la dose de sédatifs, et Myrtle mourut à son arrivée à Little Rock.

Martha et Raymond continuèrent leurs escroqueries, mais échouèrent pendant une longue période à trouver une victime adéquate, notamment parce que Martha opposait son veto à toute femme encore assez jeune selon elle pour faire l'amour avec Raymond. Le couple était quasiment à court d'argent lorsqu'il tomba sur Janet Fay, une veuve de soixante-six ans qui vivait à Albany, dans l'État de New York.

Janet était une femme riche qui possédait un grand appartement dans le centre-ville et avait de l'argent en banque. Elle était fervente catholique, et Fernandez prit donc la peine de truffer ses lettres de références religieuses. Le 30 décembre 1948, les deux complices arrivèrent à Albany. Fernandez présenta Martha comme sa sœur, et Janet leur proposa rapidement de vivre tous les deux avec elle. Fernandez mit environ cinq jours à la convaincre de l'épouser, à lui faire vider son compte en banque sur lequel elle avait déposé six mille dollars, et à la convaincre de venir vire avec Martha et lui dans un appartement qui était déjà loué, à Long Island. Dès le 4 janvier, ils y étaient arrivés.

On ne sait toujours pas très bien ce qui se passa cette nuit-là, après le dîner. Il semble que Martha, en entrant dans la chambre, ait surpris Janet nue en train d'enlacer Raymond. Cette vision la mit en rage. C'est alors que Janet contesta d'une voix forte son droit d'entrer comme cela dans leur chambre ; selon Martha, Fernandez lui aurait dit à ce moment-là : « Fais taire cette femme. Débrouille-toi comme tu veux, mais fais-la taire ! »

Janet reçut donc des coups de marteau jusqu'à perdre connaissance, avant d'être étranglée à l'aide d'un foulard. Martha expliqua plus tard qu'elle s'était évanouie et qu'elle ne se souvenait pas de qui avait fait quoi. Les deux complices enveloppèrent ensuite le cadavre dans des serviettes et des draps, le fourrèrent dans un placard, et allèrent se coucher.

Le jour suivant, ils achetèrent une malle, y jetèrent le corps, et l'entreposèrent dans la maison de la sœur de Fernandez. Puis ils louèrent une maison, et après avoir récupéré la malle, l'ensevelirent sous une couche de ciment dans la cave. Ils encaissèrent les chèques de Janet et tapèrent à la machine des lettres destinées à la famille, dans lesquelles elle faisait part de son bonheur et de ses projets de partir en Floride. Or, il se trouvait que Janet Fay ne savait pas taper à la machine, et a fortiori n'en possédait pas une non plus ; cela mit la puce à l'oreille de ses proches, qui alertèrent la police.

Mais Beck et Fernandez étaient déjà loin, car ils avaient repéré leur prochaine victime à Grand Rapids, dans le Michigan. Fernandez correspondait avec une certaine Delphine Downing, une veuve de quarante et un ans mère d'une petite fille de deux ans, Rainelle. Lorsque Raymond lui écrivit, vers la fin janvier, qu'il devait passer par Grand Rapids pour affaires en compagnie de sa sœur, elle lui répondit qu'il lui tardait de les rencontrer tous deux en personne.

Delphine fut tellement impressionnée par la courtoisie de Raymond, et ses attentions envers sa fille, que quelques jours plus tard il était déjà dans son lit. Pendant ce temps-là, Martha, qui était témoin de tout cela, bouillait de rage et de jalousie. Or, un matin, Delphine entra par hasard dans la salle de bains et se trouva nez à nez avec un Raymond sans perruque, sa calvitie et son horrible cicatrice exposées. Elle fut prise d'hystérie, et accusa son amant de l'avoir trompée. Pour la calmer, Martha la persuada de prendre des sédatifs. Mais en voyant sa mère inconsciente, la petite Rainelle se mit à pleurer. Martha saisit alors l'enfant et l'étrangla jusqu'à la faire taire, laissant de profondes marques sur son cou.

Fernandez était contrarié : il avait peur qu'en se réveillant Delphine n'appelle la police à la vue des bleus présents sur le cou de sa fille. Il semble que Martha lui ait alors ordonné de « faire quelque chose ».

Fernandez prit le pistolet de feu M. Downing et après l'avoir enveloppé dans une couverture pour couvrir le bruit, il tira une balle dans la tête de Delphine, sous les yeux de sa fille. Les deux complices enveloppèrent ensuite le corps dans des draps, et l'enterrèrent dans la cave de sa maison. Plus tard, ils recouvrirent le tout d'une couche de ciment.

Pendant deux jours, ils préparèrent leur fuite, encaissant l'argent de Delphine et pillant sa maison ; la petite Rainelle, pendant tout ce temps-là, ne cessa de réclamer sa mère en pleurant. Quand Martha ne put plus le supporter, elle noya la petite fille dans une baignoire d'eau sale, dans la cave, et Raymond creusa un autre trou pour y enfouir le cadavre de l'enfant.

Après ce troisième meurtre, au lieu de quitter la ville, Martha et Raymond allèrent au cinéma. Peu de temps après leur retour à la maison, des policiers alertés par les voisins vinrent frapper à la porte. C'est ainsi que les amants diaboliques furent arrêtés le 28 février 1949. Ils confessèrent rapidement leurs crimes, car la peine de mort n'existant pas dans l'État du Michigan, ils étaient persuadés qu'ils feraient six ans de prison au maximum en faisant des aveux complets.

Mais à leur stupéfaction, ils furent extradés en mars vers l'État de New York, où la peine de mort était en vigueur ; c'est là qu'eut lieu leur procès commun, en juillet de la même année. Chacun tenta de défendre l'autre en toute loyauté, un fait plutôt rare lorsqu'un couple d'assassins est jugé ensemble. Après quarante jours d'un procès à sensation, le couple fut condamnéà mort. Le plus intéressant dans cette histoire, c'est que leur dévouement mutuel fut mis à mal seulement le jour où, alors qu'ils étaient tous deux emprisonnés dans le couloir de la mort, Fernandez entendit des rumeurs selon lesquelles Martha avait une liaison avec un gardien. Dès lors, ils se mirent chacun de leur côté à donner des interviews à la presse, dans lesquelles ils s'accusaient mutuellement d'être un assassin de sang froid.

Martha Beck et Raymond Fernandez moururent sur la chaise électrique le 8 mars 1951, à la prison de Sing Sing, avec deux autres condamnés. Dans cet établissement pénitencier, la tradition voulait que le prisonnier le plus faible soit exécuté en premier. Martha fut la dernière à mourir. Ses derniers mots à la presse, avant d'être emmenée dans la salle d'exécution, furent : « Qu'est-ce que ça peut faire, qui est le fautif ? Mon histoire est une histoire d'amour, mais seulement ceux qui ont subi les tortures de l'amour peuvent comprendre. On m'a décrite comme une grosse, une femme insensible… Je ne suis ni insensible, ni stupide, ni crétine… Dans l'histoire de l'humanité, combien de crimes ont été imputés à l'amour ? »

Myra Hindley et Ian Brady – les tueurs de la lande
(cf. photo p. 470)

En Angleterre, entre 1963 et 1965, le jeune couple formé par Ian Brady et Myra Hindley assassina cinq enfants et adolescents, et on les soupçonne d'en avoir tué jusqu'à dix. Tandis que Martha Beck et Raymond Fernandez pourraient être rangés dans la catégorie des tueurs en série motivés par le gain, le duo Brady-Hindley inaugura celle du couple de meurtriers hétérosexuels sadiques en série. Le type d'homicides qu'ils commirent, pervertis, sexuels et prédateurs, n'avait quasiment jamais été signalé auparavant chez un homme et une femme opérant ensemble.

Né en 1938, Ian Brady était le fils illégitime d'une serveuse dans un bar à cocktails de Glasgow. Cette dernière menait une vie chaotique de femme facile et alcoolique, et elle éleva Ian de façon sporadique. On se souvient d'Ian comme d'un garçon qui tyrannisait les autres enfants dans ses familles d'accueil, enterrait les chats vivants, cassait les pattes de derrière des chiens, et même une fois qui mit le feu au chien de ses parents adoptifs. Une autre fois il fut accusé d'avoir coupé la tête de quatre lapins à l'école. On disait de lui qu'il se croyait supérieur aux autres, et on ne lui connaît pas d'amis à cette époque. Il est vrai qu'il était supérieurement intelligent étant enfant, et c'est d'ailleurs toujours le cas : en prison il a écrit un ouvrage intitulé *The Gates of Janus* (Les Portes de Janus), qui est une analyse du meurtre en série.

Brady réussit à rester dans le droit chemin jusqu'à onze ans, âge auquel il commença à se livrer à de petits délits. Il fut mis en liberté surveillée pendant quatre ans pour cambriolage – un délit qu'il renouvela peu après, ce qui lui valut, à l'âge de quinze ans, un an d'enfermement en maison de redressement. Lorsqu'il recommença à faire des bêtises à dix-sept ans, sa famille d'accueil fut jugée inapte à le contrôler et le tribunal de Manchester l'envoya vivre avec sa mère, qui venait de se marier. Brady la haïssait, et cet arrangement lui déplaisait fortement.

Bien qu'il ait eu des problèmes de discipline, Ian était également un élève brillant et il savait charmer son monde pour le manipuler. À l'âge de dix-neuf ans, il fut pris de fascination pour les nazis. Il se mit à dévorer un nouveau genre de littérature de gare, devenu populaire au début des années 1960, des livres de poche de mauvaise qualité au contenu semi-pornographique et relatant les atrocités des nazis – des histoires crues axées sur les bordels allemands où l'on forçait les femmes à se prostituer, les gitanes nues qu'on menait comme du bétail aux chambres à gaz, et les femmes sadiques chargées de garder les camps. Se sentant en décalage avec ses compatriotes britanniques vainqueurs du nazisme, Brady apprit ensuite l'allemand par lui-même. Puis il découvrit combien l'œuvre du Marquis de Sade n'avait pas été reconnue à son juste titre. Brady en conclut que la société était corrompue et que les prêtres, afin de soumettre les masses, avaient conçu l'idée de Dieu.

Âgé à présent de vingt-trois ans et employé de réserve chez Millwards, une entreprise de stockage de produits chimiques industriels, il avait l'impression d'être sous-employé par rapport à ses capacités : sa vie était dans une impasse. C'est là qu'il allait rencontrer une dactylo de dix huit ans – Myra Hindley.

Myra enfant

On a décrit Myra comme une petite fille parfaitement « normale », qui aimait les animaux, les autres enfants et les tubes de rouge à lèvres. Née dans le quartier industriel de Manchester en 1942, d'un père catholique et d'une mère protestante, on raconte que Myra fut envoyée vivre chez sa grand-mère à l'âge de quatre ans, à la naissance de sa sœur cadette, car sa mère avait décidé qu'il y avait désormais « trop de monde » dans la maison. Le rejet de la mère dans l'enfance pourrait sembler être le facteur commun non seulement à Hindley et Brady, mais également à de nombreux autres serial killers – l'accumulation fatale d'un ressentiment depuis l'enfance. Mais ici l'histoire n'est pas aussi simple : la grand-mère de Myra vivait apparemment en bas de la rue, et l'enfant allait de l'une à l'autre maison sans problème.

Myra aurait plutôt été gâtée par sa grand-mère, qui la laissait plus ou moins faire la loi. Bien qu'elle ait été quelque peu égocentrique, Myra eut une enfance conventionnelle, allant à l'école et s'amusant à l'heure de la récréation. C'était une élève qui avait des notes « acceptables ». Certes, parfois elles baissaient car la grand-mère permettait à sa petite-fille de rester à la maison dès qu'elle lui disait ne pas se sentir bien. Tout dans la vie de Myra était acceptable, moyen, normal, jusqu'à ce qu'elle atteigne l'âge de quinze ans.

Elle s'était attachée à un garçon du quartier légèrement attardé, avec lequel elle jouait le rôle d'une grande sœur, voire d'une mère. Elle donnait tout son temps libre et son énergie à ce garçon qu'elle emmenait se promener, avec qui elle jouait, qu'elle défendait contre les brutes de l'école et à qui elle achetait des bonbons. Un après-midi où il faisait chaud, le garçon vint chez elle et lui demanda de l'accompagner à un réservoir abandonné où les gamins du coin se retrouvaient pour se baigner. Myra se sentait paresseuse, ce jour-là, et elle déclina l'offre. Le garçon y alla quand même tout seul, et se noya.

La nouvelle porta un coup terrible à Myra. Pendant des jours, elle erra tel un fantôme, sans dormir. On aurait dit qu'elle était en transe. Sa seule activité consistait à faire du porte-à-porte pour récolter de l'argent afin d'acheter une couronne qui serait déposée sur le cercueil du garçon. Quelques-unes des femmes qui lui ouvrirent la porte se rappelèrent plus tard une lueur étrange, agressive dans les yeux de la jeune fille, dont le reste du visage demeurait impassible. L'une d'elles déclara :

> Elle faisait pas l'effet d'une petite fille cherchant la compassion, elle te faisait te sentir un peu coupable, comme si c'était de ta faute si y s'était noyé, et que tu f'rais mieux

de casquer pour ces fleurs ou alors elle irait raconter des salades sur toi[144].

Myra pleura le garçon pendant des mois, jusqu'à ce que sa mère vienne la voir et la force à enlever ses vêtements noirs. Tout, dans sa vie, s'était mis à tourner de façon égocentrique autour de son deuil morbide. Elle ne parvenait pas à comprendre comment le reste du monde pouvait continuer à vivre comme si de rien n'était alors qu'elle souffrait tant de cette perte. Comment *osaient*-ils ? Elle se comportait comme une mère dont l'enfant aurait péri et qui ne pouvait en avoir d'autre, et que tout le monde s'en fichait. Il fallait pourtant bien que ce soit la faute de *quelqu'un*.

Ainsi que l'écrivit l'une des biographes de Hindley : « Alors qu'une fille ayant une sensibilité normale aurait pensé (et continué par la suite à penser) autant à la fin tragique de ce garçon et à la perte des parents qu'à son propre chagrin [...] le cœur de cette fille resta exactement au même endroit : brisé, peut-être, mais inflexible, pile au centre de Myra Hindley[145]. »

De nouveau, c'est peut-être se raccrocher à un semblant d'anomalie dans un océan de normalité, mais la mort d'un ami d'enfance ou d'un membre de sa fratrie est un thème qui peut revenir, lorsque l'on se penche sur l'enfance des serial killers : par exemple, le décès de la « fiancée » de Jerry Brudos lorsqu'il avait cinq ans – il allait finir par assassiner quatre femmes afin de garder leurs pieds comme trophées[146] – ou la mort du frère adoptif de Genene Jones et la morbidité qu'elle entretint par la suite. Je vous l'accorde, le lien est ténu, mais à quoi d'autre se raccrocher dans le cas présent ? Myra était *si* normale.

À part le fait qu'elle devint par la suite une fervente catholique, il semble que Myra ait fini par maîtriser son obsession de la mort de ce garçon au cours des années suivantes. Elle quitta l'école, en disant à peine au revoir à ses amies, et s'établit en tant que secrétaire, changeant d'entreprise au gré des opportunités de salaire. Elle sortait avec des garçons, mais « se réservait pour le mariage ». Elle allait au bal et au cinéma, à l'église, ne buvait pas, et se fiança, même, avant de tout annuler.

« Je sors avec Ian ! »

En janvier 1961, elle trouva un travail de dactylo au sein de l'équipe de secrétaires chez Millwards. Là, elle allait notamment devoir retranscrire ce que lui dictait un employé de la réserve du nom d'Ian Brady. Même si cela leur prit un an avant de sortir ensemble, grâce au journal intime de Myra nous savons qu'elle était obsédée par cet homme qui se montrait dominateur et arrogant, et en ce sens était si différent des autres garçons qu'elle avait connus. Il arrivait au travail en moto, portant un blouson en cuir, des lunettes de protection et un casque, et enlevait tout cet équipement à son bureau, révélant son complet-veston en dessous. Il était mystérieux – personne ne savait rien de lui. Pendant les sept premiers mois, Myra ne parla même pas avec lui.

Dans son journal, à la date du 23 juillet, elle écrit : « Me demande si Ian sort avec quelqu'un. Ressens toujours la même chose. » Le 25 : « Pas encore trouvé le courage de lui parler. » Le 27 : « Ça y est, je lui ai parlé. Il sourit comme s'il était gêné. Je vais changer, tu le verras dans ma façon d'écrire. »

Le 1er août : « Ian me regarde en douce au travail. » Le 2 : « Me demande s'il m'aime bien. On raconte qu'il parie sur les courses de chevaux. » Le 8 : « Me désintéresse un peu d'Ian. » Le 11 : « Ai passé la soirée au Friendship Pub, mais pas avec Ian. » Le 14 : « Retombée amoureuse d'Ian. Il est enrhumé, j'adorerais le dorloter un peu. » Le 24 : « Suis de mauvaise humeur parce qu'il ne m'a pas parlé aujourd'hui. » Le 29 : « J'espère qu'il m'aime et qu'il m'épousera un jour. »

Le 9 septembre : « Ian porte une chemise noire aujourd'hui. » Le 18 octobre : « Ian m'ignore toujours. J'en ai marre. Toujours amoureuse de lui. » Le 1er novembre : « Ça fait des mois maintenant qu'Ian et moi on n'a pas parlé. » Le 28 : « J'ai renoncé à Ian. Il fait tout ce qu'il peut pour m'énerver, il m'insulte et marche délibérément devant moi sans me voir. J'ai découvert un autre aspect de lui, et je suis convaincue qu'il n'est pas un homme bon. » Le 2 décembre : « Je hais Ian, il a tué tout l'amour que j'avais pour lui… » Le 15 : « Reretombée amoureuse d'Ian. »

Le 22 décembre : « Je sors avec Ian ! »

Le soir de la Saint-Sylvestre, Ian était invité chez Myra pour passer la soirée avec ses parents et sa sœur cadette. Il apporta une bouteille de vin allemand, ainsi qu'une bouteille de whisky, ce qui était un luxe en ce temps-là. C'était la première fois que Myra buvait de l'alcool. Dans son journal, elle écrivit : « Papa et Ian ont discuté comme s'ils se connaissaient depuis des années. Ian est si doux qu'il me donne envie de pleurer. »

Le 1er janvier 1962 : « Ça fait douze mois que je suis chez Millwards, et je commence tout juste à sortir avec lui. J'espère qu'Ian et moi on s'aimera toute notre vie et qu'on se mariera et qu'on sera heureux pour toujours. »

S'ensuivent quelques pensées inoffensives de plus, puis le journal de Myra s'arrête aussi brutalement qu'il a commencé. Elle aurait peu de loisir, à présent, à consacrer à son journal intime : Ian allait l'occuper à plein temps.

Pour leur premier rendez-vous, ils allèrent au cinéma voir *Jugement à Nuremberg*, un film avec Spencer Tracy relatant l'histoire du procès pour crimes de guerre d'anciens juges nazis qui avaient ordonné des stérilisations de force.

Myra était complètement obsédée par Ian depuis près d'un an. Dans sa tête, elle lui appartenait bien avant qu'il ne s'en rende compte lui-même. En toute logique, elle perdit sa virginité avec lui et devint sa petite amie soumise. Sa récente adhésion au catholicisme vola en éclats dès lors qu'elle fut convaincue par Brady de la non-existence de Dieu. Elle était complètement captivée par cet homme plus âgé, « raffiné », qui lisait des ouvrages intellectuels, arborait des chemises noires, buvait du vin d'Allemagne et en étudiait même la langue.

Myra déclara plus tard : « En quelques mois il avait réussi à me convaincre que Dieu n'existait pas : il aurait pu me dire que la Terre était plate, la lune faite de fromage vert, ou que le soleil se levait à l'ouest, je l'aurais cru, tant il était persuasif, tant sa manière de parler était douce, convaincante et me fascinait, parce que je ne comprenais jamais tout ce qu'il disait, seulement une phrase ici ou là, que je prenais pour parole d'Évangile[147]. »

Myra témoigna sous serment qu'après l'avoir séduite, Brady se désintéressa d'elle sur le plan sexuel. Il préférait qu'elle le masturbe pendant qu'il s'insérait une bougie dans l'anus. Il voulait aussi pratiquer la sodomie avec elle, même si elle se plaignait que c'était douloureux. Il fit des photos pornographiques, à l'aide d'un minuteur, d'eux deux en train de faire l'amour avec des cagoules. Rapidement Myra se mit à s'habiller à la mode néo-nazie – jupes de cuir noir « à la Ilsa » (voir le chapitre suivant), bottes montant aux genoux. Puis elle se teignit les cheveux en blond platine.

Les meurtres

Selon Myra, Brady était fasciné par un ouvrage en particulier, *Crime* (intitulé *Compulsion* en anglais), écrit par Meyer Levin. Le livre relatait l'histoire de Nathan Leopold et Richard Loeb, deux étudiants évoluant dans la haute bourgeoisie de Chicago qui, en 1924, tuèrent un garçon de quatorze ans de façon atroce. Le mobile de leur crime : pour prouver qu'ils étaient supérieurs, des *surhommes*, ils avaient décidé de commettre le « crime parfait ». Les deux surhommes furent rapidement arrêtés lorsque l'on découvrit une paire de lunettes appartenant à Leopold non loin de la scène du crime. Leur procès mit à jour le fait que ces deux hommes étaient amants, et que Leopold adorait Loeb et lui obéissait aveuglément.

Toujours selon Myra, environ un an et demi après le début de leur relation, en juillet 1963, Brady commença à lui parler de ses projets de commettre un meurtre parfait, ce qui prouverait leur supériorité. Le 12, ils s'attelèrent à la tâche. Myra se mit au volant d'une camionnette, tandis qu'Ian la suivait à moto : la mission de Myra était de prendre une femme en stop. Elle proposa à une jeune fille de seize ans de l'emmener : Pauline Reade était en chemin pour aller au bal, et portait une robe d'un rose éclatant.

Myra expliqua à Pauline qu'elle devait se rendre sur la lande – une vaste et morne étendue herbeuse balayée par le vent, qui se situait aux environs de Manchester. Elle y avait perdu un gant, continua-t-elle, et si Pauline l'aidait à le retrouver, elle lui donnerait des trente-trois tours pour la récompenser. Pauline accepta et elles se dirigèrent vers la lande déserte, tandis que Brady les suivait discrètement à moto.

Quand tous furent arrivés à destination, Brady attaqua Pauline, la viola et lui trancha la gorge. Bien que Myra ait soutenu qu'elle se trouvait dans la camionnette au moment du viol et du meurtre, dans une lettre ouverte écrite depuis sa cellule en 1990, Brady déclara que Myra avait elle aussi commis des actes sexuels sur Pauline. Après, se servant d'une pelle qu'ils avaient emportée dans la camionnette pour l'occasion, ils enterrèrent le corps de Pauline sur la lande. Il fallut attendre juillet 1987, plus de vingt ans, pour que la police découvre le corps, qui put être identifié grâce à la robe rose avec laquelle elle avait été enterrée.

Le 23 novembre 1963, se servant de la même ruse, le couple assassina un garçon de douze ans, John Kilbride. Myra déclara que Brady avait violé le garçon avant de l'étrangler car le couteau était trop émoussé pour lui trancher la gorge. Les policiers parvinrent par la suite à retrouver le cadavre de Kilbride en analysant les détails d'une photo sur laquelle Myra posait avec son chien, agenouillée sur la tombe. Plus tard, une fois arrêtée, quand on lui annonça que son chien était mort pendant sa garde à vue, Myra lança : « Ils ne sont rien d'autre que des foutus assassins. »

Le 16 juin 1964 ils tuèrent un autre garçon de douze

ans, Keith Bennett, en se servant des mêmes méthodes. Son corps, malgré de nombreux efforts, et notamment des indices fournis par Myra et Brady, n'a pas été découvert à ce jour.

Le 26 décembre 1964, le couple diabolique frappa pour la quatrième fois. Ils kidnappèrent une fillette de dix ans, Lesley Ann Downey, et la ramenèrent chez eux. Une fois là-bas, Brady alluma une lampe, prépara son appareil photo, et força la petite fille à poser pour des clichés pornographiques. Ensuite, il prit soin de mettre en route un magnétophone afin d'enregistrer les cris de Lesley quand il la violerait. D'après la lettre qu'il écrivit en 1990, Myra « insista pour tuer Lesley Ann Downey de ses propres mains, en se servant d'un cordon en soie, avec lequel elle prit ensuite grand plaisir à jouer en public, sachant à quoi il avait servi ».

En octobre 1965, Brady décida qu'il avait envie de former une bande de criminels, et se mit à discuter avec David Smith, le beau-frère au chômage de Myra, d'un projet de hold-up. Le soir du 6 octobre, Smith passa chez eux à l'improviste, pour se plaindre de l'état de ses finances. Brady lança : « Il va falloir qu'on dépouille un pédé. » Il sortit, puis revint quelque temps après avec un jeune homme de dix-sept ans, Edward Evans, qu'il frappa avec une hache puis étrangla. Il fit tenir la hache à Smith pour que ses empreintes y figurent, et les deux hommes enroulèrent le cadavre dans un sac en plastique avant de nettoyer les traces de sang. Ensuite, Myra et Brady allèrent se coucher, tandis que Smith rentrait chez lui en état de choc. Une fois à la maison, il réveilla sa femme pour tout lui raconter, et ils appelèrent immédiatement la police.

Le lendemain matin, les forces de police faisaient une descente chez Brady, et trouvaient le corps dans une chambre d'ami, toujours enveloppé dans du plastique. Dans le dos d'un livre de prières, ils repérèrent une clé dissimulée ; elle ouvrait un casier à la consigne de la gare de Manchester, où les policiers découvrirent les photos et l'enregistrement des cris de Leslie Ann Downey implorant la pitié alors qu'on était en train de l'assassiner. Ces cassettes furent écoutées au tribunal, lors du procès commun de Myra Hindley et Ian Brady.

« Au lieu d'une Lady Macbeth,
je me suis retrouvé avec une Messaline »

Ils furent tous deux condamnés à la prison à perpétuité en mai 1966 pour trois meurtres. Ian et Myra n'avouèrent les meurtres des deux derniers, Pauline Reade et Keith Bennett, que vingt ans plus tard, en 1986. Ils furent emmenés sur la lande pour aider les policiers à retrouver les corps, mais seul celui de la jeune fille fut déterré.

Après leur condamnation, le couple continua à correspondre pendant sept ans, et demanda même à être marié. En 1972, Myra séduisit une gardienne de prison et tenta de s'évader. Elle finit par prendre ses distances d'avec Brady, et quand elle fut habilitée à déposer une demande de mise en liberté, elle changea de stratégie et commença à se présenter comme une victime. Ian l'avait frappée et droguée pour qu'elle se soumette, raconta-t-elle. Il l'avait menacée de mort si elle ne l'assistait pas dans ses méfaits, dit-elle encore. Déclarant qu'elle était repentie, elle démarra une campagne énergique pour sa libération dans les années 1990, étant donné qu'elle avait fait le minimum de trente ans de prison requis avant de pouvoir prétendre à la liberté conditionnelle.

Les crimes de Brady et Hindley touchaient une corde si sensible en Grande-Bretagne, qu'en 1997, encore, c'était un sujet très délicat. Lorsqu'en septembre de cette année-là la British Royal Academy of Arts monta une exposition d'œuvres de jeunes artistes, dans laquelle on pouvait admirer un portrait de quatre mètres de haut de Myra Hindley peint par Marcus Harvey, la polémique fit rage*. La famille de l'une des victimes demanda à ce que le tableau soit retiré de l'exposition, en vain. Le jour du vernissage, le portrait fut aspergé de peinture, d'encre et d'œufs et dut être retiré pendant une semaine pour être restauré.

À l'apogée de sa campagne pour sa libération, alors qu'elle allait en toute probabilité réussir à sortir en faisant jouer un point de procédure, Myra Hindley mourut d'une crise cardiaque le 15 novembre 2002. Elle avait soixante ans.

Ian Brady, dès le départ, avoua ses crimes et insista sur le fait que ni lui ni Myra ne devaient jamais être libérés. Sa récente étude du meurtre en série (où il ne fait pas référence à ses crimes) fut publiée aux États-Unis par Feral House, une maison d'édition spécialiste des sujets polémiques, à la grande indignation des Britanniques.

Lorsque Myra commença à faire appel pour sa libération, Brady écrivit sa fameuse lettre ouverte au ministre de l'Intérieur britannique, Jack Straw, qui était respon-

* Il faut préciser que le portrait en gros plan (voir photo p. •••) avait été peint un peu à la manière des pointillistes, mais que l'artiste avait symboliquement remplacé les points par des centaines de mains d'enfants. (*N.D.T.*)

sable des politiques menées en matière judiciaire, en lui expliquant que Hindley ne devait pas être libérée. Dans ce courrier, il disait :

> Il vous faut tout d'abord accepter ce fait déterminant. Myra Hindley et moi-même étions amoureux, autrefois. Nous étions une force unie, et non deux entités en conflit. Cette relation n'était pas basée sur le concept délirant de *folie à deux**, mais sur une affinité émotionnelle et psychologique, opérant à un niveau conscient et inconscient.

La *folie à deux* est un trouble psychiatrique dont on se sert parfois pour expliquer la raison pour laquelle certaines femmes en arrivent à commettre des meurtres atroces en compagnie de leur amant ou de leur mari. Dans le *Manuel diagnostique et statistique des troubles mentaux*, quatrième édition (*Diagnostic and Statistical Manual of Mental Disorders*, ou *DSM-IV)*, on appelle cette pathologie « trouble psychotique partagé ». Ilest provoqué par une forte personnalité agissant sur une plus faible (*folie imposée*), mais le délire peut également avoir lieu de façon simultanée lorsque des individus prédisposés s'associent (on parle alors de *folie simultanée*).

Brady concluait son courrier ainsi :

> Elle considérait les homicides perpétrés de façon périodique comme des rituels d'excitation réciproque, des cérémonies de mariage nous liant théoriquement plus que jamais. Ainsi que mon dossier le montre, avant notre rencontre mes activités criminelles se bornaient principalement à un intérêt mercenaire. Après, une dualité de motivations se développa. La philosophie existentielle se

* En français dans le texte. (*N.D.T.*)

mélangea à la spiritualité de la mort, qui devint prédominante. Nous fîmes l'expérience du concept de possibilité totale. Au lieu d'une Lady Macbeth, qui aurait été adéquate, je me suis retrouvé avec une Messaline. Séparées, nos vies auraient pris un cours radicalement différent.

Karla Homolka et Paul Bernardo – les Ken et Barbie tueurs

(cf. photo p. 470)

En Ontario, au Canada, lorsque l'affaire Paul Bernardo et Karla Homolka éclata, elle sembla affreusement similaire aux meurtres des couples Hindley-Brady, Bundy-Clark et des époux Gallego, notamment dans le choix des victimes. Il y avait cependant une différence notable : ces deux assassins avaient à leur disposition une technologie plus moderne, dont ils se servirent pour consigner les viols et les tortures des jeunes filles qu'ils avaient choisies. Ils filmèrent en effet tout, laissant à la postérité d'atroces preuves de ce qu'un serial killer sadique de type organisé peut faire subir à ses victimes. Dans les annales du crime, il n'existe pas d'homicides filmés de façon aussi détaillée et complète – pas même les tristement célèbres vidéos laissées par Leonard Lake et Charles Ng, soupçonnés d'avoir enlevé et tué jusqu'à vingt-cinq personnes dans un ranch isolé, dans les années 1980.

Paul Bernardo et Karla Homolka ont été surnommés les « Ken et Barbie tueurs », d'après les petites poupées à la plastique parfaite qui amusent tant de fillettes depuis des générations. Au moment de leur arrestation, il avait vingt-huit ans et elle en avait vingt-deux. Paul Bernardo était un grand blond aux yeux bleus et au corps d'athlète, intelligent et charmant, et avait ce que beaucoup ont décrit comme un visage d'ange. Elle aussi avait les yeux bleus, de longues tresses blondes, un corps menu mais bien proportionné, et était aussi jolie qu'intelligente. Après l'université, il était devenu comptable ; quant à elle, à peine sortie du lycée, elle travaillait comme assistante chez un vétérinaire. Ils furent tous deux élevés dans des banlieues anonymes où vivaient les classes moyennes, fréquentèrent des écoles typiques de ce genre d'endroit, et allèrent à des fêtes typiques de leur âge. Tout en eux reflétait le côté typiquement « classe moyenne » – leurs goûts et leur style n'étaient ni trop huppés, ni trop humbles. Ils représentaient la médiocrité chic qui passe ses samedis après-midi au centre commercial.

Leur cérémonie de mariage fut à l'avenant : la famille avait dû dépenser sans compter, mais tout n'était pas d'un goût très sûr, comme si (c'était même probable) ils avaient repris toutes les idées dans les pages d'un magazine spécialisé en robes de mariées. Ils quittèrent l'église dans un fiacre tiré par des chevaux, et passèrent leur lune de miel à Hawaï.

Ensuite ils s'installèrent dans une de ces villes aisées de taille moyenne typiques de cette région fertile du sud de l'Ontario, entre Toronto et Niagara Falls, près de la frontière avec les États-Unis. Ils louèrent une petite maison au bord d'un lac dans le plus pur style Cape Cod pour mille deux cents dollars par mois, qu'ils remplirent de meubles typiquement canadiens, en pin.

Fait inhabituel, pourtant, au moment où Paul et Karla décollaient pour leur voyage de noces, ils avaient déjà violé, torturé et assassiné deux adolescentes, dont la propre sœur cadette de Karla. Ces deux crimes furent filmés de bout en bout. Ce couple de classe moyenne était si parfaitement respectable, séduisant et inoffensif que personne ne les soupçonna de rien lorsque des lycéennes commencèrent à disparaître dans la région – et à être découvertes démembrées et recouvertes de ciment près d'un lac, ou jetées dans un fossé, le corps dénudé.

Karla Homolka – la Sale Bête

Karla Homolka vit le jour en 1970 et fut élevée à St. Catharines, une ville prospère de 130 000 habitants, nichée dans cette même région fertile où elle habiterait plus tard avec Bernardo. Elle était l'aînée de trois sœurs ; sa mère, canadienne, était gestionnaire dans un hôpital, et son père, qui avait émigré de Tchécoslovaquie, était gérant d'un magasin de luminaires et de tableaux kitsch représentant Elvis ou les Beatles.

On sait très peu de choses concernant la vie quotidienne de Karla à cette époque. Ses amies se souviennent d'une petite fille autoritaire que tout le monde surnommait (très sérieusement) « La Princesse ». Elle avait de longs cheveux blonds, et était une enfant très intelligente. Elle possédait une énorme collection de poupées Barbie, et était fan des histoires publiées dans l'équivalent américain de la Bibliothèque Verte, comme *Alice détective* ou *Les Frères Hardy*. Quand elle serait grande, elle serait détective, disait-elle à tout le monde. D'après ses camarades, elle se montrait toujours extrêmement dominatrice dans ses relations avec autrui.

Nombreux furent ceux qui témoignèrent de la popularité de Karla à l'adolescence : elle était la plus jolie et la plus intelligente des filles de l'école. Son seul défaut était son manque d'aptitudes sportives. Pourtant, Karla avait l'air bien souvent malheureuse, et ses notes s'en ressentaient. Elle était en fait obsédée par les garçons : rien d'autre ne l'intéressait. Elle semblait très pressée de se marier pour quitter l'école, et elle eut donc plusieurs petits amis.

À l'âge de quinze ou seize ans, Karla se teignait les cheveux en rouge et noir, à la punk, prenait la pilule et avait des relations sexuelles avec des garçons – mais comme des centaines de milliers d'autres adolescentes. On se disputait parfois, à la maison, mais rien de bien sérieux. À l'âge de dix-sept ans, elle voulut rejoindre un petit ami parti vivre au Kansas, et passa outre la décision de ses parents qui ne voulaient pas qu'elle parte ; mais elle veilla quand même à les appeler une fois arrivée pour leur dire qu'elle serait absente une quinzaine de jours et de ne pas s'inquiéter.

Il y eut quelques épisodes plus sombres dans son adolescence. À une de ses camarades, Karla montra de minuscules griffures sur ses poignets en lui disant qu'elle avait tenté de suicider ; mais la jeune fille, qui s'était elle-même gravement entaillé les poignets, songea qu'elle tentait plutôt d'attirer l'attention. Dans un livre d'or des élèves, elle écrivit une année, « Souviens-toi : le suicide, c'est cool, et se forcer à ne pas manger, c'est le pied. Les maigres vaincront ! La mort Vaincra. La mort, c'est cool. J'adore la mort. Tuer le monde entier, putain. » Une autre fille se souvient de Karla lui soufflant à l'oreille, au beau milieu de la cafétéria : « J'aimerais bien dessiner plein de petits points sur le corps de quelqu'un, prendre un couteau et ensuite m'amuser à relier les points avec, et pour finir verser du vinaigre dedans. » Enfin, elle était friande de lectures révélant un certain penchant pour le macabre : litterature true crime, livres de science-fiction, histoires d'épouvante figuraient parmi ses ouvrages préférés.

Mais d'autres anciennes camarades se souviennent de Karla simplement comme d'une fille joyeuse et pétillante qui parlait d'aller à la fac pour devenir vétérinaire et avait trouvé, en attendant, un travail à mi-temps dans une animalerie. Karla et ses copines, qui s'étaient surnommées les « Sales Bêtes », avaient un seul objectif : se trouver un homme riche, séduisant et légèrement plus âgé, se faire offrir un diamant puis l'épouser, et enfin vivre heureux pour toujours.

Dans l'ensemble, on n'a rien découvert dans l'enfance et l'adolescence de Karla qui diffère notablement de la vie de millions d'adolescentes typiques. Pas de traces de maltraitance, de dysfonctionnement familial, de viol, d'abandon ou de traumatisme. Tout en elle était typiquement moyen.

En 1987, à l'âge de dix-sept ans, Karla et ses copines partirent en virée un week-end à Toronto pour aller visiter un salon animalier. Le soir à l'hôtel, après avoir bu, dansé, ramené des hommes dans leur chambre puis les avoir congédiés, Karla et une amie eurent une envie soudaine de manger un sandwich, alors qu'il était plus de minuit et qu'il n'y avait plus de room-service. Qu'à cela ne tienne, elles descendirent au restaurant en petite tenue. Et c'est ainsi que Karla fit la connaissance de Paul Bernardo.

« L'enfant bâtard sorti tout droit de l'enfer »

Regarder les choses rétrospectivement peut s'avérer cruel, mais si rien dans le passé de Karla ne devait alerter sur son potentiel à devenir une serial killer, tout, au contraire, aurait dû le faire chez Bernardo. Au premier abord, Paul semblait être tout autant issu de la classe moyenne typique que Karla. Né en 1964, il était le cadet de trois enfants ; son père, Kenneth Bernardo, réussissait bien dans son métier de comptable, et sa mère, Marilyn, était une femme au foyer qui, quand elle avait un peu de temps libre, jouait les cheftaines.

Ils étaient tous deux originaires de familles de la classe moyenne venant de Kitchener-Waterloo, une petite ville prospère de l'Ontario. Les origines de la famille de Marilyn remontaient jusqu'aux Loyalistes – ces citoyens britanniques qui rejetèrent l'indépendance des États-Unis au XVIIIe siècle et partirent s'établir au Canada, avant d'y devenir l'élite dirigeante. Son père était avocat et colonel dans l'armée canadienne ; quant au père de Kenneth Bernardo, s'il avait des origines plus humbles en tant qu'émigré du Portugal, il avait réussi au Canada en montant sa propre société spécialisée dans le carrelage en marbre.

Après leur mariage, les époux Bernardo s'installèrent dans la partie huppée de Scarborough, une banlieue de Toronto qui s'était développée pendant le boom économique des années 1950. Leur maison avait même une piscine dans le jardin, ce qui était un vrai luxe, étant donné que les étés canadiens durent à peine deux mois.

Mais sous ce portrait de famille heureux se cachait une réalité plus sombre. Lorsque Paul était enfant, son père avait abusé de sa sœur de neuf ans à plusieurs reprises. Ceci place Paul dans une catégorie où se trouvent également plus de 50 % des serial killers, dans l'étude du FBI qui leur est consacrée : celle des parents ayant un casier judiciaire ou des antécédents psychiatriques*. D'après des témoins, la vie chez les

* Ironie du sort, le jour même où Paul était amené au tribunal pour qu'on lui lise l'acte d'accusation, juste après son

Bernardo était « mouvementée », et les parents faisaient chambre à part. Au fil du temps la mère de Paul devint obèse, passive et déprimée.

À l'âge de cinq ou six ans, il semble que Paul se soit enfui de la maison et soit resté absent pendant plusieurs jours : David, son frère aîné, se souvient qu'une fois rentré, personne dans la famille ne lui avait même demandé où il était allé tout ce temps.

Comme de nombreux serial killers, Paul eut une maladie très jeune, une forme d'aphasie engendrée par un manque d'oxygène au cerveau à la naissance, ce qui fit qu'il ne parla pas avant l'âge de cinq ans, et que pendant plusieurs années il bégaya et eut des défauts d'élocution.

D'autre part, à l'instar de Ted Bundy, Bernardo apprit tardivement que ses origines étaient différentes de ce qu'il croyait. Il avait seize ans quand apparemment sa mère, après une énième dispute avec son père, entra en trombe dans la chambre de Paul en brandissant la photo d'un homme et en lui annonçant que c'était lui, son vrai père. Elle faisait référence à son fils comme à « l'enfant bâtard sorti tout droit de l'enfer ». Dans une interview récente, Kenneth confirma que Paul n'était pas son fils biologique tout

---

arrestation, son père, alors âgé de cinquante-huit ans, comparaissait dans la salle d'audience voisine. Ayant plaidé coupable pour attentats à la pudeur répétés sur la personne de sa fille vingt ans plus tôt, entre janvier 1969 et juin 1974, il ne lui restait plus qu'à connaître l'étendue de sa peine. Sa fille s'était en effet décidée à porter plainte contre lui une fois adulte car elle était convaincue qu'il abusait à présent de sa propre fille. (c.f. : Jennifer Furio, *Team Killers : A Comparative Study of Collaborative Criminals*, New York : Algora, 2001, p. 105 ; *Globe and Mail*, 3 mars 1993, page A6.)

en ajoutant : « C'est son problème. Ça n'a jamais été un problème pour moi. »

À l'école, Paul était un enfant solitaire et martyrisé par les autres, qui trouvaient des jeux de mots désobligeants à faire avec son nom de famille. Pourtant, en grandissant il devint populaire et athlétique. Tout le monde se souvient de son visage d'ange et de sa gentillesse l'été où il travailla comme moniteur dans un camp.

Mais Bernardo avait, entre-temps, développé un jardin secret. Depuis ses dix ans il faisait collection de publicités pour la lingerie féminine, même si des millions d'autres garçons de son âge devaient en faire autant. Ce n'était pas tout – les voisins le surprirent à plusieurs reprises à les espionner par la fenêtre, et ils durent même appeler la police une fois. Des amis se rappellent qu'à la fin de son adolescence, Bernardo était devenu un fanatique de vidéos porno et de films d'horreur ultra-violents.

À dix-neuf ans, il entra à la fac de Toronto pour étudier la comptabilité, comme son père. Sa petite amie de l'époque se souvient très bien qu'il aimait avoir des rapports sexuels un peu hard. Il l'emmenait dans sa voiture sur des parkings déserts, lui serrait la gorge avec un câble électrique avant de la sodomiser de force puis de lui ordonner de se masturber avec le goulot d'une bouteille de vin. Il était déjà, comme on dit, « très perturbé ».

Pendant ses années d'études, il arrondit ses fins de mois en passant des cigarettes détaxées en contrebande depuis Niagara Falls, dans l'État de New York, jusqu'au Canada. Il connaissait à présent la région comme sa poche, et se voyait également comme un « hors-la-loi ».

« Tu m'as ouvert les yeux sur une nouvelle façon de penser et d'être »

Un soir où Bernardo et un ami étaient entrés dans le restaurant d'un hôtel pour prendre un café, ils tombèrent sur deux filles en pyjama ; lorsque Paul vit la blonde, il se dirigea tout droit vers elle. Ils discutèrent pendant une heure, et Bernardo lui raconta toutes sortes d'histoires sur ses ambitions professionnelles. Homolka était complètement sous le charme de ce jeune homme blond, beau, sûr de lui, agressif, qu'elle surnomma rapidement « le Grand Méchant Homme d'affaires », comme dans « Le Grand Méchant Loup ». Les deux filles invitèrent les deux hommes à monter ; une heure plus tard, Bernardo était dans le lit d'Homolka. Leur désir, presque animal, l'un pour l'autre, avait été immédiat.

Les psychiatres tentent encore aujourd'hui de comprendre la relation qu'entretenaient Paul et Karla. Car si cette dernière était une jeune femme agressive et dominante, elle devint totalement soumise à Paul. Cependant il faut comprendre qu'avec sa personnalité fortement dominante, Karla avait besoin d'un homme fort et volontaire dans sa vie : un psychopathe comme Paul présentait le profil requis. Pour que l'alchimie opère un seul ingrédient manquait, qu'Homolka avait : un manque total de sens moral. Malgré son intelligence, pour une raison quelconque il lui manquait des repères moraux. Lorsqu'elle rencontra un psychopathe amoral en la personne de Bernardo et le suivit dans ses fantasmes, ce n'était plus qu'une question de temps avant qu'ils commettent un meurtre.

Le temps que Paul se rende à St. Catharines pour

lui rendre visite le week-end suivant, toutes les copines de Karla savaient déjà qu'elle avait trouvé le Prince Charmant. Il vint chez elle, fit la connaissance de ses parents, et l'emmena au cinéma voir *Prince des ténèbres*, un film d'horreur. Après, Karla avait invité quelques amis pour une petite fête. Tous ceux qui rencontrèrent son petit ami étaient d'accord : c'était un garçon de rêve.

Pendant la soirée, ils s'éclipsèrent dans la chambre à l'étage. En fermant la porte, Paul remarqua des menottes cousues sur la veste en jean de Karla. Elle lui dit qu'il pouvait s'en servir avec elle, et il l'attacha au lit avant de lui faire l'amour.

Paul était charmant et jovial avec les parents de Karla, et avait tout du petit ami intentionné. Il l'appelait sa « petite princesse » et venait la voir tous les week-ends et le mercredi, les bras chargés de cadeaux ou de fleurs. Homolka, quant à elle, lui glissait à tout moment des petits mots sirupeux à souhait ; plus tard, au procès, des centaines de ces petits mots furent cités comme preuves. Après un certain temps, Karla réussit à convaincre ses parents de laisser Paul dormir sur le canapé pour qu'ils passent plus de temps ensemble. Bien entendu, dans la nuit, il allait la rejoindre dans sa chambre, puis retournait dans le salon avant le réveil des parents. C'est ainsi qu'une nuit où il dormait chez elle, Paul se leva et fit le tour de la maison par l'extérieur pour espionner Tammy, la sœur cadette de douze ans, qui était en train de se déshabiller pour aller se coucher.

Sur le plan sexuel, il apparut rapidement à Karla que Bernardo semblait préférer la fellation à la pénétration : chaque fois qu'il la pénétrait, il était incapable de jouir. Ils prirent l'habitude d'aller en voiture jusqu'au lac

Gibson, un coin réputé pour la pêche, et une fois là, Karla faisait une fellation à Bernardo.

On pense qu'en décembre 1987, soit deux mois après sa rencontre avec Karla, Bernardo commit les premiers viols de toute une série, à Scarborough. Ces agressions devaient ressembler fort au pire cauchemar des femmes qui habitaient là : la victime descendait du bus près de chez elle, tard le soir, et un inconnu lui sautait dessus, avant de la traîner hors de vue, de la violer puis de la sodomiser. Lorsqu'on l'arrêta pour meurtre, Paul fut également inculpé de vingt-trois viols commis à Scarborough.

Dans l'intervalle, Bernardo avait commencé à se montrer sous son vrai jour auprès de sa petite amie de dix-sept ans. Il ordonnait à présent à Karla de se donner des surnoms quand elle lui faisait une fellation, toujours les mêmes, et dans un ordre précis : « Je m'appelle Karla. J'ai dix-sept ans. Je suis ta petite suceuse de bites. Je suis ta petite salope. Je suis ta petite pute », devait-elle déclamer, dans la voiture garée au lac Gibson.

Puis, en décembre, Paul décréta soudain que comme Karla n'était plus vierge lorsqu'ils s'étaient rencontrés, il devrait la sodomiser. Karla refusa d'en entendre parler, et ce sujet devint une source de tension dans leur relation pendant deux mois. Il exigea ensuite qu'elle donne un petit nom à son pénis : Karla choisit « Snuffles ».

Dans une lettre qu'elle lui envoya à peu près à cette époque, elle avait glissé un bon sur lequel était écrit : « Le détenteur de ce bon recevra une jolie petite blonde de dix-sept ans à mettre à genoux entre ses jambes pour satisfaire tous ses désirs. » La lettre qui l'accompagnait disait ceci :

Cher Paul,
Tu es l'homme de mes rêves. Tu es le meilleur, mon Grand Méchant Homme d'affaires. Toute la journée j'ai fantasmé sur ce que je pourrais faire avec ton corps pour m'amuser. Ton beau torse. Tes bras musclés. Tes jambes bien faites. Ton ventre plat et ferme. Et Snuffles, oh ce merveilleux Snuffles. Le plaisir que je prends à toucher, lécher et sucer Snuffles est indescriptible.
Tu sais ce que j'adore ? Quand tu l'enfonces en moi et que tu me fais suffoquer pendant que mes parents dorment dans la chambre d'à côté. J'adore quand tu te décharges dans ma bouche. Je veux avaler chaque goutte avant de jouir. Le pouvoir que tu exerces sur moi est indescriptible. Quand on est assis tous les deux sur le canapé je dois rassembler toutes mes forces pour me retenir de déchirer tes vêtements. Tu m'excites tellement…
Je t'aime à un point tel que je ne pensais pas l'atteindre un jour. Aucun mot ne peut décrire ce que je ressens vraiment. Avec toi dans ma vie, je me sens complète. Entière. Avec toi à mes côtés, rien de mal ne peut arriver. Tu m'as ouvert les yeux sur une nouvelle façon de penser et d'être. Je t'aimerai toujours, quoi qu'il arrive.

Karla XXXXXX

En février 1988, après que Bernardo l'eut menacée de la laisser tomber, Karla accepta finalement la sodomie. Il la ramena chez ses parents, partis en vacances. Mais comme d'habitude, maintenant que Karla avait accepté, Bernardo en voulait plus : à savoir, prendre des photos. Il installa son Polaroid, et exigea de Karla qu'elle se masturbe avec le goulot de la bouteille de vin. Ensuite, il la fit monter sur le lit et la sodomisa. À un moment donné, il lui enserra la gorge dans un câble électrique et tira d'un coup sec ; dans la main, il tenait un couteau de chasse de vingt centimètres. Il lui dit de ne pas s'inquiéter, les deux accessoires n'étaient là que pour l'exciter encore plus. Ces photos seraient plus tard citées comme preuves.

Au lieu de s'enfuir aussi loin que possible de cet homme, Karla commença en fait à être excitée par ces petits jeux, et lui dit qu'elle espérait qu'un jour ils se marieraient.

C'est à l'automne 1988, environ un an après leur rencontre, que Paul frappa Karla pour la première fois, selon elle. Il voulait qu'elle porte un collier de chien lors de l'acte sexuel ; en entendant cela, elle rit et il lui mit une claque. La fois suivante, Karla tirait sur une laisse que Paul lui avait attachée au cou, tandis que ce dernier lui murmurait tendrement « Mon petit clebs à moi » avant de la sodomiser.

Tout cela n'empêcha pas Karla, dans une de ces cartes qu'elle envoyait quasiment tous les jours à Bernardo, de le remercier pour « la meilleure année de [sa] vie ». Elle concluait par ces mots : « Ta fillette veut qu'on la maltraite. Elle a besoin que son Grand Méchant Homme d'affaires la domine du mieux possible. »

En 1989, Karla Homolka finit le lycée, son diplôme en poche. Pour l'anecdote, pendant la soirée qu'elle organisa pour fêter cela, Bernardo montra un autre aspect de lui même. Pris de boisson, il chercha querelle à un invité, l'accusant de flirter avec sa petite amie – cela finit en bagarre générale. Les copains de classe de Karla faisaient partie de l'équipe de foot au lycée et ils étaient costauds, mais Bernardo semblait ne pas craindre la confrontation – au contraire, on aurait dit qu'il y prenait plaisir. Cet épisode est à souligner car à la différence de la plupart des serial killers, Bernardo ne se sentait pas apeuré ou faible sur le plan physique en présence d'autres hommes.

Karla voulait devenir agent de police et avait l'intention d'aller à la fac de criminologie de Toronto. Bernardo lui expliqua qu'il ne voulait pas que sa « femme » fasse un métier aussi dangereux ; à la place elle devint donc l'assistante d'un vétérinaire à St. Catharines. Au départ elle voulait s'installer à Toronto, mais étant donné que Bernardo passait des cigarettes en contrebande à temps plein, à présent, il lui dit qu'il préférait vivre dans la région, située fort à propos entre Toronto et la frontière avec les États-Unis.

Les parents de Karla et la sœur cadette étaient complètement sous le charme de Paul : la mère l'appelait son « fils du week-end », et Tammy avait le béguin pour lui. Fin 1990, Paul et Karla se fiancèrent ; le mariage fut annoncé pour juin 1991, et les préparatifs commencèrent doucement.

Le cadeau de Noël

Bernardo avait deux nouvelles obsessions : le caméscope qu'il avait soi-disant acheté pour le mariage, avec lequel il se mit à tout filmer, et Tammy. La nuit, il entrait dans sa chambre pendant qu'elle dormait et se masturbait sur son oreiller. Il se mit à exiger de Karla qu'elle s'habille avec les vêtements de sa sœur et qu'elle suive un nouveau scénario*. À présent elle devait dire : « Je suis ta vierge de quinze ans. Je t'aime. Tu es le roi », et pendant qu'elle faisait une fellation à Paul, celui-ci regardait une photo de Tammy. Il insistait également pour qu'ils fassent l'amour dans la chambre de l'adolescente lorsqu'elle était sortie. Rien

* L'élaboration de scénarios est caractéristique des délinquants sexuels sadiques.

de tout cela ne semblait choquer Karla, qui acceptait ces petits jeux.

Un jour, Paul et Tammy allèrent tous les deux aux États-Unis en voiture pour acheter de l'alcool. Karla apprit plus tard que sur le chemin du retour, ils s'étaient arrêtés sur le bas-côté pour se peloter ; de colère, elle lança à Bernardo : « Elle est vierge. Elle ne saurait pas comment s'y prendre avec Snuffles. » Bernardo s'engouffra dans la brèche qu'elle avait ouverte sans s'en rendre compte : « Peut-être que je devrais faire l'amour avec Tam pour lui montrer comment il faut faire. Ce serait pas génial si Tam pouvait sentir Snuffles en elle ? Ce serait pas génial si je la dépucelais ? » Homolka refusa d'en entendre parler, et comme auparavant le sujet pesa sur leur relation ; elle commença à avoir peur que le mariage ne se fasse pas, malgré la bague de fiançailles de 4 500 dollars qu'il lui avait offerte.

Elle finit donc par capituler en décembre 1990 et accepter de donner la virginité de Tammy comme cadeau de Noël à Bernardo, pour compenser le fait qu'elle-même n'était plus vierge. À la clinique vétérinaire où elle travaillait elle vola de l'halothane, un sédatif pour animaux sous forme d'éther, et commanda également en douce de l'Halcion, un puissant somnifère.

La veille de Noël, Bernardo arriva chez les Homolka pour passer les vacances, son caméscope sous le bras. Des années plus tard, les spectateurs canadiens allaient être horrifiés de voir à la télévision les images amateur de cette adolescente de quinze ans en train de boire un lait de poule arrosé d'Halcion, pendant que les deux complices rôdaient autour d'elle. Tammy n'avait plus que quelques heures à vivre.

À la fin de la soirée, les parents allèrent se coucher, enjoignant leur fille cadette d'en faire autant. Mais elle protesta : Karla et Paul l'avaient invitée à se joindre à eux pour regarder un film au magnétoscope et passer un peu de temps ensemble. Les parents montèrent, et Paul mit la cassette de *Lisa*, un film qui raconte l'histoire d'une jeune femme tombant amoureuse d'un homme dont elle ne sait pas que c'est un serial killer. Le temps que le film soit fini, Tammy était sans connaissance.

Karla se précipita dans sa chambre pour prendre l'halothane ; elle en mit un peu sur un chiffon qu'elle pressa contre le visage de sa sœur, pour s'assurer qu'elle serait encore plus profondément endormie. Pendant ce temps-là, Bernardo avait déboutonné le corsage de la jeune fille et était en train de lui caresser les seins. Karla se mit complètement nue tandis que Paul enlevait le pantalon de Tammy et ses sous-vêtements. Ensuite, il mit en route le caméscope. Cette partie du film n'a jamais été retransmise à la télévision, mais a été montrée au jury lors du procès de Bernardo : elle révèle tout ce qui a eu lieu cette nuit-là.

(L'enregistrement débute.)

HOMOLKA : Mets un préservatif.

(Bernardo pénètre Tammy Homolka.)

HOMOLKA : Paul, dépêche-toi.
BERNARDO : Ta gueule !
HOMOLKA : S'il te plaît, dépêche-toi, avant que quelqu'un vienne.
ERNARDO : Ta gueule. Fais-en sorte qu'elle ne se réveille pas.

(Homolka verse un peu plus d'halothane sur le chiffon qu'elle presse contre le visage de sa sœur. Bernardo pénètre

Tammy de nouveau. Homolka insiste pour qu'il mette un préservatif.)

HOMOLKA : Mets-en un
BERNARDO : Tais-toi, Karla.
HOMOLKA : Mets-en un. Allez, fais-le.
BERNARDO : T'es en train de t'énerver.
OMOLKA : Putain, fais-le, OK ? Mets-en un.

(Bernardo sodomise Tammy, pendant une minute environ.)

BERNARDO : Est-ce que tu m'aimes ?
HOMOLKA : Oui.
BERNARDO : Tu veux bien me tailler une pipe ?
HOMOLKA : Oui. BERNARDO : Lèche-lui les seins.
HOMOLKA : Je peux pas.
BERNARDO : Lèche-lui les seins. Lèche. Lèche. Lèche.

(Homolka lèche les seins de Tammy.)

HOMOLKA : Dépêche-toi, s'il te plaît.
BERNARDO : Lèche-lui la chatte.

(Bernardo met la tête d'Homolka entre les jambes de Tammy.)

BERNARDO : Lèche. Tu fais semblant.
HOMOLKA : Mais non.
BERNARDO : Fais-le. Lèche-lui la chatte. Lèche. Lèche-la bien. Maintenant, enfonce ton doigt.
HOMOLKA : Je veux pas.
BERNARDO : Fais-le tout de suite. Dépêche, tout de suite. Enfonce trois doigts bien à l'intérieur.

HOMOLKA : Non.
BERNARDO : Enfonce, à l'intérieur. À l'intérieur ! À l'intérieur !

(Homolka insère un doigt dans le vagin de Tammy. Lorsqu'elle le sort, son doigt est maculé de sang menstruel.)

BERNARDO : OK, goûte. Goûte. À l'intérieur… à l'intérieur.
HOMOLKA : C'est bon, je… l'ai fait !
BERNARDO : Alors tu le refais, en l'enfonçant plus. À l'intérieur.
Plus. Pile à l'intérieur. Alors, ça a bon goût ? Ça a bon goût ?
HOMOLKA : C'est dégueulasse, oui !

(*L'enregistrement s'arrête.*)

Plus tard, Homolka déclara sous serment qu'à ce moment-là, Bernardo l'avait frappée et lui avait dit d'être plus coopérative devant la caméra. Il recommença à enregistrer et fit tenir le caméscope à Karla pendant qu'il recommençait à pénétrer et sodomiser Tammy. Il n'avait toujours pas joui quand l'appareil le filma en train de s'arrêter brusquement et de se retirer. Homolka posa le caméscope et l'éteignit.

Elle affirma sous serment que Paul avait dit alors que quelque chose clochait – Tammy avait l'air de ne plus respirer.

Effectivement, elle était morte. Elle s'était étouffée avec ses vomissements pendant le viol. Lorsque les équipes de secours arrivèrent vers deux heures du matin, il était trop tard. Le policier qui avait répondu à l'appel d'urgence se souvient d'avoir vu une énorme marque rouge, comme une brûlure, autour de la bouche et du nez de la victime. Sur la photo prise au cours de l'autopsie, elle est d'un rouge brillant. Dans son rapport il nota que Tammy avait été bougée du salon à sa chambre. Bernardo expliqua qu'ils avaient fait cela car la lumière était meilleure dans la chambre – ils y voyaient mieux. Lorsque l'agent de police vérifia, il constata qu'on y voyait autant dans les deux pièces, mais se dit que les personnes soumises à un stress réagissent parfois de façon totalement inattendue. Il demanda ce qu'il en était des marques sur le visage de la jeune fille, ce à quoi Bernardo répondit qu'elles étaient probablement dues au frottement avec le tapis lorsqu'ils avaient déplacé Tammy. Dans ce cas, il aurait fallu qu'ils la traînent à plat ventre – ce qui était étrange. Mais le travail de cet agent consistait simplement à constater les faits pour lesquels il avait été appelé, et non à enquêter sur l'incident. Il garda donc ses soupçons pour lui, et laissa le soin au *coroner* et aux inspecteurs de mener l'enquête.

Après avoir interrogé les parents, qui expliquèrent que Bernardo était un jeune homme très bien, un comptable censé épouser Karla en juin et faisant déjà partie de la famille, le peu de soupçons que la police avait sur lui s'envola.

L'autopsie médico-légale est un art subtil. La façon dont un médecin légiste la conduit dépend des éléments que la police va lui donner, notamment concernant les circonstances extérieures au crime. Si le corps de Tammy avait été retrouvé abandonné dans un fossé, l'autopsie aurait probablement été plus approfondie – mais il avait été découvert par sa sœur aimante et inquiète, et par son futur beau-frère. On fit des analyses pour rechercher des traces de stupéfiants, mais seulement les drogues euphorisantes, pas les sédatifs pour animaux. Les marques de brûlures autour de sa bouche, conclut le médecin légiste, étaient dues à l'acidité de son vomi. On examina son rectum et son vagin, mais ils ne présentaient pas de signes de violences sexuelles. Bernardo n'avait pas eu le temps d'éjaculer. Or, même si aucun liquide séminal ne fut retrouvé, ces parties du corps de Tammy auraient dû être suffisamment dilatées pour alerter le médecin, du moins *s'il avait recherché de tels signaux*. L'autopsie conclut au décès par absorption de vomi.

Lors du procès de Bernardo cinq ans après les faits, Homolka subit un contre-interrogatoire pour tenter de déterminer son rôle dans le meurtre de sa petite sœur :

« La première fois où il a parlé d'avoir un rapport sexuel avec votre sœur, on pourrait penser que vous auriez bondi du lit en disant : "Jamais je ne te laisserai toucher à ma petite sœur." Est-ce que ce ne serait pas la bonne réaction ?

– Si.

– Mais ce n'est pas ce que vous avez fait ?

– Non.

– Vous vous êtes dit : "Assomme-la et prends du bon temps avec elle. Qu'y a-t-il de mal à ça ?"

– Je ne savais pas que sa sécurité serait mise en danger. J'avais peur qu'il le fasse quand même. J'avais peur qu'il l'agresse dans la rue et qu'il la viole. C'était la meilleure façon. Je n'avais pas le choix… Je pensais que ça arriverait une fois, c'est tout. »

Homolka déclara qu'à cause de Tammy, Bernardo avait de quoi la faire chanter. D'après elle, comme elle avait peur qu'il ne révèle à ses parents le rôle qu'elle avait joué dans la mort de sa sœur, elle devint son esclave contre sa volonté.

Elle déclara également qu'après le décès de Tammy, elle se sentait abasourdie. Mais manifestement pas assez pour ne pas se plaindre que ses parents dépensaient trop d'argent pour les obsèques de sa sœur. Voici ce qu'elle écrivit à une amie, quelques mois seulement après la tragédie :

Les préparatifs pour le mariage se passent super bien, sauf que mes parents se comportent comme de vrais trous du cul. Ils ont retiré la moitié du fric qu'ils étaient censés mettre dans le mariage en disant qu'ils ne pouvaient pas se le permettre. Mon cul !!! Du coup Paul et moi on doit payer sept ou huit mille dollars en tout pour la cérémonie. On a pas arrêté de faire des concessions, bar payant, pas de fleurs sur les tables, etc. En définitive, Paul et moi on a dit eh merde ! On fera pas payer les boissons au bar. Et y aura même des cocktails. Tout le tralala, quoi !!!
Putains de parents. Ils sont tellement cons. Ils pensent qu'à eux. Mon père ne veut même pas qu'il y ait une fête pour le mariage. Il dit qu'on devrait juste passer à la mairie. Qu'il aille se faire foutre ! S'il préfère rester à la maison comme un pauvre malheureux, je ne vais pas l'en empêcher. Il n'a pas travaillé, sauf une fois, depuis que Tammy est morte. Il se complaît dans son malheur, et il me fait chier.
Ça a l'air horrible d'écrire ça, mais je sais que tu vois vraiment ce que je veux dire. Tammy disait toujours qu'elle voulait une Porsche pour son seizième anniversaire. Du coup mon père n'arrête pas de répéter : « J'aurais dû l'acheter ». Des conneries, oui ! S'il ressentait vraiment ça il me paierait mon mariage parce qu'après tout je pourrais mourir demain, ou dans un an. C'est un foutu menteur. Et pour cette raison, on a déménagé. Mes parents nous ont

dit qu'ils voulaient que Paul reste à la maison jusqu'au mariage. Ensuite, quand Tammy est morte, ils ont dit qu'ils préféraient qu'il parte parce qu'ils avaient besoin d'intimité. D'abord ils nous ont repris la moitié de l'argent pour le mariage, et après ils nous ont foutus dehors. Ils savaient combien on avait besoin d'être ensemble, mais ils s'en foutaient. De vrais trous du cul !!!

Environ trois semaines après l'enterrement, les parents partirent une semaine pour se ressourcer tandis que l'autre sœur de Karla allait chez des amis. Karla et Paul restèrent seuls dans la maison. Ce dernier passa beaucoup de temps à se masturber en visionnant la cassette du viol de Tammy. Un jour, ils allèrent dans sa chambre, qui n'avait pas été touchée depuis son décès. Bernardo fixa le caméscope sur un tripode et l'orienta vers le lit. Tandis qu'Homolka s'habillait avec les vêtements de sa sœur, Bernardo la prévint : « Souviens-toi, ne dis pas de conneries qui pourraient gâcher l'enregistrement ». Il était encore furieux contre Karla d'avoir dit à la caméra qu'elle n'appréciait pas ce qu'il lui faisait faire à sa sœur, la nuit de sa mort. Paul ajouta : « C'est la seule cassette de Tammy que j'ai, et tu l'as bousillée ».

S'ensuit une séquence enregistrée où Karla endosse le rôle de sa sœur en se mettant les cheveux sur le visage pour ne pas rompre le charme et permettre à Bernardo de « réaliser » son fantasme de rapport sexuel avec une Tammy consentante, qui lui « offrait » sa virginité.

La nuit suivante, Bernardo partit faire un tour en voiture. Avant de partir, il avait prévenu Homolka que s'il revenait avec quelqu'un, elle devait se cacher ou bien dire qu'il était son frère. Il ramena une jeune fille de seize ans, et ils eurent un rapport sexuel pendant que Karla était dissimulée derrière les rideaux.

Le lendemain soir, Bernardo fit une autre cassette. En la visionnant, on voit distinctement qu'il choisit de placer le caméscope près d'un beau feu de cheminée, dans la pièce même où Tammy était décédée, avant de s'étendre sur le canapé, un verre de vin à la main. Karla commence à lui faire une fellation, et lorsqu'elle fait une pause, elle lui répète combien elle a aimé qu'il « baise [sa] petite sœur » et qu'il lui prenne sa virginité, combien elle s'était sentie fière, heureuse. Sa mission dans la vie était qu'il se sente bien. À ce moment-là, on sent bien que quelque chose bascule : elle insiste sur le fait qu'elle a aimé faire cela avec lui sur sa sœur, et en conclut : « … on aime bien les petites filles. J'aime quand tu les baises. Si tu les baises, moi je les lécherai. » Bernardo, toujours dans son fantasme, lui demande quel âge elles devraient avoir ; ce à quoi Homolka répond très sérieusement : « Treize ans… parce qu'elles seront encore vierges ». Bernardo entrevoit soudain ce que Karla lui dit vraiment, et ils se regardent dans les yeux : « Tu as tout à fait raison. C'est une bonne idée. »

S'ensuit un passage où Karla apporte quelques accessoires pour faire plaisir à Paul, comme des sous-vêtements de Tammy, ou une rose, qu'elle frotte à son pénis, et dont elle lui dit qu'elle ira ensuite la déposer sur la tombe de sa sœur. Puis elle revient à la nuit précédente, où elle a observé Paul en plein acte sexuel avec une autre fille, et annonce :

« …Je veux le refaire.

– Quand ?

– Cet été, parce que le temps est trop mauvais en hiver. Si on peut le faire, alors c'est bien.

– Bien.

– Si tu veux le faire encore cinquante fois, on peut le faire cinquante fois. Si tu veux le faire tous les week-ends, on peut le faire tous les week-ends. Dès qu'on peut. Parce que je t'aime. Parce que tu es le roi. Parce que tu le mérites.

– …Tu m'aideras à aller chercher les vierges ?

– Oui, j'irai dans la voiture avec toi si tu veux, si tu penses que c'est le mieux. Ou alors je resterai ici pour nettoyer après. Je ferai tout ce que je peux pour te rendre heureux. Parce que tu es le roi. »

L'enregistrement se termine sans que Bernardo arrive à jouir. Cette cassette nous donne un aperçu extraordinaire de ce qu'il peut se passer dans la tête de deux serial killers, dans leur dynamique de couple. Non seulement ils enregistrèrent leurs crimes, mais également les moments intimes au cours desquels les fantasmes de ces crimes affleuraient à la surface.

« Pourquoi ça ne s'est pas passé comme ça avec Tammy ? »

Les parents de Karla en avaient maintenant plus que marre de la présence continuelle de Bernardo. Sa façon de rôder constamment autour de leur fille, et de ne jamais la laisser seule avec eux les contrariait beaucoup. Lorsqu'ils posaient une question à Karla, c'est Paul qui répondait. Ils demandèrent donc à Bernardo de déménager, en expliquant qu'ils avaient besoin d'un peu d'intimité pour faire leur deuil de Tammy. À leur consternation, Karla se vexa et fit ses valises en même temps que lui.

Dans leur maison, louée dans la petite ville pittoresque

de Port Dalhousie, à quelques kilomètres seulement de St. Catharines, ils se retrouvaient à présent à deux, dans un espace privé, avec pour seuls compagnons leurs fantasmes.

La vie de couple avec Bernardo se révéla rapidement effroyable. À la moindre erreur, il donnait à Karla des coups de poing sur le haut des bras, là où les bleus pouvaient être recouverts par un T-shirt à manches longues. Une autre punition qu'il lui infligeait se nommait « l'attentat terroriste ». Il attendait que Karla se soit endormie pour soudain lui sauter dessus et la sodomiser, tout en la rouant de coups avec ses poings. Les nuits de Karla devinrent de longs épisodes de sommeil agité, entrecoupés de cauchemars pourtant bien concrets, quand elle était éveillée. Une nuit, Bernardo n'arrêtait pas de se tourner et de se retourner, dans ce lit trop petit pour lui. Il poussa Karla et la fit tomber sur le sol. À partir de ce moment-là, il exigea qu'elle dorme par terre, pendant que lui occupait le lit prévu pour deux. Pas une seule fois Homolka n'envisagea d'annuler le mariage avec son Prince Charmant. Les préparatifs suivirent leur cours.

Paul s'était également remis à rôder la nuit et au petit matin, pour agresser des femmes. Il en parlait à Karla. Elle le réprimanda lorsqu'il lui dit avoir violé une jeune femme en train de faire son jogging un matin près du lac : c'était trop près de chez eux, protesta-t-elle.

Le 6 juin 1991, alors que Bernardo était sorti, Karla invita une jeune fille de quinze ans (seulement connue sous le nom de « Jane Doe ») à dormir à la maison. Karla l'avait rencontrée trois ans plus tôt, quand elle travaillait à l'animalerie : la fille y passait souvent. Jane admirait Karla et la voyait comme une belle princesse. Elle fut un peu surprise d'être invitée, mais s'empressa de se rendre dans la maison de Port Dalhousie. Tandis qu'elles regardaient le film *Ghost*, Karla ne cessa de remplir le verre de Jane avec une boisson où elle avait dilué des sédatifs. Lorsqu'elle perdit connaissance, Karla appela Bernardo en lui disant de rentrer à la maison, car elle avait un cadeau de mariage « surprise » pour lui.

Lorsqu'il arriva chez lui, Karla lui fit l'offrande de la jeune fille inconsciente. Bernardo n'était pas très sûr, au départ, se disant inquiet après ce qu'il était arrivé à Tammy. Karla le rassura en lui disant que cette fois-ci, elle maîtrisait mieux le dosage.

Ils se filmèrent pendant quinze minutes en train de violer la fille sans connaissance, et Karla sembla y prendre beaucoup de plaisir. Le lendemain, Jane Doe se réveilla un peu vaseuse mais en ignorant totalement ce qu'il lui était arrivé la nuit précédente. Karla ramena Jane chez elle, mais lorsqu'elle revint à la maison Paul lui décocha un violent coup de poing dans le bras, comme il en avait pris l'habitude lorsqu'elle faisait quelque chose qui lui déplaisait.

« Pourquoi t'as fait ça ? » gémit Karla. « Tout s'est si bien passé avec Jane, se plaignit-il. Pourquoi ça ne s'est pas passé comme ça avec Tammy ? »

Mais Karla avait démontré à Paul qu'elle était prête à entrer dans son jeu, et qu'elle pouvait même en être la meneuse.

Le meurtre de Leslie Mahaffy

Une semaine plus tard, dans la nuit du 14 au 15 juin 1991 (soit exactement deux semaines avant le mariage),

Paul partit rôder en voiture, comme cela lui arrivait régulièrement. Il avait souvent dit à Karla que s'il repérait une « vierge » qui ferait une victime adéquate, il la kidnapperait et la ramènerait à la maison – ce qui ne semblait pas spécialement la préoccuper. Cette nuit-là, cependant, Bernardo était sur un autre genre de mission tandis qu'il rôdait dans les rues des banlieues résidentielles de Burlington, encore une autre de ces petites villes prospères parsemant la région entre Toronto et Niagara Falls. Il avait démissionné de son emploi de comptable pour devenir contrebandier d'alcool et de cigarettes à plein temps. Lors de ses tournées, il mettait des plaques minéralogiques volées sur sa voiture, en pensant que les douaniers canadiens faisaient le tour des parkings des magasins *duty-free* du côté américain de la frontière pour communiquer par radio à leurs collègues les numéros de plaques canadiennes. Encapuchonné dans un sweat-shirt sombre, Bernardo était en train de se faufiler furtivement dans les jardins obscurs et les allées des maisons endormies, à la recherche de plaques à voler. Cette activité devait éveiller en lui toutes sortes d'associations sexuelles, des idées de voyeurisme à travers les fenêtres des maisons ou d'attaques subites de femmes sans méfiance pour les violer. Vers 2 h 30 du matin, il se glissa dans le jardin de Deborah et Dan Mahaffy ; là, il trouva leur fille de quatorze ans, Leslie, assise sur un banc dans le noir, toute seule.

Leslie Mahaffy était une jolie fille aux longs cheveux blonds, arborant un appareil dentaire sur son sourire chaleureux. C'était une adolescente pleine d'entrain, indépendante et rebelle, mais relativement responsable. Après une dispute de trop avec ses parents, elle s'était récemment enfuie de chez elle ; mais à la différence de la plupart des adolescents fugueurs, elle s'était réfugiée chez les parents de sa meilleure amie. Elle était rentrée chez elle après une dizaine de jours, et la tension semblait retombée avec ses parents. Ils s'étaient mis d'accord sur le principal sujet de litige : si Leslie sortait le soir, elle devait rentrer à la maison à 23 heures précises.

Or, quelques jours auparavant, quatre camarades de classe de Leslie avaient trouvé la mort dans un horrible accident de voiture. Ce soir-là, un vendredi, ses amis et elle s'étaient retrouvés pour évoquer leurs camarades disparus. En la laissant devant le funérarium, sa mère lui avait dit qu'elle pouvait rentrer exceptionnellement un peu plus tard, mais surtout qu'elle devait les prévenir par téléphone. Leslie veilla jusqu'à 1 h 30, et dans un monde encore largement sous-équipé en téléphones portables, elle ne téléphona pas.

Un ami la ramena chez elle. La maison était endormie. Son ami préférait attendre qu'elle soit entrée pour repartir, mais Leslie lui assura que la porte de côté était toujours ouverte, et lui dit de rentrer chez lui. Une fois seule, elle se rendit compte que la porte de côté comme celle de derrière étaient fermées à clé : Leslie avait une clé, autrefois, mais lorsqu'elle avait fugué de chez elle, ses parents avaient fait changer la serrure et ne lui avaient pas redonné la nouvelle. Cet oubli allait coûter la vie à leur fille.

Craignant que sa mère ne lui interdise d'aller à l'enterrement le lendemain parce qu'elle rentrait si tard, Leslie décida de ne pas réveiller ses parents. Elle eut l'idée d'aller à la cabine téléphonique pour appeler son amie chez qui elle avait logé quelque temps auparavant. Mais sa mère à elle aurait dû se lever et prendre la voiture pour venir la chercher, et les deux adolescentes convinrent que ce n'était pas une bonne idée. Elle raccrocha, et repartit vers sa maison. Il était 2 h 20. Assise sur le banc dans le jardin, elle devait être en train de se demander ce qu'elle allait bien pouvoir faire lorsque Bernardo sortit de l'ombre.

Debout devant elle se tenait un beau jeune homme blond au visage d'ange. Leslie lui demanda ce qu'il faisait là, et Bernardo lui répondit qu'il était en train de cambrioler des maisons dans le quartier[148].

La réponse de la jeune rebelle de quatorze ans fut : « Cool. »

Ils discutèrent un moment, et Leslie lui expliqua qu'elle se retrouvait enfermée dehors. Puis elle lui demanda une cigarette. Paul répliqua qu'il en avait dans sa voiture garée dans la rue d'à côté. Ils marchèrent jusqu'à son véhicule. Bernardo l'invita à s'asseoir sur le siège passager. Elle accepta, tout en lui disant prudemment qu'elle laisserait la porte ouverte. Ses jambes pendaient dehors tandis qu'elle fumait sa cigarette. Assis sur le siège conducteur, Bernardo attendait ; lorsqu'elle se tourna vers la porte ouverte pour souffler la fumée, il frappa, tel un serpent. Il se pencha en avant et plaça un couteau sous sa gorge en lui ordonnant de rentrer les jambes dans la voiture. Puis il la poussa sur le siège arrière, lui banda les yeux, et jeta une couverture sur elle. Ensuite il parcourut calmement les cinquante kilomètres qui le séparaient de sa maison à Port Dalhousie, tout en l'assurant que si elle faisait tout ce qu'il lui disait de faire, il ne lui arriverait rien.

Dès que Bernardo réussit à faire entrer Leslie dans la maison, il mit en route son caméscope et le calvaire de la jeune fille commença. L'appareil enregistra Leslie en train de recevoir des coups de poing et des claques, de se faire tordre les mamelons par Bernardo, d'uriner de force devant la caméra, de faire une fellation (avec une mise en garde de Bernardo pour qu'elle ne le griffe pas avec son appareil dentaire), et de se faire violer et sodomiser à plusieurs reprises. Elle garda les yeux bandés pendant tout ce temps. Craignant de se faire tuer si elle voyait de nouveau son agresseur, elle avertissait Bernardo à chaque fois que le bandeau glissait. Dans la vidéo, on la voit supplier Bernardo de ne pas la tuer, et crier qu'elle veut seulement revoir son petit frère.

Pendant tout ce temps-là Karla resta assise dans le salon à lire *American Psycho*, le roman de Bret Easton Ellis sur ce *golden boy* new-yorkais qui joue aux tueurs psychopathes à ses heures perdues. De temps à autre, à son appel, elle montait pour tenir le caméscope, pendant que Bernardo violait de nouveau la jeune fille. Lors de son contre-interrogatoire, au tribunal, quand on lui demanda comment il était imaginable qu'elle puisse lire un roman pendant qu'une fille se faisait torturer et violer à l'étage, Karla ne saisit pas le sens de la question et répliqua, incrédule, qu'elle était quand même capable de faire deux choses en même temps.

Leslie Mahaffy souffrit le martyre pendant près de vingt-quatre heures. Dans la nuit du samedi au dimanche, pendant que l'adolescente était allongée en haut sur le lit, menottes aux poignets, Bernardo et Homolka allèrent dans la cuisine pour discuter. Il y avait un os : le dimanche était le jour de la fête des pères et les parents de Karla étaient censés venir dîner, pour la première fois depuis leur emménagement. Selon Karla, Bernardo décida qu'il devait tuer Leslie car elle pourrait l'identifier s'il la laissait partir. Homolka dit qu'elle insista pour monter dans la chambre et donner à Leslie des somnifères, pour qu'elle ne sente rien. Karla lui donna également un ours en peluche offert par Bernardo pour la réconforter, tandis que Leslie se recroquevillait en position fœtale et s'endormait. Sur ce, toujours selon Homolka, Bernardo entra dans la chambre avec un câble électrique noir, le passa autour du cou de Leslie et l'étrangla. Une tache d'urine se forma sous elle pendant qu'elle succombait, et salit la moquette de la chambre des Bernardo.

Bernardo ordonna à sa future femme de détruire les housses de coussins et la couverture tachées du sang ; elle répliqua que c'étaient ses préférées, et qu'elle allait plutôt les laver soigneusement.

Bernardo emporta le corps de Leslie au sous-sol et le cacha dans un coin, au frais. Puis le couple alla se coucher, tandis que l'urine de Leslie séchait sur le sol de leur chambre. Bernardo autorisa Karla à dormir dans le lit cette nuit-là. Ils se levèrent un peu avant midi et Karla commença à s'affairer pour préparer le dîner pour ses parents. Lorsque ceux-ci arrivèrent, Paul leur fit faire le tour de la maison, en faisant bien attention de ne pas leur montrer le sous-sol, où le corps de Leslie gisait encore.

Le lundi matin, alors que Karla était partie au travail à la clinique vétérinaire, Bernardo installa une grande bâche en plastique au sous-sol, en forme de tente, sans omettre de placer des vieux journaux dessous en cas où cela coulerait. Ensuite il traîna le cadavre dans la tente et le découpa en dix morceaux avec une scie électrique. Toute la tente fut éclaboussée de sang, de chair et de fluides corporels qui se déversaient du corps. Bernardo tenta de nettoyer la scie maculée de chair et de bouts d'os sous le robinet mais ne fit que boucher la canalisation.

Puis il sortit pour aller acheter du ciment à prise rapide. Une fois revenu à la maison, il enfonça les morceaux de cadavre dans les blocs de béton, qu'il empila, une fois secs, dans un coin du sous-sol. Puis il se rendit à la clinique pour prendre Karla. De retour dans le sous-sol de la maison, il lui fit enlever la tente ensanglantée et les cheveux et autres bouts de chair qui bouchaient la canalisation. Homolka indiqua au procès qu'elle s'était servie d'un produit parfumé au citron pour tout nettoyer.

Le couple remonta ensuite préparer le dîner. Bernardo demanda à Karla de ne pas lui faire de viande pendant quelque temps, mais il plaisanta quand même sur le fait qu'il avait trouvé la tête de Leslie bien légère, quand il l'avait découpée.

Le soir suivant, quand Bernardo vint chercher Karla au travail, il lui dit que les blocs de béton étaient dans le coffre. Ils roulèrent jusqu'au lac Gibson, là où ils venaient au début de leur relation pour être seuls, et jetèrent les blocs dans l'eau.

Dans les jours qui suivirent, Karla mit la dernière main aux préparatifs du mariage. Tandis qu'elle essayait sa robe de mariée, ses amies présentes remarquèrent les bleus qu'elle avait sur les bras, mais Homolka expliqua qu'elle se les était faits en manipulant les chiens à la clinique.

Le samedi 29 juin 1991, ce fut un mariage extravagant qui eut lieu dans la petite ville chic de Niagara-on-the-Lake, du côté canadien de la frontière. Quasiment au moment où Paul et Karla se disaient « oui », un pêcheur était en train de remonter l'un des blocs de béton que Bernardo et Homolka avaient jetés dans le lac – visiblement pas assez loin du bord. Cette nuit-là, ignorant que la police était en train de reconstituer le corps de Leslie morceau par morceau, les jeunes mariés comptèrent l'argent qu'ils avaient récolté pendant le mariage : ils avaient neuf mille dollars à dépenser pour leur lune de miel à Hawaï.

Le 30 novembre 1991, Karla et Paul sont soupçonnés d'avoir kidnappé, drogué et assassiné Terri Anderson, une jeune fille de quatorze ans qui sortait de l'église. Son corps fut retrouvé en train de flotter dans les eaux du lac de Port Dalhousie. Après avoir trouvé des traces de LSD dans son système sanguin, cependant, le *coroner* classa officiellement l'affaire, en concluant à une noyade accidentelle.

Le meurtre de Kristen French

Après l'assassinat de Leslie Mahaffy, Bernardo passa les dix mois suivants à battre Homolka et à violer d'autres victimes. Le jeudi après-midi précédant le week-end de Pâques 1992, il décida qu'il avait besoin d'une autre « vierge ». Il dit à Homolka de coiffer ses cheveux en queue de cheval, pour avoir l'air inoffensif, et ils prirent la voiture. Ils s'arrêtèrent devant la sortie du lycée catholique Holy Cross, situé à quelques centaines de mètres de l'endroit où Terri Anderson avait disparu quelques mois auparavant. Bernardo avait déjà surveillé le lieu : toutes ces jeunes filles en uniforme l'excitaient. La jupe courte plissée, la chemise blanche et les chaussettes jusqu'au genou sont une représentation érotique assez classique dans les médias pornographiques.

Alors que les élèves se déversaient sur les pelouses à

la sortie des cours, Bernardo les scrutait inlassablement du regard, à la recherche de celle qui allait combler ses désirs. Il choisit Kristen French, une jeune fille sérieuse et studieuse de quinze ans. Bernardo la suivit en voiture ; lorsqu'il vit qu'elle marchait seule, il la dépassa et se gara sur le parking d'une église, un peu après. Quand Kristen s'approcha de la voiture qui se trouvait sur son chemin, Karla lui fit signe de venir en lui disant qu'elle cherchait son chemin. Debout devant la portière ouverte, elle avait étendu une carte de la région sur le toit du véhicule et demanda à Kristen de lui montrer où ils se trouvaient. La jeune fille ne sentit aucune crainte à parler à ce jeune et beau couple. Alors qu'elle parcourait la carte, Bernardo vint par derrière et la poussa à l'intérieur. Tandis qu'Homolka la retenait sur le siège arrière, Bernardo les ramenait à la maison.

Homolka et Bernardo firent subir des sévices sexuels à Kristen French pendant trois jours ; comme auparavant, tout fut enregistré. La nuit, ils la droguaient à coups de somnifères et l'enfermaient, ligotée, dans un placard.

Dans la vidéo, on voit Bernardo uriner et essayer de déféquer sur la jeune fille, et la forcer à réciter : « Je suis ton esclave sexuelle de quinze ans du lycée Holy Cross », ainsi que : « Tu es l'homme le plus puissant au monde. Tu mérites tout ce que tu veux… Tu es si sympa, fort, sexy. Tu contrôles tellement tout. Personne ne peut te surpasser. Personne… Tu es le roi. Le maître. Le roi des rois. Le meilleur homme au monde. C'est bien que je me fasse punir. »

Bernardo fit mettre à Karla des vêtements similaires à l'uniforme de Kristen et leur ordonna de se mettre au lit, puis de se masturber mutuellement. Tenant le caméscope, il aboyait des ordres comme un réalisateur de film porno psychopathe : « Commence par le bas et lèche jusqu'en haut… Allez, les filles, je veux entendre un peu d'amour dans tout ça. »

Karla expliqua à la police, pendant son interrogatoire :

« Alors on s'est habillées toutes les deux en uniformes quasi identiques, et on pouffait et on riait, comme si on était juste des copines qui se préparaient à sortir, quoi, on faisait ce que Paul nous disait de faire. J'avais plein d'échantillons de parfum, et elle voulait en essayer. »

Cette dernière phrase a de quoi laisser perplexe : la victime captive, violée et battue qui voulait essayer des échantillons de parfum ? Cela semble ridicule. Et pourtant tout est là, dans la cassette vidéo que l'on retrouva par la suite : Karla et Kristen, debout devant le miroir de la salle de bains, avec toutes sortes de produits cosmétiques alignés devant elles, à échanger leurs avis sur différents parfums (« Moi j'aime bien celui-là », « Celui-là je le déteste, ça pue »), tandis que Bernardo leur donne des ordres (« Remontez vos jupes en même temps, OK, et maintenant penchez-vous en avant, que je puisse zoomer sur le cul »).

La cassette vidéo révéla des séquences surréalistes pendant cet interminable supplice : parfois, il était difficile de croire que Kristen était retenue par deux assassins psychopathes qui la violaient et étaient sur le point de la tuer.

Certaines de ces séquences sont délibérément retranscrites ici car elles illustrent parfaitement la dynamique subtile qui s'installe entre la victime et ses assassins – le fil du rasoir, entre la vie et la mort, lorsqu'on se retrouve entre les griffes d'un serial killer. En plein cauchemar, Kristen French tenta tout ce qu'elle put pour survivre, en manipulant habilement ses ravisseurs.

On le voit très bien notamment dans cette séquence, où Bernardo filme les deux filles en plein acte sexuel :

HOMOLKA : Je t'aime bien, Kristen.
KRISTEN : Moi aussi, je t'aime bien.
HOMOLKA : Tu veux t'amuser un peu ?
KRISTEN : Oui, d'accord. Comment ça se fait que tes dents soient si droites ?
HOMOLKA : Je sais pas. Et les tiennes ?
KRISTEN (gloussant) : T'es bête.
HOMOLKA (déshabillant Kristen) : Ne sois pas si nerveuse. Tout va bien.
KRISTEN : Est-ce que je tremble ?
HOMOLKA : Non. Essaie de te sentir comme chez toi. Tu as de belles jambes.
KRISTEN : Celle-ci est plus courte que l'autre.
HOMOLKA : C'est pas grave.
KRISTEN : Je peux te demander quelque chose ? Avant mon départ, je pourrais voir ton chien… sans qu'il cherche à me mordre ?

(Homolka se tourne vers Bernardo, qui tient le caméscope.)

HOMOLKA : C'est lui qui décide. BERNARDO : Ouais, pas de problème. Avant ton départ. KRISTEN : J'aime bien les chiens. BERNARDO : Moi aussi.

Certains interprétèrent les plaisanteries complaisantes de Kristen avec Bernardo et Homolka comme les premiers symptômes du syndrome de Stockholm, qui se manifeste lorsque des prisonniers, désorientés et en état de choc, se mettent à établir un rapport avec leurs ravisseurs, voire à se rapprocher d'eux. Mais dans le cas de Kristen French, une telle hypothèse est peu probable :

il ressort clairement de ce dialogue que l'adolescente avait de la présence d'esprit et qu'elle tentait de créer un contexte, dans sa relation avec ses ravisseurs, où sa libération finirait par devenir inévitable. En affirmant : « *Avant mon départ*, je pourrais voir ton chien », elle fait une tentative remarquablement courageuse de survie, qui aurait potentiellement pu fonctionner si elle s'était retrouvée aux mains de serial killers ayant un profil légèrement différent.

Pendant tout le temps où Kristen resta captive, Bernardo sortit à deux reprises pour aller chercher des plats à emporter, la laissant ainsi seule avec Homolka. À l'instant où Bernardo avait passé la porte, Kristen implorait désespérément Karla de la laisser s'enfuir, mais ses efforts furent vain.

« Qu'est-ce que t'y connais, toi, à la mort ? »

Le troisième jour, Kristen French commença à résister ouvertement à Bernardo en refusant d'obéir à ses ordres – ce qui n'est pas exactement le chemin qu'emprunterait une victime du syndrome de Stockholm. Bernardo lui montra alors la cassette vidéo de Leslie Mahaffy, en train de se faire violer et torturer, tout en lui disant : « Tu sais qui c'est, pas vrai ? Il t'arrivera la même chose qu'à elle, si tu ne fais pas ce que je te dis de faire. »

Kristen fut horrifiée de reconnaître le visage de la jeune fille portée disparue quelque temps auparavant et dont on avait fini par découvrir le corps démembré dans le lac Gibson.

Mais malgré la terreur qui s'emparait d'elle, Kristen French, qui était décidément une jeune fille très courageuse, refusa de se plier désormais aux exigences perverses de Bernardo, et lui répliqua d'un ton de défi : « Il y a des choses pour lesquelles ça vaut la peine de mourir. »

Bernardo répondit en la rouant de coups de poing et de pied sur tout le corps. Puis Homolka et lui la violèrent de nouveau, à plusieurs reprises, avant que Bernardo se remette à la battre. L'une des dernières images de la vidéo montre Kristen ligotée et battue jusqu'à quasiment en perdre connaissance. Elle parvient quand même à cracher à Bernardo : « Je ne sais pas comment ta femme arrive à te supporter. »

« Ta gueule, OK, ta gueule », peut-on entendre Bernardo répliquer, juste avant de couper la caméra.

Ensuite il s'empara du câble électrique et étrangla Kristen ; il maintint sa prise pendant exactement sept minutes, en se chronométrant. Karla déclara qu'elle l'avait entendu susurrer à l'oreille de la jeune fille, pendant qu'elle succombait : « Qu'est-ce que t'y connais, toi, à la mort ? »

S'il existait un jeu du « C'est pas moi, c'est lui » réservé aux jeunes mariés psychopathes, Bernardo et Homolka auraient incontestablement pu en être les candidats vedettes. Alors qu'Homolka certifia que son mari avait tué les filles, de son côté Bernardo déclara que Karla les avait tuées toutes les deux lorsqu'il était sorti. Son idée était de garder Kristen comme esclave sexuelle, pourquoi aurait-il voulu la tuer ? Comme Homolka était devenue jalouse, elle l'avait assassinée. Cette version des faits est plausible, car à part *American Psycho*, l'autre livre qui se trouvait dans la bibliothèque des Bernardo, à cette époque-là, s'intitulait *The Perfect Victim* (La Victime parfaite), rédigé par Christine McGuire et Carla Norton. L'ouvrage relate l'histoire vraie d'une femme de vingt ans kidnappée en Californie et prisonnière pendant sept ans d'un couple marié qui en avait fait son esclave sexuelle. Par ailleurs, le rapport d'autopsie de Leslie Mahaffy signalait des bleus sur son dos qui correspondaient aux pressions effectuées là par deux genoux de la taille et de la forme de ceux de Karla.

Or, cette dernière déclara lors de son interrogatoire que Bernardo avait tué Kristen car ils étaient invités à manger chez ses parents pour Pâques ; il l'avait ensuite forcée à nettoyer. Parce qu'il y avait peut-être des fibres du tapis du salon dans les cheveux de Kristen, plutôt que de détruire son tapis chéri, Karla préféra bêtement tondre le cadavre et rassembler les cheveux dans un sac. Ensuite, elle et Bernardo transportèrent le corps dans la salle de bains et l'immergèrent dans la baignoire pour tenter d'enlever toute trace de preuves, car Karla avait entendu dire que la police était capable de retrouver des empreintes même sur la chair. Puis Bernardo lui ordonna de faire une douche vaginale et anale pour éliminer les traces de fluide séminal. Bernardo prit les habits, les cheveux et le sac de sport que la jeune fille avait avec elle et les brûla dans la cheminée, avant de ramasser les cendres. Il nettoya méticuleusement le cadran de la montre de Kristen, puis la brisa en mille morceaux.

Pour faire croire que les assassins habitaient à Burlington, où Mahaffy avait été kidnappée, Homolka et Bernardo avaient pensé abandonner le cadavre de Kristen sur la tombe de Leslie, mais ils ne parvinrent pas à la trouver. Au final, ils le jetèrent dans une décharge sauvage. Kristen fut retrouvée, nue et dépouillée de ses cheveux, quatorze jours après sa disparition.

Bernardo et Homolka continuèrent ainsi pendant huit mois. Elle subit les coups, il recommença à suivre des femmes pour les violer, et ils se payèrent les services de prostituées pour des rapports sexuels à trois. Bernardo buvait beaucoup et battait Karla quasiment tous les jours, mais cette fois-ci il n'hésitait plus à la frapper au visage et à lui arracher des poignées de cheveux. Un soir, il la jeta dans le sous-sol sombre et humide, éteignit la lumière et ferma à clé, avant d'hurler à sa femme terrifiée : « Leslie va venir te chercher ! Elle est en bas, au sous-sol. Pile là où je l'ai découpée en morceaux ». Karla passa la nuit enfermée là.

Il arrivait parfois que Bernardo prenne la voiture avec elle et pointe du doigt les femmes qu'il suivait, en lui disant que c'était la prochaine sur sa liste. Une fois, il se masturba en observant une femme qui marchait dans la rue, et en ordonnant à Karla de regarder ailleurs. Une autre fois, il se fit faire une fellation par Karla tout en scrutant ses victimes potentielles. Elle fut assez bête pour rester aux côtés de son homme.

« J'espère qu'ils me laisseront me coiffer
en prison. Je préférerais mourir
plutôt que mes cheveux partent en live »

Bernardo s'était acheté une Maglite, une lampe de poche à long manche très solide, prisée notamment des agents de police pour sa durabilité et son utilité en tant que matraque. Plusieurs cas ont été rapportés de personnes tuées à coups de Maglite par un policier. Lorsque Bernardo se mit à battre sa femme avec cet ustensile, elle finit par s'enfuir. Karla arriva chez ses parents le 5 janvier 1993, couverte de bleus et toute gonflée. Ils l'emmenèrent sur le-champ aux urgences et Bernardo fut inculpé le même soir de coups et blessures.

Pour qu'il ne puisse pas la retrouver, les parents de Karla l'envoyèrent à Toronto, chez son oncle et sa tante. Les locataires de l'immeuble, en voyant arriver cette blonde mystérieuse avec des bleus sous les yeux, la surnommèrent « Face de raton-laveur ». Mais quelques semaines après, pourtant, Homolka commençait à ressortir en discothèque, où elle se trouva rapidement un nouvel amant. Elle ne lui dit rien de son passé, à part qu'elle était en plein « divorce difficile ».

Pendant ce temps-là, Bernardo errait dans la maison vide en hurlant le nom de sa femme. Il enregistra une cassette où il s'adressait directement à Karla en menaçant de se suicider : « J'ai besoin de toi, Kar. Je t'aime, ma princesse, ma reine, ma toute belle. Je pense à toi tous les jours, maintenant... Je me rends compte maintenant que tu ne reviendras jamais. Et ça, ça m'tue, putain. J'aurais juste voulu qu'on me donne une seconde chance, pour arranger les choses... Je sais que tu étais obligée de partir, je ne t'en veux pas. En fait, c'était la meilleure chose à faire pour moi. Çam'a sorti de l'état dans lequel j'étais, si on peut appeler ça comme ça. Çam'a fait prendre conscience combien je tiens à toi... De toutes les personnes que j'ai rencontrées dans ma vie, tu es la plus spéciale. Oui, plus encore que Tammy. Quand on comprend qu'on a tout perdu, et qu'on n'a plus personne vers qui se tourner, il n'y a plus que chez la mort qu'on se sent le bienvenu... OK, j'ai vraiment merdé dans cette vie, pas vrai ? Quand je serai de l'autre côté, d'accord, j'arrangerai tout bien pour toi. J'installerai un truc super sympa. Comme ça, quand tu arriveras, tout sera bien. Tu vois c'que je veux dire ? »

L'histoire se précipita vers sa fin, mais ce ne fut pas beau à voir. Bernardo comptait parmi les nombreux suspects pour les viols de Scarborough, et avait dû se résigner à donner à la police un échantillon de son ADN quand ils s'étaient aperçus que sa description concordait avec celle du violeur. Trois semaines après le départ de Karla, les résultats revinrent enfin : Paul Bernardo, le jeune comptable poli, était leur homme. Cela avait pris vingt-six mois pour faire les analyses, à cause des coupes budgétaires. La police mit immédiatement en place une surveillance vingt-quatre heures sur vingt-quatre de Bernardo, et le suivit pendant que lui suivait des femmes, dans sa voiture.

Quand les enquêteurs découvrirent qu'il vivait dans la région de Niagara Falls, ils ne mirent pas longtemps à le soupçonner des meurtres de Leslie Mahaffy et Kristen French. Ils rendirent visite à Karla Homolka et lui demandèrent sans plus de détails s'il lui était déjà arrivé de tondre les cheveux de quelqu'un, ou bien si elle était déjà allée sur le parking de l'église où French avait été kidnappée. Homolka fut prise de panique. Le 17 février 1993, Bernardo était arrêté pour les viols de Scarborough.

Homolka craqua et fit des aveux complets à sa tante et son oncle, qui l'emmenèrent sur-le-champ chez un avocat. Pendant ce temps-là, la police scientifique commença à fouiller la maison de Bernardo, à la recherche de preuves. Ils eurent beau arracher le papier peint, les canalisations, les moquettes, les plinthes, percer des trous dans le sol, aspirer tous les cheveux et les peluches et passer chaque centimètre carré au peigne fin à la recherche d'empreintes, ils ne trouvèrent quasiment aucun élément qui permettait de le lier aux meurtres des deux jeunes filles – et ce malgré soixante-douze jours passés dans la maison de la mort de Port Dalhousie.

Karla Homolka, dans l'intervalle, avait entendu tout le monde* lui répéter que manifestement elle était une femme battue. Elle était une victime, dans cette affaire. Bientôt Homolka y crut elle-même, et fut assez habile pour se documenter sur le syndrome de la femme battue et les troubles de stress post-traumatique en lisant des ouvrages, si bien qu'elle finit par maîtriser le jargon et les symptômes. Lorsqu'elle décrivait sa relation avec Bernardo, elle employait par exemple fréquemment des termes comme « cycle de maltraitances » et « impuissance apprise », tout droit sortis de l'ouvrage définitif sur le sujet publié en 1979 par Lenore Walker, *The Battered Woman* (La Femme battue). Dès que les enquêteurs soulevaient un point qu'Homolka avait oublié de mentionner, comme le fait qu'elle avait attiré et drogué « Jane Doe » de sa propre initiative pour que Bernardo puisse la violer, Homolka se retranchait derrière une perte de mémoire liée à son stress post-traumatique, du fait des brimades infligées par son mari. En dépit du fait qu'à l'époque Karla vivait chez elle avec ses parents, et que Bernardo ne lui rendait visite que le week-end, elle déclara qu'elle avait été impuissante à résister aux exigences de son petit ami qui lui demandait son aide pour droguer et violer sa petite sœur le soir de Noël.

Lorsque l'avocat de Karla se rendit au bureau du procureur avec une proposition de sa cliente, qui acceptait de témoigner contre son mari en échange d'une sentence clémente, le procureur ne négocia même pas,

* Médecins, policiers, infirmières, assistantes sociales, parents et amis, chacun ignorant le rôle qu'elle avait joué dans les crimes.

tant les preuves pour inculper Bernardo des meurtres de Leslie et Kristen étaient toujours aussi inexistantes. En plaidant coupable pour homicide involontaire et en témoignant contre son mari, Homolka parvint à obtenir une peine de douze ans de prison, avec possibilité de déposer une demande de mise en liberté conditionnelle après quatre ans, qui, si elle était rejetée, lui donnerait droit à être remise en liberté de facto dans huit ans, selon les lois pénales canadiennes. L'accusation accepta de ne pas contester sa demande de mise en liberté conditionnelle.

Pendant que ces négociations avaient lieu avec sa femme, Bernardo envoya son avocat à la maison de Port Dalhousie, une fois les recherches de la police terminées, avec une carte qu'il avait lui-même dessinée à la main. Seul dans la maison, l'avocat monta à la salle de bains, se hissa sur le meuble, dévissa le plafonnier et tâtonna un peu avant de retirer du trou un paquet contenant six petites cassettes vidéo – celles-là mêmes que la police avait été incapable de trouver en soixante-douze jours de fouilles dans la petite maison ! Sur ce, l'avocat s'empressa de dissimuler l'existence de ces cassettes pendant les quinze mois suivants. Il les avait retrouvées une semaine avant que l'accusation et Homolka parviennent à un accord ; si ces cassettes avaient été rendues à la justice à ce moment-là, il n'aurait peut-être pas été nécessaire d'accorder à Homolka une telle remise de peine.

Ainsi, Karla témoigna contre Bernardo, et se décrivit comme l'une de ses victimes. Or, tout cela était accessoire, à présent : les cassettes vidéo avaient été citées comme preuves au tribunal, et le jury seul avait pu les visionner (les spectateurs et les médias avaient pu écouter la bande-son). Il était manifeste que Karla avait participé de son propre gré et avait même pris plaisir à torturer et à violer les victimes. Mais il était trop tard : l'accord avait été conclu.

Si Paul Bernardo nia avoir tué Leslie et Kristen, il dut admettre qu'il les avait violées : étant donné ce que montraient les vidéos, il n'était pas en position de dire autre chose. Vers la fin de son témoignage, il admit également qu'il avait quelques « problèmes » avec sa sexualité. « En taule, je vais devoir me faire aider par un professionnel pour ça », déclara-t-il platement, sans comprendre pourquoi une vague de rires méprisants parcourait la salle d'audience.

Bernardo fut condamnéà la prison à perpétuité en 1995 (au Canada, la peine de mort n'existe pas), dont vingt-cinq années incompressibles. Mais même lorsqu'il sera en mesure de déposer une demande de remise en liberté, il est fort peu probable qu'il l'obtienne un jour.

Dans des lettres très prolixes écrites à ses amies à son arrivée en prison, Karla annonce, haut et fort : « Il y a des gens, comme vous, qui savent que toutes ces horreurs ne sont pas de mon fait. » Elle rajoute que sa peine de prison était l'occasion pour elle de suivre des cours du niveau fac : « Je veux que vous sachiez que ce n'est pas si mal de vivre ici, au contraire de ce que la plupart des gens pensent… Avec un peu de chance, j'arriverai à obtenir un diplôme universitaire avant de sortir. Je pourrai déposer une demande de remise en liberté dans quatre ans et j'ai bien l'intention de l'obtenir – c'est clair ! » Et de renchérir sur sa seule inquiétude par rapport à l'univers carcéral : « J'espère qu'ils me laisseront me coiffer en prison. Je préférerais mourir plutôt que mes cheveux partent en live. »

Karla ne sortit pas quatre ans après, ni huit ans après. L'indignation du public sur l'accord passé, ainsi que le flot constant de reportages et d'articles concernant les fêtes qu'elle faisait en prison, ses relations homosexuelles avec des codétenues, son histoire d'amour avec un prisonnier condamné pour le meurtre de sa petite amie, son dossier psychiatrique, ses lettres et photos personnelles – tout cela força le système judiciaire à maintenir Karla incarcérée jusqu'à ce qu'elle ait accompli sa peine de douze années. La couverture médiatique de sa remise en liberté, en juillet 2005, se fit à grands renforts d'hélicoptères. Les médias canadiens la harcelèrent pendant six mois de plus puis se lassèrent. Elle partit vivre quelque part à Montréal sous le nom de Teale, un pseudonyme que Bernardo et elle avaient adopté peu de temps avant leurs arrestations et qui est inspiré du nom du serial killer interprété par Kevin Bacon dans l'un de leurs films préférés, *La Loi criminelle*.

Bien que les gens aient peur que Karla ne récidive ou ne devienne la muse d'un autre serial killer, il est bien possible qu'on n'entende plus jamais parler d'elle, mis à part les incursions des médias dans sa vie privée, comme les rumeurs selon lesquelles depuis sa libération, elle aurait acheté un chien, se serait mariée secrètement, aurait donné naissance à un fils* et aurait même quitté le Canada pour les Antilles, afin d'offrir à son enfant une vie « plus normale ». Au niveau des statistiques, aucune des criminelles libérées de prison et très exposées sur le plan médiatique, comme Karla, n'a encore récidivé.

* Le 8 février 2007, le *Toronto Sun* titrait en gros : « Dis-moi que c'est pas vrai : Karla est mère ! Un chiot, un mari, un bébé, le tout en moins de deux ans ».

Trouver une explication à l'énigme Karla reste une tâche difficile. Son passé avant sa rencontre avec Bernardo n'a rien de commun avec celui des serial killers en général (ou même des psychopathes). En prison, on lui a fait passer quasiment tous les tests psychologiques existants pour les hommes, et à chaque fois elle obtenait un résultat dans la norme. En passant le fameux test du Dr Hare censé déceler les psychopathes, dénommé *Psychopathy Checklist-Revised* (*PCL-R*), elle obtint un score de cinq alors qu'un minimum de vingt est requis pour désigner le sujet comme psychopathe[149].D'un autre côté, lors de son incarcération Karla obtint un diplôme de psychologie pour lequel elle suivit des cours en psychologie déviante : il est donc possible qu'elle ait manipulé ses réponses aux tests.

Ainsi, Homolka reste un mystère. Ce n'est pas tant qu'elle était malfaisante, mais plutôt qu'elle était vide. Elle était aussi dénuée d'âme que les lotissements dans lesquels ses copines et elle habitaient, aussi insipide que les centres commerciaux qu'elles fréquentaient. La seule chose qui lui importait était, comme le dit une chanson, son « droit de s'amuser ». Sa famille n'était qu'un foyer de classe moyenne, abruti et desséché, un parangon de vénalité. Tout ce que désirait sa pauvre sœur Tammy, pour son seizième anniversaire, c'était une Porsche – le genre de chose juste au-dessus des moyens de la classe moyenne. Karla Homolka était capable de débiter à toute allure des marques de cosmétiques au beau milieu d'un viol, mais incapable en revanche du jugement moral le plus basique – ne pas faire subir un viol à sa sœur ; relâcher une adolescente effrayée quand elle en avait le pouvoir. Sa faculté de faire ce qui est juste avait totalement disparu.

Pour Homolka, Bernardo était parfait, telle la couverture d'un roman à l'eau de rose : un beau blond stylé, son Grand Méchant Homme d'affaires. Ses valeurs à lui étaient aussi inexistantes que les siennes, et ainsi, ils formaient le couple parfait. Les murs du bureau de Bernardo étaient couverts de posters de voitures de sport hors de prix et de bouts de papier où il avait écrit des phrases comme « la pauvreté est quelque chose qu'on s'impose à soi-même », « le temps, c'est de l'argent », « l'argent ne dort jamais », « il faut penser grand, être grand », « je ne cherche pas la compétition, je l'écrase », « la pauvreté, c'est pourri ». *Wall Street* était son film préféré.

Le plus atroce, dans toute cette histoire, c'est que Karla Homolka n'avait probablement pas une once de folie meurtrière en elle avant sa rencontre avec Bernardo, et qu'elle n'en a probablement plus aujourd'hui. Et pourtant, au contact d'un Bernardo, une petite princesse Barbie insipide et vide telle que Karla se transforma littéralement en garce meurtrière. Il existe certainement quantité de Paul Bernardo en ce bas monde, mais la question qu'il convient de se poser ici, c'est : combien de jeunes hommes et de jeunes femmes (à la sagesse morale aussi peu développée que celle d'Homolka) sont-ils là, à attendre de trouver leur compagnon ?

Certains pourraient relever le fait qu'avant sa rencontre avec Karla, Bernardo n'avait commis ni viol ni meurtre ; de même pour Ian Brady et Myra Hindley, ou Douglas Clark et Carol Bundy. Ces femmes utilisèrent-elles (comme elles ont tendance à le faire lorsqu'elles tuent) ces hommes par procuration, pour assouvir leurs propres désirs homicides ? C'est possible.

Ces hommes auraient-ils fini par violer et tuer, s'ils ne les avaient pas rencontrées ? C'est très probable. Seule chose certaine, en revanche : dans l'histoire moderne il n'existe pas un seul cas de Karla Homolka, Myra Hindley ou Carol Bundy ayant opéré sans un homme*.

Ainsi que le concluait Patrick Wilson, dans son étude sur les femmes exécutées en Grande-Bretagne depuis 1843 : « Le mari ou l'amant d'une meurtrière joue invariablement un rôle en amont du meurtre, ne serait-ce parce que, comme l'Everest, il est là. On ne peut pas en dire autant des crimes violents perpétrés par des hommes[150]. »

* À l'exception notable, peut-être, de Gwendolyn Graham et Catherine May Wood, deux homosexuelles qui assassinaient des personnes âgées dans une maison de retraite pour pimenter leur vie de couple.

7

Les garces nazies

Comment on transforme une femme en tueuse en série fanatique se sentant investie d'une mission

En 1975, la sortie aux États-Unis du film culte *Ilsa, la louve des SS* (*Ilsa, She-Wolf of the SS*) venait confirmer la croyance ambiante selon laquelle les femmes ne tuaient pas d'individus après leur avoir fait subir d'atroces tortures – sauf si elles étaient nazies. L'action de ce tristement célèbre film de « nazisploitation », tourné dans les décors de la série télévisée *Papa Schultz*, sedéroulait dans un camp de travail forcé nazi. Le personnage d'Ilsa, interprété par Dyanne Thorne, est une SS maniaque sexuelle qui joue aux savants fous, et accessoirement la commandante du camp. Elle aime forcer les prisonniers à avoir des rapports sexuels avec elle, et castrer ceux qui ne parviennent pas à la satisfaire. Parallèlement, elle mène des expériences pour tenter de découvrir si les femmes résistent mieux à la douleur que les hommes, ce qui, bien entendu, implique toutes sortes de séquences très crues où l'on voit des femmes nues aux formes généreuses se faire torturer. Ce genre n'était alors pas nouveau aux États-Unis. Il était au contraire fermement ancré dans la tradition des « pulps », ces magazines d'aventures de seconde zone destinés aux hommes qui inondaient le marché depuis les années 1950 et 1960, avec des titres de publication tels que *Argosy*, *Stag*, *Man's Action*, *True Adventure*, et dans lesquels on trouvait parfois des histoires de nazies sexy et diaboliques qui exigeaient de leurs esclaves sexuels qu'ils les satisfassent, sous peine de mort*.

Un an après *Ilsa*, la réalisatrice italienne Lina Wertmüller proposa une variation sur le même thème avec *Pasqualino* (*Pasqualino Settebellezze*, *Seven Beauties* en anglais). Dans ce film, considéré par certains comme un chef-d'œuvre et plusieurs fois nommé aux Oscars, on retrouve Shirley Stoler (qui, incidemment, jouait Martha Beck dans *Les Tueurs de la lune de miel*) dans le rôle d'une commandante de camp SS exigeant d'un prisonnier terrifié, Pasqualino (Giancarlo Giannini), qu'il lui accorde ses faveurs. Cette séquence, selon IMDb, le site Internet consacré au cinéma, « reste l'une des scènes les plus pénibles et les plus fascinantes de l'histoire du septième art[151] ».

On pourrait gloser indéfiniment sur la signification de cette fascination sexuelle que peut éprouver un public essentiellement masculin pour ces belles garces nazies, ces tueuses aux cheveux d'or, mais il est indiscutable que son origine est à chercher du côté des événements historiques (récents, qui plus est) qui ont eu lieu dans l'Allemagne nazie entre 1933 et 1945.

Troisième Reich et meurtres en série d'état

Nous savons maintenant que les serial killers ne sont ni exclusivement des hommes, ni exclusivement

* Le même genre de magazines que Ian Brady lisait avidement dans sa jeunesse, en Angleterre. (*N.D.T.*)

mus par des pulsions sexuelles. Parmi eux on trouve les tueurs qui agissent pour le pouvoir ou le gain, tels les tueurs à gages de la mafia, et même si on aurait pu soutenir, il y a dix ans encore, que les génocidaires et autres auteurs de crimes dans le cadre militaire ne faisaient pas partie de la définition du serial killer, ce n'est plus le cas aujourd'hui. Parmi les serial killers, donc, on trouve spécialement ce genre de criminels – et plus spécifiquement encore, ceux du Troisième Reich. En fait, on peut même parler d'une ère de massacres d'État à propos de cette époque trouble de l'histoire allemande ; c'était probablement la première fois qu'on les instituait de cette manière.

Durant ses douze années d'existence, l'Allemagne nazie assassina approximativement douze millions de personnes – dont les Juifs, qui représentent près de la moitié du total des victimes. Nous ne parlons pas ici des gens qui se firent tuer dans les bombardements aériens, les sièges des villes, les tirs croisés, qui moururent de faim ou de privations, ou qui furent abattus par les populations occupées dans leur propre pays. Ce dont nous parlons précisément, ce sont des actes meurtriers visant des individus et perpétrés collectivement – des bandes d'assassins armés de petites armes tirant un seul coup dans la nuque de leurs victimes ; des pendaisons ; des passages à tabac ; des injections de phénol directement dans le cœur ; des êtres humains brûlés vivants ; des hommes et des femmes tués à la suite d'expériences médicales menées sur eux pour « le divertissement », et encore bien d'autres actes individuels de violence. Vers la fin, les nazis prirent le rythme en tuant en masse dans les chambres à gaz, même si ces dernières tombaient souvent en panne. Tout de même, elles fonctionnèrent assez bien pour tuer trois millions de personnes. Les neuf millions de morts restants furent assassinés un par un par des milliers de « serial killers », qui tuèrent jour après jour, victime après victime, balle après balle, jusqu'à n'en plus pouvoir.

Pendant très longtemps on crut à ce que disaient les nazis pour leur défense, à savoir qu'ils « ne faisaient qu'obéir aux ordres ». Il n'était pas question de pardonner, mais d'accepter cette réponse comme une explication de leurs actes, et c'est l'une des raisons pour lesquelles jusqu'à récemment les criminels de guerre nazis étaient exclus de la catégorie des serial killers. On supposait qu'ils n'avaient pas accompli leurs actes par choix, qu'on choisissait leurs victimes pour eux, et qu'on leur ordonnait de tuer, sous peine d'être sévèrement punis en cas de refus. Des recherches récentes ont complètement écarté cette version des faits. Nous savons aujourd'hui que la participation directe aux meurtres était dans la plupart des cas un choix optionnel et surtout volontaire, et qu'aucun soldat allemand n'était puni pour avoir refusé de tirer sur des hommes, des femmes ou des enfants désarmés. S'ils refusaient – et certains le firent – on ne les tuait pas, on ne les envoyait pas dans un camp de concentration, ni même sur le front de l'Est. Au pire, leurs camarades les taquinaient pour leur « faiblesse » et on ne leur accordait pas de promotion.

Certains seraient prompts à classer les auteurs de crimes nazis dans la catégorie des serial killers en mission, qui ont une motivation politique, morale, religieuse ou idéologique et qui assassinent un type particulier de victimes, dont la société doit être débarrassée selon eux. Mais dans bien des cas, ils ne commirent pas ces crimes parce qu'ils étaient des nazis fanatiques.

L'historien Christopher Browning s'est penché sur les actions d'une unité mobile allemande qui traqua et tua des milliers d'hommes, de femmes et d'enfants dans les petits villages de l'est de la Pologne, les abattant les uns après les autres de façon à ce qu'ils tombent directement dans une fosse commune. Browning a découvert lors de ses recherches que ces assassins étaient pour la plupart des officiers de réserve de la police d'âge moyen, de simples hommes de troupe dont seuls 25 % avaient la carte du parti nazi[152]. Cette unité n'était pas composée de troupes d'élite endoctrinées, de SS en uniforme noir, de membres de la Gestapo ou des *Einsatzgruppen* (unités mobiles d'extermination), ou même de fanatiques nazis qui entendaient faire la loi par eux-mêmes ; c'étaient des agents de la police de Hambourg on ne peut plus ordinaires, envoyés en mission temporaire dans la campagne polonaise, derrières les lignes ennemies. C'est pour cette raison que Browning a intitulé l'ouvrage qu'il a écrit à partir de ce sujet *Des hommes ordinaires*[*] (*Ordinary Men*).

Ce que nous commençons à comprendre, en filigrane, c'est que les nazis réussirent à l'époque à provoquer parmi les citoyens allemands un état temporaire de psychopathie, « grâce » auquel des gens ordinaires, sains d'esprit, « normaux », furent rendus capables, sur de brèves périodes, de commettre des meurtres en série. Il est important d'insister sur le terme de brèves périodes car, avec le temps, nombreux furent ceux qui devinrent alcooliques, firent des cauchemars et

* Le livre a été publié en France en 2007, par les éditions Tallandier, sous le titre *Des hommes ordinaires : le 101e bataillon de réserve de la police allemande et la solution finale en Pologne*. (*N.D.T.*)

des dépressions nerveuses, ou même, se suicidèrent : ils développaient ce que l'on a récemment nommé un « stress post-traumatique provoqué par la perpétration d'un crime », un trouble spécifique dont peuvent souffrir les auteurs d'atrocités[153]. Ainsi, les nazis mirent en place les chambres à gaz pendant l'hiver 1941-1942, pas nécessairement pour tuer de façon plus efficace mais pour éviter une expérience trop traumatisante à ceux qui perpétraient ces crimes. Le gaz était considéré comme une manière plus « humaine » de tuer les victimes, et censé réduire les conséquences psychologiques sur les assassins qui tuaient les gens par centaines de milliers, à l'Est.

Bien que l'on soit proches, aujourd'hui, de comprendre comment le Troisième Reich transforma des hommes ordinaires en serial killers, nous disposons de très peu d'informations en ce qui concerne les femmes « ordinaires » impliquées dans ces massacres. Pourtant elles existaient bien dans l'Allemagne nazie, comme le montre dans une certaine mesure de façon authentique le film de fiction *Ilsa, la louve des SS*.

En effet, le personnage fictif d'Ilsa est inspiré de deux tueuses en série nazies bien réelles, l'une blonde, l'autre rousse, toutes deux de purs produits de l'État, à la base : Ilse Koch, la « Chienne de Buchenwald » et Irma Grese, la « Bête de Belsen ». Ces femmes furent accusées d'avoir pris personnellement plaisir à torturer et à mutiler de façon sadique des prisonniers de camps de concentration, bien au-delà de ce que l'on attendait d'elles. Elles étaient devenues plus que des tueuses d'État : c'étaient des meurtrières opportunistes, qui agissaient de façon indépendante et excellaient dans leur travail car elles éprouvaient un plaisir personnel à l'accomplir. En ce sens, elles auraient été (et dans une certaine mesure, ce fut vraiment le cas) condamnées également par les nazis. Pourtant, tout comme les complices de serial killers décrites dans le chapitre précédent, on est en droit de douter du fait qu'Ilse Koch ou Irma Grese auraient commis ces atrocités si elles n'y avaient pas été initiées et préparées par l'État.

Ilse Koch – la Chienne de Buchenwald

Ilse Koch était une rousse aux yeux verts et aux formes généreuses, qui était âgée de quarante et un ans lorsqu'elle fut jugée en 1947 pour des crimes commis au camp de concentration de Buchenwald, où plus de 50 000 prisonniers étaient décédés. Il est intéressant de souligner qu'Ilse fut jugée trois fois pour ses différents méfaits perpétrés à Buchenwald, la première par les nazis en 1943, la deuxième par les Américains en 1947 et la dernière par le tout nouveau gouvernement d'Allemagne de l'Ouest en 1950.

Les charges retenues contre elle lors de son procès de 1947, le plus célèbre des trois, sont d'une extraordinaire monstruosité. Ilse, qui était la femme du commandant du camp, aurait eu pour habitude de rassembler les détenus fraîchement arrivés, avant de leur ordonner d'enlever leur chemise. Sur ce, elle passait entre les rangs de prisonniers et sélectionnait ceux qui avaient des tatouages à son goût. Elle les faisait ensuite tuer, puis dépouiller comme des animaux, tout cela dans le but de se faire fabriquer des objets à partir des peaux tatouées pour son intérieur, comme des abat-jour, des couvertures d'albums photo, ou encore des sacs à main et des gants. On raconta que dans sa maison sur le camp de concentration, les interrupteurs étaient faits en os de pouces humains, et que les meubles et les objets de décoration avaient été fabriqués à partir de parties de corps humains et de têtes réduites ; au dire des gens de l'époque, elle avait tué environ quarante prisonniers dans ce but[154].

Toutes ces histoires donnaient vraiment la chair de poule, et dix ans plus tard elles allaient réellement inspirer un serial killer aux États-Unis. En 1957, Ed Gein, après avoir lu trop de ces magazines « pulps », adopta le style de décoration que l'on prêtait à Ilse et aménagea sa propre ferme solitaire du Wisconsin de la même manière, en se servant des corps de femmes qu'il tuait ou bien qu'il déterrait de leur tombe[155].

Toutes ces allégations allaient faire d'Ilse Koch une tueuse en série unique en son genre. Elle appartenait à la catégorie des hédonistes à la recherche du plaisir (une espèce rare chez les femmes, le seul exemple connu de l'époque moderne), c'est-à-dire une femme qui tuait pour collectionner des parties de corps à travers une sorte de déviance sexuelle compulsive. La personne qui se rapproche le plus d'Ilse d'un point de vue historique est Elizabeth Báthory, qui commit ses méfaits quelque quatre siècles plus tôt.

D'autres accusations furent portées contre Ilse. Tout homme prisonnier qui osait regarder dans sa direction était battu à mort pour impudence et « harcèlement sexuel ». Elle fit trimer des prisonniers jusqu'à la mort pour se faire construire ses écuries personnelles sur le camp. Elle se baladait dans le camp, dénonçant tel ou tel prisonnier pour des cffractions réelles ou imaginaires, ce qui entraînait un passage à tabac jusqu'à ce que mort s'ensuive, un spectacle qu'elle aimait regarder. Les méfaits qu'on lui attribuait étaient clairement à caractère sexuel. Ilse était décrite comme une « nymphomane », même si ses indiscrétions sur le plan sexuel ne circulaient que parmi les autres membres du personnel SS, non parmi les prisonniers. Mais les accusations de collection de peaux humaines et d'abat-jour fabriqués à partir de peaux tatouées la distinguaient nettement des trente autres prévenus de Buchenwald jugés en même temps qu'elle. Ces crimes étaient si dépravésqu'ils en devinrent un symbole de la folie génocidaire nazie la plus extrême. Journaux et magazines reproduisirent des clichés de morceaux ressemblant à du cuir de peau tatouée (dont l'un arborait une paire de mamelons clairement visible), de têtes réduites et d'autres objets, dont des abat-jour soi-disant faits en peau humaine, retrouvés à Buchenwald lorsque les troupes américaines libérèrent le camp en 1945. On en montra des séquences dans les actualités projetées dans les salles de cinéma.

Ilse Koch, la Chienne de Buchenwald, fut condamnée à la prison à perpétuité en 1947, mais un an plus tard, les autorités américaines d'occupation commuèrent tout à coup sa condamnation en une peine de quatre ans de prison, créant la stupéfaction dans le monde entier. Ayant fait un an de prison, il lui restait donc trois années à accomplir, mais la pression publique fut telle qu'elle fut rejugée, cette fois-ci par les autorités ouest-allemandes, qui de nouveau la condamnèrent à perpétuité. Aujourd'hui, Ilse Koch a une armée de défenseurs – qui ne sont pas tous des néonazis ou des négationnistes. Eh oui, vous l'avez deviné : certains de ces défenseurs sont des féministes qui décrivent Ilse comme une victime des prisonniers, qui la calomnièrent pour sa « transgression des stéréotypes sexuels[156] ».

Je ne plaisante pas !

Le contexte

Ilse Koch est née sous le nom d'Ilse Kohler Schnitzel le 22 septembre 1906, à Dresde. Son diplôme d'études secondaires en poche, elle travailla dans une librairie, puis comme secrétaire. Elle rejoignit le parti nazi relativement tôt, en mai 1932. Cela la plaça dans une position intéressante à double titre, car elle avait adhéré avant la prise de pouvoir par Hitler en janvier 1933 et faisait partie de la petite minorité de femmes membres du parti. En effet à cette époque, les femmes ne représentaient que 7,8 % du parti nazi[157]. Les nazis n'avaient prévu pour elles aucun rôle particulier à jouer dans le Troisième Reich, si ce n'était en tant qu'épouses et mères de soldats aryens. Dans les branches autres que les emplois traditionnellement féminins d'institutrices, infirmières, vendeuses ou secrétaires, les femmes étaient encouragées à rentrer chez elles pour fonder une famille de race pure.

Ilse trouva un travail de secrétaire au sein du parti. En tant que membre dévouée, on finit par l'affecter au camp de concentration de Sachsenhausen, près de Berlin, en 1936. Il est important d'indiquer ici qu'au contraire des camps de concentration de la seconde génération, comme Treblinka, Sobibor et Belzec, construits en Pologne et dont le seul but était de tuer les déportés (pour la plupart des Juifs et des Tziganes) qui arrivaient en masse aussi rapidement que possible, la première génération de camps (comme Sachsenhausen et Buchenwald) servit en général à garder des prisonniers en détention pendant de longues périodes. Il y avait certes des épisodes violents, et il était courant que des prisonniers soient tués par balle, meurent d'épuisement, soient frappés à mort, deviennent des cobayes pour des expériences médicales ou bien soient simplement abattus pour faire de la place. Mais l'objet premier de ces camps était d'enfermer des opposants politiques. Cinquante-six mille victimes succombèrent à Buchenwald durant les quatre-vingt-treize mois où il resta ouvert, entre 1937 et sa libération par les Alliés en avril 1945[158]. Quelque 240 000 prisonniers passèrent par le camp, et même si certains furent tués plus tard dans d'autres camps, beaucoup, probablement la plupart, survécurent : voilà la définition stricte d'un camp de concentration. Au contraire, dans les trois camps d'extermination de Treblinka, Sobibor et Belzec, un total de 1,3 million de personnes fut assassiné en vingt et un mois et seules quelques dizaines survécurent, d'après ce que l'on sait. La différence entre les deux catégories est donc pour le moins énorme. L'affectation d'Ilse au camp de Sachsenhausen en 1936 était donc analogue à une mutation dans une prison extrêmement violente mais ne jouant pas nécessairement de rôle actif dans la « solution finale », qui ne fut pas officiellement mise en œuvre avant la fin de l'automne 1941[159].

Alors qu'elle travaillait comme secrétaire dans les bureaux de Sachsenhausen, Ilse rencontra Karl Otto Koch, le commandant du camp. Ils se marièrent à la mode SS, dans une cérémonie agnostique, et eurent deux enfants. En 1937, Koch fut transféré au camp récemment ouvert de Buchenwald, et sa femme et lui s'installèrent dans une nouvelle maison à l'intérieur même du camp. C'est dans cette demeure que selon la légende les troupes américaines découvrirent par la suite ces souvenirs monstrueux fabriqués en peau humaine.

La défense d'Ilse Koch par les féministes

Ilse Koch ne fut jamais officiellement employée par le camp ; elle était la femme du commandant. Ce statut lui conférait une autorité considérable mais totalement officieuse. Selon l'historienne allemande Alexandra Przyrembel, cet état de fait constitue le premier élément permettant d'expliquer la véhémence avec laquelle Ilse fut poursuivie après la guerre, ainsi que la nature sexuelle et dépravée des crimes dont elle fut accusée. En regardant les événements du point de vue de cette perspective féministe, on en vient à conclure qu'Ilse fut traînée en justice car elle avait défié les rôles traditionnellement attribués aux deux sexes, et ce faisant, avait offensé les sensibilités patriarcales des prisonniers. L'argument de Przyrembel est qu'Ilse, en tant que femme, produisit un impact sur la « société masculine des prisonniers ». Elle affirme :

> …Ilse Koch semblait – du point de vue des prisonniers – avoir pénétré un domaine de pouvoir jusque-là réservé aux membres masculins des SS ou, au mieux, à certains *Kapos* (prisonniers qui supervisaient le travail des autres prisonniers). Cette interaction entre la confirmation et la transgression (apparente) des stéréotypes sexuels constitue, selon moi, le cœur du « phénomène Ilse Koch » après 1945[160].

Il semblerait qu'en ce qui concerne les femmes homicides, le féminisme radical ne connaît aucune limite dans ses affirmations : les tueuses en série ne sont, pour l'essentiel, qu'une construction mentale de la société patriarcale, oppressante et conspiratrice – même lorsque ce patriarcat est enfermé dans un camp de concentration. Pour les féministes radicales, Ilse Koch est autant une victime du patriarcat qu'Aileen Wuornos.

« ...les tuer de façon plus décente »

Mais les choses ne sont pas aussi simples. La hiérarchie nazie avait déjà érigé Ilse et son époux en criminels pendant la guerre. Le commandant SS Karl Koch fut arrêté par la Gestapo en 1942 pour corruption et détournement de fonds ainsi que pour les meurtres de deux prisonniers, commis pour couvrir son délit. Il fut jugé par un tribunal SS et condamné à mort. Ironie du sort, il fut exécuté à Buchenwald même, en avril 1945, quelques jours seulement avant la libération du camp.

Ilse fut arrêtée deux ans avant la fin de la guerre par les SS, en août 1943, également sous le coup d'une accusation de corruption, mais elle fut acquittée lors de son procès*.

Ce fut pendant cette enquête interne de 1943 que l'on commença à insinuer qu'Ilse Koch se fabriquait des abat-jour humains. Cela constituait une offense selon le code de conduite nazi, qui insistait sur le fait que les exécutions devaient être menées avec bienséance, ou « décence ». Même prendre des photographies était considéré comme un délit grave, ce qui n'empêcha pas des milliers de SS de se prendre en photo en train de commettre leurs atrocités. Ils étaient jugés et empri-

* Même si, ainsi qu'elle s'en plaignit plus tard à ses geôliers américains, entre-temps le Troisième Reich avait réussi à lui saisir une somme d'argent assez considérable dans le cadre d'une campagne de confiscation des gains obtenus par le crime : 12 000 Reichsmarks – soit 30 000 dollars environ en monnaie actuelle.

sonnés si on les prenait sur le fait, ou s'ils tuaient des Juifs sans qu'on le leur ait ordonné, ou encore s'ils les tuaient pour des motifs personnels et dépravés[161]. Lors du procès en cours martiale d'un SS, un soldat déclara sous serment que le prévenu avait tué des enfants en les soulevant du sol par les cheveux avant de leur tirer dessus. Il expliqua : « Après un moment, je ne pouvais simplement plus regarder et je lui ai dit d'arrêter. Ce que je veux dire, c'est qu'il n'aurait pas dû soulever les enfants par les cheveux, il aurait dû les tuer de façon plus décente[162]. »

Ces SS se retrouvaient fréquemment en cour martiale car lorsqu'ils étaient en permission, ils se montraient des photos des atrocités qu'ils avaient commises, comme si cela avait été des cartes à échanger (certains en envoyaient même à leur épouse, leur fiancée ou leur mère). Himmler, le chef des SS, s'exprima énergiquement sur ce sujet de la bienséance dans l'exécution. S'adressant un jour à une assemblée d'officiers SS, il déclara : « Il a déjà dû arriver à la plupart d'entre vous de voir des corps étendus en rang d'oignons, parfois cent, ou cinq cents, ou même mille. Le fait d'avoir tenu bon à travers cela, et – sauf dans les cas de faiblesse humaine – d'être restés décents, nous a endurcis[163]. »

En d'autres termes, lorsque ces objets en peau humaine furent prétendument découverts dans son ancienne maison de Buchenwald en 1945, cela faisait deux ans qu'Ilse n'y vivait plus à la suite de l'enquête dont elle avait fait l'objet à ce propos. Si elle avait véritablement détenu de tels trophées, les enquêteurs les auraient confisqués et détruits, et Ilse aurait été sévèrement punie pour ce crime – surtout si l'on considère qu'elle ne faisait même pas partie des SS, et de surcroît qu'elle était l'épouse civile d'un prévenu SS.

La collection de peaux tatouées

En dépit du fait qu'elle ait occupé le devant de la scène avec ces allégations de meurtres et de « dépouilles » de prisonniers pour s'octroyer leurs tatouages à des fins décoratives, Ilse Koch ne fut pas spécifiquement accusée de ces crimes, lors de son procès de 1947 devant un tribunal militaire américain. Comme les autres prévenus, elle fut mise en examen pour avoir participé à un « objectif commun », celui de soumettre les prisonniers de Buchenwald à « des exécutions, des tortures, des passages à tabac, la famine et autres outrages ». Toute personne ou preuve la liant à des crimes commis dans le camp suffisait à la faire condamner, sans entrer nécessairement dans les détails.

Mais les spécimens de peaux tatouées n'étaient pas une invention de la propagande. Ils existaient vraiment, et furent effectivement retrouvés en 1945, avec des têtes réduites, peut-être dans la maison où Ilse avait vécu – ou peut-être dans le service des pathologies du camp. En effet, des objets de ce type étaient réellement collectionnés, avec le consentement officiel des SS. Le coupable était un médecin SS, Erich Wagner, qui avait écrit une thèse sur les liens entre la criminalité et le désir de se faire tatouer. Wagner prenait de nombreuses photos des prisonniers tatoués et apparemment (soit àleur décès, soit après avoir ordonné leur exécution) il détachait les parties de peau tatouée, avant de les faire sécher et de les conserver, non comme éléments décoratifs mais comme spécimens scientifiques. Selon notre historienne féministe Przyrembel, Ilse Koch n'avait assisté à aucune séance de photos et n'était peut-être même pas au courant de ce projet de tatouages[164].

La photographie d'un abat-jour – supposément fait à partir de peau humaine et placé à côté de têtes réduites et d'échantillons de peau tatouée conservée – fut bien citée comme preuve à son procès, mais le véritable abat-jour avait apparemment été égaré. Si les analyses scientifiques permirent d'identifier les échantillons de peau comme d'origine humaine, aucun rapport d'analyse effectué sur l'abat-jour ne put être cité comme preuve.

Le Dr Sitte, un ex-prisonnier titulaire d'une thèse en physique, fut l'un des témoins vedettes contre Ilse Koch. Il avait été emprisonné à Buchenwald entre septembre 1939 et avril 1945. Il déclara avoir été employé au service des pathologies ; selon lui, les peaux tatouées étaient souvent prélevées sur les cadavres des prisonniers et « étaient souvent utilisées pour fabriquer des abat-jour, des étuis à couteaux et d'autres objets similaires pour les SS ». Il expliqua à la cour que « tout le monde savait » que les prisonniers tatoués étaient emmenés après avoir été choisis par Ilse Koch, et qu'on les assassinait et dépouillait pour elle.

Mais lors du contre-interrogatoire, Sitte dut admettre qu'il n'avait personnellement jamais vu aucun de ces fameux abat-jour, et qu'il n'avait pas non plus eu connaissance personnellement de prisonniers ayant été sélectionnés par Ilse Koch pour finir « en » abat-jour. Il admit également que l'abat-jour sur la photo n'était pas celui auquel il faisait référence et qui aurait été livré à Ilse Koch. Par la suite, dans une lettre datée de 1948 et adressée au *New York Times*, après que la sentence d'Ilse eut été commuée, Sitte reconnut :

> J'ai commencé à travailler au service des pathologies seulement après l'époque des Koch (le mari avait été arrêté

pour détournement de fonds et corruption) et les chefs SS avaient déjà renoncé à leur habitude d'exposer des objets ornés de la peau tannée de prisonniers tatoués[165].

La conclusion de sa lettre était que « ceci ne constituait pas une preuve contre Ilse Koch mais contre les officiers SS du camp, qui tuèrent des prisonniers pour leurs tatouages ».

Cependant, Sitte était contre la réduction de peine d'Ilse Koch : « La justice rendue aux victimes d'Ilse Koch et des gens de son espèce est-elle si peu importante en comparaison d'une justice technique pour cette bande d'assassins ? »

Quelle était la « justice technique » en jeu ici ? Le gouverneur militaire d'Allemagne, un général américain du nom de Lucius D. Clay, expliqua sa décision de commuer la sentence d'Ilse par le fait qu'on « n'avait pas réussi à prouver que [Koch] était coupable des graves crimes de guerre dont on l'avait au départ accusée avec les preuves présentées à son procès. Parmi ces accusations, il y avait celle, plus spécifique, selon laquelle elle se serait servie de peau humaine tatouée pour se faire fabriquer des abat-jour et d'autres articles de maison[166]. » Le problème, selon Clay, résidait dans le fait que l'instruction du tribunal militaire américain avait autorisé non seulement à retenir des preuves par ouï-dire, mais également à prendre des déclarations sous serment par écrit sans que la défense ait l'occasion de procéder au contre-interrogatoire des témoins.

En 1976, Lucius Clay raconta :

Nous avons jugé Ilse Koch… Elle a été condamnée à la prison à perpétuité, et j'ai commué cette sentence en trois années de prison. Et nos journaux n'ont pas du tout apprécié. Elle avait été anéantie par un reporter plein d'initiative qui avait eu l'idée de lui donner ce beau surnom de « Chienne de Buchenwald », quand il était entré dans sa maison pour la première fois et qu'il y avait trouvé des abat-jour blancs, et dans son compte-rendu il avait écrit qu'ils étaient faits en peau humaine. En fait, il s'avéra qu'ils étaient faits en peau de chèvre. Mais au moment du procès, on en était resté à la première version. Il était pratiquement impossible pour elle d'avoir un procès équitable[167].

Tout cela n'atténue en rien les atrocités commises par les nazis ni l'accusation spécifique selon laquelle des prisonniers furent tués pour agrandir une collection de peaux tatouées. Les négationnistes ont fait leurs choux gras des déclarations de Clay à propos de l'abat-jour finalement en peau de chèvre*. Mais il n'y eut jamais lieu de douter qu'un savant fou avait collectionné ces échantillons de peau humaine et ces têtes réduites au camp de Buchenwald. Les prisonniers ne savaient pas pour quelle raison ; ils en déduisirent qu'il s'agissait d'actes de perversion personnelle et en rejetèrent complètement la responsabilité sur Ilse Koch, qu'ils méprisaient.

Bien que ces faits innocentent Ilse de ces accusations en particulier, ils ne la disculpent pas en tant que membre du parti nazi et qu'épouse d'un commandant de camp corrompu. Les autres accusations contre elle – qu'elle avait exploité le travail des prisonniers à ses

* Et de ce que l'on n'a jamais réussi à déterminer, non plus, à partir de quelle peau d'« animal » le daim des couvertures d'albums photos avait été fabriqué. Les résultats de ces analyses, qui ne concluent en fait rien, sont stockés aux Archives nationales, tout comme les albums photos d'Ilse.

propres fins ; qu'elle avait dénoncé des prisonniers pour se venger, ce qui avait eu pour conséquence leur punition et parfois leur exécution ; et qu'elle avait fait punir ou exécuter les prisonniers qui avaient osé lui lancer un regard, pour leur « impudence » vis-à-vis d'une femme allemande – sont entièrement plausibles et très probablement justes. Elles sont, en fait, à l'origine même de la haine que lui portaient les prisonniers – non sa transgression des rôles traditionnels. Les officiers supérieurs avaient des prisonniers comme personnel de maison, comme domestiques, cuisiniers, intendants, jardiniers. C'étaient les épouses des officiers qui établissaient les règles de discipline pour esclaves de maison.

Jusqu'à la fin, Ilse pesta contre un « complot sioniste » imaginaire, qui selon elle se cachait derrière ses chefs d'inculpation. Elle était membre du parti depuis longtemps, et on imagine aisément l'attitude qu'elle pouvait avoir envers les Juifs, communistes et autres « ennemis de l'État » enfermés dans le camp de son mari. Elle méritait la peine de prison à perpétuité qu'elle reçut, mais les crimes qu'elle avait réellement commis la rapprochaient des autres prévenus, dont beaucoup virent leur peine commuée dans les années 1950.

Le tollé général qui s'éleva contre la commutation de la peine de la Chienne de Buchenwald en quatre petites années de prison, dont une déjà accomplie, mena tout droit Ilse Koch à un autre procès, cette fois organisé par les instances judiciaires d'Allemagne de l'Ouest nouvellement reconstituées. Ce procès-là fut *hautement* politique. La crème de l'*establishment* allemand qui s'était opposée à Hitler avait été enfermée à Buchenwald ou dans des camps similaires : tous les cadres de l'énorme parti social-démocrate et du parti communiste allemand y avaient été jetés, entre 1933 et 1937. Nombreux furent ceux qui survécurent en formant des réseaux puissants de résistance souterraine à l'extérieur des camps. Ces réseaux restèrent unis et actifs sur le plan politique même après la guerre. Ils émergèrent, dans l'Allemagne de l'après-guerre, déterminés à rattraper les douze années perdues, au cours desquelles l'État nazi les avait violentés et rendus hors-la-loi. Il n'était pas question qu'un exemple aussi visible de la perversion nazie qu'Ilse Koch s'en sorte impunément. Ces puissantes associations allemandes de survivants des camps firent pression sans relâche pour qu'elle soit rejugée, et ils finirent par voir leur souhait se réaliser.

« Ilse l'abat-jour », ainsi que la presse l'avait rebaptisée, fut rejugée en Bavière en décembre 1950. En 1952, elle fut condamnée à la prison à perpétuité, après que l'on eut prouvé sa « contribution » à la mort d'un prisonnier en particulier. Le point concernant la collection de peaux tatouées ne fut pas aussi central qu'à son précédent procès. Elle fit appel de cette sentence avec véhémence, clamant son innocence pour tout, mais en 1967 elle capitula et se suicida en se pendant dans sa cellule ; elle avait soixante et un ans.

Ilse était une femme malfaisante et affreuse, et eut le sort qu'elle méritait. Mais en ce qui concerne les extraordinaires accusations de possession d'objets de décoration en peaux humaines, qui lui firent une si triste réputation, elle était peut-être innocente. Ces imputations font écho aux mythes entourant Elizabeth Báthory (les fameux bains de sang). Ainsi qu'on le dit dans le célèbre western de John Ford, *L'Homme qui tua Liberty Valance*, lorsqu'on a le choix entre imprimer la vérité ou imprimer la légende, on imprime toujours la légende. Aussi répugnant que l'argument de l'historienne féministe Przyrembel puisse paraître – qu'Ilse Koch fut condamnée à la hâte sur la foi de ces accusations en particulier car elle avait offensé les sensibilités patriarcales des prisonniers –, il reste qu'on ne peut l'écarter aussi facilement qu'on le souhaiterait. D'une manière ou d'une autre, la façon dont nous percevons et définissons les tueuses en série est souvent déterminée par des constructions mentales héritées de la société et de la politique, ce qui inclut les stéréotypes sexuels.

Irma Grese – la Bête de Belsen

(cf. photo p. 470)

En réalité, c'est plutôt d'Irma Grese, surnommée la « Bête de Belsen », dont on s'inspira vraiment pour camper la protagoniste *d'Ilsa, la louve des SS*. Grese était une belle jeune femme blonde qui appartenait entièrement au système concentrationnaire, en sa qualité de surveillante, ou *SS-Aufseherin*. Les femmes n'étaient pas membres des SS car elles n'en avaient pas le droit, mais en revanche elles pouvaient être employées et rémunérées par eux, comme des auxiliaires en quelque sorte. Elle n'avait que vingt-deux ans lorsqu'elle fut exécutée par les autorités britanniques d'occupation pour avoir commis toute une série de meurtres violents dans le cadre de son travail.

À bien des égards, le cas Irma Grese est plus facile à expliquer que celui d'Ilse Koch. Elle vit le jour dans une famille de quatre enfants le 27 octobre 1923 ; ses parents, Alfred et Berte Grese, étaient ouvriers agricoles à Mecklenburg, dans le nord de l'Allemagne. On ne sait quasiment rien de son enfance. Sa mère se suicida en 1936 ; Irma avait treize ans à l'époque. Son père haïssait les nazis, mais avait la sagesse de garder ses opinions pour lui (d'après certaines sources, il aurait même adhéré au parti en 1937).

Irma avait dix ans lorsque les nazis s'emparèrent du pouvoir en Allemagne. Son instruction se fit donc au cœur du système scolaire nazi, qui veilla à ce qu'elle soit endoctrinée dès le plus jeune âge, à coups de théorie raciale prônant la supériorité des Aryens allemands et alertant de la menace imminente constituée par ces « sous-hommes » qu'étaient les Juifs et « la conspiration judéo-bolchévicomaçonnique ». Irma grandit en lisant les beaux livres illustrés pour enfants du Dr Seusslike, qui s'intitulaient par exemple *Le Juif est un champignon vénéneux* ou *Le Juif est un renard*, et dont les nombreux dessins aux couleurs criardes représentaient des caricatures de beaux enfants allemands blonds aux yeux bleus en train de chasser des enfants juifs laids, à la peau foncée et au nez crochu, hors de l'école et hors de la ville.

Irma n'était pas populaire à l'école et fut apparemment une enfant brimée. Elle mena l'existence solitaire typique des serial killers. Sa sœur, lorsqu'elle tenta de défendre Irma des accusations portées contre elle, déclara qu'elle était une petite fille peureuse qui prenait la fuite dès qu'on la menaçait, et par conséquent qu'elle aurait été incapable de commettre des actes violents. Bien entendu, personne n'est dupe : si elle s'enfuyait, il est possible qu'elle ait emmagasiné un stock impressionnant de rage et de colère jusqu'à ce qu'elle ait eu l'occasion de prendre sa « revanche », en tant que gardienne de camp, sur des prisonniers sans défense.

Irma était obsédée par ses activités à la *Bund Deutscher Mädel* (Ligue des jeunes filles allemandes), c'est-à-dire les scoutes version nazie. Peut-être se fit-elle accepter là, après avoir été rejetée par ses camarades d'école. Mais à cause de cette obsession ses notes, déjà basses, empirèrent encore. Elle quitta l'école en 1938, à l'âge de quinze ans. Elle trouva un emploi d'aide-soignante dans un établissement SS, le sanatorium Hohenlychen, où elle resta deux ans et tenta sans succès de devenir élève infirmière.

Après cet échec, probablement dû à ses mauvais résultats à l'école, Irma fut recommandée par son chef au sanatorium pour un emploi au service des camps de concentration, en 1941. Elle passa un entretien, mais ne fut pas retenue à cause de son jeune âge ; elle se retrouva donc pendant un an à travailler dans une laiterie comme opératrice sur machines[168].

Lorsqu'Irma eut dix-huit ans, en 1942, elle réussit à entrer dans le *SS-Helferinnenkorps*, le service SS des femmes volontaires auxiliaires, qui proposait toute une gamme de postes, de secrétaire à surveillante dans les prisons ou les camps, au service des SS ou de la Gestapo. Irma prétendit par la suite que le Service du travail allemand, qui imposait un emploi obligatoire à tous les jeunes Allemands, l'avait arbitrairement affectée à ce poste. Cela est peu probable, étant donné que les femmes qu'on devait enrôler de force étaient classées dans la catégorie *SS-Kriegshelferinnen* (« auxiliaires de guerre »), de manière à les différencier des femmes appartenant à la catégorie plus méritante des *SS-Helferinnen*[169].

Irma commença sa formation de gardienne en juillet 1942 au camp de concentration pour femmes de Ravensbrück. Le code de conduite des gardiens de camps nazis (hommes comme femmes) était brutal : pitié et clémence étaient considérées comme des signes de faiblesse. On serinait à longueur de temps aux jeunes recrues que les prisonniers étaient des ennemis d'État qui devaient systématiquement être traités de façon brutale. Dans une sorte de lente distillation de la psychopathie, on interdisait par exemple aux gardiens de parler aux prisonniers de façon autre qu'officielle, pour que ces derniers restent les destinataires anonymes de leur brutalité.

Afin de garantir le bon déroulement (c'est-à-dire de la façon la plus neutre possible) des punitions et tortures de prisonniers, qui étaient en général fouettés avec un bâton ou une verge, vingt-cinq fois au minimum pour les petites infractions et jusqu'à mille fois, d'autres gardiens que ceux qui avaient demandé la punition ou avaient dénoncé le prisonnier devaient s'en charger. On s'assurait ainsi que le gardien ayant demandé la punition n'agissait pas pour un motif personnel, émotionnel ou sadique, et en même temps qu'aucun gardien ne pouvait échapper à la corvée de punition, même s'il ne dénonçait pas lui-même de prisonniers. Tout le monde devait participer.

On demandait expressément des gardiens SS qu'ils soient d'une dureté absolue et qu'ils expriment une haine sans équivoque envers les prisonniers dont ils avaient la charge. Lorsqu'il pleuvait et qu'ils surveillaient un travail à l'extérieur, il leur était interdit de s'abriter : ils devaient se montrer aussi durs à la tâche, voire plus encore, que les prisonniers dont ils avaient la charge.

L'ethnologue française Germaine Tillion, ancienne prisonnière de Ravensbrück, se souvint par la suite dans un ouvrage des très jeunes femmes qui arrivaient pour leur formation de gardiennes :

En général les débutantes avaient l'air effrayées par leur premier contact avec le camp, et il leur fallait un certain temps pour atteindre le degré de cruauté et de débauche de leurs collègues là depuis plus longtemps. Certaines d'entre nous avions un petit jeu, plutôt macabre, qui consistait à parier sur le temps qu'il faudrait à telle nouvelle *Aufseherin* pour gagner ses galons. L'une d'elles, à peine âgée de vingt ans, qui était au départ tellement ignorante des « bonnes manières » du camp qu'elle disait « excusez-moi » quand elle coupait la route à une prisonnière, mit exactement quatre jours à adopter l'attitude requise, même si c'était un monde totalement nouveau pour elle.
Il serait raisonnable d'estimer qu'environ la moitié des gardiennes prenait visiblement plaisir à frapper et à terroriser leurs prisonnières, surtout les faibles, les malades et les apeurées. D'autres distribuaient leurs coups avec la rudesse et la simplicité d'une paysanne fouettant son âne, et certaines agissaient simplement pour se conformer aux ordres, en particulier devant leurs collègues ou les SS. Dans tous les cas, même les meilleures d'entre elles n'affichaient aucune réaction défavorable lorsqu'une prisonnière était battue en leur présence[170].

Pas de « réaction défavorable » : une objectivisation de la victime, une absence totale d'émotions et d'empathie, de pitié et de sentiments – en d'autres termes, un état psychopathique induit par un endoctrinement dès l'enfance, un conditionnement, et une discipline brutale. Mais par ailleurs, les comportements ouvertement sadiques dans les camps de concentration étaient paradoxalement condamnés par les nazis, qui les jugeaient « indécents ». Le meurtre devait être commis froidement et pour des raisons nobles, d'État, non pour une satisfaction personnelle et dépravée, et les SS qui tuèrent pour leur propre plaisir pathologique ou pour le gain (tel le mari d'Ilse, Karl Koch) furent jugés par les tribunaux SS et emprisonnés, ou bien exécutés[171].

Lorsque Irma rentra chez elle pour la première fois pendant sa formation, elle était vêtue de son uniforme de gardienne de camp ; son père lui donna sur-le-champ une raclée et lui ordonna de ne jamais y retourner, selon le témoignage de la sœur d'Irma au procès.

Après une année de service à Ravensbrück, Irma fut affectée en mars 1943 dans ce que certains médecins SS qualifiaient amèrement d'*anus mundi* (le « trou du cul du monde »), un immense enfer marécageux nommé Auschwitz-Birkenau où périrent plus d'un million de personnes. C'était un camp de troisième génération, comprenant un camp de concentration pour le travail forcé et d'immenses installations pour l'extermination. Les voies de desserte qui avaient été construites jusqu'à l'intérieur du camp permettaient aux trains de marchandises bondés, si nombreux qu'ils créaient des embouteillages, de déverser tant bien que mal leur cargaison humaine, les milliers de Juifs que l'on déportait quotidiennement depuis les villes et villages les plus distants de l'Europe occupée – de Grèce, Roumanie, Hongrie, Italie, Yougoslavie*.

On les forçait à sortir du train par « la rampe » puis on les faisait passer à « la sélection » – ceux destinés à vivre dans une direction, ceux destinés à mourir dans l'autre, vers les quatre énormes ensembles fours

* Les Juifs d'Allemagne, de Pologne, de Russie et d'Europe du Nord ou centrale avaient déjà été exterminés pour la plupart – tués sur place, ou dans les camps de concentration de deuxième génération.

crématoires/chambres à gaz, chacun faisant la taille d'une gare. Lorsqu'on regarde les photos aériennes prises à l'époque par les bombardiers américains, la comparaison de la taille immense de ces installations de mort est facile à faire avec les wagons de train immobiles sur les voies d'embranchement. Deux des énormes chambres à gaz bâties en sous-sol pouvaient facilement contenir chacune de 1 200 à 1 500 victimes.

Au niveau de la rampe, les médecins SS « sélectionnaient » les personnes très âgées, très jeunes, faibles, malades ou infirmes et les faisaient marcher sur la courte distance les séparant de la chambre à gaz la plus proche. Manifestement, il n'y avait pas besoin d'être diplômé en médecine pour juger les personnes en assez bonne santé pour le travail forcé – tout le monde pouvait le faire. Mais en « sélectionnant » qui devait vivre et qui devait mourir, les médecins prenaient l'entière responsabilité du massacre et renvoyaient ainsi les meurtres subséquents dans la sphère de la procédure médicale ordonnée par un docteur. Ainsi que l'a dit Victor Brack, directeur du programme d'« euthanasie » allemand, « la place de la seringue est entre les mains du médecin ».

Les hommes « ordinaires », ceux qui, de par leur métier de policier, avaient pour mission de faire sauter une par une la cervelle d'enfants et de leurs mères en train de supplier, finirent par sombrer dans la folie. Les nazis se rendirent compte qu'ils pouvaient induire une psychopathie mais temporairement seulement, ils ne parvenaient pas à la faire durer : les tueurs finissaient par être perturbés par ce qu'on leur faisait faire. C'est ainsi qu'à Auschwitz la procédure fut médicalisée et exécutée à la chaîne. Ce n'étaient plus des meurtres – pas plus que ne l'est l'acte du chirurgien plongeant un instrument effilé comme un rasoir dans le corps de son patient. C'étaient désormais des actes d'« hygiène raciale », pratiqués par des médecins professionnels dont le travail était de guérir la race allemande en éradiquant le bacille juif qui la contaminait. Il y avait en permanence des médecins sur la rampe, et une seconde équipe attendait en retrait au cas où la première dût être relevée[172].

De nouveau nous constatons cette « psychopathie artificielle » provoquée par l'État, où l'argument pseudo-médical et scientifique sert à rationaliser des assassinats commis en série. Un survivant d'Auschwitz, lui-même scientifique, expliqua comment les médecins de la rampe avaient déshumanisé leurs actes en les désignant par un terme purement médical :

> Ils se voyaient comme des médecins pratiquant une sorte de *Therapia Magna** *Auschwitzciense*. Ils utilisaient même parfois l'expression sous ses initiales, TM. Au départ, ils le faisaient de façon ironique et moqueuse, mais au fur et à mesure ils se mirent à utiliser ces deux lettres pour simplement signifier les chambres à gaz. C'est ainsi que si vous voyez ces initiales T et M, cela veut forcément dire cela. L'expression fut inventée par Schumann, qui se figurait être la crème des intellectuels parmi l'intelligentsia des médecins d'Auschwitz[173].

Les médecins « sélectionnaient » la plupart du temps des hommes et des femmes d'âge moyen ou âgés, ainsi que les enfants de moins de quatorze ans, pour mourir.

* *Therapia sterilisans magna*, ou traitement d'une maladie infectieuse par l'administration de fortes doses d'un médicament spécifique, afin de détruire l'agent infectieux présent dans le corps du malade sans mettre ce dernier en danger.

Les jeunes hommes et femmes en bonne santé, ainsi que ceux qui avaient des savoir-faire particuliers, étaient envoyés au travail, mis à part les jeunes femmes qui portaient un bébé dans leurs bras – cette catégorie-là était choisie pour mourir avec le nourrisson (il fallait bien que quelqu'un porte le bébé jusqu'à la chambre à gaz). Il arrivait qu'un prisonnier travaillant sur les rampes murmurât discrètement à une jeune mère de confier son bébé à un parent âgé avant qu'elle n'atteigne le stade de la sélection. Ce faisant, elle aurait la vie sauve, mais pas son enfant. D'autres mères mentaient sur l'âge de leur enfant dans l'espoir que cela lui épargnerait un dur labeur, et le condamnaient ainsi sans le savoir à mourir.

Ceux qui étaient « sélectionnés » par les médecins devenaient des morts-vivants qu'on envoyait directement de la rampe à la chambre à gaz. On les faisait entrer dans de grands vestiaires au sous-sol pour les préparer à la « douche ». Une fois là on leur disait d'accrocher soigneusement leurs habits sur des patères numérotées, et de ne pas oublier de nouer les lacets de leurs chaussures ensemble pour qu'elles ne soient pas perdues*. Ensuite on leur disait de se dépêcher d'aller sous la douche dans la pièce d'à côté avant qu'il n'y ait plus d'eau chaude, ou que le petit déjeuner qui les attendait ne refroidisse. Et c'est ainsi qu'ils entraient.

Une fois entassés dans l'énorme chambre en béton équipée de fausses pommes de douche, la porte hermétique se refermait soudain derrière eux, les lumières étaient éteintes et des pastilles de gaz de cyanure étaient

* Cela rendait en fait le tri plus facile par la suite, si les vêtements étaient déjà triés par taille et les chaussures rassemblées par paires.

déversées par des infirmiers militaires (encore l'« alibi » médical) depuis le toit, dans quatre colonnes grillagées ventilées qui étaient dispersées sur toute la longueur de la chambre. Le cyanure était libéré une fois exposé à l'air chaud. Appelé Zyklon B (Cyclone B), ce produit commercial était destiné à tuer les rats égarés dans les greniers à blé sans pour autant contaminer les stocks de céréales avec des pesticides. Les SS avaient exigé du fabricant qu'il produise des lots spéciaux de ce gaz sans l'odeur « irritante » destinée à alerter les hommes de sa présence. Le fabricant avait regimbé à cette idée, expliquant que le brevet qu'il possédait sur le Zyklon-B serait compromis s'il s'exécutait. Mais les SS avaient insisté, et les lots sur mesure, sans irritant, avaient fini par être livrés. Ce gaz était donc inodore et indolore pour les victimes, qui mouraient rapidement d'un arrêt cardio-respiratoire, et d'un manque d'oxygène dans le sang. Les victimes ne « suffoquaient » pas à cause du gaz, elles tombaient simplement à terre, après avoir succombé d'une attaque. Cela n'en reste pas moins une fin atroce, toutes ces personnes nues serrées les unes contre les autres dans l'obscurité la plus totale, mourant à côté d'inconnus, s'accrochant les uns aux autres à mesure de leur paralysie des poumons et du cœur, et du tournoiement du gaz dans les colonnes grillagées.

Les quatre chambres à gaz pouvaient facilement tuer jusqu'à 10 000 personnes par jour – *chacune*. Le problème ne se situait pas là, mais au niveau de l'élimination des cadavres. À sa capacité maximale, l'ensemble des fours crématoires ne pouvait brûler que 5 000 corps par vingt-quatre heures. Or les fours tombaient régulièrement en panne, ce qui obligeait à brûler les cadavres en plein air, dans d'immenses fosses fumantes semblables à l'enfer, situées à la périphérie du camp. Les os, broyés en poussière, étaient transvasés avec les cendres dans des camions pour ensuite être jetés dans le fleuve alentour. Entre 1,1 et 1,5 million de personnes furent ainsi tuées à Auschwitz, la plupart étant des Juifs, mais également des Tziganes, des Polonais, des Russes et d'autres « sous-hommes ».

Le camp d'Auschwitz et ses satellites atteignirent à leur apogée une population de 155 000 prisonniers. Ces esclaves modernes étaient mis au travail pour le « traitement » des cadavres, c'est-à-dire pour vider les chambres à gaz, extraire les dents en or et trier les affaires des morts pour qu'elles soient renvoyées en Allemagne par bateau et qu'un bénéfice en soit tiré. Mais ils travaillaient également dans les cuisines, les jardins, les entrepôts, les cliniques et les ateliers d'artisans qui faisaient fonctionner cette usine de la mort, ou dans des équipes œuvrant à agrandir le périmètre déjà immense du camp, pour contenir toujours plus de victimes dans les chambres à gaz et les fours, nuit et jour, train après train.

« Divertissement »

C'est donc dans cet endroit, à Auschwitz, que la jeune et blonde Irma – l'ex-scoute nazie qui rêvait de devenir infirmière – fut affectée, à l'âge tendre de dix-neuf ans, pour surveiller une section du camp où s'entassaient près de trente mille prisonnières, qui avaient été sélectionnées à la rampe pour vivre encore un peu. Enfin, tout dépendait si elles ne tombaient pas malades ou ne s'effondraient pas, si elles parvenaient à faire le travail qu'on exigeait d'elles, si elles ne commettaient aucune infraction, réelle ou imaginaire, et si elles avaient la chance de ne pas croiser le chemin d'un SS désœuvré ou d'une *SS-Aufseherin* comme Irma, de mauvaise humeur ou cherchant des prisonnières avec lesquelles « se divertir ».

« Se divertir ». C'était le terme employé par les gardiennes pour parler des brutalités qu'elles infligeaient aux prisonnières sans aucune autre raison que de passer le temps et dissiper l'ennui ; techniquement, c'était un délit, mais du moment que la situation « ne dérapait pas », les responsables fermaient les yeux. Le « divertissement » d'Irma consistait à ordonner à des femmes d'aller récupérer quelque chose qu'on avait jeté derrière la ligne de sécurité délimitant, à la périphérie du camp, une zone au-delà de laquelle les prisonniers n'avaient pas le droit de s'aventurer. Les gardiens avaient l'ordre strict de tirer sans sommation sur quiconque osait poser le pied derrière cette ligne. En moyenne, d'après les témoignages, Irma envoya ainsi à la mort une trentaine de femmes par jour jusqu'à ce qu'un garde SS se mette à refuser de tirer dans ces circonstances. Il fut inculpé pour infraction aux règles du camp, mais lorsque l'enquête interne mit à jour les raisons de sa désobéissance, il fut réintégré à son poste et Irma transférée[174]. Elle dépassait vraiment les bornes, même pour les SS.

Une survivante se souvient que lorsqu'Irma était arrivée à Auschwitz, elle avait l'air « d'une jeune fille, dix-huit ou dix-neuf ans pour moi, avec un visage poupin et deux longues tresses ». La prisonnière fut transférée dans une autre section et ne vit donc pas Irma pendant plusieurs mois. Lorsqu'elle la recroisa après ce laps de temps, elle fut frappée par sa spectaculaire transformation. Elle avait « minci, ses cheveux étaient coiffés en chignon, son uniforme immaculé et elle portait un képi sur la tête et une ceinture ornée d'un pistolet à la taille ».

Irma, de par sa blonde beauté, était devenue le centre de toutes les attentions. Selon certaines sources, elle devint la maîtresse du tristement célèbre Dr Josef Mengele, un héros de guerre blessé et néanmoins bel homme qui travaillait à la rampe dans un uniforme parfaitement coupé et menait d'atroces expériences médicales sur des nains et des enfants jumeaux pendant son temps libre. L'une d'elles consistait à voir si la couleur de l'œil pouvait changer simplement en injectant des colorants directement dans l'iris. Mengele, que l'on avait surnommé l'« Ange de la Mort », avait pris l'habitude de siffler des airs de Schumann pendant qu'il faisait ses « sélections » sur la rampe ou qu'il prélevait des échantillons de moelle osseuse, directement sans anesthésie, sur des enfants en train d'hurler. Selon les témoins, Irma était à la rampe lorsque Mengele s'y trouvait. Elle frappait brutalement tous ceux qui tentaient d'éviter la sélection ou de changer de file ensuite.

Une prisonnière qui était aussi médecin déclara qu'Irma faisait une fixation sur les femmes à forte poitrine et ne manquait jamais de les fouetter sur cette partie du corps, au point d'y provoquer des infections. Elle mettait un point d'honneur à être présente à chaque fois que le médecin traitait l'une de ces douloureuses infections, « se balançant d'avant en arrière avec un regard vitreux » tandis que la malheureuse criait de douleur.

Irma avait toujours avec elle un fouet léger en cellophane tressé, qui faisait particulièrement mal et était très coupant ; elle l'avait fait faire sur mesure dans l'un des ateliers du camp. Pendant l'appel, elle forçait les prisonnières à rester des heures debout, frappant sans merci quiconque s'effondrait, d'abord avec le fouet, puis avec les pieds. Ou bien elle les forçait à rester agenouillées, toujours pendant des heures, et tuait quiconque tournait de l'œil. Elle faisait aussi le tour du camp à bicyclette et tirait sur des prisonnières avec son fusil de chasse.

Il est parfois difficile de séparer le vrai du faux dans certains des témoignages recueillis. Quelqu'un certifia qu'Irma était toujours accompagnée d'un berger allemand, dressé pour mordre les seins des prisonnières, qu'elle lâchait sur celles qui étaient à la traîne dans les convois. Cela est peu probable, étant donné qu'il y avait des maîtres-chiens spécialement entraînés et responsables d'un animal qu'on leur attribuait spécifiquement : on ne pouvait pas simplement « emprunter » un chien de garde.

On raconte que Mengele rompit avec Irma lorsqu'il apprit qu'elle entretenait des liaisons homosexuelles avec des prisonnières, un délit totalement interdit non seulement par le règlement du camp mais également par les lois allemandes. Ici aussi, la description de la prévenue comme un être sexuellement perverti rappelle les accusations portées contre Ilse Koch. Les témoins à charge contre elle étaient des femmes pour la plupart, et les accusations d'homosexualité reflètent peut-être les tabous féminins de l'époque, si l'on suit la logique de Przyrembel.

Lorsque Auschwitz fut fermé en janvier 1945, comme l'Armée rouge approchait, Irma accompagna des prisonnières transférées à Ravensbrück, puis au camp de transit de Bergen-Belsen. À ce stade-là, le Troisième Reich était en train de s'effondrer et l'administration des camps, concrètement, ne faisait aucun cas des besoins des individus enfermés là, malades, affamés, et en surpopulation. Lorsque les Britanniques libérèrent Bergen-Belsen, ils découvrirent Irma, ainsi que d'autres gardiens et gardiennes, entourés de montagnes de corps émaciés, dont la plupart étaient en train de mourir d'une forme particulièrement virulente du typhus. On dut utiliser des bulldozers pour pousser les piles de cadavres aux membres emmêlés jusque dans des fosses communes. Irma fut arrêtée sur-le-champ et jugée en septembre 1945, avec quarante-quatre autres prévenus, dans ce qui constitua l'un des premiers procès pour crimes de guerre après la Seconde Guerre mondiale.

Pendant son procès, la presse fut hypnotisée par la beauté de l'accusée, qui était maintenant âgée de vingt et un ans. Elle avait choisi de rester à Bergen-Belsen car elle était tombée amoureuse d'un des SS qui y travaillaient, et qui se retrouvait à présent à côté d'elle dans le box. Tous les jours, Irma apportait un peigne avec elle, afin de retoucher ses belles boucles blondes pendant les pauses.

Lors du procès, elle nia certaines des accusations très spécifiques ou crues, mais admit sans ciller avoir battu et torturé des prisonnières car c'était la seule façon de « maintenir l'ordre ». Elle nia s'être servie d'un fouet à Auschwitz, déclarant qu'elle frappait « seulement » les prisonnières à mains nues, mais admit l'avoir fait à Belsen car les prisonnières étaient devenues de telles épaves humaines qu'elle ne voulait pas les toucher.

Pendant les débats elle apparut méprisante, et ne manifesta aucune émotion lorsque l'accusation montra les images des piles de cadavres découvertes à Bergen-Belsen.

Irma Grese fut condamnée à mort et exécutée par pendaison le 13 décembre 1945 – ce qui fait d'elle la plus jeune femme pendue par les Britanniques au cours du XXe siècle.

Comment on fabrique des serial killers d'État

Irma Grese n'était pas en train d'« obéir aux ordres » quand elle frappait ses victimes jusqu'à ce que mort s'ensuive. Elle agissait de façon indépendante – au point que les SS eux-mêmes jugèrent son comportement excessif et la firent transférer après un nombre trop important de prisonnières tuées pour « le divertissement ».

Nous avons vu que les gardiens comme les gardiennes de camps de concentration étaient conditionnés à refouler toute empathie qu'ils auraient pu avoir vis-à-vis des prisonniers, ce qui constitue l'une des caractéristiques de base de la psychopathie. Ils étaient dépouillés de toute capacité à envisager ces prisonniers d'une autre manière que sous le terme générique d'« ennemi de l'État », ce qui passait notamment par l'interdiction totale d'échanges personnels avec eux. Auschwitz était bien une manifestation concrète du règne de la terreur : comment Irma Grese aurait-elle pu agir autrement, dans un environnement pareil et avec le conditionnement qu'elle avait subi* ?

Le nazisme représentait de bien des manières une forme de fanatisme, mais son idéologie (ou le fait

* Au-delà des faits rapportés dans ce livre, il s'agit ici de souligner le rôle joué par les centaines de femmes médecins et infirmières de l'Allemagne nazie qui prirent part, au bas mot, au meurtre de 150 000 Allemands (enfants et adultes) handicapés physiques ou mentaux, lors d'une campagne médicale déguisée sous le nom d'euthanasie.

d'« obéir aux ordres ») semble n'avoir joué quasiment aucun rôle dans les crimes perpétrés par Ilse Koch et Irma Grese : ces deux femmes agirent principalement de leur propre initiative. Historiens, sociologues et psychologues s'efforcent depuis de comprendre comment tant de gens « ordinaires » en Allemagne se sont retrouvés à assassiner tant de victimes. Il ne s'agit pas, ici, des bureaucrates qui « banalisèrent le mal » en commettant leurs crimes depuis leur bureau, sans jamais voir leurs victimes, mais bien des milliers de gens qui durent essuyer des éclaboussures de sang sur leur visage, meurtre après meurtre – ils étaient tous des serial killers, quelque part.

L'une des premières théories, avancée par Theodor Adorno, suggérait qu'il existait un « Type de Personnalité Autoritaire » que l'on pouvait tester à partir d'une certaine échelle-F (F pour fascisme). Parmi les caractéristiques de cette personnalité, on dénombrait :

- Adhésion rigide aux valeurs conventionnelles
- Soumission aux figures d'autorité
- Agressivité vis-à-vis des individus qui ne font pas partie du groupe
- Rejet de l'introspection, de la réflexion et de la créativité
- Obsession du pouvoir et de l'« endurance »
- Penchant destructeur et cynique
- « Projectivité » – disposition à croire à la théorie du complot
- Obsession de la sexualité

Certaines de ces caractéristiques sont communes aux psychopathologies décelées chez des serial killers. Selon Adorno, les mouvements fascistes fanatiques encouragent ce type de personnalités à s'exprimer de façon cruelle et violente contre ceux qui ne font partie du groupe, et qui deviennent dès lors une cible idéologique[175].

Or, cette vision des choses a été vivement critiquée. L'historien Zygmunt Bauman la rejeta car pour lui cela revenait à dire que « le nazisme était cruel car les nazis étaient cruels ; et que les nazis étaient cruels car les personnes cruelles avaient tendance à devenir des nazis ». Selon lui, le type de personnalité autoritaire d'Adorno impliquait ainsi que les gens ordinaires ne commettaient pas d'atrocités[176].

John Steiner, un psychanalyste britannique, proposa une variation sur ce thème : sa métaphore du « dormeur » visait à englober les personnalités à la violence latente qui peut être activée par des circonstances extérieures, comme la rencontre avec la sous-culture brutale du mouvement nazi[177].

Ervin Staub, professeur à l'université du Massachussetts, va plus loin en affirmant qu'une capacité basique de violence sommeillerait en chaque individu et que le « dormeur » est un trait de personnalité commun à la plupart des êtres humains. En d'autres termes, on a tous en nous quelque chose du serial killer. Staub l'affirme, « le mal qui est provoqué par la pensée ordinaire et commis par des gens ordinaires est bien la norme, non l'exception[178] ».

Mais Bauman conteste cette idée : selon lui, la plupart des individus endossent le rôle que la société leur donne. Il critique également vivement le concept de « personnalité défectueuse » comme étant la cause de la cruauté. Le mal est engendré par les circonstances, martèle Bauman ; en d'autres termes, les serial killers sont fabriqués.

Certaines preuves tendent à confirmer cette théorie. Philip Zimbardo, de l'université de Stanford, mena il y a quelques années une expérience dans laquelle il se servait d'un simulacre de prison. En utilisant des tests de personnalité, il élimina les types de personnalités sadiques parmi ceux qui s'étaient portés volontaires pour jouer les gardiens. Or, moins de six jours après, les volontaires dont les tests *n'avaient pas* révélé de penchant sadique commencèrent à imaginer des méthodes de plus en plus cruelles et violentes pour contrôler et gérer les volontaires qui jouaient le rôle des prisonniers. Zimbardo en conclut que la situation carcérale était en soi une condition suffisante pour produire des comportements antisociaux et anormaux.

Il découvrit également qu'un tiers des onze gardiens s'étaient révélés cruels et durs, inventant en permanence de nouvelles façons de tourmenter les prisonniers ; qu'un groupe, qui se situait dans la moyenne, avait eu tendance à être dur mais juste, et à se conformer aux règles (même si elles étaient cruelles), en n'outrepassant jamais son pouvoir de sa propre initiative ; et que seuls deux gardiens s'étaient donnés au contraire du mal pour ne pas être cruels avec les prisonniers ou agir avec bonté.

Si la violence et les crimes en série peuvent être engendrés par les circonstances, il nous faut, avant de renvoyer Ilse Koch et Irma Grese dans les limbes affublées de l'étiquette de « garces nazies », nous pencher de plus près sur le cas de Lynndie Rana England, ex-ouvrière dans une usine de poulets qui, après avoir passé toute sa vie dans le Kentucky, se retrouva, à l'âge de vingt et un ans, prise en photo en train de faire subir des sévices à des détenus irakiens entièrement nus, dans la tristement célèbre prison d'Abou Grhaib, où elle avait été affectée en tant que réserviste de l'armée américaine. Lynndie ne tua personne, mais est-ce cela qui la différencie de Grese ? Aurait-elle franchi le pas un jour ? Combien d'entre nous avons un serial killer tapi en nous prêt à s'activer dans le contexte propice ? Le processus par lequel on devient un serial killer est-il bien plus simple que nous ne serions enclins à le penser ?

CONCLUSION

Comment reconnaître une femme prédatrice

Le profilage des tueuses en série

Votre maman, votre sœur, votre fille, ou encore votre grand-mère, votre épouse, votre petite amie, la baby-sitter que vous avez engagée, l'infirmière qui prend la température de votre enfant, ou encore l'auxiliaire de vie qui s'occupe de vos grands-parents – est-elle une tueuse en série attendant simplement la bonne occasion pour frapper ? Probablement pas, même si cela reste possible. Quels seraient les signaux pouvant vous alerter, mis à part la sensation de brûlure dans la gorge après avoir bu la tasse de café qu'elle vous aurait gentiment offerte ?

Il existe effectivement des traits de caractère et de comportement communs aux femmes étudiées dans cet ouvrage :

- Récit d'histoires exagérées dans le but de gonfler l'importance ou la valeur de celle qui raconte aux yeux de celui qui écoute
- Mensonges compulsifs
- Menus larcins, émission de chèques sans provision, comportement de mauvais payeur et surendettement
- Sautes d'humeur soudaines ou modification permanente du comportement, passant d'une attitude

respectueuse et bienveillante à une attitude hostile et humiliante
- Mœurs sexuelles légères
- Intérêt morbide pour la mort et la littérature « true crime »
- Alcoolisme ou abus de stupéfiants
- Troubles alimentaires ou obésité
- Antécédents de maltraitance dans l'enfance
- Antécédents de mariages brisés

Comme vous l'aurez constaté, la plupart de ces caractéristiques pourraient se manifester chez des millions d'hommes et de femmes moyens. En d'autres termes, il existe très peu de signaux d'alarme *hors* contexte : un chèque sans provision peut être seulement dû à une erreur de comptes – mais pour une Veuve Noire, il peut également être le signal des ennuis qui guettent son entourage. Le problème réside dans le fait d'avoir assez d'informations pour façonner un contexte.

Certains indicateurs sont caractéristiques d'un(e) psychopathe :

- Charme superficiel
- Égocentrisme et suffisance
- Besoin de stimulation, sujet à l'ennui
- Comportement trompeur et mensonges
- Manipulateur et intrigant
- Peu de remords ou de culpabilité
- Faible réponse émotionnelle
- Insensible, manque d'empathie
- Vie aux crochets des autres, attitude prédatrice
- Manque de sang-froid
- Style de vie impulsif
- Manque d'objectifs réalistes à long terme

• Mœurs sexuelles légères

Mais tous les psychopathes ne sont pas des tueurs – ils sont nombreux, surtout les plus intelligents, à faire toutes sortes de dégâts parfaitement légaux, parfois depuis leur siège de député ou leur bureau avec vue sur le fleuve.

Kim Iannetta, en tant que graphologue exerçant pour la police, recherche des indicateurs de caractéristiques prédatrices dans la façon d'écrire et a déjà eu l'occasion d'étudier l'écriture de nombreuses tueuses, en série ou pas[179].

Lorsqu'on lui demande de citer les différences qu'elle trouve entre les écritures masculines et féminines, elle explique :

> La différence la plus importante entre les tueurs et les tueuses se situe dans le fait que ces dernières sont passées expertes dans l'art d'agir de façon passive-agressive, et construisent soigneusement leur image. En étant à l'aise pour jouer le rôle conventionnel que la société leur a attribué, elles sont acceptées comme étant « normales » et « se fondent » dans la société. Leur objectif devient alors plus facile à atteindre. Ce comportement insidieux les rend particulièrement dangereuses.
>
> En jouant ce rôle conventionnel, certaines meurtrières en viennent à avoir soif d'attention, jusqu'à l'excès. Il peut leur arriver d'envahir l'espace des autres de façon répétée, en montrant peu ou pas de respect pour les barrières sociales ou personnelles. Elles ont également tendance à être immatures sur le plan émotionnel, et à l'instar de Karla Homolka, jouent parfois le rôle de « la mignonne petite fille », essayant à jamais d'attirer l'attention de Maman ou Papa. Comme les meurtriers, elles peuvent avoir continuel-

lement des pensées sexuelles, qui virent à l'obsession (par exemple, Karla Homolka et Carol Bundy), et finissent par détruire leur système de valeurs. On observe aisément, dans l'écriture de Christine Falling, un style de pensée alambiqué compulsif qui déforma son échelle des valeurs… Les tueuses ont cette capacité à se fabriquer méthodiquement une image publique, ou un masque, de charme cultivé et de comportement de séduction doucereuse. Les tueurs paraissent, quant à eux, bien moins intéressés par ce jeu de rôles, ils sont plus attirés par le sexe, dans le but de dominer, et souvent de venger leur « honneur » et leur fierté[180].

Si les femmes sont, en effet, « passées expertes dans l'art d'agir de façon passive-agressive », comme l'indique Iannetta, alors il se pourrait fort bien que leur agression de type prédateur reste invisible jusqu'à ce qu'il soit trop tard. Le comportement agressif est plus manifeste et donc plus facilement détectable chez les hommes – l'agression est même souvent *attendue* et encouragée chez l'homme, que ce soit dans le cadre du travail, du sport, ou de son devoir. L'homme est jugé à l'aune de la nature de son agression, et de la personne vers qui il la dirige. Mais lorsque les femmes, dont on n'attend *aucune* agression, sous aucune forme que ce soit, la masquent en réalité complètement, il devient plus difficile de comprendre ce qui est en train de se passer. Il n'y a pas d'agression visible, qui puisse être jugée comme appropriée ou inappropriée, au contraire des hommes. Nous ne la voyons pas jusqu'à ce qu'il soit réellement trop tard.

On sait un certain nombre de choses concernant l'agression prédatrice (par opposition à l'agression « affective », c'est-à-dire la réponse à une attaque). L'agression prédatrice est engendrée par un processus cérébral. Dans ce cas précis, l'agression ne résulte pas d'un réflexe « de lutte ou de fuite » autonome ; l'attaque est contrôlée et calme, même si dans certains cas, une fois enclenchée, elle peut osciller entre l'affectif et le prédateur, la plupart du temps lorsqu'il s'agit de criminels sexuels.

Il faut également souligner l'absence d'émotion. Les tueurs en série expliquent qu'ils ressentent le plus d'émotions (un sentiment d'euphorie) *avant* le meurtre, souvent quand ils en sont à la phase de la traque. Le meurtre même est souvent commis dans un état où les émotions sont totalement refoulées.

Or, les femmes semblent placer leur euphorie dans le meurtre même. Genene Jones, Jane Toppan et Aileen Wuornos, par exemple, furent toutes trois transportées par le meurtre, non ce qui le précédait. C'est la raison pour laquelle le crime commis pourrait en fait être la première des signatures de la tueuse en série. La violence prédatrice est préméditée et intentionnelle. Rares sont les tueuses en série « désorganisées ». La plupart ont un plan qui implique fréquemment une sorte de tromperie ou de séduction de la victime visée.

Les meurtriers prédateurs manifestent une confiance excessive en eux-mêmes – une perception grandiose de leur propre importance compensée par la perception diminuée qu'ils ont de la valeur de la victime. Ici encore, cet état de fait était manifeste dans le cas d'Aileen Wuornos, prompte à dénigrer ses victimes comme de simples « violeurs » ; de Dorothea Puente, qui considérait ses victimes comme des épaves humaines sans aucune valeur pour la société ; ou encore de Jane Toppan, pour qui la plupart de ses victimes étaient de toute façon trop vieilles pour continuer à vivre.

Malgré les tentatives de catégorisations des tueuses en série en Veuves Noires, Anges de la Mort, fanatiques, complices, meurtrières en mission, par vengeance ou atteintes du syndrome de Münchhausen par procuration, nous constatons manifestement que dans bien des cas, il est impossible d'attribuer un mobile unique à une tueuse en série.

Aileen Wuornos était-elle mue par le gain ou bien par la rage et l'envie de se venger des sévices subis dans son passé ?

Jane Toppan était-elle une meurtrière en mission, qui tuait des personnes trop vieilles pour vivre, selon elle, ou bien une femme avide de vengeance, ou encore une sadique sexuelle qui prenait plaisir à observer ses victimes succomber ?

Velma Barfield tua-t-elle vraiment pour un si maigre profit, tout en cachant ses crimes pour sauver les apparences ? Souffrait-elle d'un déséquilibre hormonal à la suite de son hystérectomie ou bien était-elle plutôt à classer dans la catégorie des tueuses atteintes du syndrome de Münchhausen par procuration, recherchant l'attention d'un fils auquel elle était trop attachée ?

Karla Homolka était-elle la victime docile des fantasmes sadiques et pervers de son mari, ou bien était-elle sa muse, se servant de lui pour exprimer ses propres désirs sexuels prédateurs ?

On se retrouve rarement face à autant d'ambiguïtés lorsqu'il s'agit d'analyser le comportement des tueu*rs* en série.

La seule certitude que nous ayons repose sur le fait que quasiment tous les serial killers, hommes comme femmes, sont engendrés par une enfance cruelle, et qu'ils commencent leur vie en tant que victimes. Chaque serial killer est la première victime de sa propre histoire – des petites filles et des petits garçons qui auraient dû être aimés, choyés et élevés, mais qui ne le furent pas. Il ne s'agit pas ici d'excuser leurs actes atroces, mais de songer à l'endroit où nous pourrions endiguer le phénomène avant même son apparition – dans le cœur de l'enfant. Si seulement nous pouvions.

Agrippine la Jeune (15-59 apr. J.-C.), p. 75

Elizabeth Báthory (1560-1614), p. 86

Lydia Sherman (1824-1878), p. 132

Mary Ann Cotton (1832-1873), p. 126

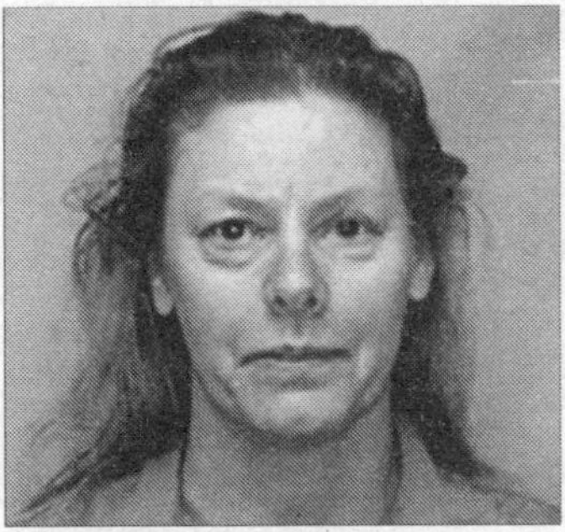

Aileen Wuornos (1956-2002), p. 165

Velma Barfield (1932-1984), p. 233

Dorothea Puente (née en 1929), p. 245

Genene Jones (née en 1950), p. 281

Karla Homolka et Paul Bernardo (née en 1970 ; né en 1964), p. 371

Irma Grese (1929-1945), p. 441

Martha Beck et Raymond Fernandez (1919-1951 ; 1914-1951), p. 345

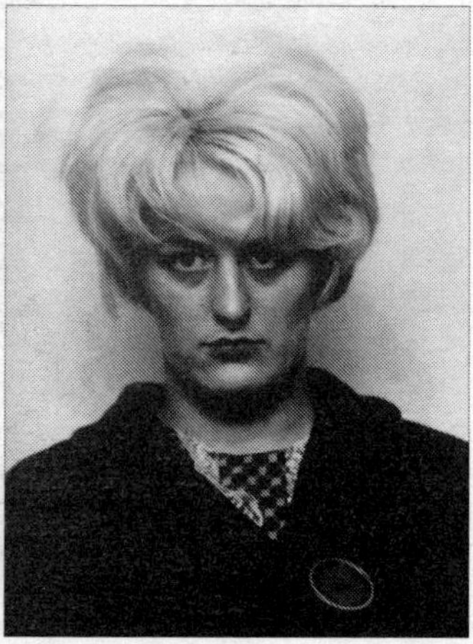

Myra Hindley (1942-2002), p. 357

Charlene Gallego et Gerald Gallego
(née en 1956 ; 1946-2002), p. 335

Carol Bundy (1942-2003), p. 336

Trois membres de la « famille » de Charles Manson :
Susan Atkins (née en 1948), Patricia Krenwinkel (née en 1947),
Leslie Van Houten (née en 1949), p. 337

ANNEXES

Définition du serial killer selon différentes études publiées

- Quelqu'un qui tue au moins trois personnes sur une période de plus de trente jours[181].
- Au moins deux meurtres compulsifs mus par le fantasme et commis en des temps et des lieux différents, où il n'y a ni lien entre l'auteur et les victimes des crimes (lesquelles ont des caractéristiques communes), ni gain matériel[182].
- Lorsqu'un individu, agissant seul ou accompagné, commet plusieurs homicides sur une période donnée, avec des pauses entre chaque épisode meurtrier[183].
- Les meurtres prémédités de trois victimes ou plus, perpétrés sur une période donnée, séparément, dans un contexte non militaire, l'acte meurtrier étant choisi par l'auteur[184].
- [Quelqu'un qui] commet sur un certain laps de temps au moins dix homicides. Ces derniers sont violents, bestiaux, mais également ritualistes – et ont leur propre signification pour l'assassin[185].
- Ceux qui tuent deux victimes ou plus, et connaissent une période de répit émotionnel entre les meurtres[186].

La classification du FBI : le profil du serial killer *organisé/désorganisé*

La classification des serial killers s'est développée pour devenir un système très évolué aujourd'hui. Les femmes peuvent souvent être mises dans les mêmes catégories de profil que les hommes. À un niveau tout à fait basique, les serial killers sont classés en tant qu'organisés, désorganisés ou mixtes. C'est un système de profilage que l'unité de sciences comportementales du FBI (la BSU) a essentiellement développé pour servir d'outil dans les enquêtes, en s'appuyant sur l'évaluation de la scène de crime que le serial killer laisse derrière lui.

Les tueurs organisés ont tendance à soigneusement choisir puis traquer leurs victimes. Ils planifient le meurtre, apportent une arme et de quoi attacher la victime sur la scène du futur crime, qu'ils emmènent ensuite à un autre endroit, et ils prennent toutes les précautions pour se débarrasser du corps et des preuves éventuelles. Les tueurs désorganisés, en revanche, agissent souvent de façon spontanée, attaquant leur victime à la hâte et laissant derrière eux une scène de crime en désordre. Ils se servent fréquemment d'armes improvisées trouvées à l'endroit même du crime, laissent leur victime bien en vue, et une abondance de preuves utilisables par l'équipe médico-légale. Une maladie mentale est parfois diagnostiquée lorsque l'on se penche sur la psychopathologie des criminels désorganisés.

Chacune de ces deux catégories de serial killers est associée à une certaine personnalité et à certains traits de caractère. Les tueurs organisés pourront être plus intelligents, avoir une maison bien rangée et être aimables. Ils utiliseront de leur charme personnel pour piéger leurs victimes. Ils conduiront des voitures propres et bien entretenues, seront propriétaires, auront un emploi bien rémunéré. Quant aux tueurs désorganisés, ils sont moins intelligents, moins sociables et négligés.

Ils se serviront de la force pour maîtriser leur victime. Ils ont une voiture pourrie, vivent dans un appartement désordonné et crasseux, et ont un passé irrégulier en termes d'éducation et d'emploi.

Étant donné que les tueuses en série suppriment la plupart du temps des connaissances ou des intimes, elles ont plus de chances de faire partie de la catégorie du tueur organisé, celui qui tue par la ruse plutôt que par la force ; mais il existe des différences détaillées dans cet ouvrage.

Le FBI a déterminé une troisième catégorie, mixte, pour classer ces serial killers qui ne correspondent pas exactement à l'une ou l'autre des deux premières : end'autres termes, qui présentent des caractéristiques associées aux deux catégories. Certains critiques pensent que cette troisième famille n'a pas de sens et constitue la preuve de la faiblesse de la classification du FBI en tueurs organisés/désorganisés.

Si l'on se fonde sur cette méthode, pratiquement toutes les tueuses en série peuvent être classées dans la catégorie mixte. En tant que tueuses organisées, les femmes prennent le temps de planifier et de choisir soigneusement le moment où elles tueront leur victime, elles préparent l'arme à l'avance, en général du poison, et elles dissimulent les preuves. Pourtant, dans le même temps, beaucoup connaissent leur victime et laissent par conséquent le corps sur les lieux de la scène du crime, ce qui est l'une des caractéristiques du serial killer désorganisé. Il est très rare que la tueuse en série bouge le corps pour le cacher. Malheureusement, la catégorie mixte du FBI est la moins satisfaisante des trois lorsqu'il s'agit de trouver un sens à la nature des actes d'un serial killer.

Quelques histoires de femmes dans le couloir de la mort

Entre la reprise des exécutions aux États-Unis en 1977 et 2005, un total de soixante-trois femmes ont été condamnées à mort*. Onze d'entre elles ont été exécutées. Pour l'anecdote, la dernière exécution de femme avant 1977 remontait à 1962, dans la chambre à gaz de l'État de Californie : Elizabeth Duncan avait été condamnée pour avoir chargé un tueur d'éliminer sa belle-fille enceinte, en l'enterrant vivante.

Voici les histoires brièvement résumées des onze femmes exécutées depuis. À vous de juger.

- La première exécution de femme date de 1984. Margie Velma Barfield, une grand-mère de cinquante-deux ans habitant en Caroline du Nord, tua non seulement son mari en l'empoisonnant à l'arsenic, mais aussi, à d'autres reprises, deux hommes et une femme âgés pour qui elle travaillait comme auxiliaire de vie, ainsi que son fiancé et sa propre mère. Six victimes au total, donc, et éventuellement une septième – son premier mari, mort dans un incendie qu'elle a peut-être maquillé en accident.
- La deuxième exécution eut lieu au Texas en 1998 et concernait Karla Fay Tucker, âgée de trente-sept ans. Karla et son petit ami, qui se droguaient tous les deux, se rendirent à l'appartement d'une connaissance, Jerry Lynn Dean, pour essayer de voler les clés de sa moto. Après que son petit ami eut assommé Dean avec un marteau, Tucker trouva une pioche dans l'appartement et acheva Dean pour qu'il arrête de faire des bruits de gargouillement. Ainsi qu'elle l'a expliqué à son procès, « je voulais seulement que le bruit s'arrête ». Elle remarqua ensuite la présence de Deborah Thornton, trente-deux ans, qui se cachait dans le lit sous une couverture, et entreprit de la battre à mort avec la pioche, pour finalement laisser l'outil enfoncé dans sa poitrine. Sur les enregistrements de la police, on peut entendre Tucker expliquer qu'elle avait eu un orgasme à chaque coup de pioche donné dans le corps de ses deux victimes.

* Ministère de la Justice américain, service des statistiques sur la peine de mort : *http://www.ojp.usdoj.gov/bjs/cp.htm*

- La même année, l'État de Floride exécuta Judias « Judy » Buenoano, une femme de cinquante-quatre ans propriétaire d'un institut de beauté prospère qui roulait en Corvette, pour l'empoisonnement à l'arsenic de son mari. Mais ce meurtre n'attira l'attention des autorités qu'à compter du moment où ils arrêtèrent Buenoano pour tentative de meurtre par attentat à la bombe dans la voiture d'un petit ami, et que les enquêteurs découvrirent qu'elle était liée à un troisième meurtre, celui de son fils handicapé de dix-neuf ans. Buenoano rata sa première tentative d'empoisonnement sur son fils, provoquant à la place une paralysie partielle l'obligeant à porter de lourds appareils orthopédiques en métal pour se mouvoir. Puis elle l'emmena faire du canoë-kayak et fit basculer l'embarcation dans le lac : la noyade « accidentelle » de son fils lui valut un juteux chèque de l'assurance. En tout, Buenoano récolta 240 000 dollars en faisant jouer les assurances après les décès de son mari et de son fils, ainsi que celui d'un petit ami dans le Colorado. Mais comme elle avait été condamnée à mort en Floride, les autorités du Colorado abandonnèrent les poursuites.
- La quatrième exécution eut lieu en 2000 au Texas et concerne une arrière-grand-mère de soixante-deux ans, Betty Lou Beets, pour avoir tué par balles son cinquième mari, Jimmy Don Beets, un capitaine de pompiers de Dallas. Après avoir enterré son corps dans le jardin de leur maison, et détaché son bateau avec ses médicaments pour le cœur éparpillés dedans, Beets signala la disparition de son époux. Elle fit ensuite une demande d'indemnité sur son assurance vie et sa pension. Les policiers mirent deux ans à trouver assez de preuves pour obtenir un mandat de perquisition, mais ils finirent par découvrir le corps enterré dans le jardin. Ce faisant, ils déterrèrent celui d'un autre mari lui aussi disparu, Doyle Wayne Barker, enterré sous le garage et tué avec le pistolet de calibre 38 dont Beets s'était

servie pour assassiner Jimmy. Lors de son procès, elle déclara que son mari la battait et qu'elle l'avait tué en état de légitime défense. À la veille de son exécution, Amnesty International décrivit Beets comme étant « la survivante de toute une vie de violence domestique et d'agressions sexuelles », et prétendit que « depuis sa condamnation, l'éminent psychologue Lenore Walker avait établi que Mme Beets souffrait du syndrome de la femme battue et d'un stress post-traumatique[187] ». L'organisation humanitaire ne faisait nulle part mention de la découverte du corps d'un autre mari sous le sol du garage*.

- La même année, l'État de l'Arkansas exécuta la cinquième femme, Christina Marie Riggs, vingt-huit ans, pour l'assassinat de ses deux enfants, Justin Thomas (cinq ans) et Shelby Alexis (deux ans). Riggs tenta de tuer ses enfants en leur donnant un sédatif puis en leur faisant une injection de chlorure de potassium**. Mais elle bâcla son travail, et finit par les étouffer à l'aide d'un oreiller. Elle tenta ensuite de se suicider, sans succès. Riggs demanda elle-même à la cour l'exécution de sa condamnation à mort.
- Wanda Jean Allen, âgée de quarante et un ans, fut la sixième femme à être exécutée, par injection létale, dans l'État d'Oklahoma en 2001, pour le meurtre de son amante. Allen avait déjà été condamnée et fait de la prison pour le meurtre d'une autre femme (son

* Elle semble être devenue un symbole des femmes victimes de persécutions aux mains d'hommes violents. Avant de mourir, elle déclara : « Ce que mes maris ont commencé, l'État du Texas va le finir. » (*N.D.T.*)

** Cette substance sert notamment dans l'exécution par injection létale, qui se fait en trois étapes : le thiopental sodique sert à endormir le condamné, le pancuronium paralyse les muscles et cause un arrêt respiratoire, et le chlorure de potassium provoque l'arrêt cardiaque. (*N.D.T.*)

amie d'enfance), lors d'une dispute. Cinq ans après sa libération en 1983, elle tua de nouveau, cette fois en tirant sur Gloria Leathers dans l'estomac. Elle fut la première femme noire à être exécutée depuis la reprise des exécutions en 1977.

- L'Oklahoma fut également à l'origine de l'exécution de la septième femme en 2001 ; Marilyn Kay Plantz, quarante ans, engagea son petit ami mineur, Clifford Bryson, et un ami à lui, Clint McKimble, pour tuer son mari Jim et empocher les 300 000 dollars d'assurance vie. Jim tomba dans une embuscade en rentrant chez lui après avoir travaillé de nuit, et Bryson et McKimble l'assommèrent avec les battes de baseball des enfants, tandis que sa femme faisait semblant de dormir dans la chambre d'à côté. Ignorant les appels à l'aide désespérés de son mari, Plantz se leva et donna l'ordre aux tueurs de « le brûler » dans sa voiture pour faire croire à un accident de la circulation. Ils conduisirent leur victime, à demi consciente, dans un endroit désert, l'aspergèrent d'essence, lui et son pick-up, et mirent le feu. McKimble apparut comme témoin à charge au procès et fut condamné à la prison à perpétuité, tandis que Plantz et Bryson furent jugés ensemble. Bryson fut exécuté en 2000.
- La huitième femme exécutée, de nouveau en Oklahoma, se nommait Lois Nadean Smith ; âgée de soixante et un ans, elle avait été condamnée pour le meurtre d'une jeune femme de vingt et un ans, Cindy Baillee. Voici une description des faits émanant du bureau du procureur : « Baillee était l'ex-petite amie du fils de Smith, Greg. Ce dernier, avec sa mère et une autre femme, passèrent chercher Baillee dans un motel de Tahlequah, tôt le matin du meurtre. Très vite, Smith se mit à évoquer des rumeurs accusant Baillee d'avoir cherché à éliminer Greg – accusations que Baillee nia. Smith l'étrangla, puis la poignarda à la gorge alors qu'ils se dirigeaient vers le domicile de son ex-mari à Gans.

Une fois dans la maison, Smith força Baillee à s'asseoir dans un fauteuil puis la tourmenta en brandissant un pistolet devant elle, finissant par tirer plusieurs coups. Baillee tomba à terre, et tandis que son fils rechargeait le pistolet, Smith se mit à rire et sauta à la gorge de sa victime. Ensuite elle lui tira de nouveau quatre coups dans la poitrine et deux dans la nuque[188]. » L'amour d'une mère pour son fils peut être sans limites.

- La neuvième exécution de femme, en 2002 en Alabama – probablement la dernière personne à mourir sur la chaise électrique –, concerne Lynda Lyon Block, une mère de cinquante-quatre ans autrefois cheftaine des scouts, volontaire à la SPA et présidente du cercle des Amis de la bibliothèque de sa ville, qui s'était retrouvée mêlée à une faction d'un mouvement patriote d'extrême droite. Elle voyageait avec son fils de neuf ans et son petit ami, George Sibley, également un militant patriote. Ils étaient en fuite après leur condamnation pour agression sur l'ex-mari de Block, qui avait reçu un coup de couteau à la suite d'une dispute d'ordre matériel, et étaient tous les deux armés. Lorsqu'ils s'arrêtèrent sur le parking d'un supermarché Wal-Mart près d'Opelika pour que Block puisse passer un coup de fil, un passant remarqua que ces deux-là semblaient vivre dans leur voiture et, inquiet pour l'enfant, le signala àl'officier de police Roger Motley, qui était justement en train de faire des courses pour le bureau. Ce dernier, ne sachant pas que Block était partie téléphoner, s'approcha du véhicule et demanda à voir le permis de conduire de Sibley. À la place, celui-ci sortit son arme, et il y eut un échange de coups de feu entre les deux hommes. Lynda Block laissa tomber le combiné et courut vers Motley en tirant par derrière, le touchant avec son pistolet, un Glock de calibre 9 mm. Alors que l'officier blessé se traînait pour tenter d'atteindre sa voiture de patrouille, elle fit feu de nouveau, à plusieurs reprises. À cause des coupes budgétaires à Opelika, Motley avait gentiment passé son gilet pare-balles à un jeune flic la semaine précédente. Plus tard, dans des lettres adressées depuis sa cellule à ses amis et à ses fans, Block décrivit Motley comme un « mauvais flic » battant sa femme et ayant fait l'objet de plusieurs plaintes. Tout cela faisait partie d'un complot contre elle, et elle en voulait pour preuve qu'on l'empêchait de mentionner le casier de Motley au tribunal. Son dossier professionnel ne fait mention d'aucune mauvaise conduite et son épouse déclara qu'il avait toujours été un homme bon et patient avec elle. Le compagnon de Block fut exécuté en 2005 pour le rôle qu'il avait joué dans le meurtre.

- La dixième femme exécutée est Aileen Wuornos : en 2002, l'État de Floride appliqua la condamnation à mort dont elle faisait l'objet pour sept meurtres. L'affaire Wuornos, bien connue, est reprise en détail dans cet ouvrage (voir chapitre trois).
- Et enfin, la onzième femme à mourir exécutée au Texas en 2005 est Frances Newton, quarante ans, condamnée pour le meurtre au pistolet calibre 25 de son mari et de ses deux enfants – son fils Alton, âgé de sept ans, et sa fille Farrah, qui n'avait que vingt et un mois. Newton fit une demande d'indemnité pour récupérer les 100 000 dollars d'assurance vie, en vain. C'est la seconde femme noire exécutée sur les onze.

TUEUSES EN SÉRIE CONNUES

ET NOMBRE DE VICTIMES

Nom	Victimes confirmées (suspectées)
Agrippine la Jeune	(100 >
Sara Aldrete	13 (15-30)
Beverly Allitt	4
Susan Atkins	9 (20 >)
Kathleen Atkinson	4
Amy Archer-Gilligan	20 (40 >)
Margie Velma Barfield	5 (6-7)
Comtesse Elizabeth Báthory	300 (<650)
Martha Beck	4 (20)
Marie Alexandrine Becker	12
Betty Lou Beets	2
Mary Flora Bell	2
Kate Bender	10 (12)
Marie Besnard	13
Catherine Birnie	4 (8)
Elfriede Blauensteiner	5 >
Cecile Bombeck	3 >
Marie de Brinvilliers	50 >
Debra Denise Brown	8
Mary Brunner	9 (20 >)
Judias Anna Lou Buenoano	3
Carol M. Bundy	2 (6)
Mary Emily Cage	1 (6)
Patty Cannon	25 (>)
Susan Carson	3
Sarah Chesham	1 (10 >)
Cynthia Coffman	4 (>)
Faye Copeland	5
Mary Ann Cotton	15-22 (+)
Theresa Cross	2 (3)

Anna Cunningham	5
Sarah Dazely	2 (4)
Minnie Dean	2 (3 >)
Catherine Deshayes	? (2,500)
Nancy « Nannie » Hazel Doss	4 (11)
Amelia Dyer	11 >
Elizabeth Eccles	3
Marti Enriqueta	6 >
Ellen Etheridge	4
Christine Falling	6
Susanna Fazekas	100 >
Constance Fisher	6
Catherine Flannagan	(9)
Debbie Fornuto	6
Sarah Freeman	4
Caril Fugate	11
Mrs. Julius Fuzekos/ Fazekas	7 (100)
Charlene Gallego	10
Tillie Gbrurek	5
Janie Lou Gibbs	5
Kristen Gilbert	5 >
Amy Gilligan	9
Delfina Gonzales	91 >
Maria de Jesus Gonzales	91 >
Gesina Gottfried	16
Gwendolyn Graham	5
Ann Green	2 (?)
Caroline Grills	4
Maria Gruber	49 (300)
Belle Gunness	16-28 (48)
Anna Marie Hahn	5 (15 >)
Margaret Higgins	(9)
Audrey Marie Hilley	3 (4)

Nom	Victimes confirmées (suspectées)
Myra Hindley	5 (10)
Karla Homolka	3 (?)
Waneta E. Hoyt	5
Mary Jane Jackson	4
Marie Jeanneret	7 (8)
Helene Jegado	27 >
Martha Ann Johnson	4
Genene Jones	1 (47)
Eliza Joyce	3
Linda Kasabian	9 (20 >)
Claudette Kibble	3
Sharon Kinne	3
Tillie Klimek	9 (>)
Patricia Krenwinkel	9 (20 >)
Christa Lehman	3
Irene Leidolf	49 (300)
Juliane Lipka	7 (100)
Diana Lumbrera	6
Anjette Lyles	4
Sarah Makin	7 >
Christine Malevre	7 (30)
Martha Marek	4
Rhonda Belle Martin	6 (8)
Mary May	2 (14)
Stephanija Mayer	49 (300)
Carolyn McCrary	11 (22)
Virginia McGinnis	4
Daisy Louisa C. De Melker	3
Valeria Messalina	(50 >)
Mary Ann Milner	3
Alice Mitchell	< 37
Blanche Taylor Moore	5

Nom	Victimes confirmées (suspectées)
Patricia Moore	3
Judith Ann Neelley	12 (15)
Marie Noe	8
Susi Olah	7 (100)
Sandra Pankow	3
Bonnie Parker	12 (13)
Madame Alexe Popova	< 300
Dorothea Puente Montalvo	9
Terri Rachals	6 (9)
Vera Renczi	35
Martha Rendell	3
Sarah Jane Robinson	8
Antoinette Scieri	6 (?)
Jane Scott	1 (3)
Lydia Sherman	10 (11 >)
Della Sorenson	7
Mariam Soulakiotis	177
Hieronyima Spara	100 >
Mrs. Szabo	7 (100)
Ginger Taylor (née McCrary)	11 (22)
Bobbie Sue Terrell	12 >
Marybeth Tinning	9
La Tofania	< 600
Jane Toppan	31 (<100)
Lydia Trueblood	6
Debra Sue Tuggle	4
Lise Jane Turner	3
Sophie Ursinus	3
Leslie Van Houten	9 (20 >)
Maria Velten	5
Louise Vermilyea	10
Waltraud Wagner	49 (300)

Nom	**Victimes confirmées (suspectées)**
Rachel Wall (pirate)	1 >
Margaret Waters	16 (35)
Jeanne Weber	8 (<20)
Rosemary West	10 (18)
Dorothy Williams	3
Stella Williamson	5
Catherine Wilson	5 (7)
Martha Hasel Wise	3
Catherine May Wood	5
Martha Woods	7
Aileen Carol Wuornos	7 (>)
Lila Gladys Young	(100 >)
Anna Zwanziger	3 >

Notes

Introduction

1. Eric W. Hickey, *Serial Murders and Their Victims* (3th edition), Belmont, CA, Wadsworth/Thomson Learning, 2002, p. 213.

2. Peter Vronsky, *Serial Killers : The Method and Madness of Monsters*, New York, Berkley, 2004, pp. IX-XIX.

3. Stacey L. Shipley et Bruce A. Arrigo, *The Female Homicide Offender*, Upper Saddle River (NJ), Pearson-Prentice Hall, 2004, p. 3.

4. Hickey, p. 213. À noter : les statistiques ont été arrondies.

5. Hickey, p. 215.

6. A. Frodi, J. Macaulay et P. R. Thome, « Are Women Always Less Aggressive Than Men ? », *Psychological Bulletin* 84 (1977), pp. 634-660.

7. Hickey, p. 215.

8. Susan McWhinney, « Petit Treason : Crimes Against the Matriarchy », *in* Amy Schroder (ed.), *Critical Condition : Women on the Edge of Violence*, San Francisco, City Lights Books, 1993, p. 48.

9. James Tyson, « Woman's Pending Execution Revives Death Penalty Furor », *Christian Science Monitor*, January 16, 1996, p. 3.

10. Hickey, p. 224.

11. D. Cameron et E. Frazer, *The Lust to Kill : A Feminist Investigation of Sexual Murder*, New York, New York University Press, 1987, p. 1.

12. Jane Caputi, *The Age of Sex Crime*, London, Women's Press, 1987, p. 2.

13. Jane Caputi, « The New Founding Fathers : The Lore and Lure of the Serial Killer in Contemporary Culture », *Journal of American Culture*, 13, 1-12, 1990, p. 2.

14. Ann Jones, *Next Time She Will Be Dead*, New York, Beacon Press, 1994, p. 81.

15. Ann Jones, *Women Who Kill*, New York, Fawcett Columbine, 1981, p. XVIII.

16. Ann Jones, pp. 12-13.

17. Ann Jones, p. 14.

18. Mary Daly, *Beyond God the Father : Toward a Philosophy of Women's Liberation*, Boston, Beacon Press, 1973, p. 194 ; A. Quindlen, « Gynocide », *New York Times*, 10 mars 1993, p. A19.

19. Jane Caputi, *The Age of Sex Crimes*, London, Women's Press, 1987, p. 2.

20. J. Radford et D.E.H. Russell (ed.), *Femicide : The Politics of Women Killing*, New York, Maxwell MacMillan International, 1992.

21. Lynda Hart, *Fatal Women : Lesbian Sexuality and the Mark of Aggression*, New York-London, Routledge, 1994, p. 141.

22. Voir Jane Caputi et J. Radford, par exemple.

23. Voir Vronsky, *Serial Killers*, pp. 23-29 pour une analyse détailléedu mythe des « 5 000 victimes ».

24. Hickey, p. 242.

25. Ministère de la Justice américain, service des statistiques, *Female Homicide Offenders 1976-2002*, *http://www.ojp.usdoj.gov/bjs/homicide/gender.htm*.

26. itée dans Susan McWhinney, p. 48.

27. McWhinney, p. 50.

28. Kelleher et Kelleher, p. 9.

29. Associated Press, 1er et 21 juin 2006.

30. Hickey, p. 221.

Chapitre 1

31. Vronsky, pp. XII-XVI.

32. Hickey, p. 137.

33. Keeney et Hide, p. 389.

34. Schurman-Kauflin, p. 61.

35. Gitta Sereny, *Cries Unheard*, New York, Henry Holt, 1998, p. 109.

36. Hickey, p. 144 et p. 221.

37. Hickey, p. 221.

38. Hickey, p. 225.

39. R.A. Wesheit, « Female Homicide Offenders : Trends Over Time in an Institutionalized Population », *Justice Quarterly*, vol. 1, nº 4, 1984, p. 478.

40. Hickey, p. 217.

41. Wesheit, p. 478.

42. Keeney et Hide, p. 391.

43. Ressler (et autres), *Sexual Homicide*, pp. 16-19.

44. Patricia Pearson, pp. 17-18.

45. Ilsa M. Glazer et Wahipa Abu Ras, « On Aggression, Human Rights, and Hegemonic Discourse : The Case of a Murder for Family Honor in Israel », *Sex Roles*, 30, 3/4 (février 1994), pp. 269-302.

46. Otto Pollack, *The Criminality of Women*, New York, A. S. Barnes, 1961.

47. Ressler (et autres), *Sexual Homicide*, p. 34.

48. Ressler (et autres), p. 29.

49. Ressler (et autres), p. 29.

50. Schurman-Kauflin, p. 87.

51. Schurman-Kauflin, p. 88.

52. Pour les références, voir Martens, W.H.J., « Marcel : A Case Study of a Violent Sexual Psychopath in Remission », *International Journal of Offender Therapy and Comparative Criminology*, 43 (3), 1999, p. 392.

53. Jack Olson, *The Misbegotten Son : A Serial Killer and His Victims*, New York, Delacorte Press, 1993, pp. 491-505.

54. Joel Norris, *Serial Killers*, New York, Doubleday (Anchor Books) 1989, pp. 246-247.

55. *Daniel M'Naghten's Case*, 8 Eng. Rep. 718, 722 (H.L. 1943).

56. Robert D. Keppel et Richard Walter, « Profiling Killers : A Revised Classification Model for Understanding Sexual Murder », *International Journal of Offender Therapy and Comparative Criminology*, vol. 43, nº 4, 1999, p. 435.

Chapitre 2

57. Vronsky, p. 53.

58. *La Bible*, Marc 6, 21-29.

59. Vronsky, pp. 43-45.

60. Voir, par exemple, Shelley Klein, *The Most Evil Women in History*, London, Michael O'Mara Books, 2003.

61. Vronsky, pp. 45-49.

62. Laszlo Turoczy, *Ungaria suis cum regibus compendio data*, Nagyszombat, 1729.

63. Michael Wagener, *Beiträge zur Philosophischen Anthropologie (Articles d'anthropologie philosophique)*, Vienne, 1796.

64. Raymond T. McNally, *Dracula Was a Woman : In Search of the Blood Countess of Transylvania*, New York, McGraw-Hill, 1983.

65. McNally, p. 66.

66. Peter Haining, *Sweeney Todd : The Real Story of the Demon Barber of Fleet Street*, London, Robson Books, 2002, pp. 10-11.

67. D[r] T. Edwards Clark, *The Galaxy*, vol. 6, issue 3, septembre 1868.

68. 68. Geoffrey Best, *Mid-Victorian Britain 1851-1875*, New York, Schocken, 1972, p. 224.

69. *Punch* (17), London, 1849, p. 214.

70. Judith Knelman, *Twisting in the Wind : The Murderess and the English Press*, Toronto, University of Toronto Press, 1998, p. 24.

71. Vronsky, pp. 23-29.

72. Cité dans Knelman, p. 52.

73. *Times* de Londres, 21 septembre 1846, p. 4.

74. Béla Bodó, « The Poisoning Women of Tiszazug », *Journal of Family History*, vol. 27, n° 1, janvier 2002, pp. 40-69.

75. Cité dans Knelman, p. 67.

76. *United Kingdom Parliamentary Papers* 1850, volume 45, pp. 447-463.

77. Katherine Watson, *Poisoned Lives : English Poisoners and Their Victims*, London, Hambledon and London, 2004, p. 47.

78. Mark Seltzer, *Serial Killers : Death and Life in America's Wound Culture*, New York-London, Routledge, 1998, p. 1.

79. Harold Schechter, *Fatal : The Poisonous Life of a Female Serial Killer*, New York, Pocket Books, 2003, pp. 4-5.

80. Schechter, p. 17.

81. Kerry Segrave, *Women Serial and Mass Murderers*, London, McFarland & Co, 1992, p. 252.

82. Schechter, p. 66.

83. Harland Manchester, « Jane Toppan, Champion Poisoner », *American Mercury*, 49, pp. 340-346, mars 1940.

Chapitre 3

84. Source : *www.queerculturalcenter.org/pages/wuornos/intro.html* (lien obsolète) ; voir également Tracy L. McKee, *Good Girls Do It Too ! A Look at the Representation of Women Who Kill in Made-for-TV Movies*, mémoire de Master à l'université Concordia, Montréal, 2000, p. 6.

N.D.T. : Voir également le site *www.wuornos.org* pour plus d'informations sur cet opéra.

85. Voir les photos dans Sue Russell, *Lethal Intent*, New York, Pinnacle Books, 2002.

86. Ian Brady, *The Gates of Janus*, Los Angeles, Feral House, 2001, pp. 87-88.

87. Déclarations d'Aileen Wuornos datées du 16 janvier 1991.

88. Shipley et Arrigo, pp. 128-129.

89. Schurman-Kauflin, p. 118.

90. Phyllis Chesler, *Patriarchy : Notes of an Expert Witness*, Monroe Maine, Common Courage Press, 1994. Citation d'Andrea Dworkin sur le quatrième de couverture.

91. *New York Times*, 8 janvier 1992, p. A1.

92. Chesler, pp. 85-160.

93. Chesler, p. 86.

94. Chesler, p. 95.

95. Vronsky, p. 258.

96. Vronsky, p. 276.

97. Chesler, p. 86.

98. Hickey, p. 215.

99. *http://www.phyllis-chesler.com.*

100. Chesler, p. 95.

101. Chesler, p. 103.

102. Chesler, p. 104.

103. Chesler, p. 104.

104. Russell, p. 160, p. 499.

105. Chesler, p. 127.

106. Russell, p. 457.

107. Chesler, p. 127.

108. Chesler, p. 105.

109. Ressler (et autres), *Sexual Homicide*, pp. 46-47.
110. Dolores Kennedy en collaboration avec Robert Nolin, *On a Killing Day*, New York, SPI Books, 1994, p. 251.

Chapitre 4

111. Jerry Bledsoe, *Death Sentence*, New York, Onyx Books, 1998, p. 136.
112. Velma Barfield, *Woman on Death Row*, Nashville (TN), Oliver-Nelson Books, 1985, p. 26.
113. Barfield, p. 59.
114. Barfield, p. 69.
115. Barfield, p. 69.
116. Barfield, p. 86.
117. Barfield, p. 84.
118. Daniel J. Blackburn, *Human Harvest*, New York, Knighstbridge, 1990, p. 153.
119. Blackburn, p. 152.
120. William P. Wood, *The Bone Garden*, New York, Ibooks, 1994, p. 68.
121. Rapport du bureau des libertés conditionnelles de l'État de Californie concernant Dorothea Puente, daté de juin 1982.
122. Wood, p. 116.
123. Rapport du bureau des libertés conditionnelles de l'État de Californie concernant Dorothea Puente et daté de juin 1982.
124. Wood, p. 18.
125. *http://www.trutv.com/library/crime/notorious_murders/women/puente/4.html.*

Chapitre 5

126. Peter Elkind, *The Death Shift*, New York, Onyx Books, 1989, p. 19.
127. Elkind, pp. 22-23.
128. Elkind, p. 67.
129. *New York Times*, « Contempt Asked in Baby Deaths Inquiry », 4 novembre 1983 ; *New York Times*, « Investigators Near End of Enquiry into Deaths of Infants at Hospital », 11 avril 1984.

130. Dr Steven J. Boros et Larry C. Brubaker, « Munchhausen Syndrome by Proxy : Case Accounts », *FBI Law Enforcement Bulletin*, Washington D.C., juin 1992.

131. Roy Meadow, « Munchhausen Syndrome by Proxy : The Hinterland of Child Abuse », *Lancet*, 2 (1977), pp. 342-345.

132. Roy Meadow, « Munchhausen Syndrome by Proxy », *Archives of Disease in Childhood*, 57 (1982), pp. 92-98.

133. Roy Meadow, « Management of Munchausen Syndrome by Proxy », *Archives of Disease in Childhood*, 60 (1985), pp. 385-393.

134. Kathryn A. Hanon, « Munchhausen's Syndrome by Proxy », *FBI Law Enforcement Bulletin*, Washington D.C., décembre 1991.

135. M. Sigal, I. Carmel, D. Atmark et P. Silfen, « Munchausen Syndrome by Proxy : A Psychodynamic Analysis », *Medicine and Law*, 7 (1988), pp. 49-56.

136. K. Feldman, D. Christopher et K. Opheim, « Munchhausen Syndrome/Bulimia by Proxy : Ipecac as a Toxin in Child Abuse », *Child Abuse and Neglect*, 13 (1989), pp. 257-261.

137. K. Ravenscroft Jr et J. Hochheiser, *Factitious hematuria in a six-year-old girl : A case example of Munchhausen syndrome by proxy*. Présentéàla conférence annuelle de l'Académie américaine de psychiatrie infantile, Chicago, 1980.

138. Joyce Egginton, *From Cradle to Grave*, New York, Jove Books, 1990, p. 340.

Chapitre 6

139. Hickey, p. 213.

140. Kelleher et Kelleher, p. 107.

141. Kelleher et Kelleher, p. 108 ; Hickey, p. 216.

142. Janet I. Warren et Robert R. Hazelwood, « Relational Patterns Associated With Sexual Sadism : A Study of 20 Wives and Girlfriends », *Journal of Family Violence*, vol. 17, n°1, mars 2002, p. 75-89.

143. Warren et Hazelwood, p. 79.

144. Emlyn Williams, *Beyond Belief*, London, Pan Books, 1967, p. 119.

145. Emlyn Williams, p. 120.

146. Vronsky, p. 165-185.

147. Colin Wilson et Donald Seamen, *The Serial Killers*, London, Virgin Publishing, 1992, p. 238.

148. Selon le témoignage sous serment d'Homolka, et ce que Paul Bernardo lui aurait dit de sa rencontre.

149. Stephen Williams, *Karla : A Pact with the Devil*, Toronto, Seal Books, 2003, p. 85.

150. Patrick Wilson, *Murderess : A Study of Women executed in Britain Since 1843*, London, Michael Joseph, 1971, p. 94.

Chapitre 7

151. *http://www.imdb.com/name/nm0831471/bio.*

152. Christopher Browning, *Ordinary Men : Reserve Police Battalion 101 and the Final Solution in Poland* (2nd edition), New York, HarperPerennial, 1998, p. 48.

153. Rachel MacNair, « Psychological Reverberations for the Killers : Preliminary Historical Evidence for Perpetration-Induced Traumatic Stress », *Journal of Genocide Research*, vol. 3, nº2, 2001, p. 273-282.

154. « Information on the Infamous Concentration Camp at Buchenwald », 14 février 1945, *in* États-Unis contre Josias Prince zu Waldeck, et autres, Affaire de crimes de guerre nº12-390 (L'affaire Buchenwald, « The Buchenwald Case »), Bureau des crimes de guerre, Services des documents et archives nationaux, 1976, Groupe 153, Minutes de l'avocat général, Archives nationales (Washington, D.C.).

155. Vronsky, p. 185-186.

156. Alexandra Przyrembel, « Transfixed by an Image : Ilse Koch, the "Kommandeuse of Buchenwald" », *German History*, vol. 19, nº3 (2001), p. 369-399.

157. Michael Kater, *The Nazi Party*, Cambridge (Mass), Harvard University Press, 1983, p. 148 sqq, et 254.

158. *http://yad-vashem.org.il/odot_pdf/Microsoft % 20Word % 20 – % 206088.pdf.*

159. Voir Christopher Browning, *The Origins of the Final Solution : The Evolution of the Nazi Jewish Policy, September 1939-March 1942*, Lincoln (Nebraska) Jerusalem, University of Nebraska Press/Yad Vashem, 2004.

160. Przyrembel, p. 376 et p. 386-387.

161. Yehoshua R. Buchler, « "Unworthy Behavior" : The Case of SS Officer Max Taubner », *Holocaust and Genocide Studies*, vol. 17, n°3, hiver 2003, p. 409-429.

162. Ernst Klee, Willi Dressen, Volker Riess, *« Those Were the Days » : The Holocaust as Seen by the Perpetrators and Bystanders*, London, Hamish Hamilton, 1991, p. 197.

163. PS-1919, *International Military Tribunal*, vol. 29, 1948, p. 145.

164. Przyrembel, p. 383-384.

165. K. Sitte, Lettre au rédacteur en chef, *New York Times*, 18 octobre 1948, p. 22.

166. « Clay Stands Firm in Ilse Koch Case », *New York Times*, 22 octobre 1948.

167. George C. Marshall Research Foundation, Virginia. Interview filméedu général Lucius Clay, citée dans *http://www.nizkor.org/features/techniques-of-denial/clay-koch-03.html.*

168. Daniel Patrick Brown, *The Beautiful Beast*, Ventura (CA), Golden West Historical Publications, 1996, p. 25.

169. Brown, p. 27.

170. Germaine Tillion, *Ravensbrück*, Garden City (NY), Doubleday, 1975, p. 69-70 [réédité en français aux éditions du Seuil, collection « Points poche », sous le même titre, en 1997].

171. Voir par exemple Yehoshua R. Buchler, « "Unworthy Behavior" : The Case of SS Officer Max Taubner », *Holocaust and Genocide Studies*, vol. 17, n°3, hiver 2003, p. 409-429.

172. Voir Robert Jay Lifton, *The Nazi Doctors : Medical Killing and the Psychology of Genocide*, New York, Harper-Collins, 1986.

173. Lifton, p. 208.

174. Raymon Phillips, *Trial of Joseph Kramer and Forty-four Other (The Belsen Trial)*, London : Williman Hodge and Company, 1949, p. 706.

175. Theodor Adorno, *The Authoritarian Personality*, New York, Harper & Row, 1950.

176. Zygmunt Bauman, *Modernity and the Holocaust*, Ithaca, Cornell University Press, 1989.

177. John M. Steiner, « The SS Yesterday and Today : A Sociopsychological View », dans Joel E. Dimsdale (ed.), *Survivors, Victims and Perpetrators : Essays on the Nazi Holocaust*, Washington D.C., 1980.

178. Ervin Staub, *The Roots of Evil : The Origins of Genocide and Other Group Violence*, Cambridge, University of Harvard Press, 1989, p. 18.

Conclusion

179. *http://www.trialrun.com*

180. Kim Iannetta, e-mail à l'auteur daté du 24 mars 2006.

181. Ronald M. Holmes et Stephen M. Holmes, *Murder in America*, Thousand Oaks (CA), Sage Publications, 1994.

182. S. A. Egger, « A Working Definition of Serial Murder and the Reductions of Linkage Blindness », *Journal of Police Science and Administration*, 12, pp. 348-357, 1984.

183. V. Gerbeth, *Practical Homicide Investigations*, Boca Raton (FL), CRC Press, 1996.

184. B.T. Keeney et K. Heide, « Gender Differences in Serial Murderers », *Journal of Interpersonal Violence*, vol. 9, nº 3, septembre 1994.

185. Helen Morrison, psychiatre médico-légale au centre d'évaluation de Chicago, CD *Mind of a Killer*, Kozel Multimedia, 1995-1998.

186. Deborah Schurman-Kauflin, *The New Predator : Women Who Kill*, New York, Algora Publishing, 2000.

187. Alerte d'exécution d'Amnesty International du 7 février 2000 : http://www.ccadp.org/bettiealert.htm.

188. http://www.clarkprosecutor.org/html/death/US/smith746.htm.

Table

INTRODUCTION
Le spartakisme selon la tueuse en série

PREMIÈRE PARTIE
PSYCHOPATHOLOGIE ET BRÈVE HISTOIRE DES PREMIÈRES TUEUSES EN SÉRIE

CONCLUSION
Comment reconnaître une femme prédatrice

RÉALISATION : NORD COMPO MULTIMÉDIA À VILLENEUVE-D'ASCQ
IMPRESSION : CPI BRODARD ET TAUPIN À LA FLÈCHE
DÉPÔT LÉGAL : AVRIL 2014. N° 116616 (3003787)
IMPRIMÉ EN FRANCE

ÉGALEMENT DANS LA COLLECTION

POINTS CRIME

Police scientifique : la révolution

Jacques Pradel

Quand la science traque le crime.

Les membres de l'IRCGN (Institut de recherche criminelle de la gendarmerie nationale) n'ont rien à envier aux experts des séries télévisées : venez le vérifier en pénétrant dans les coulisses de ce laboratoire de police scientifique. ADN, balistique, morpho-analyse sanguine... Qu'il s'agisse de grandes affaires criminelles, de l'affaire Flactif ou encore de l'accident de la Princesse Diana, leur maîtrise des outils de pointe a fait éclater la vérité. Grâce à ces experts, le crime parfait n'existe plus.

Journaliste d'investigation et écrivain, **Jacques Pradel** a animé, à la télévision et à la radio, de nombreuses émissions dont beaucoup ont eu pour thème les grandes affaires criminelles, ainsi que le travail de la justice et de la police. Depuis 2010, il présente quotidiennement *L'heure du crime* sur RTL.

Prix des experts de la gendarmerie 2012
(prix spécial du jury)

ÉGALEMENT DANS LA COLLECTION

POINTS CRIME

L'Enfance des criminels

Agnès Grossmann

L'enfance d'un tueur en série peut-elle tout expliquer ?

Leurs crimes atroces ont marqué les esprits ; leurs surnoms aussi. Mais avant de devenir le « monstre de Charleroi » ou l'« ogre des Ardennes », qui étaient Marc Dutroux ou Michel Fourniret ? Des enfants, souvent témoins et victimes de violence familiale. Véritable plongée au cœur de l'enfance des psychopathes, ce document choc sollicite enquêteurs et psychiatres chargés de l'expertise médicale. Il cherche, sans excuser des actes impardonnables, à comprendre les racines du mal.

Journaliste, auteur, documentariste, **Agnès Grossmann** a écrit de nombreux documentaires pour la télévision. Spécialiste des affaires criminelles, elle a signé maints portraits des criminels les plus tristement célèbres pour l'émission *Faites entrer l'accusé*, diffusée sur France 2.